Bescherelle

# Chronologie de l'histoire du monde contemporain

de 1914 à nos jours

Sous la direction de Marielle Chevallier

Marielle Chevallier
Agrégée d'Histoire

Axelle Guillausseau
Agrégée d'Histoire

Jean-Philippe Renaud
Agrégé d'Histoire-Géographie

André Ropert
Agrégé d'Histoire

Hatier

# Avant-propos

Écrire une chronologie est toujours un défi, dont la principale difficulté réside dans la sélection des dates. Certaines sont incontournables ; d'autres, quoique moins essentielles, restent ancrées dans la conscience collective et constituent donc un élément de la culture historique.

Cet ouvrage a pour ambition de donner une vision claire et cohérente de l'histoire du monde aux XX$^{e}$ et XXI$^{e}$ siècles. Nous le faisons débuter au déclenchement de la Première Guerre mondiale qui marque véritablement l'entrée dans le XX$^{e}$ siècle et constitue le creuset d'un monde nouveau. Le récit s'achève sur un tableau de la situation géopolitique et environnementale de la planète au début du XXI$^{e}$ siècle.

Nous avons tenté de proposer un récit non seulement rigoureux – en intégrant les travaux d'historiens les plus récents –, mais aussi vivant et susceptible d'apporter des réponses à chacun en intéressant le plus grand nombre.

La plupart des dates retenues ont trait à des événements politiques – guerres, crises, grands traités, mouvements de protestation, etc. –, cependant nous avons également voulu apporter un éclairage plus large en consacrant plusieurs pages à des thèmes économiques, sociaux ou culturels.

Enfin, nous nous sommes intéressés à toutes les aires culturelles et civilisationnelles en montrant l'évolution progressive des pôles d'influence dans le monde.

Pour finir, l'ouvrage propose en annexes une chronologie détaillée ainsi qu'un index qui permettent une lecture croisée, facilitée par de nombreux renvois, et des recherches plus ponctuelles.

À l'issue de ce travail de grande ampleur, nous tenons à remercier tous ceux qui nous ont apporté leur concours, leur soutien et leurs conseils, et nous vous souhaitons, à vous qui découvrez cet ouvrage, une très bonne lecture.

Les auteurs

Conception et mise en page : Laurent Romano
Édition : Aude Marot
Relecture : François Capelani
Cartographie : Légendes cartographie


ISBN 978221897742-8

# Sommaire

## 1914-1920
## La Première Guerre mondiale

# 1920-1939
## La montée des totalitarismes

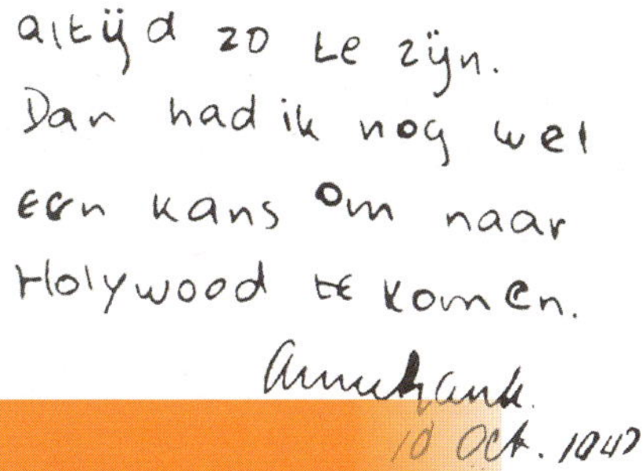


# 1939-1946
## La Seconde Guerre mondiale

# 1947-1972
## La guerre froide et l'émergence du tiers-monde

# 1973-1991
## Les « années grises »

## 1992-2015
## Vers un nouvel ordre mondial ?

# 1914-1920

## La Première Guerre mondiale

**La Grande Guerre, comme elle fut nommée dès la fin des hostilités, est une rupture fondamentale dans l'histoire européenne et mondiale. Pendant quatre ans, des sociétés entières, entre résignation et contrainte, ont été plongées dans la violence et le deuil. Expression ultime de l'exacerbation des nationalismes, la guerre de 1914-1918 peut être vue comme la première guerre totale, mobilisant les nations bien au-delà des champs de bataille.**

**Elle est aussi le creuset d'un monde nouveau qui voit s'effondrer les certitudes européennes.**

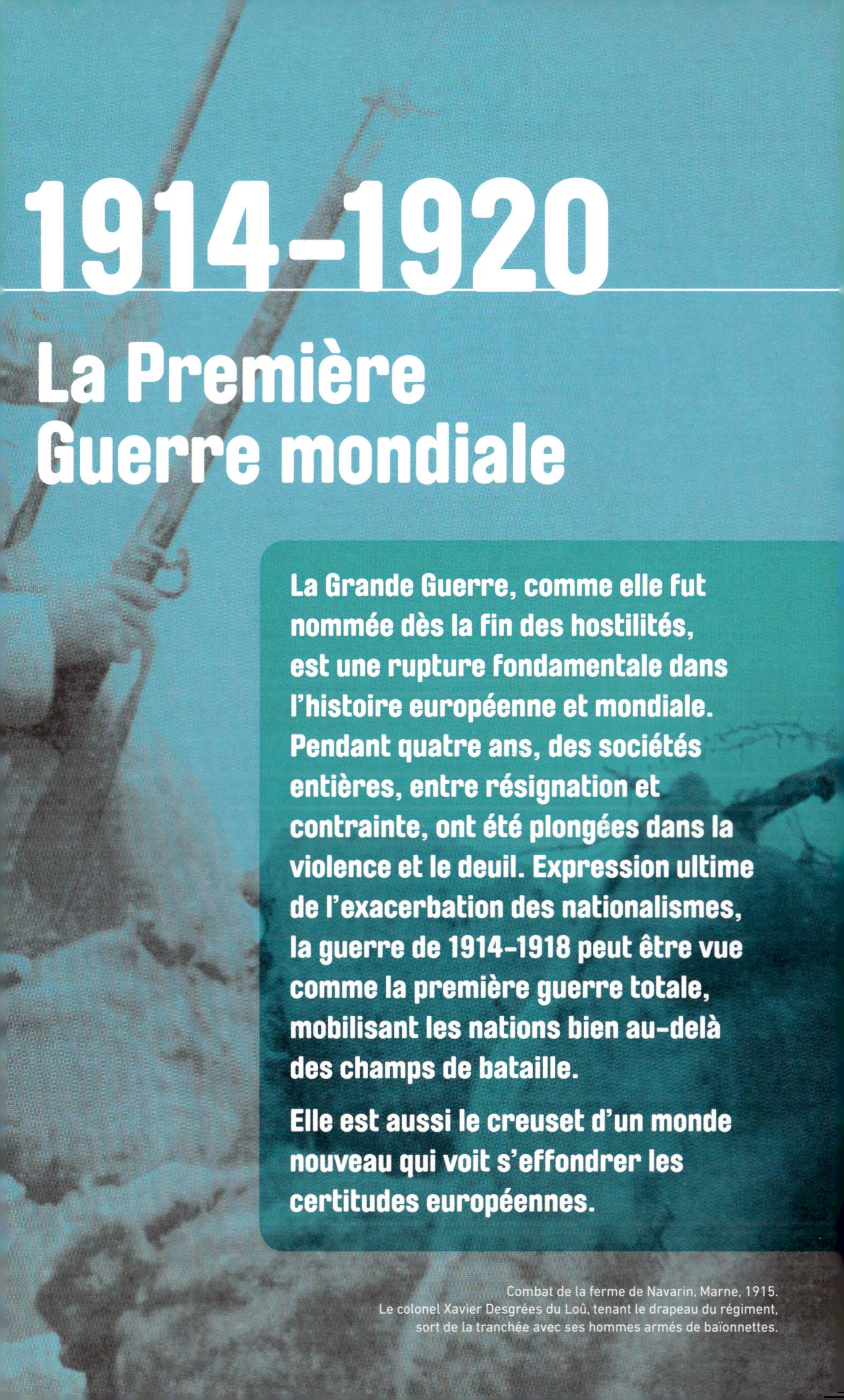

Combat de la ferme de Navarin, Marne, 1915.
Le colonel Xavier Desgrées du Loû, tenant le drapeau du régiment, sort de la tranchée avec ses hommes armés de baïonnettes.

## Une guerre européenne devenue mondiale

Le 28 juin 1914, l'assassinat de l'archiduc d'Autriche François-Ferdinand à Sarajevo déclenche un engrenage diplomatique à l'origine d'une guerre fratricide entre Européens. L'équilibre des forces rend impossible toute issue rapide et les fronts s'immobilisent dans une épuisante guerre d'usure. Le conflit met aux prises un nombre grandissant de belligérants. La guerre sous-marine à outrance déclenchée par l'Allemagne entraîne la mobilisation des États-Unis en 1917, alors même que la Russie signe une paix séparée.

## Une guerre de civilisation avancée

Enterrés dans les tranchées, les soldats sont confrontés à la violence inédite des nouvelles armes produites par la société industrielle. La victoire ne peut dépendre désormais que des capacités d'innovation des deux camps.
Les États interviennent de plus en plus dans la vie des sociétés qu'il faut mobiliser pour soutenir l'effort de guerre. La censure et le « bourrage de crâne », sensés soutenir le moral de l'arrière, cachent l'ampleur de l'hécatombe.

## La fin de l'hégémonie européenne

À l'issue d'un conflit de quatre ans qui a coûté la vie à 9 millions de soldats, détruit des régions entières, désorganisé les économies et bouleversé les sociétés, la suprématie de l'Europe est remise en cause, au profit des États-Unis.

*Le règlement de la paix influencé par l'idéalisme wilsonien laisse en suspens nombre de problèmes et suscite beaucoup de rancœurs chez les vaincus. La naissance d'une Société des Nations sensée organiser le désarmement et l'arbitrage international répond cependant aux vœux des millions d'anciens combattants qui veulent voir dans la boucherie qui vient de s'achever, la « der des der ».*

**28 juin 1914**
Assassinat de l'archiduc François-Ferdinand à Sarajevo

**6-13 septembre 1914**
Bataille de la Marne

**18 mars 1915**
Début de la campagne des Dardanelles

**7 mai 1915**
Torpillage du *RMS Lusitania*

914 — 1915 — 1916

**Août-sept. 1914**
**Guerre de mouvement**

**Sept. 1914-janv. 1918 Guerre de position**

**4 août 1914**
Appel à l'union sacrée en France

**1915**
Génocide arménien

**5-8 septembre 1915**
Manifeste de Zimmerwald

**21 février-**
**19 décembre 1916**
Bataille de Verdun

**1er juillet-**
**18 novembre 1916**
Bataille de la Somme

**16 avril-24 octobre 1917**
Bataille du Chemin des Dames

**15 décembre 1917**
Traité de Brest-Litovsk
*(Russie-Empires centraux)*

**Octobre 1917**
Révolution
d'Octobre en Russie

**1916** **1917** **1918**

**Sept. 1914-janv. 1918 Guerre de position**

**1917 Mutineries et lassitude**

**3 août 1916**
H. Barbusse, *Le Feu*

**6 avril 1917**
Entrée en guerre
des États-Unis

**8 janvier 1918**
« Quatorze points »
de Wilson

**6 mars 1918**
. Foch, généralissime
es armées alliées

**24-29 octobre 1918**
Victoire italienne
à Vittorio Veneto

**9 novembre 1918**
Abdication
de Guillaume II

**28 juin 1919**
Traité de Versailles
*(Allemagne-Alliés)*
Création de la SDN

**27 novembre 1919**
Traité de Neuilly
*(Bulgarie-Alliés)*

**1919** **1920**

**Janv.-nov. 1918**
**Guerre de mouvement**

**1918-1920 Les traités de paix**

**11 novembre 1918**
Signature
de l'armistice

**18 janvier 1919-**
**août 1920**
Conférence
de la paix à Paris

**10 septembre 1919**
Traité de Saint-Germain-
en-Laye *(Autriche-Alliés)*

**10 avril 1920**
Traité de Sèvres
*(Empire ottoman-Alliés)*

**4 juin 1920**
Traité de Trianon
*(Hongrie-Alliés)*

28 juin 1914

# L'archiduc François-Ferdinand est assassiné à Sarajevo

**La mort de l'héritier du trône impérial d'Autriche-Hongrie, sous les balles d'un étudiant serbe de Bosnie, met le feu aux poudres dans les Balkans et, par le jeu des alliances européennes, déclenche la Première Guerre mondiale.**

## Un attentat politique

La visite de l'archiduc François-Ferdinand en Bosnie-Herzégovine, mandaté par son oncle l'empereur François-Joseph, est perçue par certains comme une provocation, rappel de la tutelle imposée par l'Autriche-Hongrie depuis l'annexion de 1908. Pourtant, François-Ferdinand est connu pour ses sympathies slavophiles. Son avènement sur le trône d'un empire multinational pourrait favoriser la minorité slave et ainsi aller à l'encontre des partisans d'une Grande Serbie réunissant les Slaves du Sud.

Le 28 juin, François-Ferdinand se rend à Sarajevo avec son épouse. Gravilo Princip, un étudiant serbe de Bosnie de 19 ans, attend la voiture officielle : à son passage, il tire deux balles, tuant sur le coup la duchesse et blessant mortellement l'archiduc. Princip est arrêté.

### La poudrière des Balkans

L'attentat a lieu dans les Balkans, une région agitée par les revendications des minorités nationales et qui constitue un enjeu entre les grandes puissances. En 1908, pour contrer la menace nationaliste slave, l'Autriche-Hongrie annexe la Bosnie-Herzégovine, déclenchant la colère des Serbes et de leur allié russe. À l'issue des deux guerres balkaniques de 1912 et 1913, la Roumanie, la Bulgarie, la Serbie, le Monténégro et l'Albanie se constituent à l'intérieur des nouvelles frontières tracées au détriment de l'Empire ottoman.

## L'ultimatum à la Serbie

Le 23 juillet, les autorités autrichiennes, soutenues par leur allié allemand, et persuadées que la Serbie a armé Princip et ses complices, adressent au gouvernement de Belgrade un ultimatum qui expire trois jours plus tard. Celui-ci exige notamment la participation de fonctionnaires autrichiens à l'enquête menée en Serbie. L'accord ayant achoppé sur ce point, l'Autriche-Hongrie déclare la guerre à la Serbie le 28 juillet.

## L'Europe bascule dans la guerre

En soutien à la Serbie, l'armée russe mobilise le 30 juillet. Le 1er août, après l'envoi d'un ultimatum, l'Allemagne déclare la guerre à la Russie, puis le 3 août à la France, ces deux pays étant liés par une convention militaire depuis 1892. Le 4 août, le Royaume-Uni déclare la guerre à l'Allemagne.



**1914** Assassinat de François-Ferdinand d'Autriche

1914 | 1915 | 1916 | 1917

Août-sept. 1914 Guerre de mouvement

Sept. 1914-janv. 1918 Guerre de position

## L'attentat de Sarajevo

Avant d'être atteints par les deux balles de Princip à la sortie de l'hôtel de ville de Sarajevo, François-Ferdinand et son épouse la duchesse Sophie de Hohenberg avaient échappé à une bombe lancée sur leur voiture. Arrêté, Princip est enfermé à la forteresse de Theresienstadt où il meurt de la tuberculose le 28 avril 1918.

Gravure du *Petit Journal*, 12 juillet 1914.

*« À l'heure actuelle, nous sommes peut-être à la veille du jour où l'Autriche va se jeter sur les Serbes et alors, l'Autriche, l'Allemagne se jetant sur les Serbes et les Russes, c'est l'Europe en feu, c'est le monde en feu. »*

Jean Jaurès s'adressant aux ouvriers de Vaise près de Lyon, 25 juillet 1914.

## L'engrenage des alliances

Mis en place à la fin du XIXe siècle, les deux grands réseaux d'alliances – la Triple Entente et la Triple Alliance – divisent l'Europe. L'engrenage diplomatique est à l'origine du déclenchement de la Première Guerre mondiale.



1918 1919 1920

**1917 Mutineries et lassitude**

**Janv.-nov. 1918 Guerre de mouvement**

**1918-1920 Les traités de paix**

4 août 1914

# En France, Raymond Poincaré appelle à l'union sacrée

**Trois jours après la mobilisation générale, l'appel au rassemblement de tous les Français et au rapprochement des partis politiques doit permettre de mobiliser les forces de la nation pour défendre la patrie agressée, dans une guerre que chacun annonce courte.**

## La défense de la patrie

Le 4 août 1914, le président du Conseil René Viviani s'adresse à la Chambre pour lui lire l'appel à l'union nationale du président Poincaré : « Dans la guerre qui s'engage, la France sera héroïquement défendue par tous ses fils, dont rien ne brisera devant l'ennemi l'union sacrée. »

Rapidement, le thème de l'union sacrée s'impose chez tous les belligérants. En Allemagne, elle prend le nom de *Burgfrieden* (« paix civile ») que Guillaume II résume en cette formule : « Je ne connais plus de partis, je ne connais que des Allemands. »

## Une mobilisation sans précédent



C'est la première fois en Europe qu'un conflit commence par une mobilisation générale. De part et d'autre du Rhin, elle concerne tous les hommes de 20 à 48 ans : 3,6 millions de Français et 3,8 millions d'Allemands sont appelés sous les drapeaux. Au Royaume-Uni, où la conscription n'existe pas, 500 000 jeunes gens s'engagent. Disposant d'un immense réservoir d'hommes, la Russie peut mobiliser 8 millions d'hommes dès 1914.

## L'échec du pacifisme

Face à cet unanimisme, les socialistes européens sont déchirés. L'assassinat à Paris de l'un de leurs leaders les plus charismatiques, Jean Jaurès, par un militant nationaliste le 31 juillet 1914, signe la fin du rêve pacifiste et internationaliste. En France et en Allemagne, les socialistes votent les crédits de guerre. Les Églises nationales soutiennent également la mobilisation. Le pape Pie X a quant à lui proclamé la neutralité du Saint-Siège le 2 août.

**« Britanniques, engagez-vous dans l'armée de votre pays ! Dieu sauve le roi. »**

Affiche britannique présentant un portrait du ministre de la Guerre, Lord Kitchener, 1914.

**1914** Union sacrée en France

1914 — 1915 — 1916 — 1917

Août-sept. 1914 Guerre de mouvement

Sept. 1914-janv. 1918 Guerre de position

*« Nous arrivâmes à Paris / Au moment où l'on affichait la mobilisation / Nous comprîmes mon camarade et moi / Que la petite auto nous avait conduits dans une époque / Nouvelle »*

Guillaume Apollinaire, « La petite auto », *Calligrammes*, 1918.

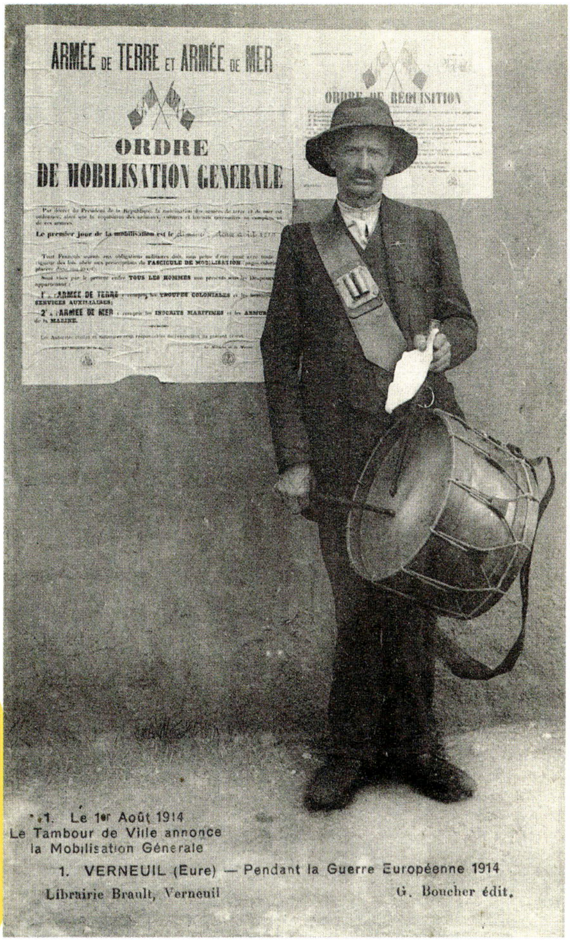


**La mobilisation générale**

**Le 1er août 1914, la sonnerie du tocsin informe les Français de la mobilisation générale, relayée comme ici à Verneuil (Eure) par le tambour de la ville.**

Photographie anonyme pour une carte postale, 1er août 1914.



## Les soldats sont-ils partis la fleur au fusil ?

Pour les peuples d'Europe, la déclaration de guerre est une surprise. En France, les manifestations de joie sont rares, contrairement à une image longtemps véhiculée, et les rapports des préfets ou des instituteurs parlent plutôt d'un climat de résignation. Le taux d'insoumission est cependant très faible, de l'ordre de 1,5 %. En Allemagne comme en Autriche-Hongrie, les sentiments semblent différents : la mobilisation déclenche, en particulier dans les villes, un grand élan national devant la « menace russe ». À cette attitude de défense patriotique répond d'ailleurs en Russie un fort antigermanisme au sein des classes moyennes et urbaines, tandis que la majorité rurale des mobilisés reste indifférente.

6–13 septembre 1914

# La bataille de la Marne stoppe l'offensive allemande

**Sur le front occidental, la bataille de la Marne marque la fin de la guerre de mouvement. Elle anéantit également l'espoir d'un conflit de courte durée.**

## Le mythe de la bataille décisive

Les stratégies d'attaque conçues par les états-majors allemand (plan Schlieffen) comme français (plan XVII) reposent sur le principe d'offensives rapides en territoire ennemi, qui doivent mener à une victoire décisive en quelques semaines.

Le 2 août, les Allemands font mouvement en direction du Luxembourg et de la Belgique, afin de prendre à revers l'armée française concentrée sur la frontière est.

Le plan français, lui, vise à pénétrer au-delà du Rhin et de la Moselle par une forte poussée à partir des lignes de forts de l'Est : quatre des cinq armées stationnées attaquent ainsi en Lorraine le 14 août. Mais la bataille des Frontières, du 10 au 28 août, est un échec. Écrasée par l'artillerie allemande, l'infanterie française subit de lourdes pertes : le 22 août, 27 000 de ses soldats sont tués dans les Ardennes belges.



## Le « miracle » de la Marne

Le 29 août, l'offensive allemande est stoppée à Guise dans l'Aisne. Le général Joffre, à la tête de l'état-major français, ordonne alors une contre-attaque générale pour le 6 septembre. Dès le 5, l'armée du général Maunoury, renforcée par celle du général Gallieni qui réquisitionne plus de 600 taxis pour transporter vers le front près de 6 000 soldats casernés à Paris, attaque victorieusement le flanc de la 1^re^ armée du général von Kluck dont les mouvements ont été repérés par l'aviation.

Du 6 au 13 septembre, l'offensive franco-britannique se développe sur tout le front, de l'Ourcq à Verdun, forçant les Allemands à la retraite. Cette victoire, qui semble miraculeuse, est accueillie avec un immense soulagement. Mais les Allemands s'installent solidement sur la ligne de l'Aisne.

## L'échec de la guerre de mouvement

Chacun des deux camps tente dès lors de déborder l'autre par une « course à la mer ». C'est un échec et l'arrêt des offensives est ordonné sur le front occidental. Après quatre mois de conflit, 680 000 soldats allemands sont hors de combat. Durant la même période, les Français ont perdu en moyenne 60 000 soldats par mois.

Il faut repenser la guerre : les armées « s'enterrent ». Deux mois plus tard, le général allemand Moltke, rendu responsable de l'échec de la Marne, est remplacé par le général Falkenhayn comme commandant en chef de l'armée allemande.

**1914** Bataille de la Marne

1914 — 1915 — 1916 — 1917

Août-sept. 1914 Guerre de mouvement

Sept. 1914-janv. 1918 Guerre de position

**L'enlisement du front**

Durant trois ans, tout un système de tranchées s'organise des Vosges à la mer du Nord, comme ici en Champagne, côté français en 1916. Les tranchées creusées en zigzag, profondes d'au moins 2 mètres, forment deux à trois lignes parallèles, chacune dotée de boyaux de soutien et de communication.



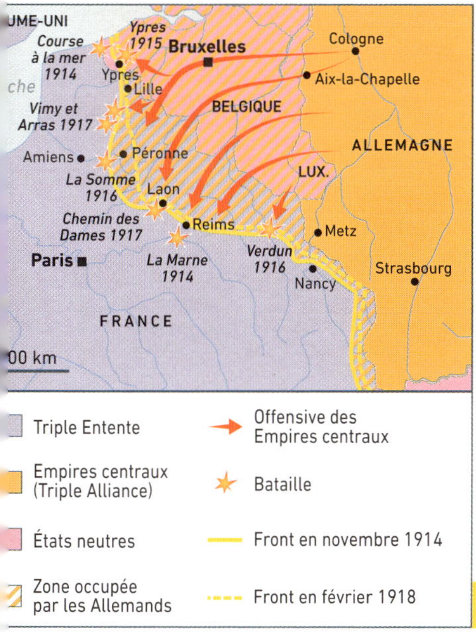


**Le front occidental**

## Le front oriental

En 1914, les Russes envahissent la Prusse orientale mais subissent une lourde défaite face aux Allemands lors de la bataille de Tannenberg du 26 au 29 août 1914. En Galicie autrichienne, l'avancée russe, d'abord victorieuse, est également stoppée en novembre. En juin 1916, le général russe Broussilov lance une nouvelle offensive qui permet à ses troupes d'avancer en Galicie et en Bucovine, mais les Allemands prennent la Roumanie à la fin de l'année. Le front se stabilise alors et reste immobile jusqu'à la signature du cessez-le-feu en décembre 1917.

1918 | 1919 | 1920

**1917 Mutineries et lassitude**

**Janv.-nov. 1918 Guerre de mouvement**

**1918-1920 Les traités de paix**

18 mars 1915

# Les Britanniques lancent l'expédition des Dardanelles

**Sur le front oriental, la décision de lancer une opération périphérique pour soutenir l'allié russe en forçant le passage du détroit des Dardanelles se transforme en désastre pour les forces franco-britanniques.**

## Un nouveau front

L'entrée en guerre de l'Empire ottoman le 1er novembre 1914, aux côtés de la Triplice, a entraîné la fermeture des Détroits, longue passe entre la mer Méditerranée et la mer Noire. Contre l'avis de la majorité des commandements britannique et français, Winston Churchill, premier lord de l'Amirauté, défend l'idée d'un troisième front qui permettrait de s'assurer le passage des Détroits, de sécuriser la route des Indes, mais aussi d'ouvrir une route de ravitaillement vers l'allié russe.

## L'enfer de Gallipoli

Une première opération navale franco-britannique est lancée le 18 mars 1915 dans le détroit des Dardanelles, où les Turcs ont immergé des mines. Sur les 18 bâtiments envoyés, trois cuirassés sont coulés et quatre mis hors de combat.

Le débarquement sur la presqu'île de Gallipoli, le 25 avril, se révèle tout aussi désastreux. Les Britanniques, bloqués par l'armée turque, doivent tenir dans des conditions épouvantables dues à la chaleur et à la sécheresse. Le 6 août, une nouvelle tentative plus au nord échoue face à la résistance d'un jeune colonel turc, Mustafa Kemal. Durant la campagne, un soldat britannique sur deux a été mis hors de combat. Face à l'échec, Churchill démissionne.

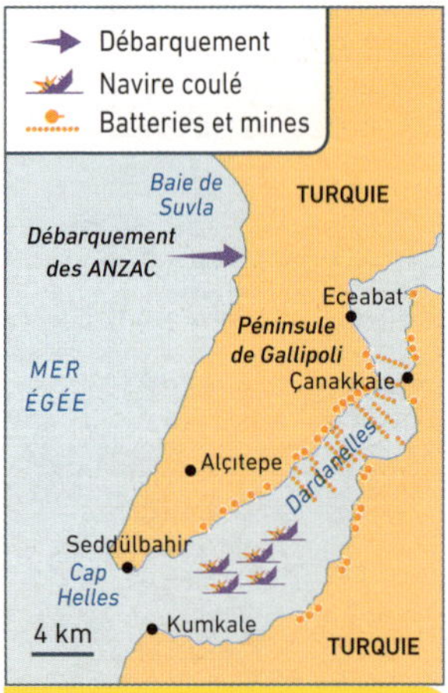

La bataille des Dardanelles



## L'armée d'Orient

L'entrée en guerre de la Bulgarie et la menace qu'elle fait peser sur la Serbie accélèrent la formation d'un nouveau front au nord de la Grèce. Les troupes stationnées à Gallipoli sont évacuées en décembre et se replient à Salonique (Thessalonique), où elles forment le noyau de l'armée d'Orient, renforcée de nouveaux effectifs serbes, italiens et russes. De là, en septembre 1918, le général français Franchet d'Espèrey lance l'offensive victorieuse vers Belgrade, Sofia et Constantinople.

**1915** Expédition des Dardanelles

1914 1915 1916 1917

Août-sept. 1914 Guerre de mouvement

Sept. 1914-janv. 1918 Guerre de position

**Une opération navale à haut risque**

Les navires britanniques, au premier plan le *HMS Triumph*, doivent naviguer entre les mines immergées dans le détroit des Dardanelles et les bombardements depuis les forts turcs.

Photographie de mars 1915.

## L'action britannique au Moyen-Orient

Parallèlement aux opérations militaires, le gouvernement britannique, grâce à l'action du jeune agent de liaison Thomas Edward Lawrence (Lawrence d'Arabie), soutient les nationalistes arabes dans le but d'affaiblir les positions turques.

Les Britanniques promettent ainsi à Hussein ibn Ali, chérif de La Mecque, la création d'un royaume arabe s'étendant de la mer Rouge aux frontières de la Perse. Ils négocient dans le même temps avec leur allié français un partage d'influence dans la région, que l'accord secret Sykes-Picot formalise en 1916. La déclaration Balfour, un an plus tard, prévoit quant à elle la création d'un foyer national juif en Palestine, en contradiction avec les promesses précédentes faites aux Arabes.



## La mobilisation des colonies

| Puissance impériale | Empire | Nombre d'appelés |
|---|---|---|
| Royaume-Uni | **Dominions***, *dont :* | **1 300 000** |
| | Australie | 330 000 |
| | Nouvelle-Zélande | 110 000 |
| | Canada | 460 000 |
| | Afrique du Sud | 136 000 |
| | **Colonies** | **1 400 000** |
| France | **Colonies**, *dont* : | **600 000** |
| | Maghreb (Algérie, Tunisie, Maroc) | 294 000 |
| | Afrique occidentale française (AOF) | 171 000 |
| | Afrique équatoriale française (AEF) | 18 000 |
| | Indochine | 49 000 |
| | Madagascar | 41 000 |
| | Autres | 27 000 |
| Allemagne | **Colonies** | **26 300** |

*État membre de l'Empire britannique, mais indépendant.

1918 1919 1920

**1917 Mutineries et lassitude**

**Janv.-nov. 1918 Guerre de mouvement**

**1918-1920 Les traités de paix**

7 mai 1915

# Le *Lusitania* sombre au large de l'Irlande

**Le torpillage du paquebot britannique le *RMS Lusitania*, par un sous-marin allemand, marque la fin temporaire de la guerre sous-marine menée par les Allemands et le basculement de l'opinion américaine en faveur de l'entrée en guerre de leur pays.**

## Blocus et contre-blocus

Dès le début du conflit, les Alliés ont établi un blocus maritime autour des Empires centraux, empêchant les pays neutres de les ravitailler. En riposte, l'état-major allemand proclame le 4 février 1915 la guerre sous-marine dans les eaux territoriales britanniques. Il dispose pour cela d'une flotte de 25 sous-marins, les *U-Boote*, bien inférieure aux 160 submersibles alignés par les Britanniques et les Français.

## Le *Lusitania*

Le 7 mai, le *RMS Lusitania*, paquebot britannique de la compagnie Cunard, qui relie New York à Liverpool, est torpillé par un sous-marin *U-20* au large de l'Irlande. Les Allemands soupçonnent – à juste titre comme il le sera prouvé plus tard – le navire de transporter clandestinement des armes, ce qui expliquerait que deux explosions se soient faites entendre alors qu'une seule torpille a été lancée et que le bateau ait coulé en seulement 15 minutes. 1 201 des 1 257 passagers et 413 membres d'équipage sur 702 meurent noyés. Parmi les victimes figurent 128 citoyens américains.

## Les réactions

La nouvelle est accueillie avec horreur, particulièrement au Royaume-Uni et aux États-Unis, lesquels menacent l'Allemagne de sanctions. Embarrassé, le gouvernement allemand présente ses regrets à son homologue américain et donne un blâme au commandant du sous-marin. La guerre sous-marine est suspendue jusqu'à la fin de l'année 1916.

### La guerre sous-marine à outrance

Le 31 janvier 1917, le chef d'état-major de l'armée allemande Paul von Hindenburg et son adjoint Erich Ludendorff lancent la guerre sous-marine à outrance contre tous les navires, y compris neutres. Aux yeux de l'opinion allemande, c'est une juste réponse au blocus. En six mois, les 150 *U-Boote* coulent 3 millions de tonnes de bateaux. La mise en place de convois protégés par la marine britannique permet de diminuer progressivement les pertes.

Directement menacés dans leurs intérêts économiques, les États-Unis rompent les relations diplomatiques avec l'Allemagne en février 1917, avant de lui déclarer la guerre le 6 avril (► p. 40).



**1915** Torpillage du *RMS Lusitania*

1914 — 1915 — 1916 — 1917

Août-sept. 1914 Guerre de mouvement

Sept. 1914-janv. 1918 Guerre de position

**« Pour ne pas oublier »**
**Cette affiche de propagande britannique joue sur un double registre : elle rappelle le torpillage du *RMS Lusitania* et souligne le cynisme des autorités allemandes qui, pour célébrer l'événement, frappèrent des médailles dont le fac-similé est visible en bas à gauche de l'affiche.**

**« Lancez les U-Boote ! »**
Affiche de propagande allemande, 1916.

## Le Jutland : la seule grande bataille navale de la Grande Guerre

Face à la supériorité de la marine britannique, les Allemands ne cherchent pas, dans un premier temps, la confrontation sur les mers. L'amiral Scheer convainc pourtant Guillaume II d'attirer, par une attaque de diversion, une partie de la flotte britannique dans un piège. Le 31 mai 1916, 250 navires avec 105 000 hommes à leur bord se rencontrent au large de la presqu'île du Jutland, en mer du Nord. L'affrontement, qui dure deux jours et une nuit, tourne à l'avantage des Allemands qui font subir aux Alliés de lourdes pertes. Profitant du brouillard, leurs navires s'échappent. Le Royaume-Uni est contraint de cesser le combat. Interprétée comme une victoire en Allemagne, cette bataille n'est pourtant pas décisive : à nouveau bloqués dans leurs ports, les Allemands optent alors définitivement pour la guerre sous-marine.

1915

# Le génocide arménien fait 1,5 million de victimes

**L'entrée de l'Empire ottoman dans la Première Guerre mondiale en octobre 1914 fournit au gouvernement nationaliste dit « jeune-turc » un prétexte au déclenchement du premier génocide du XXe siècle.**

## La question arménienne

Les premiers massacres à l'encontre des Arméniens de l'Empire ottoman se produisent dès la fin du XIXe siècle. En 1894-1896, sous le règne du sultan Abdul Hamid, la population arménienne diminue de plus d'un demi-million du fait des assassinats de masse, des conversions de force et des enlèvements de femmes.

Arrivés au pouvoir à la suite d'un putsch militaire en 1908, les Jeunes-Turcs promeuvent un « panturquisme radical ». Celui-ci vise à réunir tous les Turcs du Moyen-Orient et à exclure les populations non turques de l'Empire, et parmi elles le million d'Arméniens chrétiens orthodoxes des provinces orientales d'Anatolie faisant obstacle à la poussée turque dans le Caucase.

## La préparation du génocide



Depuis le début de la Première Guerre mondiale, les Arméniens sont perçus comme un ennemi intérieur, susceptible de trahir au profit de l'Empire russe. Le génocide se prépare en fait dès le mois d'août 1914 : les Arméniens de 15 à 60 ans sont mobilisés afin d'être éloignés de leurs villes et villages. En janvier 1915, les 250 000 soldats arméniens de l'armée ottomane sont désarmés puis assassinés par petits groupes.

Le 24 avril, le ministre de l'Intérieur, Talaat Pacha, ordonne l'arrestation et la déportation de plus de 200 représentants de l'élite arménienne de Constantinople. Cette date marque le point de départ du génocide.

## La loi de déportation

Le 26 mai, prétextant une insurrection arménienne sur les arrières de l'armée turque, Pacha fait promulguer une loi qui autorise la déportation des populations suspectées d'espionnage ou de trahison envers la patrie. Cette mesure dissimule en fait un projet d'extermination de la population arménienne, comme le prouvent des télégrammes codés de Pacha à l'armée turque.

Les Arméniens de plus de 15 ans sont séparés de leur famille et assassinés à l'arme blanche par des équipes de tueurs (armée, gendarmerie, tribus kurdes). La longue marche dans le désert, sans eau ni nourriture, puis les massacres organisés périodiquement dans les camps déciment femmes, enfants et vieillards, faisant près d'un million et demi de victimes.

1915 Génocide arménien

1914 | 1915 | 1916 | 1917

Août-sept. 1914 Guerre de mouvement

Sept. 1914-janv. 1918 Guerre de position

**Déportation d'Arméniens à Trabzon (Trébizonde)**

**Par convois de 1 000 à 2 000 personnes, les Arméniens sont envoyés dans les provinces de Syrie-Mésopotamie, officiellement pour y être réinstallés.**

Photographie prise en cachette de l'Hôtel Suisse à Trébizonde, juillet 1916.

**La diaspora arménienne**

Après le génocide, les survivants se réfugient principalement aux États-Unis et en France. Ce guide et annuaire franco-arménien de Marseille, publié en 1926, témoigne de la place et de l'organisation de la diaspora arménienne dans cette ville du sud de la France.

## Massacre ou génocide ?

Dès le 24 mai 1915, les puissances de l'Entente dénoncent le crime de « lèse-humanité » dont se rend coupable le pouvoir ottoman. En 1919, les principaux responsables, qui ont fui en Allemagne après avoir détruit les documents compromettants, sont jugés à Constantinople et condamnés à mort par contumace. Le 15 mars 1921, Talaat Pacha est assassiné par un survivant du génocide, Soghomon Tehlirian qui, arrêté et jugé, est acquitté par un tribunal de Berlin. Si les autorités turques ont toujours récusé l'idée d'une extermination planifiée, la reconnaissance par le Parlement européen du génocide arménien en 1987 a relancé les débats jusqu'à aujourd'hui, comme en témoignent les condoléances présentées par le Premier ministre turc en avril 2014.

1918 — 1919 — 1920

**1917 Mutineries et lassitude**

**Janv.-nov. 1918 Guerre de mouvement**

**1918-1920 Les traités de paix**

5–8 septembre 1915

# Le manifeste de Zimmerwald somme les prolétaires de cesser la guerre

**En septembre 1915, une poignée de socialistes pacifistes européens se réunit à Zimmerwald, près de Berne en Suisse, pour réclamer la paix sans condition.**

## La renaissance du pacifisme

Après l'effondrement de la IIe Internationale à la suite de l'entrée en guerre en août 1914, des socialistes hostiles à l'union sacrée prennent l'initiative de convoquer une conférence internationale dans le petit village suisse de Zimmerwald. Celle-ci réunit clandestinement 38 délégués socialistes de onze nationalités différentes, désireux de dénoncer la guerre qui déchire l'Europe depuis un an.

## La paix sans annexion ni indemnité de guerre

La majorité se range à l'idée d'une paix « blanche » et exige, dans un manifeste destiné aux prolétaires d'Europe, la fin de la « guerre impérialiste ».

Une minorité révolutionnaire, menée notamment par Lénine (► p. 36), rédige une déclaration appelant à la transformation de la guerre impérialiste en guerre révolutionnaire. Censuré, le manifeste ne rencontre que peu d'écho.



## Une brèche dans le mouvement ouvrier

Quelques mois plus tard, à Kienthal en Suisse, une deuxième conférence réunit 44 participants du 24 au 30 avril 1916. La fraction « révolutionnaire » propose de remplacer la IIe Internationale.

L'impact est très limité : quelques socialistes révolutionnaires allemands quittent le Parti social-démocrate d'Allemagne (SPD) pour former un groupe parlementaire distinct, refusant de voter les crédits de guerre.

En France, en revanche, la Section française de l'Internationale ouvrière (SFIO) se montre hostile à l'initiative de Zimmerwald qu'elle voit comme une menace contre la sécurité nationale.

*« Ouvriers et ouvrières, mères et pères, veuves et orphelins, blessés et mutilés, à vous tous qui souffrez de la guerre et par la guerre, nous vous crions : par-dessus les frontières, par-dessus les champs de bataille, par-dessus les campagnes et les villes dévastées : "Prolétaires de tous les pays, unissez-vous !" »*

Extrait du manifeste de Zimmerwald, septembre 1915.

**1915** Manifeste de Zimmerwald

1914 — 1915 — 1916 — 1917

Août-sept. 1914 Guerre de mouvement

Sept. 1914-janv. 1918 Guerre de position

**Le mouvement Dada naît à Zürich**

Lors de performances organisées au cabaret Voltaire de Zürich, des artistes européens manifestent leur révolte contre l'art occidental et bourgeois à l'origine de la culture guerrière qui a entraîné l'Europe dans une lutte fratricide sans merci. Ici, l'écrivain Hugo Ball a revêtu un costume « cubiste » pour réciter ses poèmes sonores et abstraits (23 juin 1916).

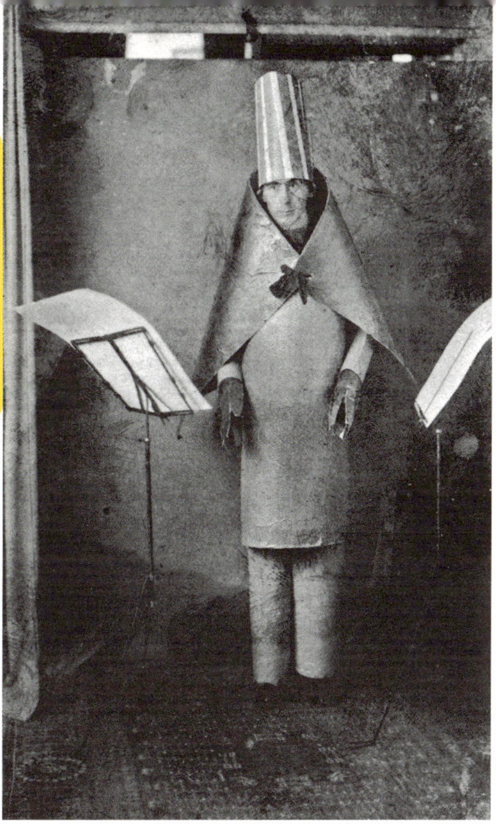

*« De nouvelles chaînes, de nouvelles charges, voilà ce qui résultera de cette guerre, et c'est le prolétariat de tous les pays, vainqueurs et vaincus, qui devra les porter. »*

Extrait du manifeste de Zimmerwald, septembre 1915.



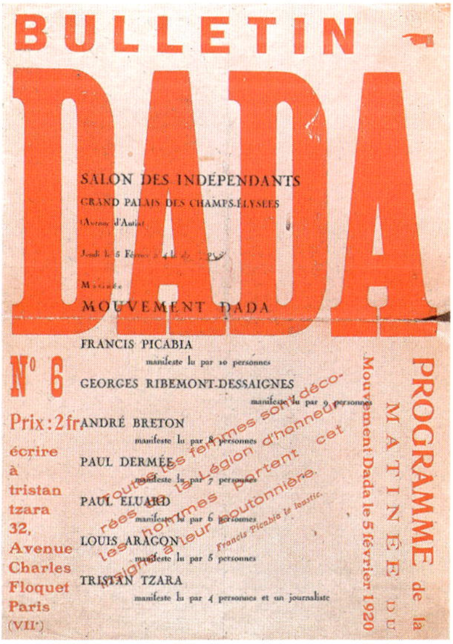


## L'exil suisse

Durant la guerre, la Suisse attire de nombreux créateurs et intellectuels venus de toute l'Europe pour échapper à la rage belliciste qui s'est emparée des sociétés européennes. Ils y bénéficient d'une large liberté d'expression. Le pays accueille aussi bien de grandes figures pacifistes comme l'écrivain Romain Rolland que des avant-gardes artistiques ou des révolutionnaires en exil comme Lénine (► p. 37).

1918 | 1919 | 1920

1917 Mutineries et lassitude

Janv.-nov. 1918 Guerre de mouvement

1918-1920 Les traités de paix

21 février 1916

# Les Allemands lancent l'offensive sur Verdun

**Symbole de la guerre d'usure et de la résistance française, la bataille de Verdun est l'engagement le plus long et l'un des plus meurtriers du conflit, pour un résultat stratégique à peu près nul.**

## « Saigner à blanc » l'armée française

La ville de Verdun a un rôle stratégique clé : fortifiée, elle défend un passage creusé par la Meuse dans le massif des Ardennes françaises, dernier point de défense avant les plaines du bassin Parisien qui conduisent vers Paris.

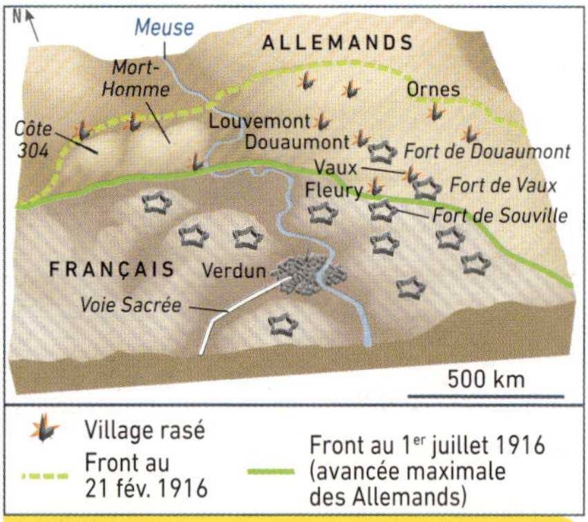


La bataille de Verdun

Pour le général allemand Falkenhayn, c'est le lieu privilégié pour mettre fin à la guerre de position sur le front occidental. Son objectif : « saigner à blanc » les lignes françaises pour prévenir l'attaque britanique imminente sur la Somme (► p. 32). Les Allemands placent 1 500 pièces d'artillerie lourde à tir rapide et huit divisions sur la rive droite de la Meuse, le long d'un front de sept kilomètres.

## L'enfer de Verdun

Le 21 février, à 7h15, Falkenhayn lance l'attaque : 2 millions d'obus et 1 000 canons permettent aux Allemands d'avancer de dix kilomètres en quatre jours et de prendre le fort de Douaumont. Mais la résistance des Français est acharnée. Installée par le général Pétain sur la rive gauche de la Meuse, l'artillerie française stoppe les Allemands qui, pendant cinq mois, multiplient les attaques sans résultat probant.

Le 1er juillet, Falkenhayn renonce. Dès lors, les troupes allemandes sont prises à leur propre guerre d'usure et contraintes à la défensive. À l'issue de la bataille, en décembre, le bilan total s'élève à plus de 700 000 morts, blessés ou disparus.

## « Verdun, j'y étais ! »

En France, la bataille a une portée considérable. Compte tenu de l'importance des effectifs engagés, Verdun est l'affaire de toute la nation. Les combats se livrent dans un enchevêtrement inextricable de positions. Chacun a le sentiment de jouer un rôle déterminant dans l'exécution des ordres du général Joffre : « tenir ».

1916 Bataille de Verdun

1914 1915 1916 1917

Août-sept. 1914 Guerre de mouvement

Sept. 1914-janv. 1918 Guerre de position

**Un soldat allemand à Verdun, en 1916**
Afin de se protéger des armes chimiques, les soldats portent des masques à gaz.



## Philippe Pétain (1856-1951), le héros de Verdun

Quand le conflit éclate, le colonel Pétain est sur le point de prendre sa retraite. Mais la guerre lui assure une ascension rapide au sein de l'état-major. Appelé au commandement du secteur de Verdun le 24 février, il organise la défense en faisant aménager la route reliant Verdun à Bar-le-Duc – la « voie sacrée » – qui permet d'acheminer renforts et munitions sur le front. Son rôle à Verdun lui vaut d'être nommé en 1917 commandant en chef de l'armée française pour le front occidental. À la suite des mutineries du printemps, il préconise une répression modérée et met fin aux offensives meurtrières.

## La mobilisation de l'industrie

Des programmes industriels considérables sont mis en place afin de répondre aux besoins du front. Dans les usines reconverties, travaillent de nombreuses femmes et des coloniaux.
En Allemagne, la loi Ludendorff (1916) rend le travail obligatoire pour tous les hommes de 17 à 60 ans. L'État contrôle le commerce extérieur, le taux de change et la répartition des matières premières ; il fixe les salaires et les prix.

1918 — 1919 — 1920

1917 Mutineries et lassitude

Janv.-nov. 1918 Guerre de mouvement

1918-1920 Les traités de paix

1er juillet 1916

# Français et Britanniques engagent toutes leurs forces dans la bataille de la Somme

**L'attaque conjointe des Français et des Britanniques sur les lignes allemandes au sud de la Somme vise à la fois à percer le front et à soulager le secteur de Verdun, théâtre au même moment d'affrontements violents.**

## « L'artillerie conquiert, l'infanterie occupe »

Persuadé que la guerre se gagnera à l'Ouest, le général Joffre veut, en décembre 1915, lancer une nouvelle offensive en collaboration avec les Britanniques. Conçue méthodiquement, la bataille prévoit une progression régulière de l'infanterie, protégée par les tirs de barrage de l'artillerie de campagne. La préparation d'artillerie débute le 24 juin : en une semaine, 900 kg d'obus par mètre linéaire de front tombent sur les tranchées allemandes.

## La rupture tant attendue ne vient pas



Le 1er juillet, alors que les Français attaquent au sud de la Somme, les volontaires de l'armée britannique montent au front pour la première fois, sur la rive droite. Peu expérimentés, ils attaquent en formations lentes et sont fauchés par les mitrailleuses allemandes. Ce premier assaut, qui met près de 60 000 soldats hors de combat, reste « le jour le plus sanglant de l'histoire anglaise ». Les difficultés de communication entre les états-majors entravent le plan de départ : les attaques successives sont trop décousues et espacées pour espérer faire plier l'ennemi.

À la fin du mois d'août, les généraux allemands Ludendorff et Hindenburg réorganisent la défense en dispositifs disséminés moins vulnérables. La reprise de l'offensive des Alliés dans la boue de l'automne ne les fait reculer que de quelques kilomètres. La dernière attaque a lieu en novembre.

En quatre mois, 1,2 million de soldats sont tués ou blessés, pour une avancée de 10 kilomètres.

## Un symbole

Pour les Allemands qui ont « tenu » mais déplorent la perte de près de 500 000 soldats, la bataille de la Somme a le même poids symbolique que Verdun pour les Français. Elle tient aussi une large place dans la mémoire collective britannique pour qui ce baptême du feu s'est soldé par une immense hécatombe.

**1916** Bataille de la Somme

1914 — 1915 — 1916 — 1917

Août-sept. 1914 Guerre de mouvement

Sept. 1914-janv. 1918 Guerre de position

**Tranchées anglaises sur le chemin de Thiepval, le 25 septembre 1916**

La bataille de la Somme voit la première utilisation des chars, ici un char anglais Mark I.

*« Les difficultés et les souffrances furent accueillies avec enthousiasme et c'est à peine si l'endurance, la détermination et le courage invincible avec lesquels elles furent endurées peuvent être compris par ceux qui n'ont pas d'expérience personnelle du combat. »*

Douglas Haig, commandant en chef de l'armée britannique lors de la bataille de la Somme, novembre 1916.



## Le Royaume-Uni dans la guerre

Initialement, les autorités britanniques veulent limiter leur intervention au blocus des côtes allemandes et à un soutien financier aux alliés français et russe. Cependant, la longue guerre d'usure qui commence à l'automne 1914 contraint le pays à s'impliquer toujours plus. Dès le mois de janvier 1916, la conscription est établie pour pallier au manque d'hommes. Au total, 6 millions de Britanniques sont mobilisés. Avec les dépendances coloniales, le Royaume-Uni a engagé 22 % des effectifs alliés.

## Les armes de la Grande Guerre

La guerre immobile nécessite de repenser l'armement. L'artillerie de tranchée, la mitrailleuse et la grenade rendent la défensive plus efficace que l'offensive, ralentie par les barbelés. Le canon à tir courbe permet d'atteindre les tranchées adverses tandis que des obus remplis de balles de métal sont conçus pour exploser au-dessus des troupes ennemies. Bien qu'interdits, les gaz asphyxiants sont utilisés pour la première fois par les Allemands en 1915 à Ypres. Tous les États industrialisés s'en servent par la suite. Les chars sont inventés simultanément par les Britanniques et les Français. Lors de la contre-offensive de l'été 1918, les nouveaux chars légers Renault jouent un rôle important.

3 août 1916

# *Le Feu* d'Henri Barbusse paraît sous forme de feuilleton

**Avec ce récit au jour le jour d'une escouade en première ligne, l'écrivain français Henri Barbusse écrit le premier roman vrai sur la guerre. Dès le début de sa parution en feuilleton dans le quotidien *L'Œuvre*, son succès est immense.**

## Un écrivain au front

En 1914, Henri Barbusse a 41 ans. Cet homme de lettres et journaliste, connu pour ses engagements pacifistes, se rallie à l'union sacrée, justifiant dans les colonnes de *L'Humanité* son choix de s'engager. Affecté au 231e régiment d'infanterie, il part au front le 21 décembre 1914.

Barbusse y vit le quotidien des « poilus », d'abord comme soldat de première classe puis comme brancardier de compagnie. Récompensé par deux citations et la croix de guerre, il est réformé pour maladie après 22 mois passés au front.

## Le roman authentique des « poilus »



De retour à Paris, Barbusse entreprend le récit de son expérience. Sous la forme du journal d'une escouade, à partir de notes prises sur le front, l'écrivain plonge le lecteur dans la réalité quotidienne des tranchées : la boue, les poux, les corvées. Il ne cache rien de la peur, des souffrances et du désespoir des soldats.

Découpé en 24 chapitres, *Le Feu*, sous-titré *Journal d'une escouade*, paraît d'abord en feuilleton dans *L'Œuvre* du 3 août au 9 novembre 1916, avant d'être publié par les éditions Flammarion. L'ouvrage reçoit la même année le prix Goncourt. Prenant le contre-pied de l'épopée guerrière, Barbusse rencontre le désir de lecteurs avides de témoignages sur la vie au front.

## Barbusse, l'ancien combattant

Parti en 1914 persuadé de la légitimité de la guerre contre le militarisme allemand, Barbusse revient horrifié devant « cette chose monstrueuse et surtout stupide ». Il n'a de cesse, dès lors, de s'interroger sur les moyens d'éviter un nouveau conflit. En 1917, il fonde avec Paul Vaillant-Couturier l'Association républicaine des anciens combattants (ARAC).

> « Nous sommes emmitouflés à la manière des populations arctiques. Lainages, couvertures, toiles à sac, nous empaquettent, nous surmontent […]. […] se silhouette, tout autour, la mâchoire déchiquetée, chaque fois qu'un coup de canon jette son aube dans le ciel. »
>
> Henri Barbusse, « Dans la terre », *Le Feu*, 1916.

**1916** Henri Barbusse, *Le Feu*

1914 — 1915 — 1916 — 1917

Août-sept. 1914 Guerre de mouvement

Sept. 1914-janv. 1918 Guerre de position

**Les embusqués vus par les journaux des tranchées**

**La littérature du front donne à voir, à sentir, à entendre la guerre et rectifie l'imaginaire que l'arrière, soumis à la censure et à la propagande, s'est forgé du front. À l'image du héros volontaire de 1914 s'est substituée celle du combattant soumis à une violence inédite. Aux yeux des soldats enlisés dans la guerre d'usure, l'arrière devient rapidement le monde des embusqués et du « bourrage de crâne ».**

Dessin de Poulbot paru dans *La Baïonnette*, 1915.

## Les écrivains combattants

Nombre d'écrivains et d'intellectuels participent à la Première Guerre mondiale : *war poets* au Royaume-Uni, *Frontdichtern* en Allemagne, écrivains combattants en France. De leur expérience naît une littérature du front.

Tant que dure la guerre, ces textes sont emprunts d'un fort patriotisme, célébrant la fraternité des combattants au milieu des souffrances et de la violence. Mais dans les années 1920 et 1930, la littérature combattante prend une autre tonalité. Pour certains écrivains, comme Ernst Jünger ou Pierre Drieu la Rochelle, l'expérience du feu est fondatrice et exerce une certaine fascination. À d'autres, au contraire, le traumatisme de la guerre inspire des textes profondément antimilitaristes : le roman d'Erich Maria Remarque, *À l'Ouest rien de nouveau* (1928), connaît un immense succès tandis que Louis-Ferdinand Céline reçoit le prix Goncourt pour le *Voyage au bout de la nuit* (1932).

1918 — 1919 — 1920

**1917 Mutineries et lassitude**

**Janv.-nov. 1918 Guerre de mouvement**

**1918-1920 Les traités de paix**

Octobre 1917

# Les bolcheviks prennent le pouvoir en Russie

**En 1917, les masses russes épuisées par la guerre aspirent à la paix. Discrédité, le pouvoir tsariste est balayé par une première insurrection spontanée en février, mais l'instabilité politique entraîne une nouvelle révolution en octobre.**

## La fin des Romanov

L'annonce de la révolution de Février et de l'abdication du tsar Nicolas II a surpris les révolutionnaires russes en exil dont la principale figure, Lénine, se trouve en Suisse. Ceux-ci n'ont pas pris la mesure de la déliquescence de l'armée, où les mutineries se sont multipliées depuis 1916, et de la situation à l'arrière, épuisé par les pénuries. Les grèves et les manifestations spontanées ont eu raison de l'autocratie. Toutefois, le gouvernement provisoire mis en place en mars maintient la Russie dans la guerre, entraînant un fort mécontentement de la population.

## La révolution d'Octobre



Dans un contexte politique et social tendu, Lénine, de retour en Russie et aidé de Léon Trotski, planifie un coup d'État. Dans la nuit du 6 au 7 novembre 1917 – 24-25 octobre dans le calendrier julien russe –, ouvriers armés, marins et soldats occupent en quelques heures les points stratégiques de la capitale, Petrograd (actuelle Saint-Pétersbourg). Le 8 novembre, le gouvernement provisoire est remplacé par un conseil composé de 15 commissaires au peuple, dirigé par Lénine. Pour répondre aux attentes des masses paysannes, les bolcheviks prennent deux décrets : le premier sur la paix et le second sur l'abolition de la grande propriété foncière.

## La guerre à l'intérieur

En mars 1918, les bolcheviks signent la paix avec les empires centraux et sauvent la révolution. Mais le nouveau pouvoir doit faire face au réveil des oppositions intérieures. Commence alors une guerre civile qui va durer trois ans. Des mesures exceptionnelles sont prises : militarisation de l'économie, réquisition des récoltes, mise en place d'une police politique, la Tcheka. En juillet 1918, la famille impériale est assassinée sur ordre de Lénine.

La nouvelle armée révolutionnaire, l'Armée rouge, lutte contre deux ennemis : les Blancs, partisans du tsar, soutenus par les Britanniques et les Français, et les peuples non russes de l'Empire (Ukrainiens, Géorgiens, Arméniens) qui veulent faire sécession. En 1922, les bolcheviks l'emportent et créent l'Union des Républiques socialistes soviétiques (URSS).

Révolution d'Octobre 191

1914 1915 1916 191

Août-sept. 1914 Guerre de mouvement

Sept. 1914-janv. 1918 Guerre de position

***Octobre***

**En 1927, le cinéaste russe Sergueï Mikhaïlovitch Eisenstein revisite la révolution d'Octobre dans une version héroïsée où Lénine occupe une place centrale.**

Photogramme tiré d'*Octobre* de Sergueï Eisenstein, 1927.

*« Tant que l'État existe, pas de liberté ; quand règnera la liberté, il n'y aura plus d'État. »*

Lénine, *L'État et la Révolution*, 1917.

## Vladimir Ilitch Oulianov, dit Lénine (1870-1924)

Issu d'un milieu aisé, Lénine adhère pendant ses études de droit aux théories marxistes. Engagé au sein du parti ouvrier social-démocrate, il est déporté en Sibérie pendant trois ans puis exilé en 1900. Il est à l'origine, en 1903, d'une scission au sein du parti ouvrier social-démocrate. Il prend la tête du courant bolchevique. De 1906 à 1917, il vit en exil en Finlande puis en Suisse où il continue de théoriser la révolution.

De retour en Russie en avril 1917, il comprend la nécessité de sortir le pays de la guerre et déclenche la révolution d'Octobre. Il met en place d'une main de fer le nouveau pouvoir sans hésiter devant l'usage de la violence. Bien qu'affaibli par la maladie à partir de 1922, il dirige le pays jusqu'à sa mort en janvier 1924.

## Brest-Litovsk : « une paix infâme »

L'armistice est signé le 15 décembre à Brest-Litovsk avec les empires centraux. Mais devant les désaccords au sein du pouvoir bolchevik, les pourparlers sont rompus le 10 février et les Allemands reprennent l'offensive le 21. Lénine met alors en balance l'existence même de la révolution et l'emporte finalement. La paix est signée le 3 mars. Les clauses du traité sont d'une extrême dureté : l'indemnité de guerre est fixée à 94 tonnes d'or, le territoire russe est amputé des riches régions agricoles et industrielles de Pologne et d'Ukraine, de la Finlande et des États baltes. Au total, un million de kilomètres carrés sont cédés, représentant un quart de la population, un quart des terres cultivables et près des trois quarts de la sidérurgie et du charbon.



1918 — 1919 — 1920

**1917** Mutineries et lassitude

**Janv.-nov. 1918** Guerre de mouvement

**1918-1920** Les traités de paix

# 1917 L'année trouble

**L'année 1917 marque un tournant dans la Grande Guerre. Pour la première fois, des soldats se mutinent collectivement, exprimant une crise de confiance envers les chefs militaires. À l'arrière, les pénuries déclenchent de nombreuses grèves. Mais l'entrée dans le conflit des États-Unis et la défection russe redéfinissent les équilibres.**

## Les lassitudes de l'année 1917

### Les soldats refusent de monter en première ligne

Trois ans après le début du conflit, la guerre d'usure, les conditions de vie dans les tranchées, la mort quotidienne pour une cause que l'on ne perçoit plus comme juste, pèsent lourdement sur le moral des troupes.



L'échec de l'offensive française du Chemin des Dames, d'avril à octobre 1917, déclenche, pour la première fois sur le front occidental, un acte collectif de désobéissance qui touche 30 000 à 40 000 soldats dans les deux tiers des divisions françaises. L'armée russe connaît également de tels mouvements de rébellion : les actes d'insoumission et de fraternisation avec l'ennemi y sont fréquents.

Ces mutineries, qui n'ont toutefois pas lieu en première ligne, se manifestent par des refus d'obéissance.

*« Adieu la vie, adieu l'amour,/ Adieu toutes les femmes./ C'est bien fini, c'est pour toujours,/ De cette guerre infâme./ C'est à Craonne, sur le plateau,/ Qu'on doit laisser sa peau/ Car nous sommes tous condamnés/ C'est nous les sacrifiés ! »*

*Chanson de Craonne*, 1917.

**Le Chemin des Dames**

En décembre 1916, le général Nivelle remplace le général Joffre à la tête de l'état-major avec une nouvelle promesse de percer le front : plus d'un million d'hommes sont rassemblés entre Soissons et Reims. Après 14 jours de préparation d'artillerie, les premières vagues s'élancent le 16 avril 1917 à l'assaut du plateau du Chemin des Dames. Elles se heurtent aux barbelés allemands restés intacts et sont fauchées par les mitrailleuses. À la fin de la journée, 500 mètres ont été parcourus sur les dix kilomètres prévus. Malgré des pertes particulièrement élevées et en dépit du mauvais temps, Nivelle s'obstine. La bataille fait côté français 36 000 morts, 125 000 blessés et 14 000 disparus. Face au désastre, le 15 mai, Pétain remplace Nivelle.

**Marche des femmes à Saint-Pétersbourg, le 3 août 1917**
Comme lors de la révolution russe de février 1917, les femmes sont à l'avant-garde de la contestation.

## Une répression limitée

La répression menée par le général Pétain est assez modérée : les conseils de guerre prononcent 3 427 condamnations, parmi lesquelles 554 à la peine de mort dont 49 sont exécutées – ce qui est peu au regard des 22 à 23 condamnations à mort mensuelles recensées entre août 1914 et janvier 1917. Parallèlement, le commandement tente d'améliorer le quotidien des soldats. Une directive du 19 mai interdit les attaques profondes et meurtrières, et Pétain déclare attendre « les Américains et les tanks ».



## La lassitude aussi à l'arrière

Toutes les sociétés en guerre connaissent des mouvements sociaux d'envergure. Si l'Allemagne et le Royaume-Uni sont les plus touchés, des grèves massives et spontanées éclatent aussi en France et en Italie. Outre-Rhin, les revendications pacifistes se mêlent aux protestations contre les très fortes pénuries qui touchent le pays : en avril, 300 000 ouvriers cessent ainsi le travail. Il s'agit surtout de protester contre l'augmentation du coût de la vie, comme lors de la grève générale violemment réprimée à Turin en août.

**Les mutineries touchent surtout les armées françaises et russes**

Gravure de Léon Ruffe, *La Grogne*, 1917.

## Des hommes forts au pouvoir

Au début de 1917, certains responsables politiques s'interrogent sur la possibilité d'une paix négociée ; les coalitions politiques se désagrègent. En France, l'union sacrée est rompue par le retour des socialistes dans l'opposition. De fortes personnalités prennent alors la tête des gouvernements : Georges Clemenceau en France, David Lloyd George au Royaume-Uni, Vittorio Orlando en Italie. En Allemagne, le haut commandement militaire, dirigé par les généraux Hindenburg et Ludendorff, impose une quasi-dictature.

# Un nouvel équilibre des forces

## L'entrée en guerre des États-Unis

Jusqu'en 1916, le président Wilson a maintenu une politique de stricte neutralité, même si des prêts considérables ont été consentis aux pays de la Triple Entente. Mais en décembre 1916, l'engagement, par les Allemands, de la guerre sous-marine à outrance (► p. 24) met directement en danger les intérêts américains. Le 5 février 1917, Woodrow Wilson annonce la rupture des relations diplomatiques avec Berlin.

Quelques semaines plus tard, un télégramme du ministre des Affaires étrangères allemandes, encourageant les Mexicains à une action contre les États-Unis, est décrypté et publié dans la presse. En réponse, le Congrès vote le 6 avril l'entrée en guerre des États-Unis contre l'Allemagne.

**Débarquement d'un corps expéditionnaire américain à Saint-Nazaire, le 26 juin 1917**
Les États-Unis envoient plus de quatre millions de soldats, mais aussi des armes et du matériel, en particulier des tanks.

*« Le jour est venu où l'Amérique doit utiliser sa puissance pour les principes qui l'ont fait naître. Dieu aidant, elle ne peut en décider autrement. »*

Woodrow Wilson, discours au Congrès, 2 avril 1917.

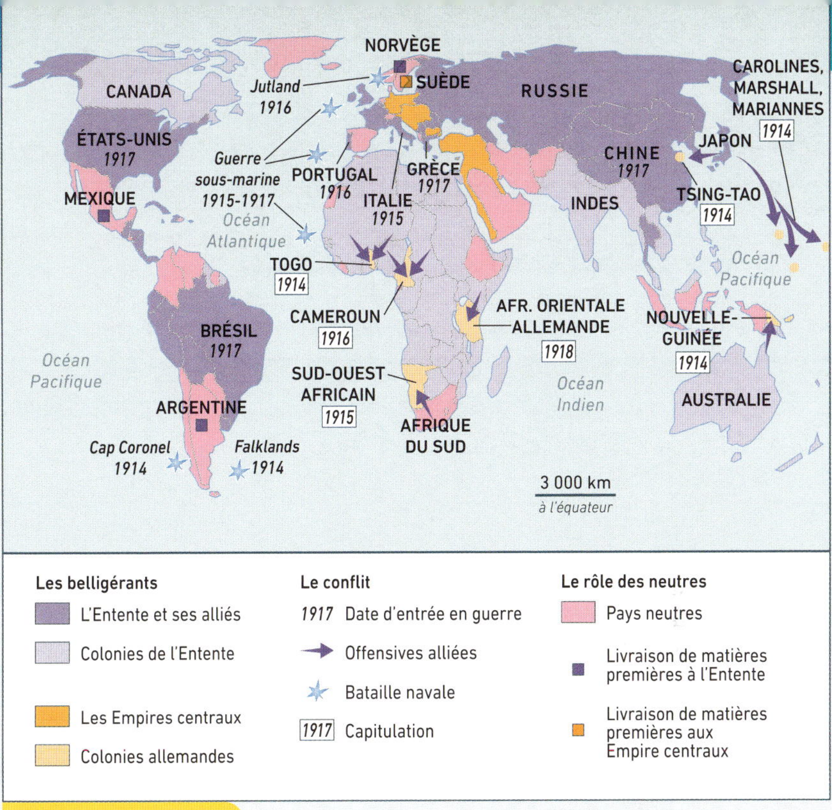


**Une guerre mondiale**

41

## La Russie en révolution demande l'armistice

Sur le front russe, les mutineries se multiplient. Deux révolutions successives, l'une en février, l'autre en octobre, ont bouleversé le paysage politique du pays. Rentré de son exil suisse grâce à un train spécial affrété par les Allemands, Lénine a pris la tête de la révolution d'Octobre.

Pour la consolider, il a besoin de la paix et plaide pour la cessation des combats avec l'Allemagne. L'armistice est signé à Brest-Litovsk le 15 décembre. Les Allemands, en position de force, peuvent imposer leurs conditions et espèrent pouvoir profiter de cette aubaine pour redistribuer leurs forces en direction du front ouest (► p. 36).

### Guerre et création artistique

Loin de la fureur des combats, l'année 1917 est le témoin d'une grande effervescence artistique. Le conflit a donné une impulsion décisive à certaines avant-gardes nées avant-guerre comme le cubisme, le futurisme ou l'expressionnisme. Nombreux sont les artistes engagés dans le conflit, certains comme combattants, d'autres comme peintres aux armées salariés par les gouvernements – l'Imperial War Museum est créé au Royaume-Uni en 1917. Cette même année, tandis que les peintres George Grosz et Fernand Léger sont démobilisés, Félix Vallotton peint *Verdun*. Un seul mouvement nouveau naît véritablement du conflit : Dada (► p. 29).

8 janvier 1918

# Les « quatorze points » de Wilson doivent servir de base à une paix future

**Dix mois après l'entrée en guerre des États-Unis, le président Wilson exprime officiellement, dans son discours sur l'état de l'Union prononcé devant le Congrès, les buts de guerre américains.**

## Entre pragmatisme...

Les États-Unis n'ont pas souscrit aux buts de guerre des membres de l'Entente, notamment au pacte de Londres signé avec l'Italie lui promettant, contre son engagement dans la guerre et en cas de victoire, les terres irrédentes (Trentin, Trieste, l'Istrie et une partie de la Dalmatie). Fort de l'apport décisif que constituent les troupes américaines, le président Woodrow Wilson entend tout à la fois protéger les intérêts de son pays et imposer sa vision des relations internationales.

En novembre 1917, Lénine a proposé à l'Allemagne une paix sans annexion, dans le respect du droit des peuples. Wilson estime alors nécessaire de formuler les buts de guerre des États-Unis dans un texte en quatorze points.



## ... et idéalisme

Le président américain assigne à son pays, au nom des idéaux de liberté et de justice, la mission d'organiser la paix future. Selon lui, celle-ci exige en premier lieu l'instauration du libre-échange, de la liberté des mers et de l'égalité commerciale. Ensuite, le droit des peuples à disposer d'eux-mêmes doit présider au règlement des questions territoriales. Ce nouveau principe s'applique à la fois aux minorités de l'Empire d'Autriche-Hongrie, aux populations non turques de l'Empire ottoman et aux colonisés.

Wilson défend enfin l'instauration d'une *New Diplomacy* transparente. Le quatorzième point prévoit la création d'une Société des Nations pour assurer un règlement collectif des conflits et garantir, par le désarmement, le retour définitif de la paix.

## Donner des garanties aux Alliés

Wilson veut aussi rassurer ses alliés en exigeant le retour de l'Alsace-Lorraine à la France, la restauration de l'indépendance de la Belgique et l'accès à une partie des terres irrédentes pour l'Italie. De même, la prise en compte des droits des colonisés doit respecter « les revendications des gouvernements » de tutelle que sont notamment la France et le Royaume-Uni.

Si le gouvernement britannique adhère aux quatorze points, en France Georges Clemenceau proclame sa fidélité aux accords passés avec ses alliés.

1914 1915 1916 1917

**Août-sept. 1914 Guerre de mouvement**

**Sept. 1914-janv. 1918 Guerre de position**

**« Pour chaque combattant, une travailleuse »**

**À la suite de l'entrée en guerre, l'État fédéral américain lance d'énormes programmes d'armement et de constructions navales. Comme en Europe, les femmes participent à l'effort de guerre.**

Affiche de YWCA (Young Women's Christian Association), 1918.



*« Notre objet est de défendre les principes de paix et de justice dans la vie du monde contre les puissances égoïstes et autocratiques. »*

Woodrow Wilson, message de guerre, avril 1917.

## Thomas Woodrow Wilson (1856-1924)

Professeur d'histoire puis de science politique, président de l'université de Princeton, Wilson est désigné par le parti démocrate comme candidat à l'élection présidentielle de 1912. Élu à la Maison-Blanche, il rompt avec l'isolationnisme traditionnel en engageant son pays dans le conflit. Premier président américain à se rendre en Europe durant son mandat, il est présent à la conférence de la paix de Paris en 1919 sur laquelle il entend peser. De retour aux États-Unis, il échoue à convaincre le Sénat de ratifier le traité de Versailles. Alors que sa popularité est au plus bas, il reçoit en novembre 1919 le prix Nobel de la paix.

**1918** **« Quatorze points » de Wilson**

1918 — 1919 — 1920

**1917 Mutineries et lassitude**

**Janv.-nov. 1918 Guerre de mouvement**

**1918-1920 Les traités de paix**

26 mars 1918

# Ferdinand Foch est nommé généralissime des armées alliées

**Grâce à l'apport de 2 millions de soldats américains, la supériorité technique et numérique des forces alliées leur permet, sous le commandement unique du général Foch, de gagner la guerre.**

## L'ultime offensive allemande

Dès le début de 1918, 250 000 soldats américains débarquent tous les mois en Europe, les Allemands veulent relancer l'offensive avant que le rapport de forces en faveur de l'Entente ne soit définitivement déséquilibré. Grâce au rapatriement des troupes du front oriental, ils peuvent aligner 197 divisions face aux 75 alliées.

En mars 1918, trois attaques successives sont menées, en Picardie, dans les Flandres et sur le Chemin des Dames. Les préparations d'artillerie, plus courtes, assurent la surprise. Ces offensives rapides parviennent à créer des poches profondes de 40 kilomètres dans le front franco-britannique. Mais faute de réserves en hommes et en matériel, les Allemands ne parviennent pas à exploiter leurs succès.



## Foch aux commandes

D'abord débordé, l'état-major allié confie le commandement unique à Ferdinand Foch le 26 mars. Les brèches sont colmatées grâce aux renforts acheminés par train et par route. Le 15 juillet, une quatrième offensive allemande sur Reims est stoppée par les troupes franco-américaines qui contre-attaquent lors d'une deuxième bataille de la Marne, appuyées par 1 000 chars Renault et par l'aviation.

> « *Je me suis dit : essayons Foch ! Au moins, nous mourrons le fusil à la main ! J'ai adopté ce fou qu'était Foch. C'est le fou qui nous a tirés de là !* »
>
> Georges Clemenceau (rapporté par Jean Martet, *Le Tigre*, 1930).

Début août, Foch ordonne la contre-offensive générale. Le 12, les Allemands subissent une lourde défaite à Montdidier face aux Britanniques. Du 25 au 28 septembre, trois assauts alliés menés par 211 divisions contraignent l'armée allemande à la retraite.

## Le recul général des empires centraux et de leurs alliés

Au Proche-Orient, en septembre, les Ottomans reculent devant l'alliance entre Arabes et Britanniques. Dans les Balkans, une offensive de l'armée d'Orient commandée par le général français Franchet d'Espèrey libère la Roumanie et la Serbie et contraint la Bulgarie à la capitulation le 29 septembre. L'Italie, quant à elle, reprend l'offensive contre l'Autriche-Hongrie et remporte la victoire de Vittorio Veneto le 30 octobre.

1914 — 1915 — 1916 — 1917

**Août-sept. 1914 Guerre de mouvement**

**Sept. 1914-janv. 1918 Guerre de position**

## Ferdinand Foch (1851-1929)

Polytechnicien, directeur de l'École de guerre de 1907 à 1911, Foch est l'un des instigateurs de la doctrine de l'offensive à outrance. Il participe à toutes les grandes batailles, de la Marne à la Somme. Après l'échec de Nivelle, relevé de ses fonctions en mai 1917 à la suite de l'échec meurtrier au Chemin des Dames, il est nommé chef d'état-major général, puis en mars 1918 généralissime des armées alliées, et parvient à repousser les troupes allemandes affaiblies. Nommé maréchal de France en août 1918, il conduit le défilé de la victoire du 14 juillet 1919, avec les maréchaux Joffre et Pétain.

**Le maréchal Foch**

Lithographie couleur d'après une illustration de G. Conrad.



## Les Allemands bombardent Paris

À partir de février 1918, les Allemands décident de bombarder Paris dans le but de démoraliser l'arrière. Le 23 mars, les *Paris-Kanonen* (« canons de Paris ») tirent, depuis des positions situées dans l'Aisne, leurs premiers obus de 100 kg sur la capitale. À la Chambre des députés, Maurice Barrès s'écrie : « C'est du pur Jules Verne ! » Jamais une arme d'une portée de plus de 100 kilomètres n'avait été vue. Jusqu'au 9 août, ce canon, que les Parisiens baptisent – en le confondant avec une autre pièce d'artillerie allemande – la « Grosse Bertha », tire près de 400 obus, faisant 256 morts et 625 blessés parmi les Parisiens.

**Fantassins allemands préparant un mortier de 42 cm**

**1918** Ferdinand Foch, généralissime des armées alliées

1918 — 1919 — 1920

**1917 Mutineries et lassitude**

**Janv.-nov. 1918 Guerre de mouvement**

**1918-1920 Les traités de paix**

24-29 octobre 1918

# Les Italiens battent les Autrichiens à Vittorio Veneto

**L'offensive de Vittorio Veneto menée par les Italiens en octobre 1918 entraîne le reflux de l'armée autrichienne et la libération de la péninsule italienne.**

## Le sursaut italien

En octobre 1917, l'armée italienne a subi une véritable déroute à Caporetto, permettant aux troupes austro-allemandes d'enfoncer le front sur 140 kilomètres. Le 4 novembre, les débris de l'armée italienne se replient vers le Piave, laissant aux Autrichiens la plus grande partie de la Vénétie. Le bilan de la bataille est lourd : 54 000 morts, 100 000 blessés et 350 000 prisonniers.

À l'arrière, tandis que des émeutes secouent les campagnes et que les grèves se multiplient dans les villes, le nouveau président du Conseil italien, Vittorio Orlando, appelle ses compatriotes à un sursaut national pour libérer le territoire.

## La victoire de Vittorio Veneto



Le gouvernement austro-hongrois, qui veut empêcher les Italiens de reconstituer leurs forces, lance le 15 juin 1918 une offensive sur le Piave. Stoppée par le général Armando Diaz, l'armée autrichienne en déroute, privée de ses combattants tchèques et yougoslaves, doit se replier.

La contre-offensive italienne lancée le 24 octobre est une gigantesque bataille qui met aux prises 51 divisions italiennes, soutenues par des unités britanniques, françaises et un régiment américain. Le 29 octobre, les Italiens reprennent Vittorio Veneto, entraînant le début du reflux autrichien. Les territoires situés au nord et à l'est de la Vénétie sont reconquis.

Le 3 novembre, l'Autriche-Hongrie demande l'armistice.

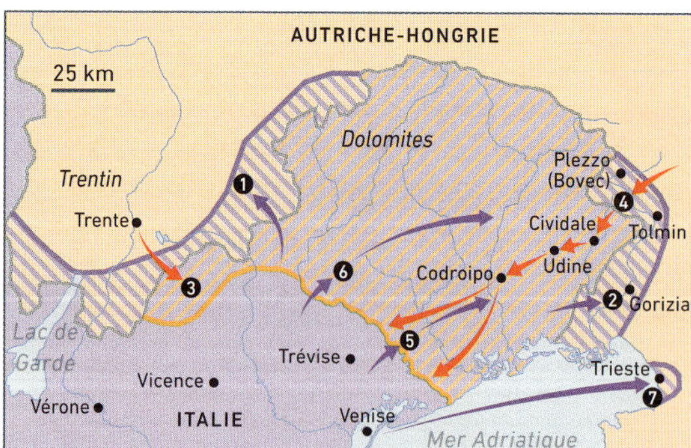


Frontières en 1914

Avance extrême : des puissances centrales ; des alliés

1. Juin 1915 : offensive italienne du Trentin
2. Juin 1915-sept. 1917 : les 11 batailles de l'Isonzo
3. Mai 1917 : off. autrichienne du Trentin
4. Oct. 1917 : désastre italien à Caporetto
5. Juin 1918 : victoire italienne de la Piave
6. Oct. 1918 : victoire italienne de Vittorio Veneto
7. Nov. 1918 : prise de Trieste

**Le front italien entre 1915 et 1918**

1914 — 1915 — 1916 — 1917

**Août-sept. 1914 Guerre de mouvement**

**Sept. 1914-janv. 1918 Guerre de position**

**« Après, vous vous sentirez mieux. »**

L'Italie entre en guerre en mai 1915 sur la promesse franco-britannique, en cas de victoire, d'annexer les terres irrédentes (Trentin, Trieste, Istrie et Dalmatie). Sur cette caricature, diffusée sur une carte postale pendant la guerre, le vieil empereur François-Joseph se fait arracher les dents de Trieste et Trente.



« *Résister, résister, résister.* »

Slogan italien après la défaite de Caporetto.

## L'Autriche-Hongrie dans la guerre

Le ralliement de l'Italie à l'Entente entraîne pour l'Autriche-Hongrie l'ouverture d'un troisième front.
Soutenu par les troupes allemandes, l'Empire habsbourgeois parvient à reprendre la Galicie aux Russes en mai 1916 et à anéantir la Serbie à la fin de l'automne, mais au prix d'une mise sous tutelle progressive de son armée par le commandement allemand. Conscient de la menace que fait peser une guerre longue sur la cohésion de l'empire multinational, Charles Ier – qui succède à François-Joseph mort en novembre 1916 – fait des propositions de paix, en vain. Sur le terrain, malgré le succès de Caporetto, la situation se délite à la fin de l'année 1917. Les désertions des unités tchèques s'amplifient. Lors de la signature de l'armistice le 3 novembre 1918, l'Empire a cessé d'exister : soutenus par les Alliés, Polonais, Tchèques, Slaves du Sud et Hongrois ont proclamé leur indépendance.

**1918** Victoire italienne à Vittorio Veneto

1918 | 1919 | 1920

**1917** Mutineries et lassitude

**Janv.-nov. 1918** Guerre de mouvement

**1918-1920** Les traités de paix

9 novembre 1918

# L'empereur d'Allemagne Guillaume II abdique

**La défaite militaire entraîne l'Allemagne dans une révolution. Celle-ci met fin à l'empire, remplacé par la République de Weimar.**

## La pression américaine

Après la capitulation de tous ses alliés, l'Allemagne est la seule à garder son territoire intact bien que son armée batte en retraite depuis deux mois. Le 3 octobre 1918, Guillaume II a formé un nouveau ministère confié à une personnalité libérale, le prince Max de Bade, espérant ainsi contenter les Américains avec lesquels l'Allemagne est entrée en pourparlers. Tout au long du mois d'octobre, le président Wilson fait pression pour une réelle démocratisation du régime.

## L'Allemagne en révolution

À la fin du mois, alors que Guillaume II a quitté Berlin pour les Ardennes, les marins de la flotte de haute mer refusent le dernier engagement naval ordonné par l'amiral Scheer. À Kiel, le 3 novembre, ils s'emparent des navires. Le mouvement se propage aux ports de la mer du Nord puis bientôt à toute l'Allemagne.

> « *Nous assistons à l'effondrement du vieux monde qui croule par pans entiers, jour après jour. Ce qui est le plus surprenant, c'est que la plupart des gens ne s'en aperçoivent pas et croient marcher encore sur un sol ferme.* »
>
> Rosa Luxemburg, *Lettres de prison*, 1916-1918.

Dans la nuit du 8 au 9 novembre, des conseils ouvriers s'installent dans plusieurs grandes villes à l'appel des révolutionnaires spartakistes. Le Reichstag, le parlement allemand, est menacé. Les généraux conseillent alors à l'empereur l'abdication ; elle devient effective à 14 heures le 9 novembre.

## Quelle république ?

À Berlin, la République est proclamée deux fois : par Philipp Scheidemann du Parti social-démocrate d'Allemagne (SPD) depuis le Reichstag, et par Karl Liebknecht du mouvement spartakiste depuis l'hôtel de ville. Au sein du nouveau gouvernement, socialistes majoritaires et indépendants siègent alors ensemble.

Cependant, le Parti communiste d'Allemagne (KPD) fondé en décembre par les spartakistes veut continuer la révolution et accuse le SPD au pouvoir de trahir le mouvement ouvrier. Le ministre de la Défense, Gustav Noske, ordonne la répression des soulèvements communistes.

En janvier 1919, une Assemblée constituante est cependant élue. Elle adopte, le 31 juillet depuis la ville de Weimar où elle a fui l'agitation berlinoise, une nouvelle Constitution, donnant ainsi naissance à la République dite de Weimar.



1914 1915 1916 1917

Août-sept. 1914 Guerre de mouvement

Sept. 1914-janv. 1918 Guerre de position

Bataille de rue à Berlin dans le quartier des imprimeurs, en 1919



## Guillaume II (1859-1941)

Proclamé empereur en 1888, Guillaume II applique la *Weltpolitik* qui vise à faire de l'Allemagne une puissance mondiale. En 1914, il soutient l'ultimatum autrichien à la Serbie, prenant le risque d'une déflagration générale.

Chef des armées durant toute la guerre, il concentre tous les pouvoirs mais, à partir de l'été 1916, s'efface devant le duumvirat formé par les généraux Hindenburg et Ludendorff.

Face à la révolution qui s'étend à tout le pays, il n'a d'autre choix que d'abdiquer le 9 novembre 1918. Il se réfugie le lendemain aux Pays-Bas où les autorités le protègent et refusent de le livrer aux Alliés qui souhaitaient le juger pour crimes de guerre.

## La révolution spartakiste

Depuis janvier 1916, le groupe révolutionnaire Spartakus s'est formé autour de Rosa Luxemburg et de Karl Liebknecht. Profitant du vide politique engendré par la défaite, Spartakus fonde le 30 décembre 1918 le Parti communiste d'Allemagne (KPD) qui appelle à lutter pour mettre en place une république sur le modèle bolchevique. Le nouveau gouvernement républicain réprime alors l'insurrection dans le sang. Karl Liebknecht et Rosa Luxemburg sont exécutés à Berlin le 15 janvier 1919 par les soldats d'un corps franc nationaliste.

**1918** Abdication de Guillaume II

1918 — 1919 — 1920

1917 Mutineries et lassitude

Janv.-nov. 1918 Guerre de mouvement

1918-1920 Les traités de paix

11 novembre 1918

# L'armistice est signé à Rethondes

**L'armistice signé entre les Alliés et les Allemands dans une clairière de la forêt de Compiègne met fin à la Première Guerre mondiale. Les combats cessent officiellement le 11 novembre à 11 heures du matin.**

## Négocier ?

Le 4 octobre 1918, c'est d'abord au président Wilson que le gouvernement allemand s'adresse pour entamer des négociations de paix, sur la base des « quatorze points ». En effet, l'état-major pense pouvoir obtenir des Américains des conditions d'armistice moins sévères. Le 6 novembre, Woodrow Wilson informe finalement le chef du gouvernement allemand, Max de Bade, que les Alliés disposent des clauses complètes d'un armistice. Une délégation allemande, conduite par le député Matthias Erzberger, prend la route de la France le lendemain.

## La position française

Côté français, alors que le président Poincaré et le général Pétain auraient voulu profiter du reflux allemand pour envahir le pays, le président du Conseil Georges Clemenceau et le général Foch savent que les soldats ne peuvent continuer.

Le 8 novembre, dans le wagon de commandement de Foch, stationné dans la clairière de Rethondes, les conditions de l'armistice sont lues à la délégation allemande. Une réponse est exigée pour le 11 novembre.

## Les clauses de l'armistice

L'armée allemande est sommée d'évacuer sous 15 jours les territoires occupés, y compris l'Alsace et la Lorraine. Elle doit également livrer tous ses sous-marins, une partie de sa flotte de surface, 5000 canons, 25000 mitrailleuses et 1700 avions. Ces clauses, drastiques, ne peuvent être discutées.

En Allemagne, l'abdication de Guillaume II crée une situation politique nouvelle. C'est au tout jeune gouvernement du socialiste Friedrich Ebert qu'il revient de prendre la décision. L'armistice est alors signé le 11 novembre à 5h10 du matin.

### Les armistices de la Première Guerre mondiale

| | |
|---|---|
| **29 septembre** | Armistice de Salonique entre les Alliés et la Bulgarie. |
| **30 octobre** | Armistice de Moudros entre les Alliés l'Empire ottoman. |
| **3 novembre** | Armistice de la villa Giusti entre l'Italie et l'Empire d'Autriche-Hongrie. |
| **11 novembre** | Armistice de Rethondes entre la France et l'Allemagne. |
| **13 novembre** | Armistice de Belgrade entre Français et Serbes d'un côté et Hongrois de l'autre. |



1914 1915 1916 191

Août-sept. 1914 Guerre de mouvement

Sept. 1914-janv. 1918 Guerre de position

**Signature de l'armistice dans la clairière de Rethondes, le 11 novembre 1918**
Foch (debout), entouré du général Weygand et des amiraux britanniques Wemyss et Hope, reçoit dans son wagon les deux représentants du gouvernement allemand, Matthias Erzberger et Alfred von Oberndorff, accompagnés de deux officiers allemands.
Tableau anonyme allemand.

## Paul von Hindenburg (1847-1934) et Erich Ludendorff (1865-1937)

Les deux généraux allemands prennent la tête du Grand Quartier général en 1916. Jusqu'à la fin de la guerre, ils concentrent tous les pouvoirs aussi bien en matière militaire qu'en politique intérieure. Partisans de la guerre totale, ils imposent la guerre sous-marine à outrance malgré le risque de conflit avec les États-Unis. N'ayant pas cru aux chars, ils sont submergés par la supériorité mécanique et numérique de l'Entente lors de la contre-offensive de l'été 1918. À la fin de la guerre, ils laissent aux civils la responsabilité de négocier l'armistice. Ayant rejoint l'extrême droite, Ludendorff participe au putsch de Munich fomenté par Adolf Hitler en 1923. Élu président de la République en 1925 et en 1932, Hindenburg nomme Hitler à la chancellerie le 30 janvier 1933, après la victoire de ce dernier aux élections législatives de novembre 1932 (► p. 98).

## L'Allemagne a-t-elle perdu la guerre ?

Le président Ebert déclare devant les régiments berlinois de retour du front : « Je vous salue, vous qui rentrez invaincus des combats. » Cette déclaration alimente le mythe du « coup de poignard dans le dos » forgé par le général Ludendorff et instrumentalisé par les nationalistes hostiles à la nouvelle République de Weimar. En effet, pour certains, ce n'est pas l'armée qui a perdu mais l'arrière qui a trahi. La réalité est tout autre : les civils sont sortis épuisés du blocus qui a fait 500 000 morts ; dès l'été 1918, les troupes se sont délitées, des dizaines de milliers de soldats ont abandonné les combats.

**1918** Signature de l'armistice de Rethondes

1918 — 1919 — 1920

1917 Mutineries et lassitude

Janv.-nov. 1918 Guerre de mouvement

1918-1920 Les traités de paix

1918-1920

# Une Europe à reconstruire

**La Première Guerre mondiale a bouleversé les équilibres démographiques, les économies et les sociétés : elle met fin à l'hégémonie européenne. Les traités de paix sont le fruit d'un compromis entre les exigences des vainqueurs et la volonté wilsonienne d'une paix généreuse ; mais ils sont lourds de conflits pour l'avenir.**

## Une Europe exsangue

### Plus de 9 millions de morts

Avec 9 millions de soldats morts ou disparus et le double de blessés, la guerre constitue une saignée démographique sans précédent. La grippe espagnole qui s'abat sur l'Europe au mois d'août tue 2 millions de personnes supplémentaires pour la seule année 1918 – entre 20 et 40 millions de victimes dans le monde en 1918-1919. La natalité s'effondre. Les sociétés sont en deuil. Des millions d'invalides de guerre, de veuves et d'orphelins doivent être secourus.

| | Morts (en millions) | % de la population active masculine |
|---|---|---|
| Allemagne | 2 | 9,8 |
| Russie | 1,8 | 5,0 |
| France | 1,4 | 10,5 |
| Autriche-Hongrie | 1,1 | 9,5 |
| Royaume-Uni et dominions | 0,885 | 5,1 |
| Italie | 0,650 | 6,2 |
| États-Unis | 0,116 | 0,2 |

**Les pertes militaires de la guerre**

### Des régions entières dévastées

Les destructions sont dramatiques dans les zones de combat : le nord et l'est de la France, la Belgique, le nord de l'Italie, les territoires polonais de la Russie. Des quartiers entiers sont à reconstruire à Liège, Ypres, Reims ; des villages ont été rayés de la carte. La destruction des infrastructures (routes, voies ferrées) a désorganisé les circuits commerciaux. Du fait des impératifs de l'économie de guerre et de la mobilisation, la production agricole et industrielle s'est effondrée. Il faut reconvertir les industries.

L'Europe s'est de plus lourdement endettée pour financer la guerre, notamment auprès des États-Unis, et l'inflation pèse sur les ménages.

**La mort de masse**

**Au milieu de la multitude des tombes, des familles endeuillées viennent pleurer leurs morts.**

Félix Vallotton, *Le Cimetière de Châlons-sur-Marne*, 1917, huile sur toile, 54 × 80 cm (Musée d'histoire contemporaine, BDIC, Paris).

## Des sociétés bouleversées



Malgré l'impatience des soldats, les démobilisations prennent du temps. De retour chez eux, les anciens combattants ne reçoivent pas toujours l'accueil qu'ils attendaient, dans leur famille où les femmes ont gagné une certaine autonomie à la faveur de la guerre – même si elles sont rapidement renvoyées dans leur foyer –, ou dans le monde du travail où leurs emplois n'ont pas toujours été sauvegardés.

**Réparer ?**

**Ces cinq « gueules cassées », conviées par Georges Clemenceau à la conférence de Paris, se trouvaient derrière la table où fut signé le traité de Versailles.**

« *Nous autres civilisations, nous savons maintenant que nous sommes mortelles.* »

Paul Valéry, *Variété 1*, 1924.

### L'émancipation politique des femmes

Le droit de vote est accordé aux femmes au Royaume-Uni, en Hongrie, en Russie soviétique en 1918, en Allemagne, aux États-Unis, aux Pays-Bas en 1919, en Autriche et en Albanie en 1920. En France, ce droit est adopté par la Chambre des députés en 1919 mais finalement retoqué par le Sénat en 1922.

# Les traités de paix

## Une paix des vainqueurs

Pour Georges Clemenceau, la sécurité de la France légitime l'écrasement de la puissance allemande, tandis que le Britannique David Lloyd George, soucieux d'éviter l'hégémonie française sur le continent, est enclin à plus de modération. De son côté, l'Italien Vittorio Orlando attend des compensations territoriales pour l'entrée en guerre de son pays. Mais le président américain Wilson ne se considère pas tenu par les accords passés entre les membres de l'Entente.

Les principaux acteurs de la conférence de Paris, Orlando, Lloyd George, Clemenceau et Wilson lors d'un conseil restreint, dans la résidence du président américain à Paris, en 1919.

Compromis entre ces différentes exigences, le traité de Versailles, signé le 28 juin 1919, règle le sort de l'Allemagne sans qu'elle ait pu en discuter : son territoire est amputé et coupé en deux par le corridor de Dantzig ; ses colonies sont confiées en mandat à la France et au Royaume-Uni ; son armée est réduite à 100 000 hommes. Rendue responsable de la guerre, elle doit payer de lourdes réparations.

Les traités de Saint-Germain-en-Laye, Neuilly, Trianon, Sèvres et Lausanne démantèlent les empires austro-hongrois et ottoman, remodèlent en profondeur l'Europe centrale et orientale et donnent naissance à de nouveaux États.



## « L'esprit de Genève »

Le président Wilson est surtout préoccupé par la mise en place de la Société des Nations (SDN) dont le pacte de création est intégré au traité de Versailles. Le but de cette organisation internationale, dont le siège est installé à Genève, est de favoriser le désarmement, la coopération et l'arbitrage international afin d'instaurer une paix durable.

*« Jamais n'a été infligée à un peuple, avec plus de brutalité, une paix aussi accablante et aussi ignominieuse qu'au peuple allemand la paix honteuse de Versailles. »*

Prince von Bülow, *Mémoires du chancelier prince von Bülow*, 1930.

Dès le départ, la SDN est fragile : elle est rejetée en janvier 1920 par le Sénat américain qui fait le choix du retour à l'isolationnisme, puis par la Russie bolchevique.

## Une guerre inachevée ?

Cette paix crée des rancœurs : en Allemagne, où l'on dénonce le *Diktat* de Versailles, ainsi qu'en Italie, où les nationalistes crient à la « victoire mutilée » car la Dalmatie et l'Istrie ont été finalement intégrées à la jeune Yougoslavie.

La question des réparations empoisonne les relations franco-allemandes jusqu'à l'occupation de la Ruhr par l'armée française en 1923.

**L'Europe en 1922**
Les traités de paix redessinent les frontières de l'Europe. De nouveaux États sont créés ou recréés sur les décombres des anciens empires centraux et russe vaincus.

## Le *Diktat* de Versailles

**Cette caricature de Thomas Theodor Heine, parue dans l'hebdomadaire satirique *Simplicissimus* le 3 juin 1919, résume l'état d'esprit de l'opinion publique allemande après la signature du traité de Versailles. Wilson, Clemenceau et Lloyd George y sont représentés en bourreaux s'apprêtant à guillotiner un personnage les mains attachées dans le dos : l'Allemagne.**

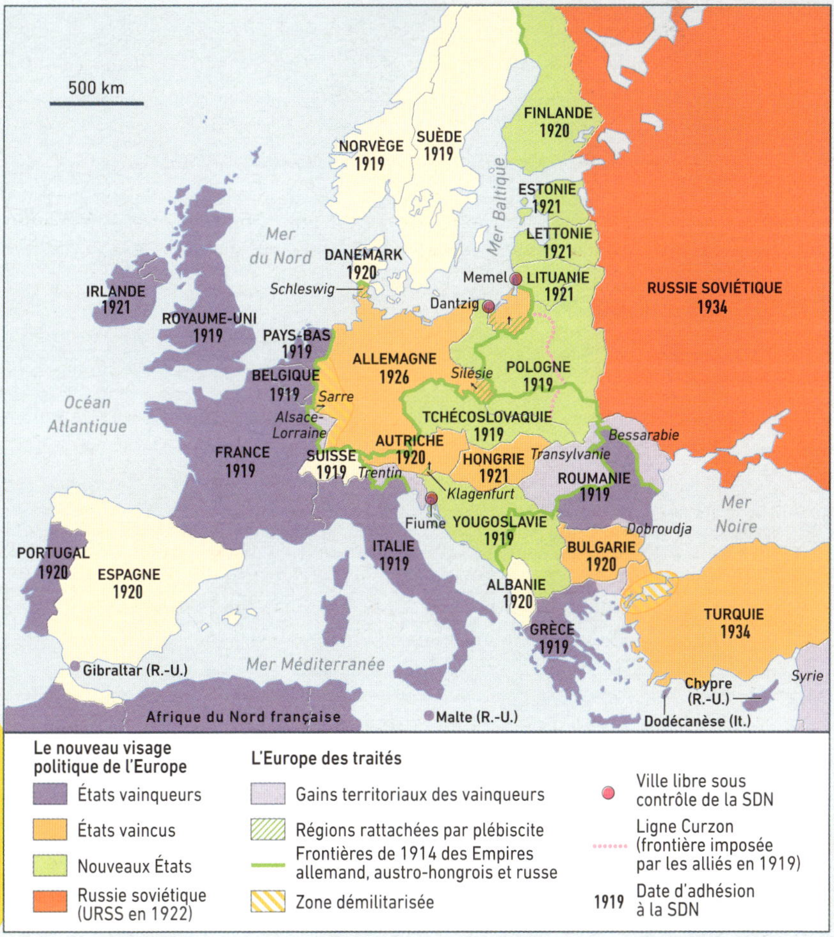

# 1920-1939

## La montée des totalitarismes

Les décennies 1920 et 1930 sont marquées par l'ombre portée de la Première Guerre mondiale. Si certains tentent d'oublier les traumatismes du conflit, les millions de morts, de « gueules cassées », de veuves et d'orphelins dans une frénésie de plaisirs, ces « années folles » sont aussi un temps de crispations et de tensions. La guerre fait naître espoirs et déceptions et bouleverse profondément les équilibres antérieurs : les traités de paix ne créent pas les conditions de possibilité d'un réel apaisement et, très vite, une nouvelle période de turbulences s'ouvre.

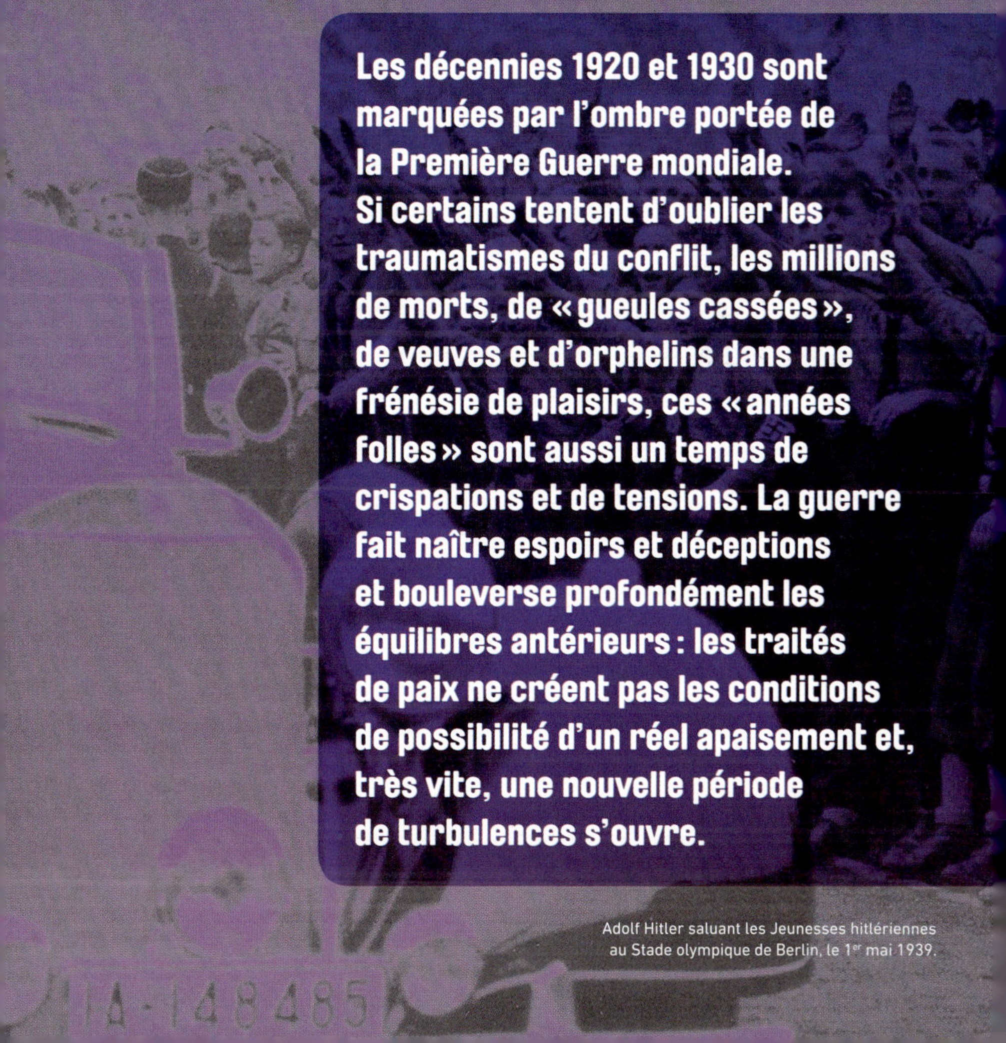


Adolf Hitler saluant les Jeunesses hitlériennes au Stade olympique de Berlin, le 1er mai 1939.

## Le difficile rétablissement de la paix

Au sortir de la Grande Guerre, la Conférence de la paix est largement inspirée par les conceptions du président Wilson et notamment par le principe du droit des peuples à disposer d'eux-mêmes. Mais les traités signés entre 1919 et 1923 humilient les vaincus sans satisfaire l'ensemble des vainqueurs et ne permettent pas, malgré la création de la Société des Nations (SDN), de garantir une paix durable. Les États-Unis renouent en effet avec leur isolationnisme traditionnel et leur influence se limite à la sphère économique. Dans les empires coloniaux, l'immobilisme prévaut en dépit des sacrifices consentis durant le conflit, ce qui conduit à un renforcement des aspirations nationalistes.

## La « brutalisation des sociétés »

La révolution bolchevique suscite autant d'espoirs que de craintes. En Allemagne et en Italie, les affrontements idéologiques se durcissent, témoignant d'une extension de la violence guerrière au domaine politique.

## De l'émergence des totalitarismes à la marche à la guerre

Les difficultés économiques liées aux conséquences de la Grande Guerre et à la crise de 1929 amplifient les antagonismes et favorisent l'arrivée au pouvoir de leaders charismatiques qui rejettent la démocratie et instaurent des régimes d'un type nouveau, fondés sur le culte du chef et l'encadrement des masses par la violence et la propagande.
Les idéologies dominant en Italie, en Allemagne et au Japon conduisent à la mise en œuvre de politiques expansionnistes qui ne sont freinées ni par la SDN, dont le manque de moyens d'action est patent, ni par les démocraties occidentales où le pacifisme prédomine.

*Le 1er septembre 1939, l'invasion de la Pologne par les troupes nazies marque le basculement dans un nouveau conflit mondial.*

**Été 1920**
Vingt et une conditions d'adhésion à la IIIe Internationale

**28 octobre 1922**
Marche sur Rome des Chemises noires de B. Mussolini

**29 octobre 1923**
M. Kemal, président de la République turque

1920 | 1921 | 1922 | 1923 | 1924 | 1925 | 1926

**1920-1929 Années folles**

**1922-1939 Montée des totalitarismes**

**21 juillet 1921**
Bataille d'Anoual et début de la guerre du Rif

**21 janvier 1924**
Mort de Lénine

**28 avril 1925**
Exposition internationale des arts décoratifs et industriels modernes à Paris

**10 décembre 1926**
A. Briand et G. Stresemann, prix Nobel de la paix

**3 septembre 1928**
Découverte de la pénicilline par A. Fleming

**1931**
Exposition coloniale internationale à Paris

**19 septembre 1931**
Invasion de la Mandchourie par le Japon

1926 — 1927 — 1928 — 1929 — 1930 — 1931 — 1932

**1920-1929 Années folles**

**1922-1939 Montée des totalitarismes**

**1929-1939 Crise économique mondial**

**20-21 mai 1927**
Traversée de l'Atlantique nord par Ch. Lindbergh

**12 mars 1930**
Début de la « marche du sel » de Gandhi en Inde

**29 octobre 1929**
Krach de Wall Street

**24 octobre 1931**
Condamnation d'Al Capone à Chicago

**1932-1933**
Grande famine en Ukraine

**6 février 1934**
Manifestation des ligues à Paris

**1936**
Fronts populaires en Espagne et en France

**21 décembre 1937**
W. Disney, *Blanche-Neige et les Sept Nains*

**12 mars 1938**
Annexion de l'Autriche par l'Allemagne

1933 | 1934 | 1935 | 1936 | 1937 | 1938 | 1939

**1935-1939 Marche à la guerre**

**30 janvier 1933**
A. Hitler, chancelier en Allemagne

**Août 1937-novembre 1938**
« Grande Terreur » en URSS

**15 septembre 1935**
Lois de Nuremberg en Allemagne

**Mai-juin 1937**
P. Picasso, *Guernica*

**31 août 1935**
A. Stakhanov, « héros du travail » en URSS

Été 1920

# Les **bolcheviks** fixent vingt et une conditions d'adhésion à la **III^e Internationale**

**Lors du deuxième congrès de l'Internationale communiste qui se tient à Moscou durant l'été 1920, 21 conditions d'adhésion sont définies. Celles-ci posent les bases d'un mouvement révolutionnaire mondial dirigé depuis la capitale russe.**

## Une III^e Internationale...

Durant la Première Guerre mondiale, se diffuse l'idée que la II^e Internationale – dite Internationale ouvrière, fondée en 1889 – a échoué : elle n'a pas pu empêcher un conflit dans lequel les ouvriers des différents pays s'affrontent.

Au pouvoir depuis la révolution d'Octobre, Lénine et les bolcheviks veulent abolir la propriété privée et créer une société sans classes non seulement en Russie mais également au-delà de ses frontières. C'est dans ce but que la III^e Internationale – dite Internationale communiste et appelée *Komintern* en russe – est fondée en mars 1919.



## ... pour diffuser la révolution

Ayant pour objectif d'étendre la révolution **prolétarienne*** au monde entier, les bolcheviks décident que les partis communistes seront autant d'antennes nationales d'un organe mondial basé en Russie. Vingt et une conditions d'admission à la III^e Internationale sont alors définies : elles imposent une stricte obéissance aux directives de Moscou, une organisation partout identique et, en parallèle, le développement de structures clandestines.

> *« ... une masse sans parti et qui ne suit pas un parti solide est une masse disséminée, dépourvue de conscience, incapable de fermeté et se transformant en jouet de politiciens adroits... »*
>
> Lénine, article publié dans le journal russe *Pravda*, 4 octobre 1913.

## L'extension du mouvement communiste

Privilégiant le **réformisme**** à la révolution, certains socialistes refusent ces conditions d'adhésion. Ces oppositions conduisent, en France et en Italie par exemple, à des scissions et à la création de « sections de l'Internationale communiste » qui viennent s'ajouter aux partis qui avaient été créés dès 1918.

Lénine s'impose dès lors comme le chef de file d'un mouvement révolutionnaire pensé à l'échelle mondiale.

* Un prolétaire est un ouvrier. ** Le réformisme est une politique visant à obtenir des réformes par la négociation.

**1920** Vingt et une conditions d'adhésion à la III^e Internationale

1920 | 1921 | 1922 | 1923 | 1924 | 1925 | 1926 | 1927 | 1928 | 19

1920-1929 Années folles

1922-1939 Montée des totalitarismes

**« Vive le soleil, que l'obscurité disparaisse »**
**Conformément aux idées prônées dans le *Manifeste du Parti communiste* de Karl Marx et Friedrich Engels (1848), les affiches déclinent le slogan : « Prolétaires de tous les pays, unissez-vous. »**
Affiche d'Ivan Simakov, 1921.



## Des partis communistes sont fondés partout dans le monde

| | |
|---|---|
| **30 décembre 1918** | Parti communiste d'Allemagne (KPD). |
| **2 septembre 1919** | Parti communiste des États-Unis d'Amérique (CPUSA). |
| **1920** | Parti communiste de Grande-Bretagne (CPGB). |
| **15 avril 1920** | Parti communiste espagnol (PCE). |
| **30 octobre 1920** | Parti communiste australien. |
| **29 décembre 1920** | Section française de l'Internationale communiste (SFIC). Le nom de Parti communiste français (PCF) est adopté en 1921. |
| **Décembre 1920** | Le Parti socialiste internationaliste argentin adopte le nom de Parti communiste (PCA). |
| **21 janvier 1921** | Parti communiste italien (PCI). |
| **23 juillet 1921** | Parti communiste chinois (PCC). |
| **30 juillet 1921** | Parti communiste sud-africain (SACP). |
| **25 mars 1922** | Parti communiste brésilien (PCB). |
| **15 juillet 1922** | Parti communiste japonais (PCJ), interdit jusqu'en 1945. |

30 1931 1932 1933 1934 1935 1936 1937 1938 1939

**1935-1939 Marche à la guerre**

**29-1939 Crise économique mondiale**

21 juillet 1921

# La bataille d'Anoual marque le début de la guerre du Rif

**Dans le Rif, zone montagneuse du nord du Maroc sous la domination des Espagnols et des Français depuis 1912, les troupes menées par le leader indépendantiste Abd el-Krim infligent une défaite sanglante à l'armée espagnole.**

## Le soulèvement du Rif marocain

En 1921, le général espagnol Manuel Fernández Silvestre doit faire face au soulèvement de plusieurs tribus marocaines menées par Abd el-Krim. Celui-ci, après avoir collaboré pendant la Première Guerre mondiale avec l'administration coloniale, prône désormais l'indépendance du Rif.

## Une première défaite espagnole

Sous-estimant l'adversaire, le général Fernández Silvestre refuse de se plier à l'injonction d'Abd el-Krim de ne pas dépasser l'oued Amekrane. Il poursuit son avancée vers le cœur du Rif et, le 1er juin, charge l'un de ses lieutenants d'établir un poste d'observation à quelques kilomètres d'Anoual. Les 250 hommes affectés à cette mission sont encerclés et massacrés et leur artillerie est récupérée par les assaillants.

Un combattant marocain pendant la guerre du Rif



## Le désastre d'Anoual

Pendant plusieurs semaines, les combats font rage. Le 21 juillet 1921, grâce notamment aux canons tombés en leur possession, les troupes rifaines battent à Anoual l'armée espagnole qui perd plus de 10 000 hommes. Sur le champ de bataille, les rebelles s'emparent de très nombreuses armes, de vivres, de médicaments ainsi que de deux avions. Le lendemain, le général Fernández Silvestre se suicide.

Cinq années sont nécessaires aux Espagnols et aux Français pour venir à bout de cette guerre du Rif, prélude aux conflits de décolonisation de la deuxième partie du siècle (▶ p. 198).

> « *Nous sommes à la période la plus aiguë de la décadence espagnole. La campagne d'Afrique est un échec total, absolu et sans circonstance atténuante de l'armée espagnole.* »
>
> Le député socialiste Indalecio Prieto aux *Cortès*, 4 mai 1922.

**1921** Bataille d'Anoual

1920 | 1921 | 1922 | 1923 | 1924 | 1925 | 1926 | 1927 | 1928 | 19

1920-1929 Années folles

1922-1939 Montée des totalitarismes

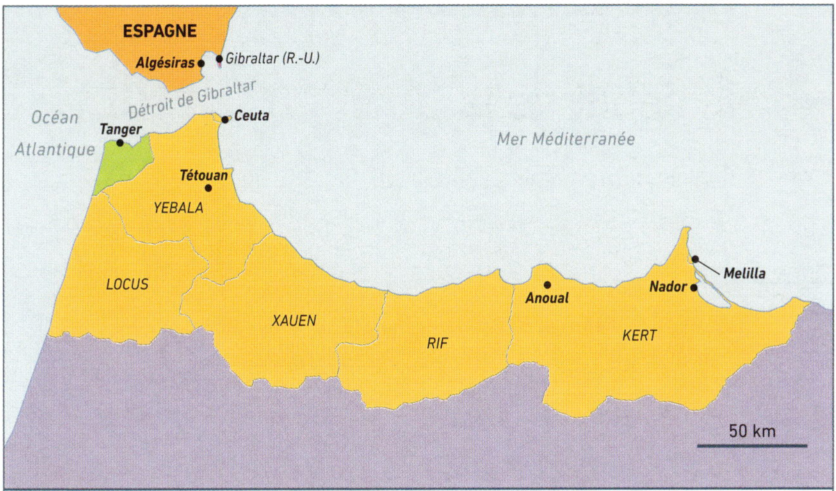


**Le Rif marocain**
**Le traité de Fès en 1912 définit les protectorats espagnol et français au Maroc.**

## Mohamed ben Abdelkrim El Khattabi, dit Abd el-Krim (1882-1963)

Fils de **cadi***, Abd el-Krim suit des études à la fois dans des écoles traditionnelles et dans le système espagnol, avant d'entrer dans l'administration coloniale au Maroc.
Après la Première Guerre mondiale, il devient le leader du soulèvement rifain. Fort du succès militaire remporté à Anoual, il obtient le soutien des tribus voisines et fonde une République confédérée des tribus du Rif, dont il devient président. Après cinq années de combats contre les Espagnols et les Français, Abd el-Krim est contraint de se rendre en mai 1926.
Exilé sur l'île de La Réunion, il trouve asile en 1947 en Égypte où il fonde avec le Tunisien Habib Bourguiba et d'autres chefs nationalistes un Comité de libération du Maghreb arabe. Jusqu'à sa mort en 1963, il demeure engagé dans le combat pour l'indépendance de l'Afrique du Nord.

* Juge dans les sociétés musulmanes.

## La dictature du général Miguel Primo de Rivera (1923-1930)

La défaite d'Anoual a d'importantes répercussions sur la vie politique espagnole. Alors que les tensions sont très vives entre le gouvernement et une partie de l'armée, le général Miguel Primo de Rivera réalise un coup d'État à Barcelone le 13 septembre 1923. Le surlendemain, le roi Alphonse XIII lui confie les pleins pouvoirs : c'est le début d'une dictature militaire qui dure jusqu'au 28 janvier 1930, date à laquelle Primo de Rivera, affaibli par l'âge et la maladie, et désavoué par ses pairs ainsi que par le roi, démissionne.

# Les Années folles

**Après la Première Guerre mondiale, beaucoup cherchent à oublier le traumatisme, la douleur du deuil et le spectacle quotidien des « gueules cassées » dans une quête d'insouciance et de plaisirs. Les sociétés occidentales connaissent alors une période de profondes mutations économiques, sociales et culturelles.**

## Tourner la page de la guerre

### Le temps de la fête

Paris, Berlin, New York et Moscou deviennent des lieux d'effervescence culturelle et artistique : en rupture avec le conformisme et les privations, les nouveaux divertissements se multiplient. Tandis qu'à Berlin les cabarets où sont montés des spectacles politiques insolents ne désemplissent pas, Joséphine Baker et la « Revue nègre » triomphent sur les scènes parisiennes du Théâtre des Champs-Élysées et des Folies Bergère.



Dans le même temps, la jazzmania gagne la capitale française. Dans les caves de Saint-Germain-des-Prés et les brasseries de Montparnasse se pressent ceux qui souhaitent danser le charleston sur ces rythmes nouveaux venus des États-Unis.

### De nouveaux modes de consommation

La croissance économique combinée aux avancées technologiques initiées pendant la guerre permet l'essor d'une production de masse. L'automobile et la radio se diffusent, modifiant considérablement la vie quotidienne, tandis que le cinéma devient un divertissement courant.

À Hollywood, capitale mondiale du cinéma, se développe un « *star system* » dont les magazines relatent les amours tumultueuses, à l'instar de celles de l'actrice Greta Garbo ou de l'écrivain Francis Scott Fitzgerald et de son épouse Zelda.

**Le fordisme**

**Pariant sur l'essor de la consommation de masse, Henry Ford met en place un système de production à la chaîne de ses automobiles et augmente les salaires de ses ouvriers. Ainsi la Ford T se vend à plus de quinze millions d'exemplaires dans le monde entre 1908 et 1927.**

**La jazzmania**
Le jazz naît aux États-Unis avant de se diffuser en Europe. Le trompettiste Louis Armstrong et le pianiste Duke Ellington – qui figure, à droite, sur cette photographie de 1925 avec son groupe The Washingtonians – en sont deux grandes figures.



## Le surréalisme

Deux ans après sa rupture avec le mouvement dada, André Breton publie en 1924 le *Manifeste du surréalisme*. Ce texte marque la naissance d'un nouveau courant littéraire qui prône une écriture « dictée de la pensée, en l'absence de tout contrôle exercé par la raison, en dehors de toute préoccupation esthétique ou morale ». Il s'agit notamment de reproduire les mécanismes psychiques à l'œuvre dans le rêve. Par la suite, cette pratique s'étend à d'autres domaines, tels la peinture, le cinéma ou la photographie. Des artistes venus d'Europe et des États-Unis, à l'image de Man Ray, de Giorgio De Chirico ou encore de Max Ernst, s'installent à Paris, véritable creuset culturel, et participent de cette rupture avec les conceptions classiques de l'art.

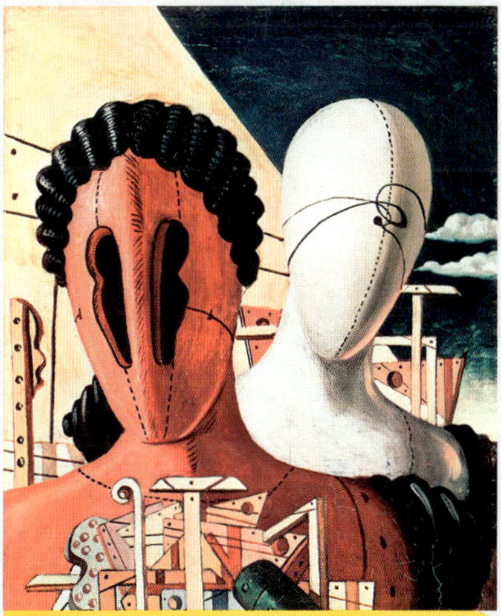

Giorgio De Chirico (1888-1978), *Deux Masques*, 1926, huile sur toile, (collection particulière).

# Entre libération et réaction

## L'émancipation féminine

Après les efforts du temps de guerre, la « garçonne » en France et son alter-ego américaine la « *flapper* » osent raccourcir jupe et cheveux. L'habitude de fumer et de se maquiller se répand tandis que le sport ou la conduite automobile ne sont plus réservés aux hommes.

Les femmes revendiquent également de prendre part à la vie politique (▶ p. 53). Au Royaume-Uni, au Canada, aux États-Unis, en Allemagne ou encore aux Pays-Bas, les suffragettes obtiennent après d'âpres combats le droit de vote. La Britannique Margaret Bondfield devient en 1929 la première femme ministre : elle œuvre alors à améliorer la place des femmes dans le monde du travail.

> *« C'est donc si extraordinaire qu'en matière… d'amour, une femme pense et agisse comme un homme ? Il faut vous faire à cette idée, et me prendre pour ce que je suis : un garçon. »*
>
> Victor Margueritte, *La Garçonne*, 1922.

## Un temps de crispations

Néanmoins, ces évolutions n'excluent pas des mouvements réactionnaires et sont même porteuses de nouvelles inégalités.

En France, le droit de vote des femmes est adopté par la Chambre des députés en 1919 mais retoqué par le Sénat en 1922. Après leur participation à l'effort de guerre, les Françaises sont renvoyées dans leur foyer et cantonnées à des fonctions domestiques traditionnelles.

Aux États-Unis, le XVIII$^{e}$ amendement à la Constitution instaurant la prohibition est ratifié en 1919 : toute vente d'alcool y est désormais interdite (▶ p. 94). Parallèlement, la xénophobie et la « peur du rouge » conduisent à l'arrestation en 1920 des anarchistes italiens Nicola Sacco et Bartolomeo Vanzetti, exécutés à tort en 1927. Le Ku Klux Klan se développe : en 1925, il compte plus de cinq millions d'adhérents. Ses membres s'en prennent aux Noirs, aux Juifs, aux immigrants, aux catholiques, aux marxistes… c'est-à-dire à tous ceux qui ne sont pas *white anglo-saxon protestant* (*WASP*).



### Coco Chanel (1883-1971)

Gabrielle Chanel – vite surnommée « Coco » – ouvre une boutique de modiste à Paris à la veille de la Première Guerre mondiale. Créatrice originale et indépendante à la vie sentimentale tumultueuse, « Mademoiselle » conçoit des tenues féminines simples, aux couleurs sobres, réalisées dans des tissus souples, tel le jersey jusque-là réservé aux vêtements d'hommes ou de sport. Ses tailleurs droits et ses « petites robes » rencontrent tout de suite un immense succès.

Redoutable femme d'affaires, elle développe dès 1921 un parfum, *Chanel n° 5*, puis à partir de 1924 des produits de maquillage et des soins.

**De nouveaux magazines diffusent l'image de la femme moderne**

Sur cette couverture de *Vogue*, une pilote est nonchalamment accoudée à une Citroën décorée par la peintre Sonia Delaunay.

Dessin de Georges Lepape pour *Vogue*, 1925.

« *Le moi n'est pas maître dans sa propre maison.* »

Sigmund Freud, *Introduction à la psychanalyse*, 1917.



## Un intérêt grandissant pour la psychanalyse

Les années 1920 voient se diffuser la psychanalyse qui place la libido, les pulsions, l'inconscient et le rêve au cœur du fonctionnement de la *psyché* humaine. Inspirée notamment par les travaux du neurologue français Jean-Martin Charcot sur l'hystérie et par la *talking cure* développée par le médecin viennois Josef Breuer, cette nouvelle méthode de thérapie a été fondée au tournant du siècle par Sigmund Freud (1856-1939), avant d'être reprise par de nombreux disciples.

**Sigmund Freud par Max Halberstadt, en 1921**

Le psychanaliste place au cœur de sa pensée les notions d'Éros (pulsion de vie) et de Thanatos (pulsion de mort).

28 octobre 1922

# Les Chemises noires de Mussolini marchent sur Rome

**Le 28 octobre 1922, Benito Mussolini orchestre une démonstration de force des miliciens fascistes grâce à laquelle il accède légalement au pouvoir.**

## Un projet : gouverner l'Italie

Ce jour-là, plus de 26 000 Chemises noires convergent vers Rome. Ces membres des milices du Parti national fasciste répondent à l'appel lancé par Benito Mussolini quelques jours plus tôt lors d'un congrès à Naples. Celui-ci y a dénoncé une nouvelle fois la faiblesse des gouvernements successifs et a ordonné à ses hommes de rallier la capitale pour montrer la puissance du parti voire, si le roi ne l'appelait pas à former un gouvernement, s'emparer du pouvoir par la force.

**Les Chemises noires**
Appelés « Chemises noires » en raison de leur uniforme, les miliciens fascistes sont souvent d'anciens combattants qui ont jugé la victoire d'Italie « mutilée » (► p. 54).

## *Manganello* et huile de ricin

Depuis la fin de la Première Guerre mondiale, dans un contexte de forte agitation sociale marqué par des grèves et des occupations de terres, les fascistes font régner la terreur. Ils recourent au gourdin (le *manganello*) et à l'huile de ricin contre les grévistes, les syndicalistes mais aussi les socialistes.

Mussolini gagne ainsi le soutien des milieux d'affaires et des grands propriétaires qui, craignant une contagion suite à la révolution russe d'octobre 1917, le voient comme le garant de l'ordre à un moment où l'État n'apparaît plus capable de remplir ce rôle.

## Mussolini, chef du gouvernement

Le roi Victor-Emmanuel III refuse de décréter l'état d'urgence. Bien que les troupes de Mussolini ne soient que faiblement armées contrairement à la garnison de Rome, il fait le choix d'éviter une confrontation qui mènerait à un bain de sang. Il annonce, le 29 octobre, sa décision de confier au leader fasciste la tâche de former un gouvernement.

Grâce à cette opération d'intimidation à laquelle il n'a pas participé directement, ne prenant le train pour Rome qu'après la décision du roi, Mussolini devient de façon légale président du Conseil.

« Croire, obéir, combattre. »

Devise fasciste.

**1922** Marche sur Rome

1920 1921 1922 1923 1924 1925 1926 1927 1928 192

1920-1929 Années folles

1922-1939 Montée des totalitarismes

## Benito Mussolini (1883-1945)

Militant socialiste à la veille de la Première Guerre mondiale, Mussolini est exclu du parti en raison de ses prises de position militaristes. Mobilisé pendant le conflit, il fonde en mars 1919 les Faisceaux italiens de combat, puis en 1921 le Parti national fasciste.

Appelé par le roi à former un gouvernement, il met peu à peu en place entre 1922 et 1926 une dictature. Il engage ensuite l'Italie aux côtés de l'Allemagne dans la Seconde Guerre mondiale.

Démis de ses fonctions par le Grand Conseil du fascisme le 25 juillet 1943, il est emprisonné. Libéré par un commando nazi, il dirige pendant quelques mois la République de Salò, régime soumis au IIIe Reich. Arrêté alors que ce dernier s'effondre, Mussolini est exécuté le 28 avril 1945.

## La mise en place d'une dictature fasciste en Italie (1922-1928)

| | |
|---|---|
| **Novembre 1922** | La Chambre et le Sénat octroient pour un an les pleins pouvoirs à Mussolini. |
| **Avril 1924** | Après une campagne électorale marquée par des violences, la coalition dirigée par les fascistes obtient la majorité absolue lors des élections législatives. |
| **10 juin 1924** | Le député socialiste Giacomo Matteotti est enlevé et assassiné par des Chemises noires, ce qui entraîne le boycott par les députés d'opposition des séances de l'Assemblée. |
| **3 janvier 1925** | Mussolini affirme dans un discours souhaiter en finir avec la démocratie libérale. |
| **1925-1926** | Un ensemble de mesures accorde l'essentiel du pouvoir à Mussolini et permet la répression de l'opposition. |
| **9 et 20 novembre 1926** | Après un attentat contre Mussolini, des « lois fascistissimes » sont votées : elles achèvent de supprimer toute liberté. Une police politique – l'OVRA – et un tribunal spécial sont créés pour les faire appliquer. |
| **10-11 novembre 1926** | Les sièges des partis et associations antifascistes sont fermés. |
| **14 mars 1928** | Pour l'élection des députés, un système de liste de noms présentés par des organes dépendants du parti est instauré. |



930 1931 1932 1933 1934 1935 1936 1937 1938 1939

1935-1939 Marche à la guerre

1929-1939 Crise économique mondiale

29 octobre
1923

# Mustafa Kemal est élu président de la République turque

**Premier président de la République turque nouvellement fondée, Mustafa Kemal engage son pays sur la voie de la modernisation et de l'occidentalisation.**

## L'Empire ottoman au sortir de la Première Guerre mondiale

Dans le contexte de la défaite de l'Empire ottoman, Mustafa Kemal prend la tête d'un mouvement nationaliste turc. Ce militaire de carrière s'oppose au pouvoir **théocratique*** du sultan et à la corruption du régime. En avril 1920, il organise l'élection d'une Grande Assemblée nationale. Réunie à Ankara, celle-ci lui confie le pouvoir à titre provisoire.

Le pays bascule alors dans la guerre civile. Les nationalistes gagnent le soutien de la population en s'élevant contre le traité de Sèvres qui, signé en août 1920, prévoit le démembrement de l'Empire (► p. 55). Sur le champ de bataille, Kemal l'emporte face aux armées arménienne, française, italienne, britannique puis grecque. Après le départ en exil du sultan Mehmed VI en novembre 1922, les nationalistes négocient à Lausanne, en juillet 1923, un traité établissant de nouvelles frontières.



## L'instauration de la République

Le 29 octobre 1923, la Grande Assemblée nationale proclame la République turque et élit Kemal président. Est ainsi consacrée la disparition de l'Empire ottoman, que parachève l'abolition du califat l'année suivante. Ankara devient la nouvelle capitale du pays.

## Le « père » de la Turquie moderne

Les pouvoirs temporels et spirituels sont séparés et la législation, jusqu'alors fondée sur les principes de l'islam, totalement modifiée. En outre, l'éducation étant perçue comme un moyen de moderniser et d'occidentaliser le pays, de nombreuses écoles, mixtes et laïques, sont créées. Des programmes de développement de l'agriculture, de l'industrie et des transports sont également engagés dans le but de rattraper l'Occident.

Figure tutélaire de cette nouvelle Turquie, Kemal reçoit en 1934 le nom d'Atatürk (« Père de la Turquie nouvelle »). S'appuyant sur un parti unique, il exerce un pouvoir sans partage jusqu'à sa mort en 1938.

*** Dont l'assise est d'ordre divin.**

**1923** Mustafa Kemal, président de la République turque

1920 1921 1922 1923 1924 1925 1926 1927 1928 192

1920-1929 Années folles

1922-1939 Montée des totalitarismes

**Un nouvel alphabet**
L'occidentalisation de la société passe aussi par l'interdiction de l'alphabet arabe, décidée le 3 novembre 1928. Kemal réalise une tournée à travers le pays pour défendre l'idée que ce dernier était moins adapté à la langue turque que l'alphabet latin.



« *Turquiser, moderniser, occidentaliser.* »

Principes empruntés par Mustafa Kemal à une œuvre du sociologue nationaliste Ziya Gökalp.

## L'émancipation des femmes en Turquie

La mise en place d'un code civil similaire à celui alors en vigueur en Suisse et la séparation de la religion et de l'État modifient totalement la place des femmes dans la société turque. Le mariage est laïcisé, le voile et la polygamie sont interdits et les maris n'ont plus la possibilité de répudier leur épouse. L'instruction des femmes est aussi encouragée et le droit de vote et d'éligibilité leur est accordé en 1930 pour les élections locales et en 1934 pour les élections nationales.

30 | 1931 | 1932 | 1933 | 1934 | 1935 | 1936 | 1937 | 1938 | 1939

1935-1939 Marche à la guerre

29-1939 Crise économique mondiale

21 janvier 1924

# Lénine meurt

**Le décès de Lénine, à la tête de la Russie soviétique depuis la révolution d'octobre 1917, ouvre une guerre de succession pour le pouvoir.**

## L'URSS en deuil

Le 21 janvier 1924, ce ne sont pas les cloches des églises, mais les sirènes des usines qui annoncent le décès de Lénine, survenu après une série d'attaques cérébrales qui l'avaient beaucoup affaibli. L'Union des républiques socialistes soviétiques (URSS) tout entière est orpheline.

## Trotski ou Staline ?

Dans les notes qu'il a dictées à son entourage, Lénine a évoqué ses inquiétudes quant aux risques de scission au sein du Parti communiste de Russie, proposé des réformes mais également brossé les portraits de six successeurs potentiels.

Parmi eux, deux hommes se détachent : Léon Trotski, le chef de l'Armée rouge, et Joseph Staline, le secrétaire général du Parti depuis 1922. Ils ont non seulement des tempéraments très différents, mais aussi des conceptions divergentes du Parti et de la révolution.

Si Lénine a clairement évoqué ses doutes quant au maintien de Staline dans ses fonctions, il n'a néanmoins pas pris clairement position quant à sa succession.

> *« Le camarade Staline en devenant secrétaire général a concentré un pouvoir immense entre ses mains et je ne suis pas sûr qu'il sache toujours en user avec suffisamment de prudence. »*
>
> Lénine, « Testament », décembre 1922.

## Staline, héritier de Lénine

Contrevenant aux volontés du défunt, Staline crée une « Commission de l'Immortalisation de la mémoire de V. I. Oulianov-Lénine », chargée notamment de l'embaumement de son corps et de la construction d'un mausolée sur la place Rouge à Moscou. Dès avril 1924, il analyse en outre dans une série de conférences la pensée du leader de la révolution d'Octobre. Son objectif est d'apparaître ainsi comme son héritier.

Staline use de ses talents de manipulateur mais aussi des ressources du Parti pour décrédibiliser Trotski. Ce dernier est accusé quotidiennement par la presse, ses écrits sont condamnés, si bien qu'il doit renoncer en 1925 à son poste de commissaire du peuple à la Guerre. Son exclusion du Parti en 1927 signe la victoire de Staline qui impose ses fidèles aux postes clés.

**Le deuil d'une nation**
**Pendant trois jours et trois nuits, des centaines de milliers de personnes viennent se recueillir devant la dépouille de Lénine à la Maison des syndicats à Moscou.**

## Lev Davidovitch Bronstein, dit Léon Trotski (1879-1940)

Président du soviet de Petrograd lors de la première révolution russe en 1905, Trotski théorise la « révolution permanente ». En 1917, il participe à la révolution d'Octobre aux côtés de Lénine (► p. 36) et devient l'un des principaux dirigeants bolcheviks, occupant les postes de commissaire du peuple aux Affaires étrangères puis à la Guerre. Il organise l'Armée rouge qui doit, durant la guerre civile, combattre contre les Blancs (partisans du tsar) et les puissances étrangères. Après la mort de Lénine, il s'oppose de plus en plus à Staline si bien qu'il doit quitter le gouvernement en 1925. Exclu du parti, il est d'abord exilé en Asie centrale puis banni d'URSS en 1929. Il fonde en 1938 la IVe Internationale qui s'oppose au Komintern, avant d'être assassiné à Mexico en 1940 par un agent de Staline.

## La création de l'URSS (1922)

Lorsqu'est envisagée une Union des républiques socialistes soviétiques rassemblant la Russie, l'Ukraine, la Biélorussie et la Transcaucasie, la nature du lien entre la République socialiste fédérative soviétique de Russie (RSFSR) et les autres républiques socialistes fait débat. Tandis que Lénine souhaite une égalité entre les républiques, Staline, alors commissaire du peuple aux Nationalités, se prononce en faveur de l'extension du gouvernement russe à l'ensemble de la fédération. Lors de la ratification du traité, le 30 décembre 1922, c'est l'option préconisée par le premier qui prévaut, mais elle est en partie remise en cause par la Constitution de 1924.



30 | 1931 | 1932 | 1933 | 1934 | 1935 | 1936 | 1937 | 1938 | 1939

**1935-1939 Marche à la guerre**

**29-1939 Crise économique mondiale**

28 avril 1925

# L'Exposition internationale des arts décoratifs et industriels modernes ouvre à Paris

**Au cœur des Années folles, est organisée une exposition qui doit redonner à la capitale française une place de premier plan dans le domaine des arts appliqués et l'industrie du luxe.**

## Promouvoir le goût français

Au début des années 1920, le ministère du Commerce et de l'Industrie français pilote le projet d'une Exposition internationale des arts décoratifs et industriels modernes. Celle-ci est inaugurée par le président Gaston Doumergue le 28 avril 1925. En plein centre de Paris, entre la place de la Concorde et le pont de l'Alma d'une part, et entre le rond-point des Champs-Élysées et l'esplanade des Invalides d'autre part, 150 pavillons et galeries sont édifiés.

Si cette exposition est internationale, vingt pays ayant accepté l'invitation de la France, l'objectif des organisateurs est avant tout de promouvoir auprès des cinq millions de visiteurs la qualité et la diversité retrouvées des arts décoratifs français.



## De l'Art nouveau à l'Art déco

Il s'agit notamment de mettre en avant les évolutions esthétiques advenues depuis le début du siècle. En rupture avec l'Art nouveau qui avait marqué de son empreinte l'Exposition universelle de 1900, architectes, décorateurs, peintres... revendiquent un style épuré, loin des décorations florales exubérantes du début du siècle : l'Art déco.

« Rue des boutiques » et dans les pavillons des grands magasins, les visiteurs viennent ainsi admirer et, pour les plus fortunés, acquérir les derniers meubles et objets créés, tels ceux des verriers Lalique et Baccarat.

## Une faible place faite à l'avant-garde

En opposition radicale avec le luxe des arts décoratifs, des artistes, et notamment des architectes, prônent un art fonctionnel, produit en série et utilisant des matériaux nouveaux comme le béton armé ou l'acier. Peu présents à l'Exposition, ils bâtissent des pavillons aux lignes épurées, tels ceux du Tourisme de Robert Mallet-Stevens ou de l'Esprit nouveau de Le Corbusier.

Ce dernier fait scandale au point que la direction de l'Exposition érige une palissade autour pour que les visiteurs ne le voient pas.

Exposition internationale des arts décoratifs et industriels modernes **1925**

1920 1921 1922 1923 1924 1925 1926 1927 1928

1920-1929 Années folles

1922-1939 Montée des totalitarismes

***Intérieur de l'Hôtel du collectionneur* par Jacques-Émile Ruhlmann**

**Le groupe de Jacques-Émile Ruhlmann, spécialisé dans la création de meubles et la décoration, édifie pour l'Exposition de 1925 le pavillon de l'Hôtel du collectionneur. Dans ce bâtiment majestueux, sont présentées les créations de plus de quarante artistes et artisans, constituant un intérieur luxueux et raffiné tout autant que confortable.**

Projet gouaché du Boudoir de l'Hôtel du Collectionneur (The Stapleton Collection).



*« L'exposition n'est pas un but. C'est un point de départ. [...] C'est là que le public comprendra par des réalisations qu'à notre vie moderne correspond un art décoratif et industriel moderne. »*

Catalogue officiel de l'Exposition, 1925.

## Le Bauhaus, un courant fonctionnaliste

Le Bauhaus est le grand absent de l'Exposition de 1925. Cette école artistique s'est développée en Allemagne au lendemain de la Première Guerre mondiale sous l'impulsion de l'architecte Walter Gropius. De très nombreux artistes d'horizons divers y collaborent, tels Vassily Kandinsky, Paul Klee, Le Corbusier, etc. L'enseignement qui y est dispensé rompt avec la tradition. Inspiré par l'art abstrait et les théories socialistes, il prône une adaptation de l'art à l'ère industrielle passant par l'abolition de la distinction entre artiste et artisan, ainsi que par l'utilisation de nouveaux matériaux comme l'illustrent les meubles **tubulaires***. Pour les membres du Bauhaus, édifices et objets doivent être fonctionnels et pensés pour la vie quotidienne.

*Dont la structure est faite de tubes en métal.

10 décembre 1926

# Le prix Nobel de la paix est décerné à Aristide Briand et à Gustav Stresemann

**Dans une Europe de nouveau marquée par des tensions, les ministres des Affaires étrangères français et allemand se voient récompensés pour leur engagement commun en faveur de la paix et du rapprochement entre leurs deux pays.**

## La difficile application des traités de paix

Les traités qui mettent un terme à la Première Guerre mondiale marquent la fin des combats (► p. 54) mais non un réel retour à la paix. Ils ne satisfont pas pleinement certains vainqueurs et sont considérés par les vaincus, qui n'ont pas été associés aux négociations, comme iniques. Leur application est ainsi ponctuée par des crises dès le début des années 1920. En conflit avec les Allemands sur la question du paiement des réparations, les Français occupent par exemple la Ruhr en 1923.

## Les accords de Locarno



Quoiqu'ils diffèrent par leur appartenance politique, le ministre des Affaires étrangères français Aristide Briand et son homologue allemand Gustav Stresemann tentent de faire prévaloir la conciliation.

N'hésitant pas à s'opposer à leurs opinions publiques, ils sont à l'origine, avec le Britannique Austen Chamberlain, de la conférence de Locarno, en Suisse. Celle-ci réunit du 5 au 16 octobre 1925 l'Allemagne, la France, la Grande-Bretagne, la Belgique, l'Italie, la Pologne et la Tchécoslovaquie. Au terme des discussions, les frontières de l'Allemagne avec la France et la Belgique sont reconnues inviolables et les ennemis d'hier réaffirment leur volonté de régler pacifiquement les conflits futurs.

## « L'esprit de Genève »

En septembre 1926, l'entrée de l'Allemagne à la Société des Nations (SDN) grâce, notamment, à l'engagement de Briand et de Stresemann, permet au pays de réintégrer le concert des nations.

Couronnement de leurs efforts, les deux ministres français et allemand reçoivent le 10 décembre 1926 le prix Nobel de la paix. Le jury d'Oslo met ainsi à l'honneur l'engagement en faveur d'une paix durable.

*« Arrière les fusils, les mitrailleuses, les canons ! Place à la conciliation, à l'arbitrage, à la paix ! »*

Discours d'Aristide Briand à la SDN le 10 septembre 1926, jour de l'entrée de l'Allemagne dans l'organisation internationale.

Aristide Briand et Gustav Stresemann, prix Nobel de la paix **1926**

1920 | 1921 | 1922 | 1923 | 1924 | 1925 | 1926 | 1927 | 1928

1920-1929 Années folles

1922-1939 Montée des totalitarismes

**Aristide Briand et Gustav Stresemann à la conférence de Locarno, en octobre 1925**
Les deux ministres des Affaires étrangères ont constitué l'un des premiers « couples » franco-allemands.



## Louise Weiss (1893-1983), une féministe au service de la paix

Agrégée de lettres, journaliste, écrivain, Louise Weiss est une féministe qui milite en faveur du droit de vote des femmes. Le traumatisme de la Première Guerre mondiale l'amène à réfléchir parallèlement aux moyens d'instaurer une paix durable. Elle dirige à partir de 1918 un hebdomadaire, *L'Europe nouvelle*, qui soutient le rapprochement franco-allemand engagé par Aristide Briand. Mais après l'échec de la conférence sur le désarmement de 1932 et l'arrivée au pouvoir d'Adolf Hitler (► p. 98), elle démissionne de la revue en 1934.

Au lendemain de la Seconde Guerre mondiale, elle réalise de nombreux voyages en Amérique, en Afrique et en Asie afin d'étudier les causes des conflits qui éclatent dans le contexte de la décolonisation et de la guerre froide.

## Le pacte Briand-Kellogg : la guerre « hors la loi »

Le 27 août 1928, à l'instigation d'Aristide Briand et du secrétaire d'État américain Frank B. Kellogg, 63 pays signent à Paris un accord en vertu duquel ils s'engagent à ne plus considérer la guerre comme un moyen de résoudre leurs différends. Si ce pacte témoigne d'un apaisement des tensions, sa portée est néanmoins limitée dans la mesure où aucune sanction n'est prévue en cas de transgression.

20-21 mai 1927

# Charles Lindbergh traverse l'Atlantique nord

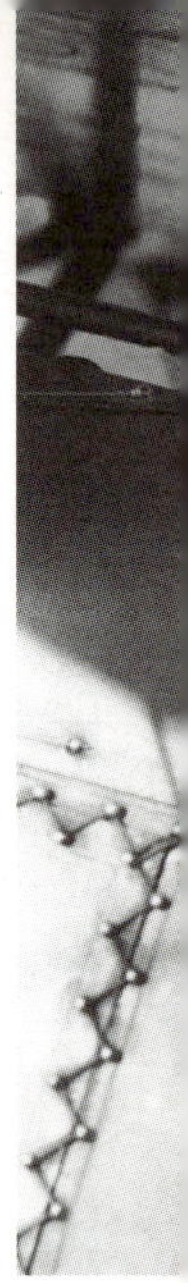

**Témoignant des progrès fulgurants de l'aviation au début du XXe siècle, le pilote américain Charles Lindbergh se pose au Bourget le 21 mai 1927 après avoir réussi la première traversée de l'Atlantique nord en solitaire et sans escale.**

## Un prix de 25 000 dollars

En 1919, alors que l'aviation connaît un essor rapide à la suite de la Première Guerre mondiale, l'homme d'affaires Raymond Orteig annonce qu'il offrira un prix de 25 000 dollars au premier qui parviendra à traverser l'Atlantique nord en avion sans escale. Charles Lindbergh, jeune pilote qui effectue alors des liaisons postales entre Chicago et New York, fait partie des passionnés qui décident de relever le défi.

## Le *Spirit of St. Louis*

Grâce au soutien de mécènes, Lindbergh fait construire un monoplan, le *Spirit of St. Louis*. Celui-ci est conçu pour transporter le plus de carburant possible, de façon à pouvoir effectuer d'une traite les 5 800 kilomètres qui séparent New York de Paris. Pour alléger l'avion au maximum, Lindbergh n'embarque ni radio ni parachute. Le réservoir d'essence de 1 700 litres est placé, pour des raisons de sécurité, entre le moteur et le cockpit. Le pilote n'a donc aucune visibilité vers l'avant : il doit se fier aux instruments de navigation, recourir à un périscope pour voir devant lui ou encore basculer légèrement l'avion pour voir sur le côté.



## Une arrivée triomphale

Le 20 mai 1927, Lindbergh décolle de l'aérodrome Roosevelt de Long Island. L'avion fait cap vers Terre-Neuve puis survole l'Irlande avant de se poser, 33 heures et 30 minutes plus tard, à l'aéroport du Bourget à Paris.

Une foule euphorique acclame l'aviateur, héros des temps modernes, qui a dû lutter contre les crampes et le sommeil pour réussir cet exploit.

### Les premières traversées aéromaritimes

| | |
|---|---|
| 1909 | Louis Blériot réalise la première traversée aérienne de la Manche. |
| 1913 | Roland Garros effectue la première traversée aérienne sans escale de la Méditerranée. |
| 1927 | Charles Lindbergh survole en solitaire et sans escale l'Atlantique nord. |
| 1928 | Charles Kingsford-Smith et Charles T. P. Ulm traversent le Pacifique avec escales, de la Californie à l'Australie. |
| 1930 | Jean Mermoz, Jean Dabry et Léopold Gimié réalisent la première traversée aéropostale de l'Atlantique sud, du Sénégal au Brésil. |

Traversée de l'Atlantique nord par Charles Lindbergh **1927**

1920 | 1921 | 1922 | 1923 | 1924 | 1925 | 1926 | 1927 | 1928 | 19

1920-1929 Années folles

1922-1939 Montée des totalitarismes

**Charles Lindbergh à bord du *Spirit of St. Louis*, en 1927**
L'avion a pu être construit grâce au soutien de mécènes de la ville de Saint-Louis.

*« L'aventure est dans chaque souffle de vent. »*

Charles Lindbergh, *The Spirit of St. Louis*, 1953.



## L'Aéropostale

Au cours de la Première Guerre mondiale, l'aviation a été utilisée pour des reconnaissances puis pour des bombardements. Au lendemain du conflit, ses usages civils se développent, à commencer par le transport du courrier.
Les Français Pierre-Georges Latécoère et Marcel Bouilloux-Lafont créent ainsi la Compagnie générale aéropostale qui emploie des pilotes aussi fameux qu'Antoine de Saint-Exupéry ou Jean Mermoz. L'Europe est d'abord reliée à l'Afrique puis à l'Amérique du Sud. 32 millions de lettres sont ainsi transportées en 1930. Néanmoins, la compagnie est frappée de plein fouet par la crise de 1929 et elle est mise en liquidation en 1931 avant d'être rachetée par Air France en 1933.

Affiche, *Le Latécoère 28* ou *Laté*, hydravion avec lequel Jean Mermoz a traversé l'Atlantique sud pour la première fois le 12 mai 1930.

30 | 1931 | 1932 | 1933 | 1934 | 1935 | 1936 | 1937 | 1938 | 1939

1935-1939 Marche à la guerre

29-1939 Crise économique mondiale

3 septembre 1928

# Alexander Fleming découvre la pénicilline

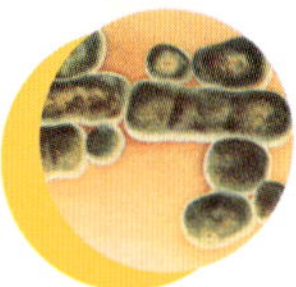

**En 1928, Alexander Fleming découvre par hasard les vertus d'une substance sécrétée par un champignon et ouvre ainsi la voie au premier traitement antibiotique.**

## Une découverte accidentelle

Le 3 septembre 1928, le médecin et bactériologiste britannique Alexander Fleming constate que les boîtes de Petri dans lesquelles il cultivait des bactéries de la famille des staphylocoques ont été contaminées pendant ses vacances par un champignon microscopique sur lequel travaille son voisin de laboratoire. Au moment de les nettoyer, il s'aperçoit que, autour des colonies cotonneuses, les bactéries ne se sont pas développées. Il formule alors l'hypothèse que la substance sécrétée par ce champignon empêche leur reproduction. Il l'isole et la nomme *Penicillium notatum*.

Fleming publie dès 1929 un article dans le *British Journal of Experimental Pathology* mais il ne parvient pas à exploiter cette substance à des fins thérapeutiques.

## Le premier antibiotique



Près de dix ans plus tard, Howard Florey et Ernst Chain prolongent les travaux de Fleming. Ils mettent au point une méthode pour isoler et purifier la pénicilline et en testent les premières doses d'abord sur des souris puis sur des patients.

Ne trouvant pas de soutiens financiers en Angleterre, ils sollicitent en 1941 des industriels américains. Le soutien apporté par le gouvernement américain dans le cadre de la préparation de la guerre joue également un rôle décisif dans le démarrage d'une production industrielle. C'est une véritable révolution dans le domaine médical car cet antibiotique permet d'enrayer les septicémies mais aussi de lutter contre de nombreuses maladies microbiennes, telles la syphilis, la pneumonie, la méningite ou encore la scarlatine.

Fleming (ici dans son laboratoire à Londres en 1943), Florey et Chain reçurent conjointement en 1945 le prix Nobel de physiologie (médecine) pour cette découverte.

Découverte de la pénicilline par Alexander Fleming **1928**

1920 1921 1922 1923 1924 1925 1926 1927 1928 19

1920-1929 Années folles

1922-1939 Montée des totalitarismes

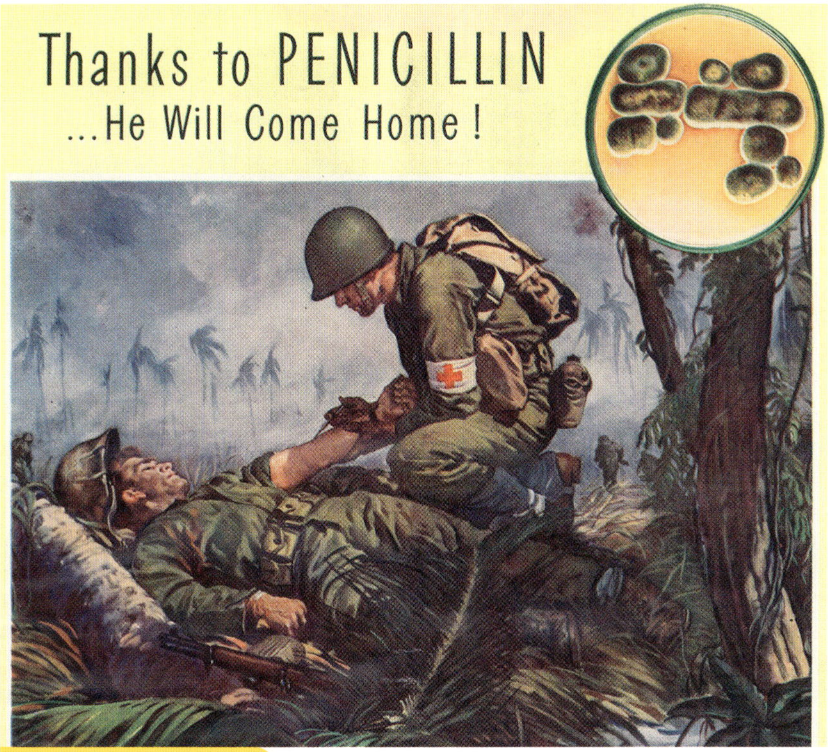


**« Grâce à la pénicilline... il rentrera chez lui ! »**
**Pendant la Seconde Guerre mondiale, la production de pénicilline devient une priorité pour les Alliés. 2,3 millions de doses sont ainsi fabriquées en vue du débarquement du 6 juin 1944.**
Publicité des laboratoires Schenley parue dans le magazine *Life*, 14 août 1944.



*« Nous savons tous que la chance, la fortune, le hasard ou le destin – appelez cela comme vous le souhaitez – a joué un rôle considérable dans de nombreuses grandes découvertes scientifiques. [...] Cela est particulièrement vrai pour les sciences biologiques car elles ont à voir avec des mécanismes vivants à propos desquels notre connaissance est encore très partielle. »*

Discours d'Alexandre Fleming au banquet du Nobel, Stockholm, 10 décembre 1945.

## La découverte de l'insuline

En 1921, dans le prolongement de travaux menés depuis la fin du XIXe siècle, deux Canadiens, Frederick Banting et Charles Best, extraient une hormone produite par le pancréas : l'insuline. Grâce à elle, ils guérissent en 1922 un patient en coma diabétique et ouvrent ainsi la voie au traitement du diabète. La production industrielle démarre très vite : en quelques mois, un laboratoire pharmaceutique d'Indianapolis parvient à fabriquer cette hormone en grande quantité.

1929-1935

# Du krach de Wall Street à la crise mondiale

**En 1929, éclate à la bourse de New York une crise financière qui se propage rapidement à l'économie mondiale. Élu en 1932, le président américain Franklin Delano Roosevelt met en place le *New Deal*, vaste programme de lutte contre la crise.**

## Octobre 1929 • La « Grande Dépression » débute aux États-Unis

### Le « jeudi noir »

Le 24 octobre 1929, à la bourse de New York, des millions d'actions sont mises en vente dans un mouvement de panique. Elles ne trouvent pas d'acheteurs, ce qui entraîne un effondrement des cours. C'est le début d'une baisse brutale du **Dow Jones***.

Le krach de Wall Street est lié en grande partie à l'essor de la spéculation dans les années 1920. L'augmentation du nombre d'investisseurs a provoqué une hausse globale de la valeur des actions, alors même que l'activité économique ralentissait. De là, un découplage entre la valeur réelle des entreprises et les cours de leurs actions. En outre, beaucoup de spéculateurs ont acheté des actions à crédit. Or, après le krach, ils ne peuvent plus honorer leurs dettes.

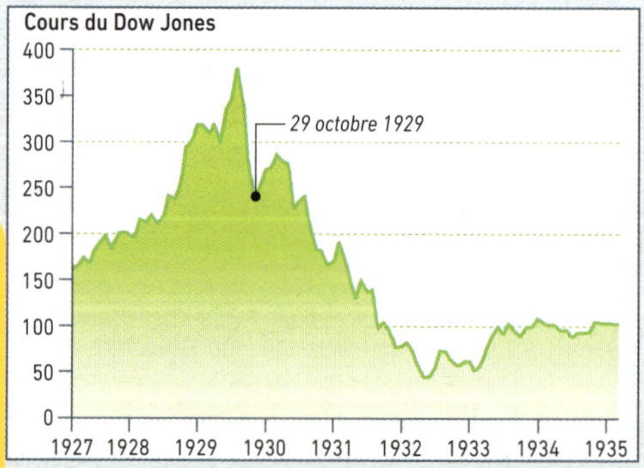


**L'évolution du Dow Jones**

**Le 29 octobre 1929, à la fermeture du marché, le Dow Jones chute de près de 40 % par rapport à son maximum du 3 septembre de la même année. Cette baisse se prolonge jusqu'en juillet 1932 : elle atteint alors quasiment 90 % de la valeur de 1929.**

* L'indice des valeurs industrielles de la bourse de New York.

**La crise s'étend au monde**
**Couverture d'une brochure consacrée à la crise de 1929 et ses conséquences mondiales.**
Thomas Theodor Heine, *The Octopus of Crisis*, lithographie, Hamburg, 1931 (Collection privée).

## La crise nourrit la crise

Des milliers de banques et d'entreprises font faillite. Vivant dans la peur de perdre leur emploi, les Américains consomment moins. Ceci entraîne en retour une réduction de la production, une baisse des salaires et une hausse du chômage, provoquant une nouvelle contraction de la consommation…

La misère grandit : nombreux sont ceux qui se nourrissent dans les poubelles des restaurants ou qui survivent grâce aux distributions de nourriture.

## Une dépression mondiale

Dès 1930, les États-Unis ferment leurs frontières aux produits étrangers et rapatrient leurs capitaux. Comme ils occupent une place primordiale dans l'économie mondiale, la crise s'étend.

Les pays d'Europe centrale et orientale, très dépendants des Américains depuis la fin de la Première Guerre mondiale, sont touchés les premiers. Puis la France, le Royaume-Uni, le Japon, etc. sont frappés à leur tour. La production diminue, entraînant une augmentation du chômage, laquelle conduit à une nouvelle réduction de la production.

**Les *Hoovervilles***

**De nombreux Américains sont expulsés de leur logement car ils ne peuvent plus rembourser leurs emprunts immobiliers. À New York, des bidonvilles apparaissent alors jusque dans Central Park. Ils sont surnommés *Hooverville*, en référence au président Herbert Hoover.**

Photographie anonyme, début des années 1930.

# 4 mars 1933 • Franklin Delano Roosevelt devient le 32e président des États-Unis

## Une nouvelle donne ?

Excellent orateur, le candidat démocrate Franklin Delano Roosevelt fustige le bilan du président Herbert Hoover. Depuis 1929, les États-Unis se sont en effet enfoncés dans le marasme : le nombre de chômeurs n'a cessé de progresser, atteignant

**Cette affiche allemande de 1932, qui vise à limiter les importations, affirme : « Les Allemands doivent acheter allemand. »**

### Le repli économique, un choix largement partagé

Chaque pays espérant rejeter les effets de la crise à l'extérieur, les tentatives d'action économique concertée échouent. La France et le Royaume-Uni misent ainsi sur la « préférence impériale » : ils privilégient les liens avec leurs colonies au détriment des échanges mondiaux (► p. 90).

Les régimes fascistes optent quant à eux pour l'autarcie, cherchant à utiliser toutes leurs ressources nationales. En Allemagne, des recherches sont menées pour produire des *ersatz* – c'est-à-dire des produits de remplacement –, par exemple de l'essence, du caoutchouc ou de la laine synthétiques. Par la suite, se développe l'idée, à Rome comme à Berlin, qu'une expansion territoriale ou coloniale est nécessaire (► p. 93).

plus de 12 millions en 1932, soit près de 25 % de la population active. Persuadé que la reprise était « au coin de la rue » et attaché au « laisser-faire », le républicain Hoover a refusé d'opter pour une intervention directe de l'État.

Roosevelt, qui promet pour sa part aux Américains un *New Deal*, c'est-à-dire une nouvelle donne, est élu à une large majorité le 8 novembre 1932.

## Un interventionnisme accru

Le nouveau président réorganise tout d'abord le secteur bancaire et l'activité boursière de façon à rétablir la confiance. Un système d'assurances garantit en outre l'épargne. Dans le même temps le dollar est dévalué, ce qui permet de faire baisser les prix et de relancer les exportations.

L'État devient un acteur important de la lutte contre le chômage grâce à une politique de grands travaux. Il intervient également dans la réglementation du marché du travail et des prix, notamment agricoles. Le 14 août 1935, le vote du *Social Security Act* pose les premiers jalons du *Welfare State* (État-providence) : l'État garantit les droits sociaux des individus face au chômage et à la vieillesse.

De façon pragmatique, sans appliquer de théorie particulière, Roosevelt transforme en profondeur la politique économique et sociale américaine.

**Roosevelt et l'utilisation de la radio**

**Dans le but de rétablir la confiance et d'expliquer sa politique, le président Roosevelt s'adresse régulièrement aux Américains lors de « causeries au coin du feu ».**



*« Je vous engage, je m'engage moi-même à une nouvelle donne pour le peuple américain. »*

Discours de Franklin D. Roosevelt au cours de sa campagne électorale, 2 juillet 1932.

### Le modèle scandinave, réponse à la crise

Très dépendants du commerce extérieur, les pays scandinaves (Norvège, Suède et Danemark) sont frappés de plein fouet par la crise. Dans ce contexte, les sociaux-démocrates remportent les élections et posent les bases d'un système d'État-providence.

En Suède par exemple, Per Albin Hansson forme en 1932 un gouvernement dont l'objectif est de mettre en place une *Folkhemmet* (une « maison du peuple »), c'est-à-dire un modèle de société égalitaire, reposant sur la contribution de tous. Une politique de grands travaux est engagée pour lutter contre le chômage, les prix agricoles sont soutenus par des aides publiques, tandis que le nombre de bénéficiaires de l'assurance maladie est accru et qu'une loi sur les pensions est votée en 1935.

12 mars 1930

# Gandhi entame la « marche du sel » pour obtenir l'indépendance de l'Inde

**Partisan de la non-violence, Gandhi engage en 1930 une nouvelle campagne de désobéissance civile contre les autorités britanniques.**

## Le choix du sel comme enjeu

Le 12 mars 1930, Mohandas Karamchand Gandhi entame une marche qui doit le conduire jusqu'à l'océan. Il quitte l'**ashram*** de Sabarmati (au nord-ouest du pays), accompagné de quelques dizaines de partisans et, surtout, de journalistes qui donnent à son action une résonance internationale.

Alors que les autres membres du parti du Congrès menacent de recourir à la force pour obtenir l'indépendance de l'Inde, le **Mahatma**** persévère sur la voie de la non-violence. Il pousse les Indiens à contrevenir aux lois britanniques leur interdisant de ramasser le sel sur la plage, de le produire ou de le commercialiser et les obligeant à s'acquitter d'un impôt. Cette denrée étant essentielle pour la conservation des aliments et comme condiment, tous les Indiens sont concernés et peuvent donc se rallier à ce combat.

## Une mobilisation immense

Parvenu sur le rivage après plus de trois semaines de marche passées à prêcher la désobéissance civile, Gandhi ramasse dans sa main un peu de sel. À travers le pays, des millions d'Indiens se mettent à produire du sel au vu des autorités britanniques. Par endroits, des actions violentes sont également menées.

60 000 Indiens sont arrêtés et Gandhi lui-même est emprisonné. Il continue néanmoins de prôner la non-violence.

## Vers des négociations

Reconnaissant qu'il ne parvient pas à faire appliquer la loi britannique sur le sel, le vice-roi cède et fait libérer, au bout de quelques mois, l'ensemble des prisonniers. Le gouvernement britannique accepte ensuite l'ouverture de négociations avec les Indiens en vue de leur indépendance (► p. 180).

* Ermitage. ** Surnom couramment attribué à Gandhi, qui signifie « grande âme » en sanskrit.

*« Aujourd'hui, tout l'honneur de l'Inde est symbolisé par une poignée de sel dans la main des résistants non-violents. Le poing qui tient ce sel peut être brisé, mais ce sel ne sera pas rendu volontairement. »*

Message de Gandhi à la nation, 9 avril 1930.

**Gandhi pendant la « marche du sel », en 1930**
Gandhi est rejoint sur la plage par des milliers d'Indiens qui, comme lui, ramassent un peu de sel.



## Mohandas Karamchand Gandhi (1869-1948)

Après des études de droit en Angleterre, Gandhi part en Afrique du Sud (1893-1914) où il défend, en tant qu'avocat, les immigrés indiens contre les discriminations raciales. Il y élabore une doctrine de l'action non violente à laquelle il reste fidèle après son retour en Inde en 1915. De 1920 à 1929, il exerce une autorité morale sur le parti du Congrès, fondé en 1885 afin de revendiquer une place pour les Indiens dans le gouvernement du pays. Ce mouvement adopte alors une ligne fondée sur la désobéissance civile et le boycott des produits britanniques. En 1931, Gandhi participe à la deuxième conférence de la Table ronde à Londres dont l'objectif est de trouver un accord entre Indiens et Britanniques.
Bien que la rencontre soit un échec, il continue de militer pour l'indépendance, obtenue en 1947. Il est assassiné par un fanatique hindou en 1948.

## La création du Commonwealth

Le 11 décembre 1931, le Parlement anglais vote le Statut de Westminster qui instaure le British Commonwealth of nations. En tant que nations partageant une même culture, le Royaume-Uni, l'Irlande et les dominions (le Canada, l'Australie, la Nouvelle-Zélande, Terre-Neuve...) sont unis dans le Commonwealth sur un pied d'égalité. Tous font allégeance au roi d'Angleterre, mais il n'existe ni constitution ni traité régissant leurs rapports. Les protectorats et les colonies, telle l'Inde, sont en revanche maintenus dans un rapport de domination.

0 « Marche du sel »

0 | 1931 | 1932 | 1933 | 1934 | 1935 | 1936 | 1937 | 1938 | 1939

1935-1939 Marche à la guerre

9-1939 Crise économique mondiale

1931

# La France organise l'Exposition coloniale internationale

**Alors que la crise économique fait rage, l'Exposition coloniale internationale ouvre ses portes à Paris le 6 mai 1931. Elle est destinée à montrer la puissance de l'Empire français.**

## Mettre en valeur d'« autres champs d'action que les champs de bataille »

Tel est le rôle que le maréchal Lyautey assigne à l'Exposition coloniale internationale qu'il est chargé, en 1927, d'organiser.

Dès l'année suivante, de grands travaux sont menés dans l'Est parisien : le métro est prolongé, les voies d'accès agrandies et surtout, sur 110 hectares à la lisière du bois de Vincennes, sont édifiés les pavillons des possessions coloniales françaises (Maroc, Algérie, Guyane, Afrique occidentale française, etc.) et étrangères (Congo belge, Indonésie hollandaise, Groenland danois, Angola et Mozambique portugais etc.). Néanmoins, le Royaume-Uni, première puissance impériale, ayant décliné la proposition, l'empire colonial français y occupe une place centrale.



## La vitrine du colonialisme

Entre mai et novembre 1931, huit millions de personnes viennent déambuler le long des dix kilomètres d'allées. Ils admirent les pavillons et les reconstitutions (par exemple celle d'un théâtre de Bali ou de la cathédrale libyenne de Leptis Magna), observent les animaux exotiques dans les enclos du zoo, assistent à des animations (spectacles de danse, courses de chameaux, reconstitutions de scènes de la vie quotidienne ou de cérémonies religieuses, etc.). Dans le village kanak, les visiteurs peuvent observer des indigènes. Cette exhibition humaine suscite des réactions scandalisées.

## « Ne visitez pas l'Exposition coloniale »...

... lancent alors des membres du mouvement surréaliste dans un tract. Les années 1930 sont en effet marquées par un certain essor de l'anticolonialisme qui se cristallise au moment de l'Exposition. Ainsi des tracts en **quôc-ngu*** sont jetés une nuit par-dessus le mur d'enceinte à l'intention des figurants indochinois, tandis que le Parti communiste saisit l'occasion pour organiser une contre-exposition. Celle-ci n'attire néanmoins que 5 000 visiteurs, signe qu'en ces temps de crise l'opinion adhère massivement à la mystique coloniale.

*** Alphabet latinisé de la langue vietnamienne.**

**Le temple d'Angkor Vat**

**La majorité des constructions réalisées pour l'Exposition, telle cette reconstitution du temple khmer d'Angkor Vat, furent ensuite démontées, à l'exception notable du musée des Colonies qui abrite aujourd'hui la Cité nationale de l'histoire de l'immigration.**

Photographie de Léon Gimpel (Bibliothèque des Arts décoratifs, Paris).

*« La colonisation est le plus grand fait de l'Histoire. »*

Paul Reynaud, ministre des Colonies, lors de l'inauguration de l'Exposition.

**Sur cette photographie prise en 1925, Nancy Cunard porte comme à son habitude de nombreux bracelets de sa collection.**

## Nancy Cunard (1896-1965), une figure de l'anticolonialisme

Modèle, poète, journaliste, éditrice, collectionneuse d'art non occidental – appelé alors « primitif » –, Nancy Cunard appartient aux avant-gardes. Issue de la grande bourgeoisie anglaise, cette anticonformiste s'installe en 1920 à Paris où elle fréquente surréalistes et dadaïstes.

En 1934, elle publie la *Negro Anthology*. Cette grande enquête de plus de 850 pages, à laquelle ont collaboré des universitaires, des journalistes et des artistes de tous horizons, met en lumière la diversité des combats antiracistes et anticolonialistes. Après l'annexion de l'Éthiopie par l'Italie en 1936, Nancy Cunard s'engage dans la lutte contre le fascisme, puis elle participe à la résistance française à Londres durant la Seconde Guerre mondiale.

**1931** Exposition coloniale internationale

30 | 1931 | 1932 | 1933 | 1934 | 1935 | 1936 | 1937 | 1938 | 1939

1935-1939 Marche à la guerre

29-1939 Crise économique mondiale

19 septembre 1931

# Le Japon envahit la Mandchourie

**Dans le prolongement de la politique expansionniste initiée à la fin du XIXe siècle, le Japon impérial s'empare en 1931 de la Mandchourie chinoise. La Société des Nations se révèle impuissante.**

## L'incident de Moukden

Dans la nuit du 18 au 19 septembre 1931, un tronçon du chemin de fer administré par le Japon est détruit près de Moukden, dans le sud de la Mandchourie. Cet incident sans réelle gravité a été provoqué par des officiers japonais qui en imputent ensuite la responsabilité aux Chinois. Ils ont ainsi un prétexte pour attaquer la garnison chinoise voisine puis entreprendre la conquête militaire des provinces environnantes.

## Une politique d'expansion continentale

Les troupes chinoises n'opposant qu'une faible résistance, les Japonais s'emparent en quelques semaines de toute la Mandchourie. Cette conquête très rapide d'un territoire plus étendu que l'archipel nippon lui-même renforce le nationalisme de la population japonaise. L'armée impose ainsi sa politique d'expansion continentale.

Dans le contexte de la crise économique qui a conduit les pays occidentaux à fermer leurs frontières (► p. 88), l'objectif pour le Japon est à la fois d'assurer des débouchés à ses produits manufacturés, de placer sous sa domination des territoires riches en matières premières et de trouver une solution à son trop-plein démographique.



## De la Mandchourie au Mandchoukouo

Le 18 février 1932, le Japon déclare la Mandchourie indépendante, sous le nom de Mandchoukouo. S'il s'agit officiellement d'un État souverain dirigé par Puyi, le dernier empereur chinois déchu en 1912, dans les faits c'est un État fantoche soumis à l'archipel nippon.

Les États-Unis refusent de reconnaître les conquêtes japonaises. Après avoir diligenté une enquête sur place, la Société des Nations (SDN), dont la Chine et le Japon sont membres, condamne à son tour cette occupation, sans néanmoins prendre de sanctions. L'archipel nippon quitte l'organisation internationale en mars 1933, mettant en évidence le manque de moyens d'action de celle-ci et son incapacité à maintenir la paix.

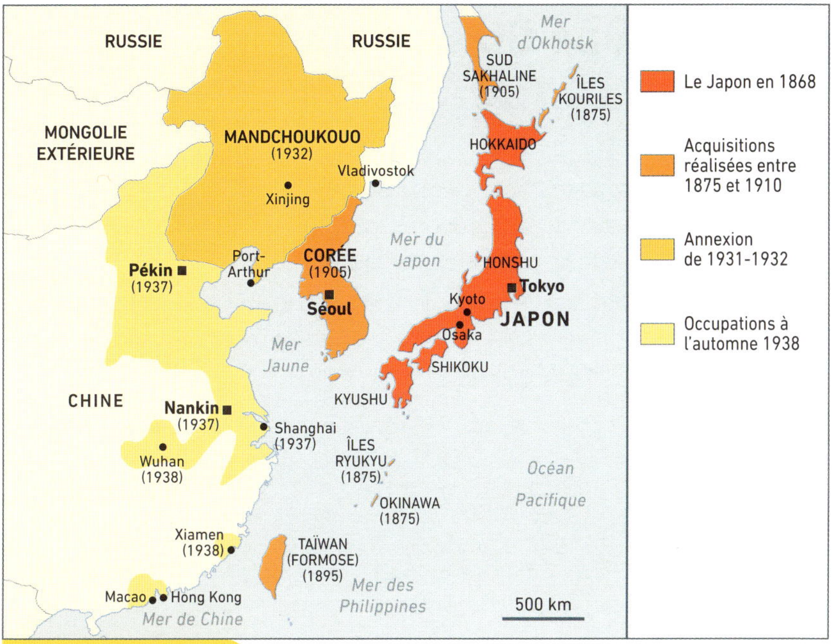


**Les étapes de l'expansionnisme japonais**

Après s'être implanté en Chine entre 1914 et 1922, le Japon s'empare de la Mandchourie en 1931 puis il s'établit en 1933-1934 en Mongolie intérieure et dans les régions septentrionales voisines de Pékin. À partir de 1937, l'armée japonaise envahit plus largement la Chine au prix de terribles exactions, notamment à Nankin où plusieurs centaines de milliers de civils sont tués pendant l'hiver 1937-1938.

*« Si un membre de la Société recourt à la guerre, contrairement aux engagements pris aux articles 12, 13 ou 15, il est ipso facto considéré comme ayant commis un acte de guerre contre tous les autres membres de la Société. »*

Article 16 du pacte de la Société des Nations, 1919.



## La seconde guerre italo-éthiopienne : un autre échec de la SDN

Désireux de renouer avec la tradition impériale romaine mais également d'étendre les possessions coloniales italiennes dans une période d'autarcie, Benito Mussolini lance le 3 octobre 1935 une offensive contre l'Éthiopie. Au terme de sept mois de combats meurtriers, cette dernière, que l'Italie avait échoué à conquérir en 1896, passe sous domination italienne. L'empereur Haïlé Sélassié Ier s'exile en Angleterre tandis que le roi Victor-Emmanuel III reçoit le titre d'empereur d'Éthiopie. C'est en vain que Haïlé Sélassié dénonce à la tribune de la SDN le 30 juin 1936 l'annexion de son pays.

**Une victoire rapide**

Malgré leur infériorité numérique, les troupes japonaises envahissent rapidement la Mandchourie.

**1931** Invasion de la Mandchourie par le Japon

0 1931 1932 1933 1934 1935 1936 1937 1938 1939

1935-1939 Marche à la guerre

9-1939 Crise économique mondiale

24 octobre **1931**

# Al Capone est condamné

**À Chicago, en pleine prohibition, les investigations d'Eliot Ness et de ses « incorruptibles » mènent le célèbre gangster Al Capone en prison.**

## Prohibition et réseaux mafieux

En janvier 1919, le XVIII<sup>e</sup> amendement à la Constitution instaure la prohibition : la fabrication, le transport ou la vente d'alcool sont interdits sur tout le territoire des États-Unis. Cette « loi sèche » a pour but de limiter l'alcoolisme et de permettre une augmentation de la productivité. Pour la contourner, des réseaux mafieux développent la contrebande et l'importation clandestine, depuis le Canada voisin, d'alcool qu'ils revendent dans des bars clandestins.

## Le parrain de Chicago

Al Capone est à la tête de l'un des réseaux mafieux de Chicago. Depuis 1925, il possède ou tient sous sa coupe par le racket des centaines de bars, discothèques, salles de jeux, maisons closes… lui rapportant des sommes colossales. Mais par la corruption de policiers, de juges et d'hommes politiques, celui qui est surnommé *Scarface* (« le balafré ») en raison de ses cicatrices sur le visage, a jusque-là échappé à la justice.



## La condamnation d'Al Capone

Afin de mettre un terme à ces activités illicites, le bureau de la prohibition constitue une unité spéciale, dirigée par Eliot Ness.

L'enquête de ceux que la presse surnomme les « incorruptibles » aboutit le 24 octobre 1931 à la condamnation de Capone à onze ans de prison fermes et à une amende de 80 000 dollars… non pas pour infraction au XVIII<sup>e</sup> amendement, mais pour fraude fiscale !

L'ex-ennemi public n° 1 est alors incarcéré à la prison du comté de Cook, avant d'être transféré en train, escorté par Eliot Ness, au pénitencier fédéral d'Atlanta.

### United States of America *vs* Alphonse Capone

Outre la difficulté de rassembler des preuves et de trouver des témoins, il n'est pas certain qu'Al Capone sera condamné pour ses ventes d'alcool par un jury formé de citoyens ordinaires. En effet, ces derniers pourraient être hostiles à la prohibition comme beaucoup d'Américains ou refuser de juger coupable un chef de la mafia par crainte des représailles. L'accusation se place donc également sur le terrain fiscal. Eliot Ness et ses hommes passent au crible ses dépenses fastueuses (vêtements, bijoux, fleurs, etc.) de façon à démontrer que son train de vie ne correspond nullement à celui d'un homme… qui ne remplit pas de déclaration de revenus !

**Au tribunal**

Conformément à son goût pour l'ostentation, c'est vêtu d'un costume pourpre foncé qu'Al Capone se rend au tribunal le 24 octobre 1931 pour entendre le juge prononcer son verdict.

## Le « massacre de la Saint-Valentin »

Dans le Chicago des années 1920, la concurrence fait rage dans le milieu du crime organisé. Pour prendre le dessus sur son principal rival, Bugs Moran, Al Capone lui tend un piège le 14 février 1929. Alors que sept des hommes de Moran sont réunis dans un garage du 2 122 North Clark Street où ils doivent réceptionner une cargaison de whisky, des agents de Capone déguisés en policiers font irruption : ils leur confisquent leurs armes, les font s'aligner contre le mur puis ouvrent le feu, ne leur laissant aucune chance. Moran ne doit sa survie qu'au fait d'être arrivé en retard ce jour-là.

*« J'ai passé les meilleures années de ma vie à être un bienfaiteur public. J'ai donné aux gens les petits plaisirs qu'ils recherchaient et je leur ai apporté du bon temps. Et tout ce que j'ai eu en retour, c'est d'être maltraité, c'est l'existence d'un homme traqué. »*

Al Capone, conférence de presse, 6 décembre 1927.

1932-33

# Plus de 3 millions d'Ukrainiens meurent au cours de la grande famine

**En 1932, la collectivisation des campagnes soviétiques provoque une grave famine en Ukraine et au Kouban*, où Moscou recourt à l'arme de la faim pour mater les révoltes.**

## L'agriculture à l'heure de la collectivisation

À l'été 1932, les récoltes sont médiocres en URSS, non du fait de mauvaises conditions météorologiques mais à cause de la ponction en grains excessive imposée par le plan de collecte de l'année précédente. En 1931 en effet, alors que les rendements agricoles avaient été faibles en raison de la désorganisation provoquée par la collectivisation forcée des campagnes, les quotas de grains à fournir avaient été si élevés qu'ils avaient empiété sur la part destinée aux semailles.

## Le rejet de la tutelle de Moscou



Les paysans ukrainiens refusent alors de continuer à livrer leur blé, résistance renforcée par la décision de Moscou d'augmenter encore les quotas fixés pour 1932. Les entrepôts clandestins et les cachettes souterraines se multiplient, tandis que des dizaines de milliers de paysans rejettent le système du kolkhoze et se partagent de nouveau le bétail, les outils et les terres. Au-delà de la collectivisation des terres, c'est l'appartenance à l'URSS du grenier à blé qu'est l'Ukraine qui est mise en cause.

## L'arme de la faim

Joseph Staline décide de briser la résistance des Ukrainiens. À partir de l'automne 1932, des détachements d'« activistes » sont chargés d'effectuer la collecte des grains par la force. Les dernières réserves de nourriture sont confisquées. La famine est si dramatique que des cas de cannibalisme sont relatés.

De nombreux paysans tentent de fuir l'Ukraine et le Kouban, mais des barrages sont mis en place et les « fuyards », considérés comme des opposants à la révolution, sont soit déportés, soit renvoyés chez eux où ils sont condamnés à la famine. Alors que l'URSS exporte des céréales, Staline ne fait envoyer que de maigres aides alimentaires.

On estime que, entre 1932 et 1933, environ 3,5 millions d'Ukrainiens sont morts de faim ou de maladies liées à la famine.

* Le Kouban est une région agricole du Caucase du Nord majoritairement peuplée d'Ukrainiens.

**Fuir**

**Bien que le régime tente de limiter au maximum la diffusion des informations concernant la famine – quitte à organiser des mises en scène lors de visites officielles –, ce drame est connu. L'un des rares témoignages diffusés à l'étranger est celui du docteur Ewald Ammende, qui publie en 1935 un ouvrage illustré de photographies prises sur place, tel ce cliché montrant l'exode des paysans.**

*« Une idée a fait son chemin grâce à la famine : seul celui qui travaille honnêtement vis-à-vis de l'État peut s'en sortir. »*

Lettre d'Alexandre Odintsov, commissaire du peuple à l'Agriculture de la République socialiste soviétique (RSS) d'Ukraine, 12 mars 1933.



## La réorganisation de l'économie par Staline

Le projet économique de Staline se fonde sur la planification, la collectivisation des terres et l'industrialisation. L'intégration des fermes dans des exploitations collectives, les kolkhozes, vise à moderniser l'agriculture et, de là, à renforcer l'industrie lourde. De l'accroissement de la productivité agricole doit en effet découler une diminution de la population active agricole et une augmentation du nombre d'ouvriers travaillant dans les usines. En outre, le développement des exportations de céréales est pensé comme un moyen de permettre de réaliser des bénéfices qui seront investis dans la construction et l'équipement de complexes industriels dépendant de l'État. Dans cette logique, les paysans sont sacrifiés.

## La mémoire de la famine de 1932-1933

Depuis le début des années 1990, la famine de 1932-1933, que désigne le néologisme *Holodomor* qui signifie littéralement « extermination par la faim », est au cœur des débats politiques en Ukraine.
Aux partisans de liens étroits avec la Russie s'opposent en effet les tenants d'une rupture et d'un ancrage européen. Ces derniers ont fait reconnaître en novembre 2006 par le Parlement ukrainien (où ils étaient alors majoritaires) la famine de 1932-1933 comme un génocide perpétré contre les Ukrainiens par le régime stalinien.

**1932** **Début de la grande famine en Ukraine**

1931 1932 1933 1934 1935 1936 1937 1938 1939

**1935-1939 Marche à la guerre**

**-1939 Crise économique mondiale**

1933-1938

# Hitler instaure une dictature nazie

**Après sa nomination au poste de chancelier en 1933, Adolf Hitler concentre peu à peu tous les pouvoirs, suspend les libertés et établit un régime totalitaire raciste et antisémite en Allemagne.**

## 30 janvier 1933 • Le président Hindenburg nomme Adolf Hitler chancelier

### Une accession au pouvoir par les urnes

Lors des élections législatives de novembre 1932, le parti national-socialiste des travailleurs allemands (NSDAP) arrive en tête. Son chef, Adolf Hitler, a inlassablement dénoncé le « complot judéo-bolchévique » pour expliquer les difficultés que traverse le pays depuis la fin de la Première Guerre mondiale. Il a en outre affirmé depuis de longues années la nécessité de faire primer la suprématie de la race aryenne et de réviser le *Diktat* que représente, pour la majorité des Allemands, le traité de Versailles de 1919 (► p. 54).

> *« Qui souhaite donc réellement et sérieusement la victoire des idées racistes, doit se pénétrer de l'idée que ce triomphe exige d'abord nécessairement l'intervention d'un parti de combat. »*
>
> Adolf Hitler, *Mein Kampf*, 1925.

**La République de Weimar, un régime enlisé dans les difficultés**

Proclamée le 9 novembre 1918 à la suite de l'abdication de l'empereur Guillaume II (► p. 48), la République de Weimar est, dès sa création, affaiblie par la légende du « coup de poignard dans le dos ». Selon celle-ci, l'armée allemande aurait été non pas vaincue sur les champs de bataille, mais trahie par l'arrière et en particulier par les dirigeants du nouveau régime. Par ailleurs, l'opposition irréconciliable entre les socialistes – qui participent à la coalition au pouvoir – et les communistes – réprimés lors de l'insurrection spartakiste à Berlin en janvier 1919 – les empêche de faire front commun contre les nazis. Enfin, le régime semble incapable de faire face aux difficultés économiques et à la forte croissance du chômage lors de la crise de 1929.

**Censure et violence dans l'Allemagne nazie**
Peu de temps après la prise du pouvoir par Hitler, des autodafés de livres sont organisés pour empêcher la diffusion des idées contraires à celles des nazis.
Berlin, 10 mai 1933.

## La fin de l'État de droit

Ce discours rencontre un écho important dans une Allemagne bouleversée par la crise économique et encore profondément marquée par la défaite de 1918. La société allemande a en effet subi une « brutalisation » pendant la Première Guerre mondiale – comme l'a écrit l'historien George Mosse en 1990 –, qui se traduit par le transfert de la violence des champs de bataille aux affrontements politiques. Comme d'autres partis, le NSDAP s'appuie ainsi sur une milice. Les affrontements entre ces Sections d'assaut (SA), aussi appelées « chemises brunes », et les communistes sont extrêmement violents : ils créent un climat de quasi-guerre civile.



## Hitler, un recours

Dans un tel contexte, Hitler apparaît comme un homme fort, capable de redresser la situation économique et de rétablir l'ordre. Les milieux politiques conservateurs mais aussi certains industriels le perçoivent comme un recours face à la menace révolutionnaire. Aussi, à l'issue des élections législatives de novembre 1932, le président de la République de Weimar, le maréchal Paul von Hindenburg, nomme-t-il Hitler chancelier le 30 janvier 1933.

**Hitler chancelier**
Le jour de sa nomination, Hitler salue le maréchal Hindenburg, le chef d'état-major général de l'armée allemande durant la Première Guerre mondiale devenu président de la République en 1925.

# 1933-1938 • L'établissement d'une dictature nazie

## Les pleins pouvoirs

Le 27 février 1933, l'incendie par un communiste du Parlement allemand, le *Reichstag*, constitue pour Hitler un motif idéal pour interdire le parti communiste et emprisonner ses militants. Il convainc le maréchal Hindenburg de prendre un décret suspendant les libertés publiques.

Dans une atmosphère de terreur et de forte agitation entretenue par les SA, de nouvelles élections sont organisées en mars 1933 : le NSDAP les remporte sans toutefois obtenir la majorité absolue. C'est donc sous la contrainte qu'Hitler fait voter par les députés, le 23 mars 1933, une loi d'habilitation lui octroyant les pleins pouvoirs pour quatre ans. Après la mort d'Hindenburg le 2 août 1934, il prend le titre de « *Führer* et chancelier du *Reich* » et devient le chef suprême des armées.

## Le gouvernement par la terreur

Dès le 14 juillet 1933, le NSDAP est proclamé parti unique. Les opposants sont persécutés par la police politique (la *Gestapo*) et les **SS***, et emprisonnés dans des camps de concentration. À la fin de l'année 1933, 50 000 Allemands sont ainsi détenus dans le camp de Dachau, près de Munich.



Les affiches, les journaux, la radio... sont placés au service de la diffusion d'une propagande fondée sur la mystique du chef. La population, embrigadée d'abord dans les Jeunesses hitlériennes puis dans un syndicat unique, n'a que peu de possibilité de résister.

* Les SS (initiales de *Schutzstaffel*, « échelon de protection ») constituent le service d'ordre du parti nazi spécialement chargé de la protection d'Hitler.

***Le Triomphe de la vérité***

**L'art officiel sert également la propagande nazie, à l'image des œuvres de la réalisatrice et photographe Leni Riefenstahl.**

Affiche cinématographique du documentaire tourné par Leni Riefenstahl, 1935.

## Racisme, antisémitisme et eugénisme

Dès leur accession au pouvoir, les nazis mettent en application leur idéologie raciste, antisémite et eugéniste. Les malades atteints de maladies graves ou héréditaires sont stérilisés de force tandis que, considérés comme « asociaux », les homosexuels, les Tziganes et les Juifs sont victimes de ségrégation.

En septembre 1935, les lois de Nuremberg entérinent l'exclusion de ces derniers : les mariages entre Juifs et « aryens » sont par exemple interdits. Les forces de l'ordre participent aux persécutions qui les frappent comme lors de la Nuit de cristal (9-10 novembre 1938) au cours de laquelle près de 250 synagogues sont brûlées, 7500 commerces appartenant à des Juifs saccagés et des milliers d'entre eux arrêtés et déportés dans des camps.

**La diffusion de l'idéologie nazie par l'école**

Sur cette illustration d'un livre produit par le Parti nazi pour les enfants (1934), on peut lire « Ne fais pas confiance aux renards et aux Juifs ».



### Adolf Hitler (1889-1945)

Né dans une famille autrichienne modeste, Adolf Hitler s'engage par nationalisme dans l'armée allemande lors de la Première Guerre mondiale. En 1919, écœuré par les conditions de paix imposées à l'Allemagne, il adhère à un groupuscule d'extrême droite qu'il transforme ensuite en Parti national-socialiste des travailleurs allemands (NSDAP). En 1923, il fomente un coup d'État qui échoue et est emprisonné. Il rédige alors son livre-programme, *Mein Kampf*, en prison.

Nommé chancelier le 30 janvier 1933, il instaure un régime totalitaire. En violation du traité de Versailles, il réarme l'Allemagne en vue d'une guerre qui doit, selon lui, permettre à la race aryenne d'acquérir l'« espace vital » (*Lebensraum*) qui lui est nécessaire. C'est dans cette même logique qu'il met en œuvre durant la Seconde Guerre mondiale le génocide des juifs et des Tsiganes européens. Alors que les Russes encerclent Berlin, il se suicide dans son bunker le 30 avril 1945.

6 février 1934

# Une violente manifestation à Paris fait trembler la République

**Le 6 février 1934, des ligues appellent à manifester pour dénoncer la faiblesse de la IIIe République et la corruption des hommes politiques. Le rassemblement tourne à l'émeute…**

## La IIIe République fragilisée par les « affaires »

Un fort antiparlementarisme se développe au début des années 1930 en raison de l'inefficacité des politiques anti-crise engagées, mais aussi de la multiplication des « affaires » qui éclaboussent le Parlement et le gouvernement.

Au cours du mois de janvier 1934, des heurts opposent à plusieurs reprises les forces de l'ordre à des membres des **ligues*** comme les Jeunesses patriotes ou Solidarité française, qui dénoncent la corruption et la faiblesse du pouvoir.

Mis en cause dans le cadre d'un scandale politico-financier, l'affaire Stavisky, le président du Conseil Camille Chautemps démissionne le 27 janvier 1934. Le président de la République appelle alors le radical Édouard Daladier à former un nouveau gouvernement.



## « À bas les voleurs ! »

Daladier mute le préfet de Paris, connu pour sa complaisance à l'égard des ligues. Pour protester, ces dernières appellent à manifester place de la Concorde le 6 février, jour où Daladier doit présenter son nouveau gouvernement à la Chambre. D'autres organisations, telle l'Association républicaine des anciens combattants (ARAC), proche des communistes, décident de défiler également pour dénoncer les scandales financiers et contester le refus du gouvernement de revaloriser les pensions.

## Une tentative de coup de force ?

Le 6 février en fin d'après-midi, la situation dégénère. Alors que les anciens combattants de l'ARAC et les Croix-de-Feu du colonel de La Roque se dispersent dès les premières violences, les membres de l'Action française et de Solidarité française, dont certains sont armés, tentent de forcer le barrage mis en place pour empêcher les manifestants de traverser la Seine. Leur but est de marcher sur le Palais Bourbon. Les affrontements durent jusqu'à 2h30 du matin ; ils font 15 morts et près de 1 500 blessés. Pour autant, la Chambre vote largement la confiance au gouvernement.

Néanmoins, tenu pour responsable des violences, Daladier démissionne le lendemain. La rue a eu raison d'un gouvernement légalement institué.

*** Mouvements politiques d'un genre nouveau, pour la plupart d'extrême droite et parfois paramilitaires, qui prônent un exécutif fort.**

**La manifestation du 6 février 1934 dégénère**

Des voitures et des autobus sont incendiés, des barricades dressées, des coups de feu échangés.



*« Le 6 février, l'émeute n'a pas été victorieuse, l'émeute a été vaincue. On voulait entrer à la Chambre, on voulait faire la révolution nationale, proclamer la déchéance du Parlement, élever un Gouvernement provisoire. Aucun de ces objectifs n'a été atteint, l'émeute, la manifestation a été arrêtée... [...] Mais cependant, ce soir-là, déjà trop de sang avait coulé... »*

Édouard Daladier, *Rapport fait au nom de la commission d'enquête chargée de rechercher les causes et les origines des événements du 6 février 1934.*

## Y a-t-il eu un fascisme français ?

Pour l'historien Zeev Sternhell, le fascisme trouverait son origine dans la France de la fin du XIXe siècle, c'est-à-dire dans les idées nationalistes et favorables à un pouvoir fort prônées par le général Boulanger et dans l'antiparlementarisme et l'antisémitisme d'Édouard Drumont puis de l'Action française, le mouvement violemment antidreyfusard fondé par Charles Maurras.

Cette thèse donne lieu à une vive controverse historiographique. Si la majorité des historiens, comme René Rémond ou Philippe Burrin, reconnaissent qu'il y a eu pendant l'entre-deux-guerres des fascistes en France, ils contestent l'idée d'un fascisme français.

**1934** Manifestation des ligues à Paris

0 | 1931 | 1932 | 1933 | 1934 | 1935 | 1936 | 1937 | 1938 | 1939

1935-1939 Marche à la guerre

9-1939 Crise économique mondiale

31 août 1935

# Le mineur Alekseï Stakhanov extrait 14 fois son quota de charbon

**À un moment où l'essor de la production industrielle est un objectif crucial pour l'URSS, l'exploit d'Alekseï Stakhanov est orchestré pour servir la propagande du régime.**

## Des records de productivité

Le 31 août 1935, un mineur du Donbass (en République socialiste soviétique d'Ukraine), Alekseï Grigorievitch Stakhanov, remporte un concours de productivité lancé par l'organisation de jeunesse du Parti communiste. Équipé de son marteau-piqueur, il extrait, en 5h45, 102 tonnes de charbon, soit 14 fois la norme.

Quelques jours plus tard, épaulé une nouvelle fois par des ouvriers qui réalisent parallèlement le forage et le **boisage*** de la mine, il double son record en parvenant à abattre 227 tonnes.

**Vanter les bienfaits du système soviétique**

Grâce à la propagande, la renommée d'Alekseï Stakhanov dépasse les frontières de son pays. Il figure ainsi sur ce photomontage publié en 1938 dans *URSS en construction*, revue mensuelle imprimée et publiée en cinq langues.

## Une figure exploitée par la propagande soviétique

Stakhanov est présenté, y compris par Joseph Staline, comme un « héros du travail ». Photographies et statues de ce « bâtisseur du socialisme » se multiplient. Il incarne cet « homme nouveau socialiste » qui doit permettre à l'URSS de rattraper son retard économique sur les puissances occidentales. Sont mis en avant sa culture – il lit Fiodor Dostoïevski et Léon Tolstoï – et son sérieux : il limite les pauses, prépare le travail durant son temps libre…

## Les limites du stakhanovisme

Si l'augmentation de la productivité en URSS est considérable durant le deuxième plan quinquennal (1933-1937), elle n'est pas seulement due à l'émulation créée par Stakhanov et par les ouvriers des différentes filières industrielles mis, comme lui, en avant. Depuis 1932, le contrôle exercé sur le monde du travail est en effet resserré : les ouvriers risquent le licenciement immédiat en cas d'absence et voient leur salaire amputé s'ils n'atteignent pas leur quota de production.

Aussi cette campagne de propagande multiplie les tensions au sein des entreprises car elle conduit à une augmentation des rythmes de travail.

## La propagande par le cinéma : Eisenstein

L'œuvre de Sergueï Mikhaïlovitch Eisenstein (1898-1948) est étroitement liée à la révolution russe. Dans *Le Cuirassé Potemkine* (1925), il relate le soulèvement des marins contre le tsar en 1905 et la répression qui s'en suivit. En 1938, alors que les nazis entreprennent d'étendre les frontières de l'Allemagne, il réalise *Alexandre Nevski* pour exalter le patriotisme soviétique : le film, sur une musique de Sergueï Prokofiev, évoque la résistance au XIIIe siècle des Russes, menés par le héros éponyme, contre les chevaliers teutoniques.

Durant la Seconde Guerre mondiale, Staline demande à Eisenstein de consacrer une œuvre à Ivan le Terrible. Alors que le premier volet reçoit le prix Staline en 1945, le second est censuré jusqu'en 1958 car le tyran s'y interroge sur la légitimité de son pouvoir.

* Fait de consolider une galerie au moyen d'étais en bois.

**1935** Alekseï Stakhanov, « héros du travail »

0 | 1931 | 1932 | 1933 | 1934 | 1935 | 1936 | 1937 | 1938 | 1939

1935-1939 Marche à la guerre

9-1939 Crise économique mondiale

1936

# Les Fronts populaires remportent les élections législatives en Espagne et en France

**En 1936, de part et d'autre des Pyrénées, des coalitions unissant des partis antifascistes de gauche et d'extrême gauche conquièrent le pouvoir par les urnes. Si ces victoires suscitent de grands espoirs, elles cristallisent aussi les tensions politiques et sociales.**

## Des fronts antifascistes

Face à la montée du fascisme en Europe, la IIIe Internationale encourage ses membres à se rapprocher des forces antifascistes, au premier rang desquelles les partis socialistes. L'idée d'un front commun succède à la tactique du « classe contre classe ».

En France, les événements du 6 février 1934 (► p. 102) entraînent une réaction spontanée des partis de gauche qui défilent ensemble, le 12, pour défendre la République. En Espagne, la répression très brutale de la grève générale organisée en 1934 participe de l'union des différentes forces de gauche.

Ces coalitions remportent les élections législatives de 1936.



## Le temps de l'espoir

Les gouvernements formés par le progressiste Manuel Azaña à Madrid et le socialiste Léon Blum à Paris suscitent de grands espoirs. Les ouvriers manifestent leurs attentes par des mouvements de grèves, des occupations d'usines ainsi que, en Espagne, de terres. La réforme agraire votée en 1932 y est alors mise en application.

En France, les accords de Matignon signés le 7 juin 1936 améliorent considérablement les conditions de travail des salariés. Ils sont complétés par des lois instaurant la semaine de 40 heures et deux semaines de congés payés annuels.

## La fin des illusions

En Espagne, le général Francisco Franco tente le 18 juillet 1936 un putsch : le pays plonge dans la guerre civile (► p. 108).

Alors que les communistes français réclament « des canons, des avions pour l'Espagne », Blum fait le choix de la non-intervention. Combinée aux difficultés économiques et aux critiques virulentes de la droite et de l'extrême droite, cette division conduit en avril 1938 à la fin de l'expérience en France. En Espagne, les troupes de Franco l'emportent un an plus tard.

**Les occupations d'usines**
En France, des « fêtes » sont parfois improvisées, comme en témoigne cette photographie prise dans les usines Olida d'Épinay-sur-Seine en juin 1936. C'est une façon pour les ouvriers de se réapproprier cet espace.

## Le Front populaire chilien, une expérience inscrite dans la durée

Au Chili également, le parti communiste s'allie en 1937 à d'autres forces politiques. La coalition remporte les élections de décembre 1938 puis le radical Pedro Aguirre Cerda est élu président. Il met alors en œuvre une politique inspirée du *New Deal* (► p. 86), instaure la sécurité sociale et nationalise des entreprises. Deux autres présidents radicaux lui succèdent, maintenant le Front populaire au pouvoir jusqu'en 1952. Cette coalition est soutenue par de nombreux artistes, parmi lesquels le poète Pablo Neruda.

**« Contre l'autoritarisme militaire, la force invincible du prolétariat ».**
Cette affiche de la Confédération nationale du Travail témoigne de la place prise par la violence dans la vie politique espagnole.



**1936** Fronts populaires

0 | 1931 | 1932 | 1933 | 1934 | 1935 | 1936 | 1937 | 1938 | 1939

1935-1939 Marche à la guerre

9-1939 Crise économique mondiale

Mai-juin 1937

# Pablo Picasso peint *Guernica*

**Au printemps 1937, Pablo Picasso peint *Guernica* pour dénoncer les atrocités subies par la population durant la guerre civile espagnole.**

## Un « bombardement stratégique »

Le 26 avril 1937, Guernica, petite ville du pays basque espagnol, est pratiquement rasée par l'aviation allemande. En ce jour de marché, les bombardiers de la légion Condor la pilonnent durant plus de deux heures, déversant cinquante tonnes de bombes incendiaires. Le bilan officiel fait état de 1645 morts (sur 7000 habitants) et 889 blessés.

La cible n'ayant pas de réel intérêt militaire, il apparaît clairement que l'objectif principal est d'affaiblir le camp républicain en terrorisant la population. Pour l'état-major nazi, il s'agit aussi d'expérimenter de nouvelles armes et techniques de guerre.

### La guerre civile espagnole

À partir du coup d'État du général Francisco Franco, le 18 juillet 1936, les républicains s'opposent par les armes aux nationalistes. Partisans d'un régime autoritaire traditionaliste, ces derniers sont soutenus par l'Allemagne nazie et l'Italie fasciste qui envoient des troupes et du matériel de guerre. En mars 1939, Madrid, le dernier bastion républicain, tombe. Franco instaure alors en Espagne une dictature nationale-catholique et prend le titre de *Caudillo* (« chef »).
Les trois années de guerre civile et les violences par lesquelles Franco a ensuite imposé son pouvoir ont fait plus de 500 000 morts.

## Donner à voir l'horreur de la guerre

Ce déchaînement de violences dont sont victimes des femmes, des enfants, des vieillards est largement relayé par la presse occidentale. Il suscite l'indignation de Pablo Picasso qui, installé à Paris, est un farouche opposant à Franco. Le peintre décide de faire de ce massacre le sujet de l'œuvre que le gouvernement républicain lui a commandée pour le pavillon espagnol de l'Exposition universelle qui se tient dans la capitale française cette année-là.

S'inspirant des photographies publiées dans les journaux, Picasso peint en quelques semaines une toile de style cubiste, mesurant plus de trois mètres de haut et près de huit mètres de long. À travers les corps démembrés, les femmes éplorées, le soldat à l'agonie ou le cheval hennissant, le peintre retranscrit la violence et l'horreur de la guerre.

**Pablo Picasso, *Guernica*, 1937**

**Après l'Exposition universelle de 1937, l'œuvre est d'abord exposée à travers le monde afin de lever des fonds pour soutenir les républicains espagnols. Puis, après la victoire de Franco en 1939, elle est confiée en dépôt au Museum of Modern Art de New York, Picasso refusant son retour en Espagne tant que le *Caudillo* sera au pouvoir. Elle n'est rapatriée qu'en 1981, six ans après la mort du dictateur.**

Huile sur toile, 3,51 × 7,82 m (musée Reina Sofía, Madrid).

*« La peinture n'est pas faite pour décorer les appartements ; c'est une arme offensive et défensive contre l'ennemi. »*

Pablo Picasso à propos de *Guernica*.



## Les Brigades internationales

Bien que les principales puissances aient conclu un accord de non-intervention, les républicains espagnols reçoivent eux aussi des soutiens étrangers durant la guerre civile. Une importante quantité de matériel militaire leur est fournie par l'URSS.
En outre, des Brigades internationales sont constituées à l'initiative du Komintern : environ 35 000 volontaires, originaires de plus de 50 pays, s'engagent dans une guerre qui n'est pas la leur et prennent les armes pour défendre la République contre la dictature du général Franco et les fascismes. Ces bataillons ont par exemple joué un rôle clé dans la défense de Madrid. Les écrivains André Malraux, Ernest Hemingway et Arthur Koestler en font notamment partie.

**1937** Pablo Picasso, *Guernica*

0 1931 1932 1933 1934 1935 1936 1937 1938 1939

1935-1939 Marche à la guerre

9-1939 Crise économique mondiale

1937-38

# La « Grande Terreur » s'abat sur la société soviétique

**Afin de renforcer sa dictature, Joseph Staline déploie une violence extrême contre tous ceux qui sont suspectés d'être des opposants au régime.**

## Les grands procès de Moscou

Après les procès médiatisés de 1936 destinés à accréditer la thèse d'un complot antisoviétique et antirévolutionnaire, les années 1937-1938 sont marquées par une nouvelle épuration qui frappe cette fois les élites issues de la révolution.

Les membres de l'appareil du Parti communiste, les cadres locaux, les chefs de l'Armée rouge mais aussi des dizaines de milliers de hauts fonctionnaires sont, sans jugement ou après des simulacres de procès, exécutés ou envoyés dans des camps de travail. Staline vise ainsi à renforcer son pouvoir personnel en renouvelant les élites et en promouvant des individus qui lui sont redevables.

## Des « opérations secrètes de masse »

Ces opérations sont planifiées et centralisées au plus haut niveau de l'État, notamment par Nicolaï Iejov, commissaire du peuple à l'Intérieur.



Le 30 juillet 1937, l'ordre opérationnel n° 00447 du **NKVD*** définit, par région, des quotas de peines de mort ou de condamnations à dix ans de camp. Deux catégories (ou « lignes ») d'ennemis sont distinguées : celle des « socialement nuisibles » (**koulaks****, membres des autres partis politiques, religieux) et la « ligne nationale » qui concerne les émigrés polonais, allemands, lettons, etc. réfugiés en URSS ou bien encore les Soviétiques ayant des contacts avec des pays considérés comme ennemis.

## Un paroxysme de violence

Plus de deux millions de personnes sont déportées dans les camps du Goulag ou exécutées. En seize mois, un citoyen soviétique sur cent est arrêté et un sur deux cents exécuté. Les estimations évaluent à 750 000 le nombre de personnes fusillées et à plus d'un million celui des déportés dans les camps du Goulag, où beaucoup meurent de faim ou d'épuisement. La plus grande opacité entoure leur sort puisque les condamnations sont prononcées à huis clos : les familles restent le plus souvent dans l'ignorance.

En novembre 1938, la « Grande Terreur » cesse subitement sur un ordre de Staline.

* Le commissariat du peuple aux Affaires intérieures (NKVD) est la police politique de l'URSS.

** Le terme *koulak* désignait à l'origine les paysans s'étant enrichis mais son acception s'est considérablement étendue.

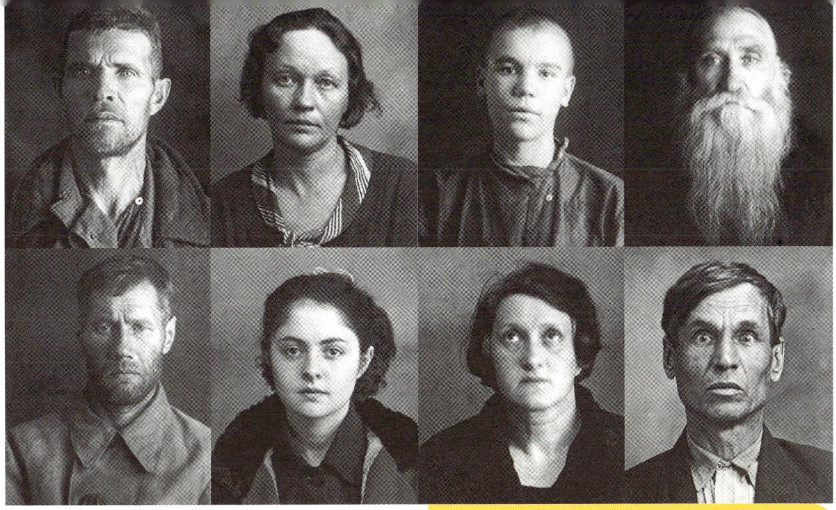

**Condamnés photographiés avant leur exécution**

**L'ouverture partielle des dossiers du NKVD, longtemps restés secrets, permet de mettre en lumière la diversité des victimes de cette violence, qui appartiennent à toutes les catégories de la population.**

Photographies reproduites dans Tomasz Kizny et Dominique Roynette, *La Grande Terreur en URSS 1937-1938*, Éditions Noir sur Blanc, Lausanne, 2013.

## Joseph Vissarionovitch Djougachvili, dit Staline (1879-1953)

Chassé du séminaire à cause de ses opinions révolutionnaires, il se rallie aux idées de Lénine. Il est à plusieurs reprises arrêté et déporté en Sibérie, mais il s'évade. Il prend alors le surnom de Staline (« l'homme d'acier »). Après la révolution de 1917, il participe activement à la lutte contre les Blancs et est élu secrétaire général du Parti communiste en 1922. Après la mort de Lénine en 1924 (▶ p. 74), il s'impose face à Léon Trotski. Usant d'une extrême violence contre ses opposants et plus globalement contre la société soviétique, il engage une profonde réorganisation de l'économie et met en place une dictature personnelle.
Après la rupture par Hitler du pacte de non agression germano-soviétique en 1941, l'URSS se rallie aux Alliés. Au lendemain de la victoire en 1945, Staline renforce encore son pouvoir. Il diffuse le communisme en Europe orientale et en Asie et constitue le bloc de l'Est, soumis à Moscou.

## Le Goulag

Apparus aux lendemains de la révolution russe, les camps de travail se multiplient en URSS à la fin des années 1920 dans le contexte de la collectivisation forcée des campagnes. Une organisation rationnelle est mise en place en 1934 pour accueillir un nombre toujours croissant de détenus. Près de deux millions de personnes considérées comme des opposants au régime sont ainsi emprisonnées en 1941. Elles sont employées à de grands travaux. L'objectif est à la fois de « rééduquer par le travail » et d'utiliser cette main-d'œuvre, en particulier dans des régions inhospitalières de l'Oural et de la Sibérie, pour exploiter les ressources naturelles ou construire des infrastructures, tels des barrages ou des usines.



**1937** Début de la « Grande Terreur »

30 | 1931 | 1932 | 1933 | 1934 | 1935 | 1936 | 1937 | 1938 | 1939

1935-1939 Marche à la guerre

29-1939 Crise économique mondiale

21 décembre 1937

# *Blanche-Neige et les Sept Nains* sort sur grand écran

**Avec *Blanche-Neige et les Sept Nains*, premier long métrage d'animation sonore et en couleurs, Walt Disney ouvre la voie à un nouveau genre cinématographique.**

## Un *cartoon* de quatre-vingt-dix minutes

Un soir de 1934, Walt Disney réunit les membres de son équipe et leur présente pendant plusieurs heures un nouveau projet. Alors qu'il a réalisé jusque-là des courts métrages qui permettaient tout juste à sa société de survivre, il souhaite se lancer dans un long métrage d'animation sonore et en couleurs.

La presse multiplie d'emblée les critiques, estimant absurde qu'un *cartoon* dure une heure et demie.

## Un chantier pharaonique

Durant quatre ans, des centaines de collaborateurs, parmi lesquels de nombreux jeunes, venus pour certains des milieux de l'architecture ou de la publicité, travaillent à ce film d'animation. Les techniques les plus récentes sont mobilisées : le recours à la caméra multiplane et au rotoscope permet notamment de donner des effets de relief et de reproduire le mouvement de façon réaliste.



Le budget initial de 250 000 dollars est rapidement dépassé : le film en coûte 1,5 million et conduit la firme au bord de la faillite.

## Un immense succès populaire

Projeté en avant-première le 21 décembre 1937 au Carthay Circle Theater à Los Angeles, *Blanche-Neige et les Sept Nains* rencontre d'emblée un immense succès. Il attire en trois mois vingt millions de spectateurs, puis est très largement diffusé à travers le monde.

Ce film ouvre la voie à la réalisation de nombreux longs métrages d'animation. Au cours des cinq années suivantes, les studios Disney réalisent ainsi *Pinocchio*, *Fantasia*, *Dumbo* et *Bambi* tandis qu'en France, en Allemagne ou encore en Chine, d'autres sociétés s'essaient également à ce genre.

> « *Rêve ta vie en couleurs, c'est le secret du bonheur.* »
>
> Bande originale de *Peter Pan*, 1953.

**Des *cartoons* de propagande**

*Seven Wise Dwarfs (Les Sept Nains sages)*, 12 décembre 1941.

*The Thrifty Pig (Les Cochons économes)*, 19 novembre 1941.

**Des personnages promis à une longue carrière**

En 1939, Walt Disney reçoit pour *Blanche-Neige et les Sept Nains*, qui est reconnu comme inaugurant un genre nouveau, un Oscar d'honneur sous la forme d'une grande statuette et de sept petites.

Affiche de 1937.

## Disney et la propagande de guerre

Durant la Seconde Guerre mondiale, les studios Disney collaborent avec les autorités américaines et canadiennes pour mobiliser la population en faveur de l'effort de guerre. Ainsi les sept nains placent-ils les diamants extraits de leur mine au service de l'emprunt national canadien tandis que Donald combat les Japonais. Des *cartoons* mettent aussi en scène un Adolf Hitler caricaturé, des enfants allemands endoctrinés ou encore le Grand Méchant Loup nazi.

*Blanche-Neige et les Sept Nains* **1937**

...0 1931 1932 1933 1934 1935 1936 1937 1938 1939

**1935-1939 Marche à la guerre**

**...9-1939 Crise économique mondiale**

1935-1939

# La marche à la guerre

**À partir de 1935, Adolf Hitler entame le réarmement de l'Allemagne et engage une politique extérieure expansionniste et agressive qui conduit au déclenchement de la Seconde Guerre mondiale.**

## La remilitarisation de l'Allemagne

### La révision du « *Diktat* » de Versailles

Déjà dans *Mein Kampf* (1924), Adolf Hitler avait souligné que la remilitarisation de l'Allemagne était fondamentale pour que la race aryenne puisse conquérir l'espace vital (*Lebensraum*) qui lui était nécessaire.

Dès l'accession des nazis au pouvoir en 1933 (► p. 98), le pays quitte la Conférence sur le désarmement et la Société des Nations (SDN). En 1935, les habitants du bassin de la Sarre, dont le territoire était placé sous mandat de la SDN depuis 1920, votent à près de 91 % leur rattachement au *Reich*. La même année, le service militaire est rétabli.

**Défilé de chars lors du congrès du parti nazi à Nuremberg, en septembre 1935**
De 730 millions de marks en 1933, les crédits militaires allemands passent à 5 150 millions en 1935 puis à 15 500 millions en 1938.



## L'économie au service de la guerre

Dans le cadre de la politique autarcique engagée pour faire face à la crise économique (► p. 86), l'accent est mis sur le réarmement. En 1936, Hitler présente les grands axes du Plan de quatre ans conçu avec son lieutenant Hermann Göring : dans ce délai, le pays doit avoir reconstitué ses forces militaires de façon à pouvoir mener une guerre. La production d'armes, de chars, mais aussi d'acier augmente considérablement. Les différents corps d'armée sont reconstitués et leurs effectifs croissent à un rythme très rapide.

## L'inaction des démocraties

Au matin du 7 mars 1936, 30 000 soldats allemands font marche vers la frontière française. La Rhénanie est ainsi remilitarisée, en violation du traité de Versailles. Hitler parie alors sur le soutien italien et sur l'inaction des démocraties. Celles-ci n'ont pas réagi après l'annexion de l'Éthiopie par l'Italie en 1935 (► p. 93) et le *Führer* pense qu'il en ira de même après ce coup de force. De fait, traumatisées par la Première Guerre mondiale, les démocraties restent fidèles au choix de la conciliation et du pacifisme.

*« Nous ne sommes pas disposés à laisser placer Strasbourg sous le feu des canons allemands. »*

Déclaration à la radio, en réalité sans suites, d'Albert Sarraut, président du Conseil français, 3 mai 1936.

**« Qui est militariste ? »**
Sur cette affiche des années 1930 comparant les dépenses militaires engagées depuis la Première Guerre mondiale, l'accent est mis sur la faiblesse de l'armée allemande tandis que l'Angleterre et la France apparaissent lourdement armées.

# La politique expansionniste d'Hitler

## L'*Anschluss*

En 1937, Hitler engage une politique expansionniste. Son premier objectif est l'*Anschluss*, c'est-à-dire le rattachement de l'Autriche à l'Allemagne.

Les menaces d'intervention militaire proférées par Berlin entraînent la démission du Premier ministre autrichien le 11 mars 1938 et son remplacement par un nazi. Le lendemain, des divisions allemandes pénètrent sur le territoire puis, un mois plus tard, un référendum organisé en Allemagne et en Autriche dans un climat de violence entérine à plus de 99 % des voix cette annexion.

## Les Sudètes

En septembre 1938, Hitler revendique les Sudètes, région peuplée de trois millions d'Allemands, et se déclare de nouveau prêt à recourir à la force. Une conférence internationale réunissant Hitler, Mussolini, Daladier et Chamberlain est organisée à Munich les 29 et 30 septembre. À l'issue de celle-ci, les démocraties cèdent dans l'espoir de préserver, au moins temporairement, la paix en Europe. La Tchécoslovaquie, pourtant alliée de la France, est démembrée et peu à peu intégrée au *Reich*.

## Le pacte germano-soviétique



Le 23 août 1939, Hitler, qui ne veut pas que l'Allemagne ait à combattre simultanément à l'Est et à l'Ouest comme lors de la Première Guerre mondiale, conclut avec Joseph Staline un pacte de non-agression. Le leader soviétique considère que son

**La conférence de Munich**

**À l'initiative de Benito Mussolini, une conférence internationale est réunie à Munich. Ni la Tchécoslovaquie ni l'URSS n'y sont représentées.**

**La réception des accords de Munich : l'illusion de la préservation de la paix**

En France, Édouard Daladier, persuadé d'être hué à son retour de la conférence de Munich, reçoit au contraire un accueil enthousiaste de la foule venue l'attendre au Bourget le 30 septembre 1938. Les journaux célèbrent alors massivement la préservation de la paix et seuls 75 députés, pour beaucoup communistes, refusent de voter la ratification le 4 octobre. Alors que l'opinion britannique, elle aussi soulagée de voir reculer le spectre de la guerre, soutient massivement la politique d'« apaisement » menée par Neville Chamberlain, l'opposition conservatrice réunie derrière Winston Churchill la dénonce. Ce dernier déclare ainsi : « Ils ont accepté le déshonneur pour avoir la paix. Ils auront le déshonneur et la guerre. »

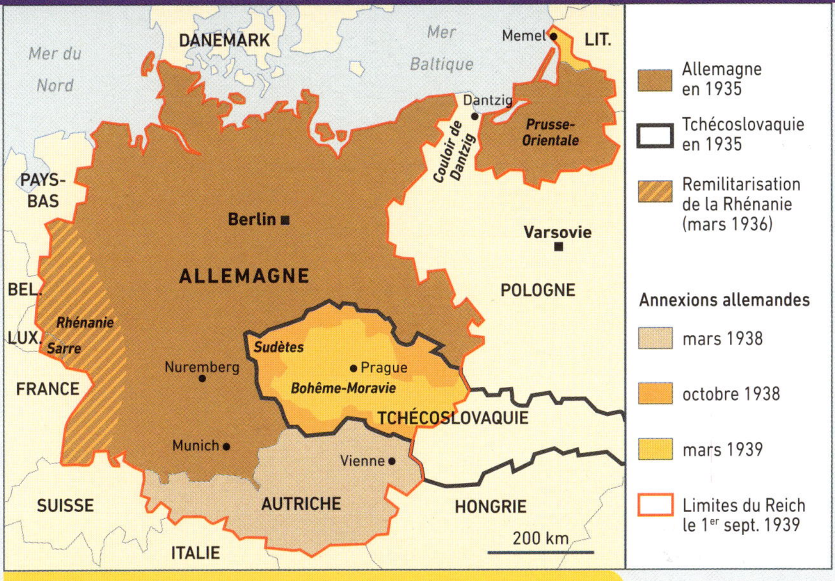


**Les premières étapes de l'expansionnisme allemand**

**Le « couloir » de Dantzig était, depuis le traité de Versailles, un territoire polonais qui séparait en deux le territoire allemand. Il était revendiqué par Hitler de façon insistante, mais la Pologne, soutenue par les démocraties, refusait de céder.**



pays n'est pas prêt alors à mener une guerre. La signature de cet accord entre les deux ennemis idéologiques s'explique aussi par un protocole secret prévoyant des sphères d'influence soviétique et allemande dans les États situés entre eux.

## La guerre

Le 1er septembre 1939, les troupes allemandes envahissent le territoire polonais sous prétexte d'un incident de frontière. La France et la Grande-Bretagne réagissent cette fois et déclarent la guerre à l'Allemagne le surlendemain.

### Les communistes français et le pacte germano-soviétique

Alors que les communistes français s'étaient engagés depuis 1935 en faveur d'une politique antifasciste et qu'ils s'étaient opposés à la signature des accords de Munich, un changement de ligne leur est imposé par Moscou après la signature du pacte germano-soviétique si bien qu'ils doivent se muer en chantres du « défaitisme révolutionnaire ». Cette directive plonge les communistes français dans la plus grande confusion : si beaucoup de dirigeants soutiennent la décision de Staline, nombreux sont néanmoins ceux qui décident de quitter le parti. Le gouvernement français réagit pour sa part immédiatement. Dès le 26 août 1939, le journal *L'Humanité* est interdit. Puis, à la suite de l'attaque de la Pologne par l'URSS le 17 septembre, Édouard Daladier annonce, le 26, la dissolution du Parti communiste français (PCF) et des organisations qui s'y rattachent.

# 1939-1946

## La Seconde Guerre mondiale

**La Seconde Guerre mondiale met aux prises deux visions du monde et la propagande y joue un rôle central. Alors que l'Axe mène sa croisade contre « le bolchévisme asiatique et enjuivé », les Japonais se présentent en libérateurs du pouvoir blanc. Pour les démocraties et l'Union soviétique mais aussi tous les combattants de l'ombre qui paient lourdement leur engagement, il s'agit de lutter pour la défense de la liberté contre la barbarie. La mise au jour en 1945 du premier génocide industriel de l'histoire justifie alors pour beaucoup les sacrifices consentis.**

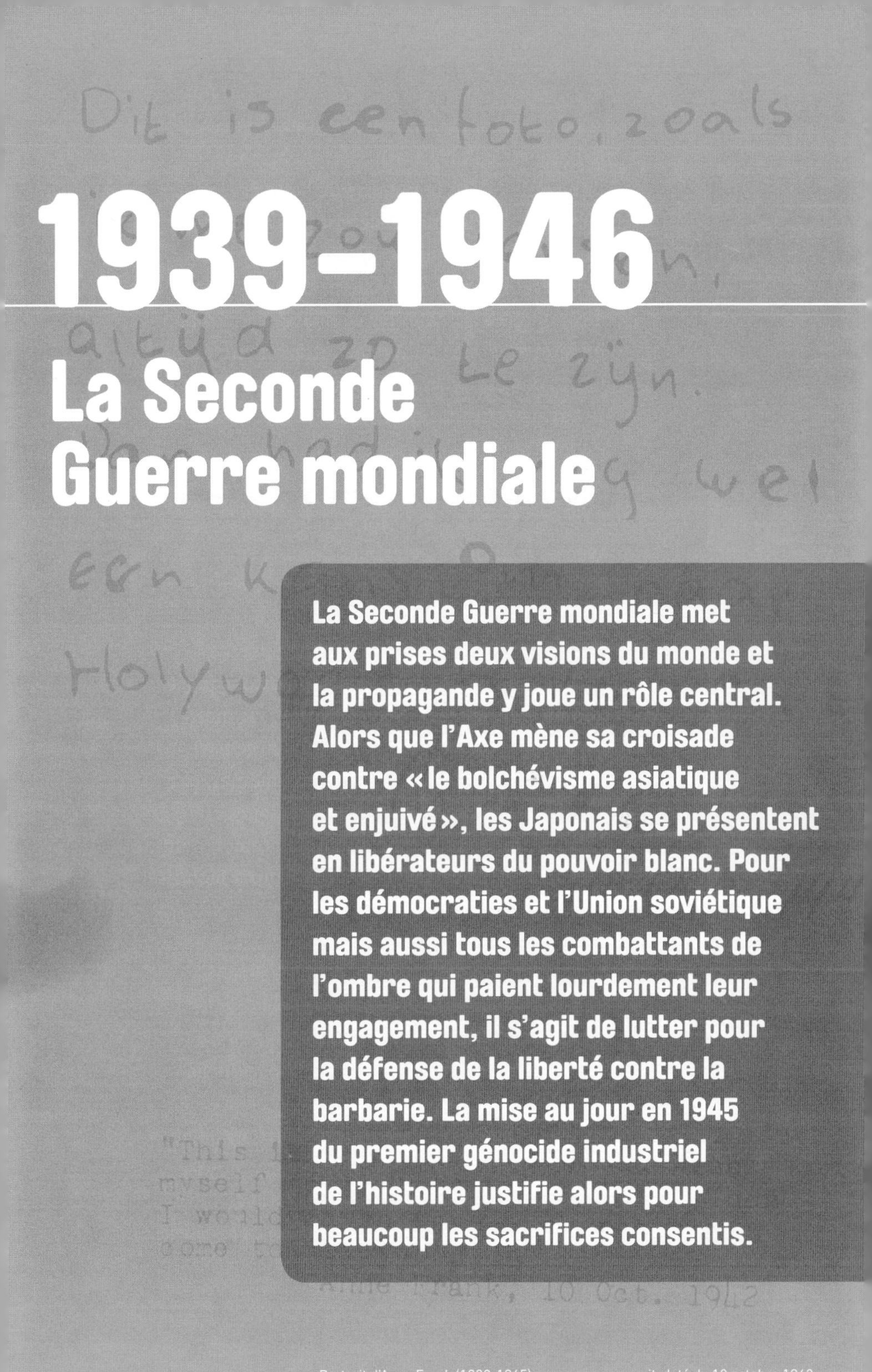


Portrait d'Anne Frank (1929-1945) avec son manuscrit, daté du 10 octobre 1942.

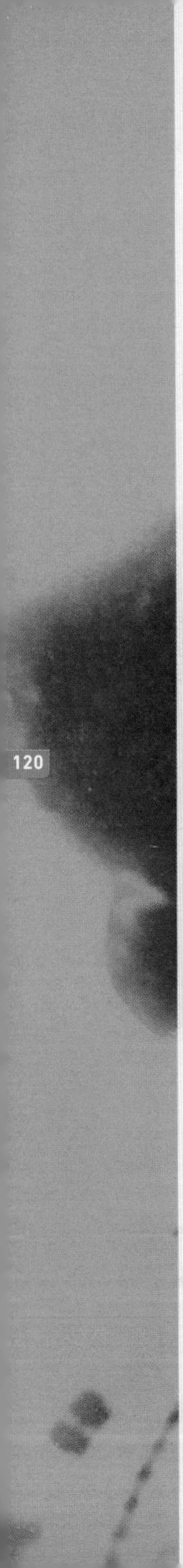



## Un conflit mondial

La politique expansionniste des puissances de l'Axe est à l'origine du déclenchement d'un conflit dont le nombre de belligérants, l'étendue, la violence revêtent un caractère inédit. Se jouant sur des théâtres d'opérations éloignés – l'Europe et l'Asie pacifique – selon une chronologie distincte, les combats voient d'abord la victoire éclair de l'Axe avant que l'entrée en guerre des États-Unis et le sursaut soviétique ne permettent un retournement progressif et la victoire finale en 1945.

## Une guerre d'extermination

Avec 50 millions de victimes dont 65 % de civils, la Seconde Guerre mondiale est le conflit le plus meurtrier de l'histoire. La politique exterminatrice menée par l'Allemagne nazie contre les populations jugées comme inférieures – Slaves, Juifs, Tziganes – et par le Japon explique pour une large part ce bilan. Cependant, les Alliés eux-mêmes, par l'usage des bombardements stratégiques et l'utilisation de la bombe atomique, témoignent de la radicalité de cette guerre totale qui a mobilisé les sociétés entières.

*Après la capitulation japonaise, le monde se réveille d'un cauchemar de six ans. La guerre, gagnée grâce à la supériorité technique et logistique des Alliés, a bouleversé les équilibres antérieurs. Elle a revêtu un caractère multidimensionnel jusque-là inconnu et entraîné d'énormes bouleversements dans l'organisation économique et sociale des pays belligérants. En 1945, l'Europe ruinée s'efface devant les deux grands vainqueurs que sont les États-Unis et l'Union soviétique.*

**1er septembre 1939**
Attaque de la Pologne par l'Allemagne

**10 mai 1940-22 juin 1940**
Bataille de France

**30 juillet 1940-printemps 1941**
Bataille d'Angleterre

**22 juin 1941**
Déclenchement de l'opération *Barbarossa*

**1940**

**1941**

**1939-1941 Victoires de l'Axe en Europe et en Asie**

**1941-1945 Extermination en masse des Juifs d'Europe**

**1939**
Début du regroupement des Juifs des pays occupés dans des ghettos

**1941-1942**
« Shoah par balles »

**Août 1941**
Création de la Légion Wallonie

**7 décembre 1941**
Attaque de Pearl Harbor par le Japon

**8 décembre 1941**
Entrée en guerre des États-Unis

**7 juin 1942**
Défaite des Japonais aux îles Midway

**23 octobre 1942**
Attaque de l'Afrika Korps par les Britanniques à El-Alamein

**2 février 1943**
Capitulation de la 6e armée allemande à Stalingrad

**5 juillet-23 août 1943**
Bataille de Koursk

**1942** — **1943** — **1944**

**1941-1945 Guerre du Pacifique**

**1942-1943**
**Tournant de la guerre**

**1943-1945**
**Victoires des Alliés en Europe et en Asie**

**1941-1945 Extermination en masse des Juifs d'Europe**

**12 décembre 1941**
Décret *Nacht und Nebel*

**20 janvier 1942**
Conférence de Wannsee : mise en place de la Solution finale

**21 mars 1942**
Réquisition de la main-d'œuvre dans les pays occupés

**Janvier 1943**
Instauration du Service du travail obligatoire dans les territoires occupés

**Mai 1943**
Soulèvement puis liquidation du ghetto de Varsovie

**Mai 1943**
Création du Conseil national de la Résistance en France

**25 juillet 1943**
Arrestation de B. Mussolini en Italie

**6 juin 1944**
Débarquement allié en Normandie

**15 août 1944**
Débarquement allié en Provence

**1er avril-22 avril 1945**
Bataille d'Okinawa

**13 février 1945**
Bombardement de Dresde par les Alliés

**26 juillet 1945**
Accord de Potsdam

**6-9 août 1945**
Bombes atomiques sur Hiroshima et Nagasaki

**2 septembre 1945**
Capitulation du Japon
Fin de la Seconde Guerre mondiale

**1945** — **1946**

**19-25 août 1944**
Libération de Paris

**Août 1944**
Écrasement de l'insurrection de Varsovie par les Allemands

**27 janvier 1945**
Libération des camps d'Auschwitz-Birkenau par l'Armée rouge

**26 avril 1945**
Prise de Berlin par l'Armée rouge

**8 mai 1945**
Capitulation des Allemands
Fin de la guerre en Europe

**26 juin 1945**
Signature de la Charte de l'ONU à San Francisco

**20 novembre 1945-1er octobre 1946**
Procès de Nuremberg

**Janvier 1946-12 novembre 1948**
Procès de Tokyo

1er septembre 1939

# La Wehrmacht entre en Pologne

**L'invasion de la Pologne par l'armée allemande, le 1er septembre 1939, entraîne l'Europe dans un nouveau conflit. Soumis à une double occupation, le pays subit un véritable martyre.**

## L'attaque de la Pologne

Le 23 août 1939, les ministres respectifs des Affaires étrangères soviétique et allemand, Viatcheslav Molotov et Joachim von Ribbentrop, ont signé le pacte germano-soviétique dont les clauses secrètes prévoient l'invasion et le partage de la Pologne. Le 1er septembre, la Wehrmacht passe la frontière en quatre points et encercle l'armée polonaise qui n'a que 30 divisions d'infanterie et un peu plus de 300 avions à opposer aux 70 divisions allemandes et à leurs 1 500 avions.

En vertu de leurs accords avec le gouvernement polonais, la France et le Royaume-Uni déclarent la guerre à l'Allemagne le 3 septembre.

## Le terrain d'expérimentation du *Blitzkrieg*



La campagne de Pologne est l'occasion pour Adolf Hitler, qui a assisté aux combats sur le front, de tester la tactique du *Blitzkrieg* (la « guerre éclair ») : l'utilisation combinée d'armes mobiles et offensives – les *Panzerdivisionen* (blindés), l'artillerie et l'infanterie motorisées – et des avions *Stukas* qui attaquent en piqué.

En cinq jours, les défenses polonaises le long de la frontière sont percées, et l'armée allemande peut progresser vers Varsovie. La capitale tombe le 28 septembre, après une semaine de bombardements intensifs qui causent la mort de 25 000 civils.

En à peine un mois, la Pologne est envahie et occupée. L'armée polonaise, détruite, perd près de 70 000 hommes auxquels s'ajoutent 690 000 prisonniers, tandis que les forces allemandes multiplient exécutions sommaires et incendies de villages.

## Le dépècement de la Pologne

Le 17 septembre, l'Armée rouge envahit l'est du pays, provoquant la fuite du gouvernement polonais en Roumanie puis, de là, en France. Les Soviétiques mènent une répression brutale : la police politique fait arrêter 104 000 Polonais, immédiatement envoyés au Goulag. Plus d'un million de personnes sont déplacées vers les territoires occupés par l'Union soviétique.

La Pologne est démembrée. L'Allemagne annexe la Prusse orientale, le corridor de Dantzig, la Poznanie et la Haute-Silésie. Un protectorat allemand – le Gouvernement général – est créé autour de Cracovie et Varsovie. De son côté, l'Union soviétique annexe 200 000 kilomètres carrés à l'est et une population de 13 millions d'habitants.

**1939** Attaque de la Pologne par l'Allemagne

1939 1940 1941 1942

**1939-1941**
**Victoires de l'Axe en Europe et en Asie**

**1941-1945**
**Extermination en masse des Juifs d'Europe**

**Le mitrailleur d'un bombardier de la Luftwaffe sur le point d'attaquer une ville polonaise, en septembre 1939**

Durant la campagne de Pologne, les bombardiers allemands clouent au sol l'aviation polonaise et détruisent les infrastructures (ponts, casernes et gares), gênant ainsi la mobilisation de l'infanterie adverse.

## Hans Frank et « la destruction totale de la Pologne »

En octobre 1939, le nazi Hans Frank, ministre du IIIe Reich, est nommé par Hitler à la tête du Gouvernement général de Pologne avec pour objectif le « nettoyage » des Juifs qui y vivent – ils sont 1,5 million –, de l'intelligentsia, du clergé et de l'aristocratie.
Le pays est asservi, l'économie pillée. Les Polonais n'ont plus le droit de posséder des biens immobiliers, de recevoir une instruction au-dessus du primaire, de se grouper en association, de fréquenter des lieux de culture. Les membres de l'Église catholique sont persécutés. De nombreux Polonais sont envoyés en Allemagne pour travailler. Et dès septembre 1939, la « concentration des Juifs dans les grandes villes » a commencé (► p. 138).

## Le massacre de Katyn

Le 13 avril 1943, la radio allemande annonce la découverte dans la forêt de Katyn, près de Smolensk, de tombes collectives d'officiers polonais, ligotés et tués d'une balle dans la nuque. Les Allemands dénoncent un crime des Soviétiques qui, de leur côté, accusent les « bandits germano-fascistes ». Le gouvernement polonais en exil à Londres, qui voit dans cette découverte la confirmation de ses craintes après la disparition de milliers d'officiers à la suite de l'invasion soviétique, rompt ses relations diplomatiques avec l'Union soviétique. Plusieurs enquêtes et l'ouverture des archives soviétiques prouveront que l'exécution de 25 000 à 26 000 prisonniers polonais (ex-officiers, propriétaires terriens, petits fonctionnaires), a été ordonnée par Joseph Staline le 5 mars 1940. Quatre mille personnes ont ainsi été assassinées dans la forêt de Katyn.

10 mai 1940

# La bataille de France commence

**Entre la déclaration de guerre des Alliés le 3 septembre 1940 et le début des hostilités, huit mois s'écoulent sans combat. Au printemps 1940, la Wehrmacht met fin à la « drôle de guerre » et provoque en quelques semaines la débâcle de l'armée française.**

## La fin de la « drôle de guerre »

Après la foudroyante campagne de Pologne (► p. 124), Français et Britanniques, confiants dans les fortifications de la ligne Maginot, se laissent le temps de préparer l'affrontement et privilégient une stratégie défensive : c'est la « drôle de guerre ».

Le plan franco-britannique de miner les eaux norvégiennes sert de prétexte à Adolf Hitler pour envahir le Danemark et la Norvège le 9 avril 1940. Un débarquement anglo-français à Narvik ne retarde que peu de temps la conquête allemande.

## La bataille de France

À partir du 10 mai, les avions allemands pilonnent la Hollande et la Belgique. Attaquant par les Ardennes que les Français croyaient infranchissables par les chars, l'armée du général Heinz Guderian passe la Meuse à Sedan le 13 mai. La Hollande capitule le 15 mai. Le 20 mai, les troupes alliées refluant de Belgique se retrouvent coupées en deux. Une partie se replie sur Dunkerque, alors qu'Hitler ordonne, de façon inexpliquée, de ne pas diriger ses troupes sur la ville : 220 000 soldats britanniques et 100 000 Français sont évacués du 26 mai au 5 juin mais abandonnent tout leur matériel lourd. Les Allemands percent le front français sur la Somme et l'Aisne. Ils entrent dans Paris le 14 juin.



## Pétain *vs* de Gaulle

Dès le 13 juin, le maréchal Philippe Pétain, alors vice-président du Conseil, déclare que la signature de l'armistice est « nécessaire [à] la pérennité de la France éternelle ». Trois jours plus tard, il est nommé à la tête du gouvernement réfugié à Bordeaux.

Le 17 juin, alors que Pétain annonce sa décision de demander l'armistice, le général Charles de Gaulle quitte la France pour Londres. Le lendemain, son appel à continuer le combat depuis l'empire, lancé sur la BBC, est peu entendu en France.

> *« Un ordre nouveau commence. [...] Notre défaite est venue de nos relâchements. L'esprit de jouissance détruit ce que l'esprit de sacrifice a édifié. C'est à un redressement intellectuel et moral que, d'abord, je vous convie. »*
>
> Philippe Pétain, discours radiodiffusé depuis Bordeaux, 25 juin 1940.

**1940** Bataille de France

1939 | 1940 | 1941 | 1942

**1939-1941**
**Victoires de l'Axe en Europe et en Asie**

**1941-1945**
**Extermination en masse des Juifs d'Europe**

### L'exode en France

Les combats font près de 60 000 morts et 125 000 blessés du côté français. La déroute est totale et plus de huit millions de civils prennent le chemin de l'exode. Deux millions de soldats sont faits prisonniers, dont la plupart sont envoyés dans des *stalags* en Allemagne où ils restent jusqu'en 1945.

### La France occupée

L'armistice est signé à Rethondes, dans le même wagon que le 11 novembre 1918. Les troupes françaises sont désarmées, le matériel de guerre livré, les aérodromes laissés à disposition des Allemands, la flotte doit regagner ses ports d'attache. Au titre des frais d'occupation, la France est contrainte de payer 400 millions de francs par jour au *Reich*.

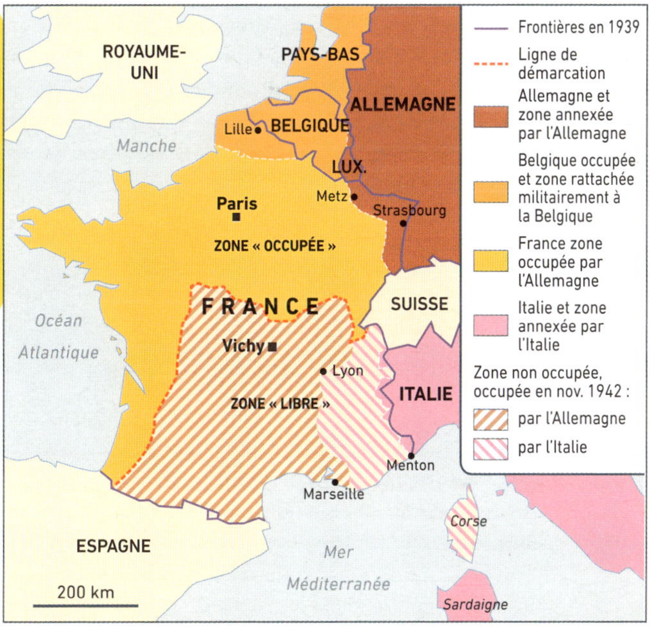


« Oui la France se relèvera. Elle se relèvera dans la liberté. Elle se relèvera dans la victoire. »

Charles de Gaulle, discours prononcé à la BBC, 26 juin 1940.

1943 — 1944 — 1945 — 1946

1941-1945 Guerre du Pacifique

1942-1943 Tournant de la guerre

1943-1945 Victoires des Alliés en Europe et en Asie

30 juillet 1940

# Adolf Hitler lance la bataille d'Angleterre

**La bataille d'Angleterre est le premier échec militaire d'Adolf Hitler, prélude d'une guerre longue face au Royaume-Uni qui peut compter sur les ressources de son immense empire colonial.**

## L'opération *Otarie*

En juin 1940, après la capitulation de la France (► p. 126), les Britanniques continuent seuls la lutte contre l'Axe. Face à l'intransigeance de Winston Churchill, Adolf Hitler ordonne au maréchal Hermann Goering, le 30 juillet 1940, de préparer « la grande bataille aérienne de la Luftwaffe », en vue d'un débarquement.

Après une première série d'attaques dans la Manche, à partir du 13 août, l'aviation allemande bombarde des positions militaires stratégiques. Les infrastructures sont gravement touchées et les pertes parmi les pilotes britanniques très lourdes.

Pourtant, Hitler modifie sa stratégie : le 7 septembre, les bombardiers prennent pour cibles les villes. Les docks et les quartiers populaires de Londres sont détruits ; on dénombre 2 000 civils tués. C'est le début du *Blitz*.



## Une bataille dans les airs

Pour la première fois, l'aviation est utilisée comme une arme décisive. Pour laisser le temps à la marine allemande de préparer le débarquement, Hitler fait porter l'effort sur la Luftwaffe qui aligne 2 500 avions. De son côté, le Fighter Command britannique se transforme en force aérienne internationale grâce à l'apport de pilotes étrangers. Leurs 600 *Spitfire* et *Hurricane* possèdent huit mitrailleuses.

Le courage et la détermination des pilotes de la Royal Air Force (RAF) causent de lourdes pertes à la Luftwaffe. Forte d'un réseau de radars défensifs installés sur ses côtes, la Grande-Bretagne parvient ainsi à mettre en échec l'aviation ennemie, redéployée en Europe de l'Est au printemps 1941. Au total, la RAF a perdu 1 500 avions, la Luftwaffe plus de 2 000.

## L'esprit de résistance britannique

En détournant la Luftwaffe vers les villes à partir de septembre 1940, Hitler a permis à l'industrie de guerre britannique de continuer à produire et à la RAF, au bord de la rupture, de se reconstituer. De plus, l'offensive sur les civils ne parvient pas à briser l'esprit de résistance des Britanniques, régulièrement galvanisés par les discours de Churchill.

Cependant, cette neutralisation réciproque ne remet pas en cause, dans l'immédiat, l'hégémonie nazie en Europe.

**1940** Début de la bataille d'Angleterre

1939 — 1940 — 1941 — 1942

**1939-1941**
**Victoires de l'Axe en Europe et en Asie**

**1941-1945**
**Extermination en masse des Juifs d'Europe**

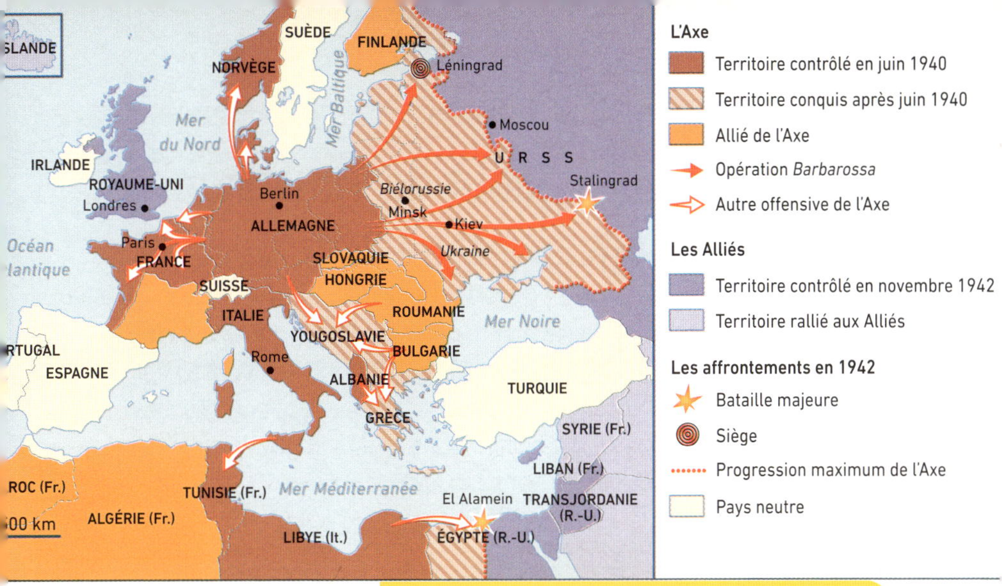


**Les victoires de l'Axe en Europe**

En octobre 1940, Benito Mussolini, désirant mener sa guerre parallèle en Méditerranée, envoie ses troupes en Grèce, ralliée au Royaume-Uni. Mais la résistance grecque oblige l'armée italienne à se replier sur l'Albanie et à appeler l'Allemagne à son secours. En avril 1941, la Wehrmacht intervient, s'emparant de la Yougoslavie en douze jours et de la Grèce en trois semaines.

**Le *Blitz***

De septembre 1940 à mai 1941, Londres et plusieurs villes sont attaquées sans relâche. La capitale est bombardée pendant 76 nuits consécutives. Coventry est presque détruite en novembre 1940. Quand le *Blitz* prend fin en mai 1941, la Grande-Bretagne a perdu 43 000 civils.



## Winston Churchill (1874-1965)

D'abord engagé au parti libéral, Churchill est lord de l'Amirauté pendant la Première Guerre mondiale. En 1922, il se tourne vers le parti conservateur. Durant les années 1930, il dénonce la politique d'*apeasement* de Chamberlain face à Adolf Hitler notament lors de la conférence de Munich. Le 10 mai 1940, Churchill est appelé par George VI à former un gouvernement d'union nationale. Il annonce alors à ses compatriotes qu'il n'a « rien d'autre à offrir que du sang, du labeur, des larmes et de la sueur ». Il noue pendant la guerre une étroite alliance avec le président américain Franklin D. Roosevelt. En août 1941, les deux hommes rappellent leur attachement commun à la démocratie et aux libertés : la Charte de l'Atlantique apparaît ainsi déjà comme un programme politique pour l'après-guerre (► p. 164). Écarté du pouvoir en 1945 par la victoire du parti travailliste, Churchill intervient dans la vie politique internationale et écrit ses *Mémoires de guerre*.

1943 — 1944 — 1945 — 1946

1941-1945 Guerre du Pacifique

1942-1943 Tournant de la guerre

1943-1945 Victoires des Alliés en Europe et en Asie

22 juin 1941

# L'opération *Barbarossa* marque le début de l'invasion de l'Union soviétique

**La rupture surprise du pacte germano-soviétique répond aux ambitions hitlériennes de conquête d'un espace vital à l'Est. L'invasion et l'occupation de l'Union soviétique entraînent le IIIe Reich dans une guerre totale où il engage l'essentiel de ses ressources en hommes et en matériel.**

## L'opération *Barbarossa*

Le 22 juin 1941, 4 millions de soldats, 4 000 chars et près de 3 000 avions de la Wehrmacht enfoncent les lignes soviétiques. En quelques semaines, par encerclements successifs réalisés par des unités blindées, plus d'un million de soldats et d'officiers soviétiques sont faits prisonniers.

Joseph Staline, bien que prévenu par les Alliés et ses services de renseignement de l'imminence de l'agression, est pris de court. L'Armée rouge est alors sous-équipée et son haut-commandement désorganisé par les purges des années 1936-1938 (► p. 110). Le 3 juillet, s'adressant à la nation, Staline l'exhorte à la résistance et à l'insurrection contre la Wehrmacht, quitte à adopter la tactique de la terre brûlée. Dès septembre, près de 20 000 partisans agissent déjà derrière les lignes allemandes.



## La guerre totale contre le judéo-bolchévisme

Pour Adolf Hitler, les territoires soviétiques conquis sont perçus comme une friche dont il faut rationaliser l'organisation économique et démographique. Le *Generalplan Ost* (« Plan Est »), commandé dès le 24 juin 1941 par Heinrich Himmler, prévoit la disparition, à moyen terme, de plus de 30 millions de Slaves pour libérer des terres ainsi offertes à la colonisation germanique. Sur les arrières de l'armée allemande, les *Einsatzgruppen* – les unités mobiles d'extermination – sont chargées d'exterminer les Juifs, les Tziganes et les commissaires du parti communiste (► p. 139).

## L'avancée allemande

Le 10 juillet, la Wehrmacht a envahi les pays baltes, la Biélorussie et une grande partie de l'Ukraine. En septembre, elle est aux portes de Leningrad dont Hitler ordonne le siège. À partir d'octobre, les troupes allemandes tentent de prendre Moscou en l'encerclant. Le 13, la ville est évacuée, mais Staline y reste et, prenant le titre de maréchal, se présente comme le défenseur de la patrie en danger.

**1941** Déclenchement de l'opération *Barbarossa*

1939 | 1940 | 1941 | 1942

**1939-1941**
**Victoires de l'Axe en Europe et en Asie**

**1941-1945**
**Extermination en masse des Juifs d'Europe**

**La grande guerre patriotique des Russes**

« Nous, les petits-enfants de Sousorov [général russe légendaire du XVIIe siècle] et les enfants de Tchapajev [chef militaire de l'Armée rouge pendant la guerre civile de 1918-1922], nous combattons fort bien, nous piquons avec acharnement ! » Pour stimuler la résistance, Staline réhabilite les valeurs de l'ancienne Russie. Les soldats de l'Armée rouge incarnent une « guerre juste », car défensive, contre l'envahisseur. Le parallèle avec Alexandre Nevski, en arrière-plan, qui a repoussé les chevaliers germaniques au XIIIe siècle, renforce cette idée.

Affiche soviétique, 1941 (Musée des forces armées, Moscou).

*« Mort aux armées allemandes d'occupation ! Vive notre Patrie glorieuse, sa liberté et son indépendance ! Sous la bannière de Lénine – en avant à la victoire ! »*

Joseph Staline, discours sur la place Rouge à Moscou, 7 novembre 1941.



## Le sort des prisonniers soviétiques

Les prisonniers de guerre soviétiques sont traités avec brutalité. Entassés dans des enclos barbelés à ciel ouvert, ils sont réduits à la famine et subissent des pertes effroyables : 3,3 millions de morts sur 5,2 millions capturés. Cette politique participe de la stratégie nazie d'extermination des Slaves. Les SS – initiales de *Schutzstaffel*, « échelon de protection » – traquent aussi particulièrement les commissaires politiques et les fonctionnaires communistes qui sont automatiquement fusillés.

**Prisonniers soviétiques après les batailles de Minsk et de Smolensk, en août 1941**

| 1943 | 1944 | 1945 | 1946 |
| --- | --- | --- | --- |

941-1945 Guerre du Pacifique

1942-1943 Tournant de la guerre

1943-1945 Victoires des Alliés en Europe et en Asie

Août 1941

# Le Belge Léon Degrelle crée la Légion Wallonie

**À partir de 1941, la « croisade » antibolchevique menée par le III^e^ Reich à l'Est incite un certain nombre d'Européens à s'engager au côté de la Wehrmacht.**

## La « force par la peur »

Depuis la rupture du pacte germano-soviétique le 22 juin 1941 et l'invasion de l'Union soviétique (► p. 130), les nazis se présentent comme le rempart contre le communisme qui, allié au judaïsme, risque d'envahir l'Europe. L'épouvantail bolchevique est utilisé par les services de propagande de Joseph Goebbels pour resserrer les rangs des Européens derrière l'Allemagne.

Au fur et à mesure que la situation militaire se tend à l'Est, les Allemands cherchent à recruter dans la Waffen-SS, la branche militaire de la *Schutzstaffel* (SS), de nouveaux combattants et en appellent au volontariat dans les pays occupés.

## « Contre le bolchevisme, pour l'Europe et ta patrie »

En août 1941, dans une Belgique occupée et administrée par l'armée allemande, le Wallon Léon Degrelle crée la Légion Wallonie dans le but d'enrôler des volontaires pour soutenir l'effort de guerre nazi sur le font de l'Est. C'est l'occasion pour Degrelle, fondateur du mouvement fasciste rexiste dans les années 1930, d'assurer l'occupant de sa collaboration. Profondément anticommuniste et ayant progressivement évolué vers un antisémitisme virulent, Degrelle appelle ses compatriotes à rejoindre la croisade antibolchevique menée par le III^e^ Reich.



## Combattre sous uniforme allemand

Accompagné de 850 volontaires dont 730 militants rexistes, Degrelle part se battre sur le front de l'Est. Au printemps 1942, la légion combat sur le Donetz contre les partisans soviétiques. Un an plus tard, après une rencontre entre Degrelle et Heinrich Himmler, la Légion Wallonie passe dans les rangs de la Waffen-SS et se bat successivement en Ukraine, en Estonie et en Poméranie.

### La Waffen-SS

Dirigée par Heinrich Himmler, la Waffen-SS mène un combat idéologique et racial : lutte contre les communistes, les Slaves et les Juifs. Elle s'engage sur tous les fronts sans s'intégrer pour autant à l'armée régulière. À la fin de la guerre, 38 divisions SS regroupent 900 000 hommes dont 200 000 non-Allemands. La 33^e^ Waffen-Grenadier-Division de la SS *Charlemagne* (dite Division Charlemagne) est composée d'environ 7 000 volontaires français, très actifs notamment dans la défense de Berlin en avril 1945.

**1941** Création de la Légion Wallonie

1939 — 1940 — 1941 — 1942

**1939-1941**
**Victoires de l'Axe en Europe et en Asie**

**1941-1945**
**Extermination en masse des Juifs d'Europe**

**Léon Degrelle décoré de la Croix de fer par Hitler, le 20 février 1944**

Fin avril 1945, alors que le IIIe Reich s'effondre, Degrelle, en fuite, parvient à prendre un avion qui l'amène dans l'Espagne du général Franco où il finit ses jours le 31 mars 1994.

**Affiche belge, 1941**

## Les régimes collaborateurs en Europe

Dans l'Europe dominée par le IIIe Reich, les nazis peuvent compter sur le soutien de leurs alliés, en réalité pays satellites qui n'ont que peu d'autonomie (Roumanie, Hongrie, Bulgarie). Les États vassalisés qui, occupés ou non, ont conservé leur souveraineté et un semblant d'autonomie, ont mis en place une collaboration d'État : la France de Philippe Pétain, la Croatie d'Ante Pavelic, la Serbie de Milan Nedic, la Slovaquie de Jozef Tiso.
Dans les pays occupés, les Allemands trouvent également des relais de propagande dans des mouvements pronazis. Ces collaborationnistes minoritaires regroupent des tendances diverses. Certains partis nazis existaient avant guerre comme le Mouvement national-socialiste hollandais (NSB) d'Anton Mussert ou le mouvement rexiste de Léon Degrelle, à l'origine monarchiste puis se rapprochant du nazisme. À partir de 1943, ces groupuscules ont un poids renforcé dans les gouvernements des pays occupés.

7 décembre 1941

# Les Japonais attaquent la base américaine de Pearl Harbor

**L'attaque surprise par le Japon de la flotte américaine du Pacifique basée à Pearl Harbor entraîne l'entrée en guerre des États-Unis. Le conflit devient mondial.**

## L'expansionnisme japonais

Depuis juillet 1937, le Japon est en guerre contre la Chine. Le 27 septembre 1940, Tokyo a signé avec Rome et Berlin le Pacte tripartite, constitutif de l'Axe. Puis, ayant passé un accord de neutralité avec l'URSS le 13 avril 1941, les Japonais planifient l'invasion de la Malaisie et des Philippines.

Quand le général Hideki Tojo devient Premier ministre en octobre 1941 (► p. 157), l'attaque de Pearl Harbor est planifiée et approuvée par l'empereur Hirohito, en vue de déclencher une guerre courte. L'opération s'inscrit dans la politique nippone de constitution en Asie-Pacifique d'une « sphère de coprospérité » à son avantage (► p. 156).

## Le double-jeu de Roosevelt

Face à ce bellicisme, le président américain Franklin D. Roosevelt a mené une double politique depuis 1939. Bien qu'il ait réclamé l'évacuation de la Chine, il tente de maintenir de bonnes relations avec le Japon. Toutefois, alors qu'il s'est fait réélire à l'automne 1940 sur la promesse de ne pas envoyer d'Américains « participer à des guerres étrangères », Roosevelt sait l'entrée dans le conflit inévitable. Après l'invasion de l'Indochine par le Japon en septembre 1940, il accumule les mises en garde et décrète un embargo sur les livraisons de pétrole vers Tokyo.



## La mondialisation du conflit

Le 7 décembre 1941, sans déclaration de guerre, six porte-avions japonais lancent leurs chasseurs et leurs bombardiers sur la base militaire de Pearl Harbor dans les îles Hawaï. L'opération *Tora, Tora, Tora*, placée sous le commandement de l'amiral Isoroku Yamamoto, a commencé. En quelques heures, 188 avions américains sont détruits au sol, 18 bâtiments coulés et 2 400 soldats tués.

> « *Je demande que le Congrès déclare que depuis l'odieuse – et nullement justifiée – agression japonaise, il existe un état de guerre entre les États-Unis et l'Empire du Japon.* »
>
> Franklin D. Roosevelt, discours devant le Congrès des États-Unis, 8 décembre 1941.

Le lendemain de l'attaque, Roosevelt déclare la guerre au Japon. Trois jours plus tard, Hitler engage l'Allemagne contre les États-Unis.

**1941** Attaque de Pearl Harbor

1939 — 1940 — 1941 — 1942

**1939-1941**
**Victoires de l'Axe en Europe et en Asie**

**1941-1945**
**Extermination en masse des Juifs d'Europe**

**Les cuirassés *USS West Virginia* et *USS Tennessee* torpillés à Pearl Harbor, le 7 décembre 1941**

Malgré les virulentes campagnes anti-américaines menées au Japon, une majorité de l'opinion publique aux États-Unis reste hostile à l'entrée en guerre. L'attaque de Pearl Harbor retourne cependant les Américains qui n'ont dès lors de cesse de se venger.

## La mise en marche de la machine de guerre américaine

Dès la fin de l'année 1940, le président Franklin D. Roosevelt a annoncé son intention de faire des États-Unis « l'arsenal des démocraties ». La loi du prêt-bail, promulguée le 11 mars 1941, prévoit que le président peut « prêter » des armes, des munitions et tous autres produits aux pays dont la défense lui paraîtrait nécessaire à la sécurité des États-Unis. Mis en place à l'entrée en guerre américaine, le *Victory Program* a des objectifs beaucoup plus ambitieux : l'Office of Production Management – transformé en War Production Board – invite les industriels à reconvertir leurs usines, à innover et coordonne les commandes militaires de l'État. À partir de 1943, la machine de guerre fonctionne à plein rendement. Au total, l'industrie américaine fournit 35 % des armements qui permettent d'abattre l'Allemagne et 86 % de ceux qui assurent la défaite japonaise.

**Affiche américaine, 1942**



1943 1944 1945 1946

941-1945 Guerre du Pacifique

1942-1943 Tournant de la guerre

1943-1945 Victoires des Alliés en Europe et en Asie

12 décembre 1941

# Le maréchal Keitel publie l'ordonnance d'application du décret *Nacht und Nebel*

**À partir de 1941, le système répressif nazi s'abat sur les opposants des pays occupés qui, condamnés à la déportation, découvrent la barbarie du système concentrationnaire allemand.**

## La lutte contre les opposants

Les contraintes de la guerre à l'Est depuis le lancement de l'opération *Barbarossa* (► p. 130) et la menace que fait peser l'action résistante à l'Ouest sont à l'origine d'un renforcement de la répression nazie. En réponse à la multiplication des actes de sabotage en France, Adolf Hitler publie le premier décret *Nacht und Nebel* (*NN*, « Nuit et Brouillard ») le 7 décembre 1941 : cinq directives qui visent à appliquer les mesures les plus rigoureuses contre les « saboteurs », les communistes et les opposants politiques. Deux autres décrets, édictés par le maréchal Wilhelm Keitel le 12 décembre, précisent ces mesures ordonnant la déportation en Allemagne de tous les ennemis intérieurs au III<sup>e</sup> Reich.



## Condamnés à disparaître dans « la nuit et le brouillard »

Les résistants et opposants sont emmenés en Allemagne puis jugés par des tribunaux spéciaux (*Sondergerichte*) ou par le Tribunal du peuple (*Volksgerichtshof*). Dans l'attente du jugement, ils sont internés en prison ou dans des camps de concentration sous le signe *NN*. Les procès se déroulent à huis clos et, en cas de décès, la famille n'est pas avertie. Les prisonniers *NN* – les lettres sont peintes en rouge ou jaune sur les uniformes des détenus – sont mis au secret ou soumis à un régime pénitentiaire féroce et subissent l'extermination par le travail.

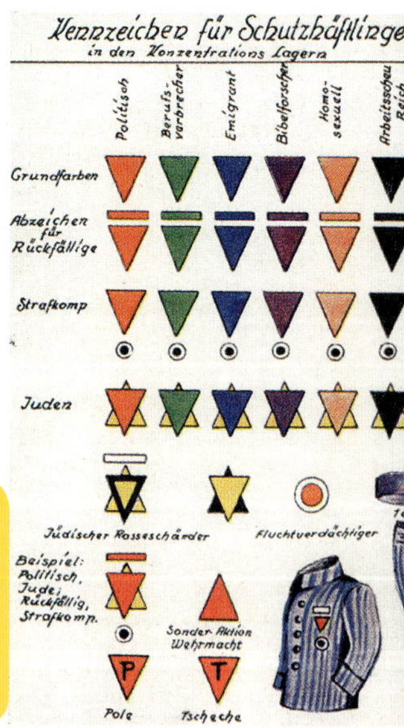


**Charte d'identification des prisonniers pour les gardes SS**
**Il existe au sein des camps une hiérarchie très organisée des détenus. Les criminels de droit commun (triangles verts) s'imposent aux détenus politiques (triangles rouges), aux émigrés (triangles bleus), aux témoins de Jéhovah (triangles violets), aux homosexuels (triangles roses), aux « asociaux » (triangles noirs), aux Tziganes (triangles marrons), aux Juifs (étoiles jaunes).**

**1941** Décret *Nacht und Nebel*

1939 | 1940 | 1941 | 1942

**1939-1941**
**Victoires de l'Axe en Europe et en Asie**

**1941-1945**
**Extermination en masse des Juifs d'Europe**

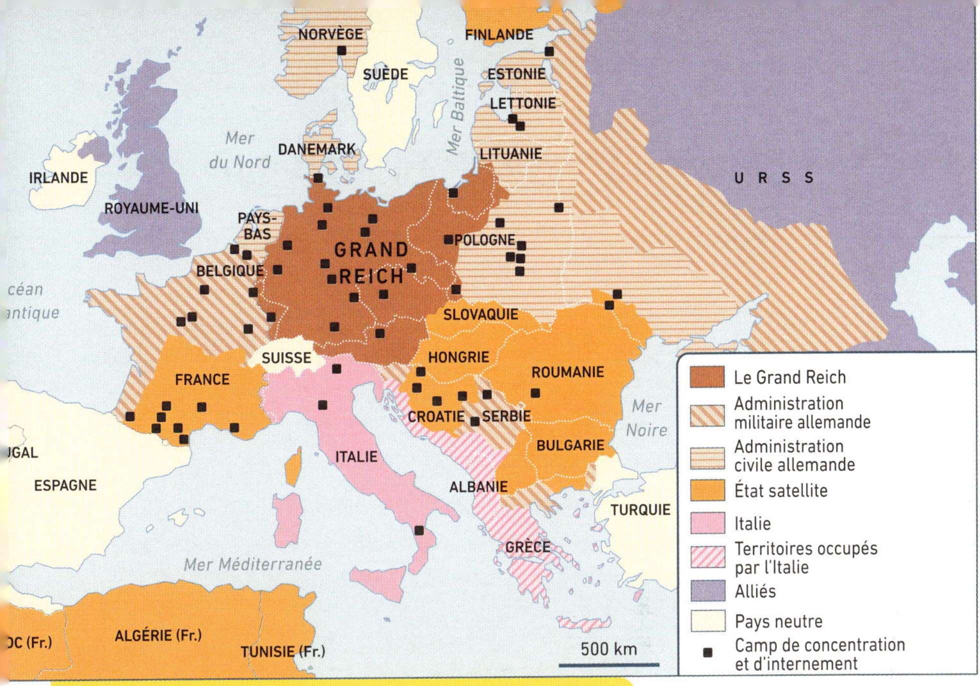


**L'Europe allemande**
Le projet hitlérien repose sur l'idée d'une supériorité de la race germanique autour de laquelle la nouvelle Europe devra s'organiser : une confédération dominée par le IIIe Reich, un nouvel ordre politique totalitaire et un bloc économique au profit de l'Allemagne.



## Le système concentrationnaire nazi

Dès avril 1933, les camps de concentration sont sous l'autorité de la *Schutzstaffel* (SS). Le règlement, identique partout, a été mis au point par le commandant du camp de Dachau, Theodor Eicke. La SS, qui a droit de vie et de mort sur les détenus, utilise ces derniers comme main-d'œuvre, soit au sein même du camp, soit en les louant à des entreprises extérieures.
Les camps abritent des ressortissants de plus de 20 nationalités. À son apogée, le système concentrationnaire comprend un millier de camps. Entre septembre 1939 et mai 1945, ils ont abrité 1,6 million de détenus, 550 000 y sont morts.

## Heinrich Himmler (1900-1945)

Chef de la *Schutzstaffel* (SS, « échelon de protection ») dès 1929, Himmler dirige l'Office central de la sécurité du Reich (RSHA), créé le 27 septembre 1939, regroupant la Gestapo, les forces de maintien de l'ordre et la police criminelle. Il concentre donc tous les pouvoirs de répression et de persécution durant la guerre et, à ce titre, est chargé à partir de 1941 de l'application de la Solution finale (► p. 140). Il devient ministre de l'Intérieur en 1943 avant de se suicider le 23 mai 1945, échappant ainsi à tout jugement.

1943 | 1944 | 1945 | 1946

1941-1945 Guerre du Pacifique

1942-1943 Tournant de la guerre

1943-1945 Victoires des Alliés en Europe et en Asie

1939-1945

# Le génocide des Juifs d'Europe

**La guerre permet au régime hitlérien de mettre en œuvre le premier génocide industriel de l'histoire. Celui-ci vise, grâce à un très haut degré d'organisation, une mobilisation à grande échelle et la mise en place d'un processus de déshumanisation, à la destruction totale des Juifs européens.**

## 1939-1942 • Des ghettos à la « Shoah par balles »



### L'obsession raciale nazie

L'obsession de la pureté raciale est le pivot de l'idéologie hitlérienne formulée dans *Mein Kampf* en 1926. Avec la guerre, la législation d'exclusion des Juifs appliquée en Allemagne dès 1935 dans le cadre des lois de Nuremberg est étendue à toute l'Europe occupée. Les Juifs sont d'abord recensés puis progressivement contraints de porter l'étoile jaune (1939 en Pologne, 1942 en France, en Belgique et aux Pays-Bas) ; leurs entreprises sont confisquées ou vendues de force au nom de l'aryanisation.

### La création des ghettos

Pour les territoires gagnés à l'Est, dès septembre 1939, Adolf Hitler fixe un objectif à long terme : l'arrestation des élites juives et la déportation hors de la zone annexée par le IIIe Reich du reste de la communauté. Le Gouvernement général de Pologne est désigné comme une *Judenreservat*, une réserve pour les Juifs.

Reinhard Heydrich, directeur de l'Office central de la sécurité du Reich (RSHA), propose de regrouper

**La vie dans les ghettos**

Les conditions de vie sont extrêmement difficiles où frappent surpopulation, sous-nutrition, épidémies, etc. Dans le ghetto de Varsovie, le plus grand de Pologne, plus de 400 000 Juifs sont entassés sur un territoire de 3,3 kilomètres carrés.

Pour les autorités allemandes, les ghettos doivent s'auto-suffire. La population y est louée aux entreprises qui travaillent pour l'armée. À Lodz, la main-d'œuvre travaille hors du ghetto dans des usines contrôlées par la Wehrmacht ; à Varsovie, elle est employée par des petites ou moyennes entreprises installées sur place.

**La liquidation du ghetto de Varsovie, le 16 mai 1943**

Le 19 avril 1943, les Juifs enfermés dans le ghetto se révoltent. La répression nazie est extrêmement violente : au terme de quatre semaines de combat, le ghetto est détruit et les derniers survivants déportés.



ces derniers dans des ghettos avant une déportation ultérieure. Un nombre grandissant de Juifs polonais y sont alors enfermés ; on compte plus d'un millier de ghettos de la Pologne à la Grèce. Cependant, ils ne sont qu'une solution provisoire. En 1942, dès que la Solution finale est décidée, ils sont évacués et détruits.

## Les tueries de masse à l'Est

L'invasion de l'URSS en juin 1941 (► p. 130) donne lieu aux premiers massacres collectifs de Juifs de grande envergure. Quatre *Einsatzgruppen* regroupant 3 000 hommes sont formés au printemps 1941 afin de nettoyer les arrières de l'armée allemande des francs-tireurs, des commissaires politiques et des Juifs en âge de combattre. Ces « unités mobiles d'intervention » sont constituées de membres issus de la Gestapo, de petites unités de la Waffen-SS – branche militaire de la *Schutzstaffel* (SS) – et des bataillons de l'*Ordnungspolizei*, composés de réservistes et de policiers de carrière.

De 1941 à 1943, ces « hommes ordinaires » – selon l'expression de l'historien américain Christopher R. Browning – deviennent ainsi des bourreaux volontaires. Entre juin 1941 et janvier 1942, les massacres, qui ont souvent lieu avec la collaboration de supplétifs locaux ukrainiens et lituaniens, font 750 000 victimes. Dans le ravin de Babi Yar, au nord-ouest de Kiev en Ukraine, plus de 33 000 Juifs, hommes, femmes, enfants, sont fusillés les 28 et 29 septembre 1941.

# 1942-1945 • Les centres de mise à mort

## La Solution finale de la question juive

Le 20 janvier 1942, lors de la conférence de Wannsee présidée par Heydrich les nazis décident un plan d'extermination systématique de tous les Juifs d'Europe. Durant l'été, tous les rouages de la bureaucratie allemande sont coordonnés et l'extermination s'accélère. Les déportations sont parfois organisées avec la collaboration active des pays vassalisés, à l'instar de la rafle du Vel' d'Hiv' en France les 16 et 17 juillet 1942 à laquelle participe la police française. Tout le réseau ferré de l'Europe occupée est mis à contribution, sous la direction d'Adolf Eichmann.

Six camps d'extermination sont créés sur le territoire polonais : Belzec, Sobibor, Treblinka, Chelmno, Auschwitz-Birkenau et Majdanek.

## La mort industrielle

À leur arrivée à Auschwitz, à la fois camp de concentration et d'extermination, après un voyage long et meurtrier dans des wagons à bestiaux, les Juifs déportés sont débarrassés de leurs effets et répartis en deux files. À gauche, les hommes en bonne santé et les femmes robustes sont envoyés dans le camp de quarantaine. Rasés, tatoués, ils perdent toute identité. À droite, les autres : jugés inaptes au travail – adultes affaiblis, enfants, personnes âgées –, ils sont envoyés vers les chambres à gaz. Dans les centres de mise à mort, les déportés sont systématiquement assassinés.

> *« Personne ne sortira d'ici, qui pourrait porter au monde, avec le signe imprimé dans sa chair, la sinistre nouvelle de ce que l'homme, à Auschwitz, a pu faire d'un autre homme. »*
>
> Primo Levi, *Si c'est un homme*, 1947.



Les victimes sont enfermées dans les chambres à gaz camouflées en salles de douche avant que soient déversés sur eux des cristaux de Zyklon B – un insecticide à base d'acide cyanhydrique : la mort survient dans les 3 à 12 minutes. À l'ouverture des portes, les *Sonderkommandos*, composés de Juifs sont chargés du « traitement » des corps : coupe des cheveux, récupération des dents en or et transport des cadavres vers les fours crématoires.

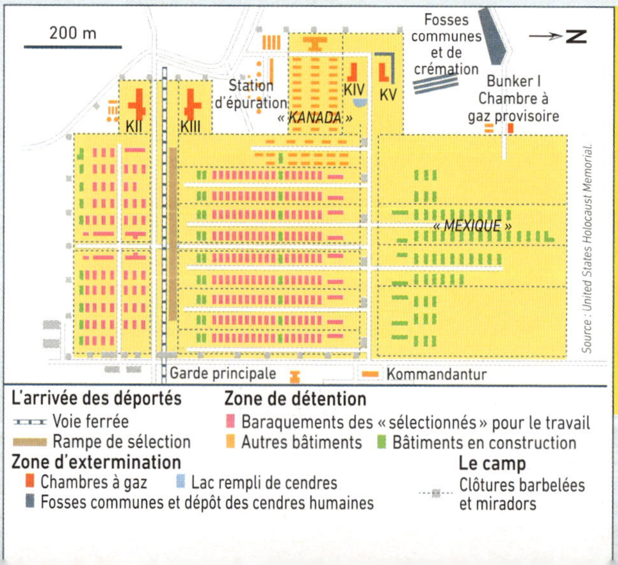


**Le camp d'extermination d'Auschwitz-Birkenau**

Comme Chelmno et Majdanek, Auschwitz-Birkenau a une double fonction. À côté d'un camp de travail forcé et un camp de concentration, y sont installées des « usines de la mort » dont les fours crématoires peuvent brûler jusqu'à 12 000 corps par jour. Plus d'un million de Juifs y sont assassinés ainsi que près de 20 000 Tziganes.

**Femmes et enfants dans le Birkenwald («Bois de bouleaux») avant leur assassinat dans la chambre à gaz V de Birkenau, en mai-juillet 1944**

En Pologne, trois millions de Juifs ont disparu lors de la Shoah (90 % de la communauté d'avant-guerre). Ce pourcentage, identique pour les pays baltes ou l'Allemagne, montre la volonté du régime nazi de détruire à la fois le peuple juif mais aussi toute la culture juive européenne.

## L'évacuation des camps

Durant l'été 1944, lors de leur progression vers l'ouest, les troupes soviétiques découvrent les camps d'extermination de Belzec, Sobibor et Treblinka.

En janvier 1945, alors que l'Armée rouge approche d'Auschwitz, les nazis décident d'évacuer le camp, sans prendre le temps de le détruire. Le 18 janvier, 60 000 déportés rassemblés par les SS sont jetés sur les routes. Commencent alors les terribles « marches de la mort » : à pied ou dans des wagons à ciel ouvert, les déportés sont transportés vers les camps encore en activité. Ceux qui ne peuvent pas suivre sont abattus : à peine 2 000 des 7 500 déportés survivent plus de quelques jours.

### Le génocide des Tziganes

Considérés par les nazis comme des *Untermenschen* (des « sous-hommes »), les Tziganes, sont d'abord internés, puis déportés en Pologne pour être soumis au travail forcé ou exterminés. En décembre 1942, Heinrich Himmler, alors à la tête l'Office central de la sécurité du Reich (RSHA), décide la déportation de tous les Tziganes d'Allemagne à Auschwitz, où un camp a été conçu pour eux. Il y sont victimes des épidémies (typhus, variole, dysenterie), des expérimentations des médecins nazis qui testent techniques de survie et médicaments, et du plan d'extermination.

### Le bilan du génocide des Juifs et des Tziganes

| **Juifs** | |
|---|---|
| Morts dans les ghettos | 800 000 |
| Morts par exécutions (*Einsatzgruppen*) | 1 300 000 |
| Morts dans les camps d'extermination<br>*dont Auschwitz* | 2 700 000<br>*1 000 000* |
| Morts dans les camps de concentration | 300 000 |
| **Total** | **5 100 000** |
| **Tziganes (total)** | **Entre 200 000 et 500 000** |

Source : Raul Hilberg, *La Destruction des Juifs d'Europe*, 1961.

21 mars 1942

# Le IIIe Reich réquisitionne la main-d'œuvre dans les pays occupés

**Afin de soutenir son effort de guerre, l'Allemagne nazie organise la mise en coupe réglée de l'économie européenne et l'utilisation massive de travailleurs forcés.**

## Participer à l'effort de guerre du Reich

Durant la guerre « éclair » contre la Pologne, la France et l'Union soviétique, le manque de main-d'œuvre en Allemagne est comblé par l'emploi des prisonniers de guerre puis par le recrutement de volontaires à l'Ouest. Attirés par des salaires élevés, plusieurs dizaines de milliers de travailleurs hollandais, belges, tchèques, français partent se faire embaucher dans les usines allemandes.

En mars 1942, la guerre reprend sur le front russe. Le 21, Fritz Sauckel est nommé plénipotentiaire général pour l'emploi de la main-d'œuvre : à ce titre il est chargé de réquisitionner 1,5 million de travailleurs dans toute l'Europe occupée. Le contingent français est fixé à 250 000 hommes. Le gouvernement de Vichy négocie la libération d'un soldat pour le départ de trois ouvriers : c'est la Relève (juin 1942).



## Le travail forcé

L'afflux de main-d'œuvre ne suffit pourtant pas à soutenir l'effort de guerre. En septembre, Hitler réclame 2 millions d'ouvriers supplémentaires. Cette fois, un service du travail obligatoire (STO) est instauré dans les pays occupés, en Belgique en octobre 1942, en France en février 1943. Près de 350 000 Belges et 700 000 Français sont envoyés travailler en Allemagne jusqu'en 1945. En réaction aux départs forcés, plusieurs milliers de réfractaires au STO rejoignent les maquis de la Résistance (► p. 150).

Le recours aux travailleurs de l'Est se généralise en 1943. Des centaines de milliers d'*Ostarbeiter* de Pologne, d'Ukraine, de Russie, parmi lesquels 2,5 millions de soldats soviétiques, sont employés dans les usines allemandes.

## L'apport à l'économie allemande

De nombreuses entreprises allemandes profitent du travail forcé, comme Daimler-Benz, Hoechst, Bayer, Siemens, IGFarben ou le groupe Krupp qui prospère largement sous le régime nazi. Selon certaines estimations, ce dernier aurait employé près de 100 000 personnes, dont 23 000 prisonniers de guerre. En 1943, par souci de « rapprocher les unités de production des sources de main-d'œuvre », Krupp fait construire une usine à l'intérieur du camp d'Auschwitz.

**Réquisition de la main-d'œuvre par le IIIe Reich** 1942

1939 — 1940 — 1941 — 1942

**1939-1941**
**Victoires de l'Axe en Europe et en Asie**

**1941-1945**
**Extermination en masse des Juifs d'Europe**

**L'Organisation Todt et la construction du Mur de l'Atlantique**

Créée en 1933 dans le but de réaliser les grands travaux décidés par le Reich, l'Organisation Todt est notamment chargée de la construction du Mur de l'Atlantique, comme le montre ce bunker installé au sud du cap Gris-Nez (Pas-de-Calais). Après la mort de Todt en 1942, l'organisation est dirigée par le ministre de l'Armement Albert Speer.

## L'exploitation économique de l'Europe

Les nazis mettent en place « une économie de grands ensembles » au niveau européen. Sur le plan financier, Berlin impose un change favorable pour le mark. L'Europe est organisée de manière à pourvoir au ravitaillement du Reich tant en travailleurs qu'en matières premières et en produits industriels. À l'Est, les ressources sont pillées. À l'Ouest, une part de la production est directement dirigée vers l'Allemagne (matières premières et produits agricoles). Les industriels sont encouragés à fournir l'armée allemande tandis que les États doivent verser des frais d'occupation exorbitants.

## Les travailleurs étrangers dans le IIIe Reich (1939-1945)

| Nationalités | Nombre |
|---|---|
| Soviétiques | 2 775 000 |
| Polonais | 1 600 000 |
| Français | 1 015 000 |
| Italiens | 960 000 |
| Néerlandais | 475 000 |
| Belges | 375 000 |
| Tchèques | 355 000 |
| Croates | 100 000 |
| Serbes | 100 000 |
| Slovaques | 100 000 |
| Danois | 80 000 |
| Baltes | 75 000 |
| Hongrois | 45 000 |
| Grecs | 35 000 |
| Suisses | 30 000 |
| Bulgares | 30 000 |
| Autres | 250 000 |



1943 1944 1945 1946

941-1945 Guerre du Pacifique

1942-1943 Tournant de la guerre

1943-1945 Victoires des Alliés en Europe et en Asie

23 octobre 1942

# Montgomery attaque l'Afrika Korps de Rommel à El-Alamein

**La défaite allemande d'El-Alamein face aux Britanniques, dans le désert de Libye, constitue le premier recul des puissances de l'Axe et met un terme au *Blitzkrieg* (« guerre éclair »).**

## La guerre du désert

Dès l'automne 1940, en Égypte, les forces du Commonwealth (Australiens, Néo-Zélandais et Indiens) repoussent l'offensive italienne entamée en septembre 1940.

En février 1941, Adolf Hitler envoie Erwin Rommel au secours de son allié italien. À la tête de deux divisions blindées, embryon de l'Afrika Korps, Rommel a pour mission de briser le verrou du Caire et d'ouvrir la route du pétrole. Grâce à des opérations rapides et audacieuses, il repousse les Britanniques de la Libye jusqu'en Égypte.

## Les deux batailles d'El-Alamein

Au printemps 1942, l'Afrika Korps est parvenu à une centaine de kilomètres d'Alexandrie, à l'oasis d'El-Alamein où il est stoppé en juillet. Ses positions sont fragilisées par les difficultés de ravitaillement, d'autant que l'aviation et la marine britanniques détruisent une partie des convois allemands en Méditerranée.



Le 23 octobre, alors que Rommel est parti se faire soigner à Berlin, le commandant Bernard Montgomery, à la tête de la 8e armée britannique, lance une contre-offensive victorieuse. Rentré précipitamment et désobéissant aux ordres, Rommel ordonne la retraite et ramène son armée presque intacte jusqu'en Tunisie en janvier 1943.

## L'opération *Torch*

Le 8 novembre, 100 000 hommes commandés par le général américain Dwight D. Eisenhower débarquent en Afrique du Nord française. Fidèle à la stratégie britannique des opérations périphériques, ce débarquement est également une réponse à la demande de Joseph Staline de soulager le front oriental. En riposte, les Allemands et les Italiens occupent la zone libre en France dès le 11 novembre. Le gouvernement de Vichy perd ainsi toute monnaie d'échange avec les Allemands : son empire et sa flotte, laquelle se saborde à Toulon le 27 novembre.

> *« Ce n'est pas la fin, ni même le commencement de la fin. Mais c'est peut-être la fin du commencement. »*
>
> Winston Churchill, 10 novembre 1942.

Malgré les réticences américaines, le général Charles de Gaulle s'impose peu à peu comme le représentant de la France libre et l'interlocuteur des Alliés au sein d'un Comité français de la libération nationale (CFLN), créé le 3 juin 1943.

Victoire britannique à El-Alamein 1942

1939 1940 1941 1942

**1939-1941**
**Victoires de l'Axe en Europe et en Asie**

**1941-1945**
**Extermination en masse des Juifs d'Europe**

**Le commandant Montgomery en Afrique du Nord, en 1942**
À l'automne 1942, les forces de l'Axe sont prises à revers par la première grande offensive alliée.

## Erwin Rommel (1891-1944)

La guerre assure à Rommel une progression fulgurante au sein de la hiérarchie militaire. Général de brigade en 1939, il est nommé maréchal en 1942. Son habileté tactique et opérationnelle lui vaut le surnom de « Renard du désert » et une renommée qui dépasse les frontières de son pays. En novembre 1943, Rommel est envoyé en Normandie pour œuvrer au renforcement du Mur de l'Atlantique. Ayant été en contact avec les conspirateurs de l'attentat manqué du 20 juillet 1944 contre Adolf Hitler, il est contraint au suicide le 14 octobre 1944.

## La bataille de Bir Hakeim

Depuis février 1942, la première Brigade française libre s'est installée sous les ordres du général Marie-Pierre Koenig dans un ancien fort turc du désert de Libye, au sud du dispositif allié. Entre le 27 mai et le 10 juin, ces quelques milliers d'hommes parviennent à ralentir l'avancée de l'Afrika Korps, refusant toute offre de reddition et infligeant de lourdes pertes à l'ennemi. Leur résistance permet ainsi aux Britanniques de se replier à El-Alamein avant de contre-attaquer.

2 février 1943

# La 6e armée allemande capitule à Stalingrad

**La bataille de Stalingrad brise le mythe de l'invincibilité allemande et alimente le prestige de l'Union soviétique aux yeux du monde en guerre.**

## La bataille de Moscou desserre l'étau allemand

Depuis novembre 1941, la résistance des Soviétiques – des dizaines de milliers de partisans agissent derrière les lignes allemandes – puis l'arrivée de renforts en provenance de Sibérie ont stoppé l'avancée des forces allemandes qui doivent dès lors défendre un front long de 2 500 kilomètres. Du 5 décembre 1941 à février 1942, l'Armée rouge lance une vaste contre-offensive pour libérer Moscou de la menace d'invasion. Sept millions de soldats sont engagés dans la défense de la capitale soviétique, dirigée par le maréchal Gueorgui Joukov. Cette bataille, qui fait 300 000 morts côté allemand, amorce le tournant de la guerre.



## Le *Rattenkrieg* (« la guerre de rats »)

En septembre 1942, Adolf Hitler lance ses troupes sur Stalingrad, à la fois ville symbole et position clé sur la Volga qui permettrait de couper les Soviétiques de leurs réserves pétrolières. La 6e armée de Friedrich Paulus atteint les faubourgs à la mi-septembre. Jusqu'au 18 novembre, les armées s'affrontent dans une guerre urbaine à la grenade et à la baïonnette.

Chaque maison, chaque usine est transformée en bastion ; on se bat dans les cages d'escalier, dans les appartements, dans les caves. Les civils, dont de nombreuses femmes, sont enrôlés dans la défense de la ville. Les ouvriers conduisent eux-mêmes au feu les chars T34 qu'ils ont fabriqués.

## La capitulation allemande

Le 19 novembre, l'Armée rouge frappe les flancs du saillant formé par les troupes de l'Axe – tenus par les Roumains et les Italiens. Le 22 novembre, elle encercle 350 000 soldats allemands. Malgré les ordres d'Hitler qui enjoignent Paulus, promu maréchal, de tenir la position jusqu'à l'arrivée des renforts, ce dernier capitule le 2 février 1943. L'Armée rouge progresse de 500 kilomètres au sud et reprend Koursk à la fin du mois d'août. L'Allemagne perd dans cette bataille 450 000 hommes (dont 90 000 prisonniers parmi lesquels 2 500 officiers, 24 généraux et le maréchal Paulus). Plus de 490 000 soldats de l'Armée rouge sont morts, 250 000 civils ont été tués dans les bombardements.

**Attaque des positions allemandes par l'Armée rouge, en novembre 1942**

La bataille de Stalingrad est la première bataille urbaine de l'histoire.

**La bataille de Koursk, 5 juillet-23 août 1943**

Déclenchée sur ordre d'Hitler le 5 juillet 1943, l'opération *Citadelle* vise à réduire le saillant de Koursk par une attaque en tenaille. La bataille oppose 2 700 chars allemands à 3 400 blindés soviétiques. L'Allemagne perd plus de chars qu'elle ne peut en reconstruire, ce qui permet la contre-offensive soviétique. Désormais, c'est l'Armée rouge qui progresse.

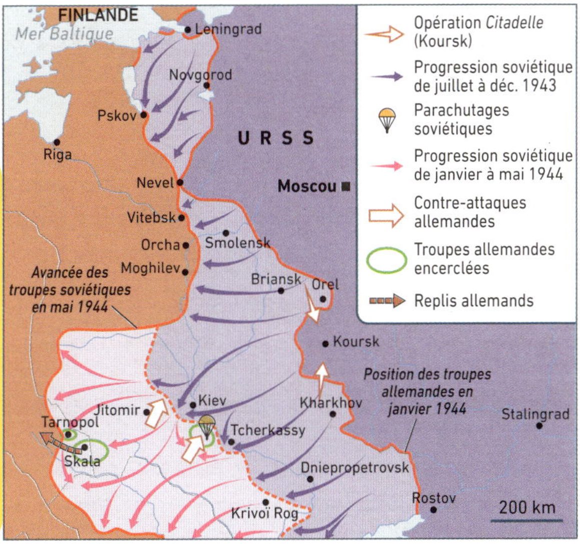


147

## L'URSS dans la guerre

Depuis l'invasion (► p. 130), le cœur économique de l'URSS est occupé. Dans les six mois qui suivent, la production soviétique chute de 48 %. En 1941, Joseph Staline ordonne l'évacuation vers l'Oural de tout le potentiel industriel : de juillet à novembre, 1 520 usines sont démontées, transportées et reconstruites, 10 millions de travailleurs déplacés. En 1942, 53 % des civils soviétiques travaillent pour l'effort de guerre. Grâce au soutien logistique et financier américain, l'URSS produit davantage de canons que l'Allemagne. Les nouveaux avions d'assaut (*Stormovik*) et les nouveaux chars (*T34*) se révèlent plus performants.

**1943** Capitulation de la 6e armée allemande à Stalingrad

1943 1944 1945 1946

**1-1945 Guerre du Pacifique**

**42-1943 urnant de la guerre**

**1943-1945 Victoires des Alliés en Europe et en Asie**

1939-1945

# Les résistances européennes

**En raison du caractère éminemment idéologique du conflit, la Résistance est une spécificité de la Seconde Guerre mondiale. D'abord minoritaire et éclatée, elle s'organise et joue un rôle non négligeable dans la libération de l'Europe.**

## Entrer en résistance

### La diversité de la Résistance intérieure

Dans les premières années de la guerre, une résistance civile s'organise spontanément pour faire face à l'occupant par différents moyens (politiques, juridiques, culturels). Résistants du quotidien, ces civils, très minoritaires, cherchent à mobiliser la population pour la défense des libertés et la protection des proscrits par le biais d'actions d'éclat.



Peu à peu, une résistance armée spécialisée dans la guerre de subversion (attentats, sabotages, embuscades) et le renseignement s'organise. En Union soviétique, où la guérilla est facilitée par la mobilité du front, les partisans mènent une véritable guerre contre l'occupant nazi (► p. 146). À l'Ouest, les maquis sont plus limités et organisent des actions de sabotages ponctuelles.

La résistance humanitaire se concentre sur l'aide aux Juifs et aux résistants. Si elle reste le fait d'individus isolés, elle peut mobiliser à beaucoup plus vaste échelle.

### Agir dans la clandestinité

Considérés comme des dissidents par les régimes collaborateurs, les résistants sont plongés dans la clandestinité, traqués par la Gestapo et la *Schutzstaffel* (SS), soumis au régime *Nacht und Nebel* (► p. 136). Ils sont nombreux à mourir sous la torture, fusillés ou en déportation. Pour empêcher les populations de soutenir les actions de résistance, les nazis pratiquent les représailles aveugles. Ainsi, après l'assassinat de Reinhard Heydrich, directeur de l'Office central de la sécurité du Reich (RSHA), le 4 juin 1942, les villageois tchèques de Lidice sont massacrés, les femmes et les enfants déportés.

### La Résistance extérieure

La Résistance extérieure est constituée des gouvernements en exil à Londres (polonais, hollandais, luxembourgeois, tchèque), mais également de comités sans légitimité antérieure qui cherchent à réunir des moyens humains et à financer la

**Groupe de résistants grecs, île de Crète, 1944**
En Grèce, la résistance se divise entre les communistes de l'ELAS et les républicains de l'EDES.



lutte contre l'occupant, tel le Comité français de Libération nationale (CFLN) créé en juin 1943 autour du général Charles de Gaulle.

À l'Ouest, les Britanniques mettent sur pied les Special Operations Executive (SOE, « Direction des opérations spéciales ») en charge du soutien logistique à la Résistance intérieure. Les contacts se font par la radio – la BBC – et les filières d'évasion.

À l'Est, après juin 1941, Moscou devient la deuxième capitale de la résistance et abrite les leaders des partis communistes en exil : l'Italien Palmiro Togliatti, le Français Maurice Thorez, la direction du KPD allemand.

## La Résistance en Yougoslavie

En Yougoslavie, la Résistance est scindée en deux mouvements antagonistes, les Tchetniks, nationalistes serbes du monarchiste Draza Mihailovic, et les partisans communistes groupant des résistants de toutes nationalités et organisés en « brigades prolétariennes » par le Croate Josip Broz, dit Tito, secrétaire général du Parti communiste yougoslave. Les Britanniques soutiennent dans un premier temps Mihailovic, leur allié naturel. Mais en 1943, reconnaissant leur plus grande efficacité sur le terrain, les Britanniques privilégient les partisans communistes.

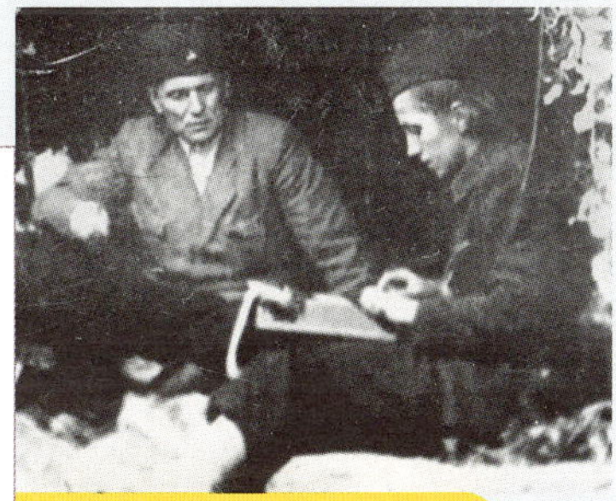

**Dans le maquis yougoslave en 1942**
Tito dicte ses ordres aux partisans dans une grotte près de Drvar.

### Des femmes dans la Résistance

Infirmière juive, âgée de 17 ans, Macha Brouskina fait partie d'un petit groupe de résistants à Minsk. Elle aide à faire évader des prisonniers soviétiques et renseigne les partisans sur les mouvements des troupes de la Wehrmacht. Dénoncée, elle est arrêtée et exécutée avec plusieurs de ses compagnons. Comme elle, de nombreuses femmes se sont illustrées dans la Résistance.
En Allemagne, Sophie Scholl et son frère Hans, étudiants à l'université de Munich, animent à partir de juin 1942 le groupe de résistants chrétiens La Rose Blanche. Ils sont arrêtés et décapités le 22 février 1943. En France, Geneviève de Gaulle et Germaine Tillion, membres du réseau du Musée de l'Homme, sont arrêtées et déportées au camp de concentration de Ravensbrück.

**Exécution publique de Macha Brouskina à Minsk, le 26 octobre 1941**

# La Résistance s'organise et participe à la Libération



## Le tournant de 1942-1943

La radicalisation de la politique nazie à partir de 1942 gonfle les rangs de la Résistance, dont les effectifs ne dépasseront néanmoins jamais 1 à 2 % de la population. Les réfractaires du Service du travail obligatoire (STO) (► p. 142) prennent le maquis. Les mouvements se fédèrent au point de constituer parfois de véritables armées. À l'extérieur, des divisions polonaises et françaises – les Forces françaises libres (FFL) – se battent aux côtés des Alliés. En Ukraine et en Biélorussie, les partisans forment des contingents de plus de 200 000 combattants.

Les liens se resserrent aussi entre les résistants de l'intérieur et de l'extérieur, par exemple en France grâce à l'action de Jean Moulin et à la création du Conseil national de la Résistance (CNR) en mai 1943. En revanche, en Yougoslavie ou en Grèce, les mouvements ne parviennent pas à s'unir et la libération débouche sur des situations de guerre civile.

## L'efficacité de la Résistance

Lors des débarquements, les Alliés peuvent s'appuyer sur les résistants qui harcèlent l'armée allemande : dynamitage de convois, sabotage de voies ferrées, etc.

Certaines régions tentent de se libérer sans l'aide des armées alliées. Si l'insurrection de Varsovie en août 1944 est écrasée par les Allemands du fait de la passivité de l'Armée rouge, les partisans dirigés par le communiste Tito reprennent le contrôle de tout l'ouest de la Yougoslavie après la libération de Belgrade par les Soviétiques, le 19 octobre 1944.

## Des hommes et des idéaux pour l'après-guerre

Ces mouvements surgis de la base de la société s'unifient autour de personnalités souvent inconnues avant guerre : de Gaulle en France, Tito en Yougoslavie.

Ce sont ces hommes qui forment l'élite dirigeante de l'après-guerre. En effet, au-delà de la lutte contre l'occupant, il s'agit de remplacer les pouvoirs qui se sont compromis dans la collaboration et de jeter de nouvelles bases politiques, économiques et sociales dans des pays dont les structures ont été profondément bouleversées par la guerre.

### Les Forces françaises libres (FFL)

En 1941, les Forces françaises libres (FFL) regroupent les troupes du général Philippe Leclerc au Tchad, quelques marins et aviateurs en Grande-Bretagne et au Moyen-Orient. Résistant héroïquement à Bir Hakeim (► p. 145), les FFL s'étoffent après le débarquement en Afrique du Nord en novembre 1942. Dès 1943, ces 50 000 hommes – en grande partie des Algériens et des Marocains –, équipés par les Américains, se battent avec les Alliés, en Italie à partir de 1943 puis en France en 1944. La division Leclerc débarque en Normandie (► p. 154) avant de participer à la libération de Paris tandis que l'armée dirigée par le général Jean de Lattre de Tassigny délivre Marseille et Lyon avec l'appui de la Résistance intérieure. Ces Forces françaises de l'Intérieur (FFI) sont intégrées dans l'armée régulière et entrent au début 1945 en Allemagne. Le 8 mai 1945, de Lattre de Tassigny peut signer l'acte de capitulation sans condition de l'Allemagne à Berlin.

**À Bir Hakeim, la 1re brigade française libre du général Koenig résiste pendant 16 jours aux forces de l'Axe**

### Les résistances européennes

| | |
|---|---|
| **18 juin 1940** | Appel du général de Gaulle depuis Londres. |
| **Juin 1941** | Entrée des communistes dans la résistance après l'opération *Barbarossa*. |
| **4 juin 1942** | Assassinat de Reinhard Heydrich par la résistance tchèque. |
| **22 février 1943** | Arrestation et décapitation de Hans et Sophie Scholl. |
| **27 mai 1943** | Création du Conseil national de la Résistance (CNR) en France. |
| **20 juin 1944** | Échec de la conspiration des officiers allemands contre Adolf Hitler. |
| **Août 1944** | Écrasement de l'insurrection de Varsovie par l'armée allemande. |

25 juillet 1943

# Benito Mussolini est arrêté sur ordre du Grand Conseil du fascisme

**La destitution et l'arrestation de Benito Mussolini entraînent l'effondrement du régime fasciste italien et l'invasion du nord de l'Italie par la Wehrmacht.**

## La chute du *Duce*

Quand, le soir du 24 juillet 1943, Benito Mussolini se rend à la réunion du **Grand Conseil du fascisme***, c'est un homme usé, amoindri par la maladie et affaibli politiquement par les échecs militaires. Le 10 juillet, les Alliés ont en effet débarqué en Sicile. Palerme est tombée le 22. Pour la première fois, Rome est bombardée.

Trahi par une partie de l'élite fasciste dont Galeazzo Ciano, son gendre, Mussolini est mis en minorité par les membres du Conseil qui veulent le retour à la monarchie constitutionnelle. Contraint à la démission par le roi le lendemain, il est arrêté et transféré dans les Abruzzes. En quelques heures, le régime fasciste s'est effondré.



## La capitulation italienne

Les défaites essuyées par les troupes italiennes, depuis que le pays, en s'alliant au III$^{e}$ Reich, s'est engagé dans un conflit qu'il n'a pas les moyens de soutenir, ont fait perdre à Mussolini le soutien de l'opinion mais aussi de la bourgeoisie nationaliste. L'entourage du roi Victor Emmanuel III ainsi que certains hauts dignitaires fascistes veulent négocier avec les Alliés. Le maréchal Pietro Badoglio est nommé à la tête du gouvernement le 25 juillet et entame les discussions qui aboutissent à la reddition de l'Italie le 8 septembre, après le débarquement allié dans la Péninsule. Deux jours plus tard, la Wehrmacht occupe Rome, déclarée « ville ouverte », et prend le contrôle du centre et du nord de l'Italie, capturant 650 000 soldats italiens.

## La République de Salò

Le 12 septembre, un commando aéroporté de la *Schutzstaffel* (SS) libère Mussolini. Sous tutelle allemande, il installe à Salò, sur les rives du lac de Garde, un nouveau régime fasciste, la République sociale italienne, dont la souveraineté s'étend en théorie sur toute l'Italie du Nord.

Dès lors, le pays entre dans une période de guerre civile qui voit s'affronter partisans de Mussolini et soutiens du roi, tandis qu'une lente reconquête militaire est menée par les Alliés depuis le sud du pays.

*** Institution officielle de l'État depuis 1928.**

1939 | 1940 | 1941 | 1942

**1939-1941**
**Victoires de l'Axe en Europe et en Asie**

**1941-1945**
**Extermination en masse des Juifs d'Europe**

**Benito Mussolini à la sortie de l'hôtel Campo Imperatore, après sa libération par des soldats italiens et des parachutistes allemands, le 12 septembre 1943**

Arrêté le 26 avril 1945 par des partisans, Mussolini est fusillé deux jours plus tard et son corps exhibé à Milan.



*« Benito è finito ! »*

Cri de joie poussé par les Italiens à l'annonce de la chute de Mussolini.

## La lente reconquête de l'Italie par les Alliés

| | |
|---|---|
| **3 septembre 1943** | Les Alliés débarquent en Italie. |
| **17 janvier-19 mai 1944** | Bataille du Mont-Cassin. |
| **4 juin 1944** | Les Alliés entrent dans Rome. |
| **21 avril 1945** | Libération de Bologne. |
| **2 mai 1945** | Reddition des forces allemandes. |

**La campagne d'Italie**

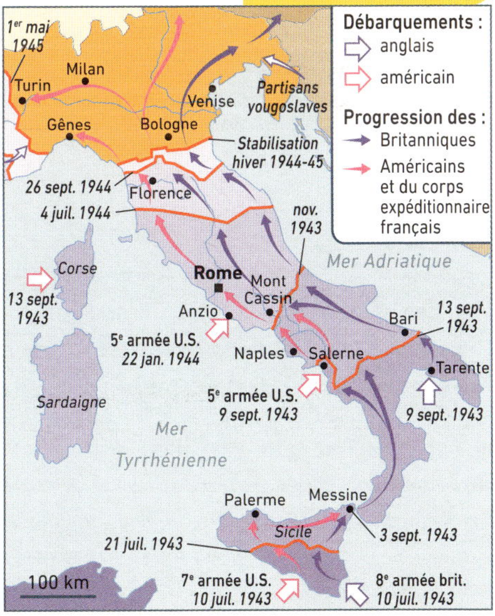


**1943** Arrestation de Benito Mussolini

1943 — 1944 — 1945 — 1946

…1-1945 Guerre du Pacifique

…42-1943 …urnant de la guerre

1943-1945 Victoires des Alliés en Europe et en Asie

6 juin 1944

# Les Alliés débarquent en Normandie

**À la conférence de Téhéran en novembre 1943, Roosevelt, Churchill et Staline s'accordent sur un débarquement en Normandie au printemps 1944, afin d'ouvrir un nouveau front à l'Ouest et de soulager les Soviétiques à l'Est. La direction de l'opération *Overlord* est confiée au général américain Eisenhower.**

## Une opération risquée

« La plus grande opération militaire de tous les temps » a fait l'objet d'une longue préparation et a nécessité la coordination des Américains et des Britanniques. Les obstacles et les dangers de l'opération sont tels que ses responsables n'en estiment les chances de réussite qu'à 50 %.

Aux risques liés aux aléas climatiques – l'opération est ainsi repoussée de 24 heures à cause du mauvais temps – s'ajoute le dispositif de défense allemand. Le Mur de l'Atlantique, constitué de blockhaus, canons, mitrailleuses, mines, fossés antichars et barbelés, forme un écheveau difficile à traverser (► p. 143).



## Une planification sans précédent

Les Alliés peuvent s'appuyer sur une supériorité navale et aérienne incontestable et sur une logistique modèle : concentration massive de moyens, surabondance de matériel, puissance de feu. La mobilisation industrielle américaine fournit *liberty ships*, armements lourds et légers, *jeeps*, etc. Trois millions de soldats sont rassemblés en Angleterre en vue de l'opération. C'est la plus gigantesque opération de planification militaire jamais mise en œuvre.

## Le *D Day*

Le *D Day*, la Royal Air Force (RAF) et les United States Army Air Forces (USAAF) alignent plus de 10 000 avions. 4 000 bateaux de débarquement s'élancent sur les côtes normandes, protégés par une flotte de 700 navires de guerre, dont 9 cuirassés, 23 croiseurs, 77 destroyers. Dans la journée du 6 juin, 5 000 tonnes de bombes sont déversées sur la défense ennemie. Le plan prévoit un débarquement sur une largeur de 80 kilomètres, avec cinq divisions (50 000 hommes) chargées de donner l'assaut sur cinq plages : les Britanniques – avec des forces canadiennes et françaises – débarquent sur les plages *Juno*, *Gold* et *Sword* ; les Américains sur celles d'*Utah* et *Omaha*.

À la fin d'une journée marquée par une terrible hécatombe, 156 000 hommes ont débarqué en Normandie.

**Renfort de soldats et de matériel après la première vague de débarquement sur Omaha Beach, les 7-8 juin 1944**
À J+60, la tête de pont établie le 6 juin a reçu deux millions d'hommes, trois millions de tonnes de matériel et 430 000 véhicules.

*« Les sanglots longs des violons de l'automne*
*Bercent mon cœur d'une langueur monotone. »*

Vers de Paul Verlaine lus à la BBC le 5 juin 1944, annonçant l'imminence du débarquement.



## La libération de l'Europe de l'Ouest

| | |
|---|---|
| **30 juillet 1944** | Percée d'Avranches après deux mois de « guerre des haies ». |
| **15 août** | Débarquement en Provence. |
| **25 août** | Libération de Paris par la 2e division blindée (DB) du général Philippe Leclerc et les Américains. |
| **28 août** | Libération de Marseille. |
| **23 novembre** | Libération de Strasbourg. |
| **7 mars 1945** | L'armée américaine franchit le Rhin à Remagen. |
| **9 avril** | Offensive alliée au nord de l'Italie. |
| **22 avril** | Prise de Stuttgart. |
| **25 avril** | Jonction des troupes américaines et soviétiques sur l'Elbe. |
| **29 avril** | Les Américains découvrent 30 000 survivants à Dachau. |

## Dwight David Eisenhower (1890-1969)

Ayant rejoint l'état-major en 1941 en tant que général de brigade, Eisenhower est nommé chef des forces américaines en Europe en juin 1942. À ce titre, il met au point l'opération *Torch* en Afrique du Nord (▸ p. 144) ainsi que les débarquements en Sicile et en Italie. À la tête des forces alliées pour la libération de l'Europe, il dirige l'opération *Overlord* et reçoit la capitulation de l'Allemagne le 8 mai 1945. Il est élu en 1952 président des États-Unis, poste qu'il occupe jusqu'en 1960.

**1944** Débarquement allié en Normandie

1943 — 1944 — 1945 — 1946

**41-1945 Guerre du Pacifique**

**942-1943 ournant de la guerre**

**1943-1945 Victoires des Alliés en Europe et en Asie**

1941-1945

# La guerre du Pacifique

**À partir de 1941, le Japon se constitue en Asie une immense sphère de domination que l'armée américaine va peu à peu grignoter. À l'été 1945, le pays est coupé de son « empire », encerclé militairement et bombardé quotidiennement. C'est un État aux abois, mais qui ne capitule pas.**

## 1941-1942 • La Grande Asie orientale japonaise

### La conquête de l'Asie du Sud-Est



Après l'attaque de Pearl Harbor le 7 décembre 1941 (► p. 134), les troupes japonaises occupent l'île de Guam, les Philippines d'où ils chassent le général américain Douglas MacArthur contraint de se réfugier en Australie en mars 1942, puis Hong Kong.

Au printemps 1942, la conquête de la Malaisie, de la Birmanie et de l'Indonésie permet à l'empire nippon de contrôler toute l'Asie du Sud-Est, soit un ensemble démographique de 450 millions d'habitants.

### Le projet japonais

Tokyo entend libérer l'Asie de la tutelle coloniale au nom d'une solidarité « raciale » asiatique. Ce courant, très présent dans l'armée et dans certains milieux bouddhistes zen, s'est imposé dans les années 1930. Certains territoires se voient reconnaître une autonomie tant qu'ils collaborent (Birmanie, Philippines), d'autres sont des protectorats (Mandchoukouo), tandis que les espaces jugés économiquement essentiels sont placés sous

**La guerre sino-japonaise**

Le conflit qui oppose le Japon à la Chine commence en juillet 1937, même si les visées expansionnistes nippones ont amené le pays à prendre le contrôle de la Mandchourie dès 1931 (► p. 92). Dès lors, le Japon s'efforce de conquérir la Chine littorale. L'avancée des troupes et les exactions qui l'accompagnent – dont le « viol » de Nankin qui fait 300 000 morts parmi les civils pendant l'hiver 1937-1938 – entraînent de gigantesques déplacements de population vers l'ouest. Face à l'envahisseur, le parti communiste chinois de Mao Zedong met un terme provisoire à la guerre civile et s'allie avec le Guomindang au pouvoir. En 1941, le Japon occupe le nord et le centre du pays mais ne parvient pas à contrôler réellement le territoire, en dehors des villes et des ports.

**Prise d'un canon américain par les Japonais pendant la bataille de Bataan, en 1942**
Après la prise des Philippines par les Japonais, près de 80 000 soldats américains et philippins sont faits prisonniers. Contraints de marcher jour et nuit pendant trois semaines pour rejoindre un camp d'internement, ils sont plus de 10 000 à y laisser la vie.



administration directe (Malaisie et Indes néerlandaises). Les territoires stratégiques, à l'instar de Bornéo, la Nouvelle-Guinée, Singapour et Hong Kong, sont annexés. En vertu de l'accord Darlan-Kato du 29 juillet 1941, l'Indochine reste colonie française.

## La « sphère de coprospérité »

Les Japonais veulent instaurer une « sphère de coprospérité » à leur profit pour des raisons démographiques et économiques. Le pays a en effet vu sa population passer de 54 à 70 millions d'habitants dans l'entre-deux-guerres. La Malaisie et les Philippines assurent 50 % du fer et les Indes néerlandaises 25 % du pétrole importés par le Japon. Pour Tokyo, il est primordial de contrôler cette zone d'approvisionnement.

Le 1er novembre 1942, est créé un ministère de la Grande Asie orientale qui gère les régions conquises. Dans les faits, la politique nippone est surtout prédatrice : le riz indochinois, le pétrole et les métaux d'Indonésie, le charbon chinois alimentent l'effort de guerre japonais.

### Hideki Tojo (1884-1948)

Militaire de carrière, Tojo devient à la fin des années 1930 le principal dirigeant du parti impérialiste. En juillet 1940, il est nommé ministre de la Guerre puis devient Premier ministre en octobre 1941, prenant la responsabilité de l'attaque de la base américaine de Pearl Harbor. À la tête du Japon durant la guerre contre les États-Unis, il est contraint à la démission en juillet 1944. Arrêté par les Américains, il est jugé lors du procès de Tokyo (► p. 170), condamné à mort et pendu le 23 décembre 1948.

# 1942-1945 • La reconquête américaine

## Le tournant de Midway et Guadalcanal

En juin 1942, l'amiral Isoroku Yamamoto envoie huit porte-avions contre l'île de Midway, considérée comme la clé du Pacifique. Mais les Américains, qui ont percé les codes nippons, repèrent le 3 juin une partie de cette flotte. Une succession d'erreurs tactiques japonaises donne l'avantage aux forces aéronavales de l'amiral Chester Nimitz qui coule quatre porte-avions nippons. Outre la lourdeur de ces pertes, l'initiative change de camp. En août, les Américains attaquent les Japonais à Guadalcanal dans les îles Salomon et les obligent à reculer.

### Une guerre navale

Les Japonais inaugurent en Asie une forme de guerre-éclair dans leur conquête des îles du Pacifique par des opérations navales amphibies et aéronavales.
Après Pearl Harbor, l'amiral Chester Nimitz est nommé commandant en chef de la flotte des États-Unis dans le Pacifique. Avec Mac Arthur, ils adoptent la tactique du « saute-mouton », visant à progresser en privilégiant les îles stratégiques et en isolant les autres. La supériorité industrielle américaine leur permet de produire 22 porte-avions en 1943 quand le Japon n'en produit que trois.

## La stratégie américaine



Au sud, Mac Arthur entreprend la reconquête des îles du Pacifique selon la tactique du « saute-mouton ». Au centre, les escadres de Nimitz, dotées de 20 porte-avions, ont pour mission d'anéantir la flotte japonaise. Les bombardiers B-29, qui peuvent transporter neuf tonnes de bombes sur plus de 5 000 kilomètres, soutiennent les opérations. La progression est lente car les Japonais ont fortifié tous les atolls qu'ils défendent avec acharnement.

### La guerre en Asie

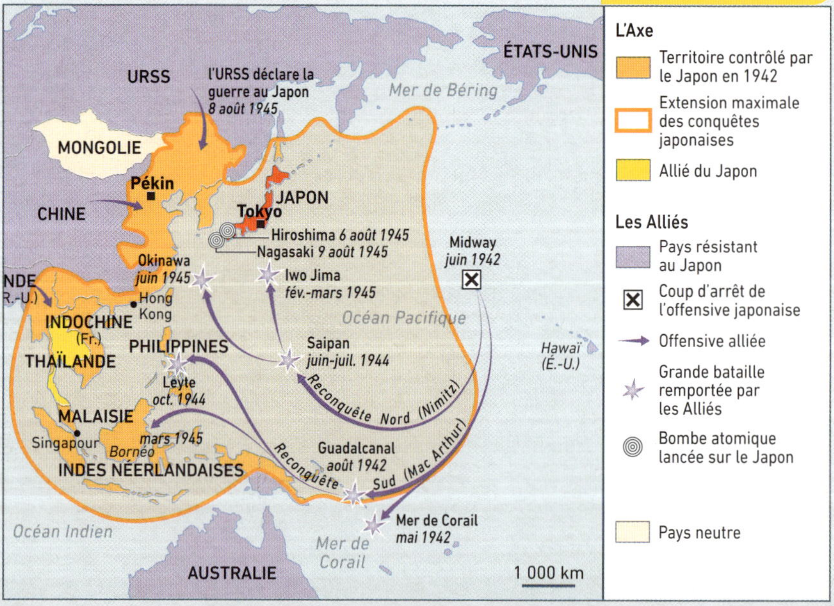

## L'archipel nippon encerclé

Il faut attendre juin 1944 pour que l'armée américaine prenne pied sur l'île de Saipan (îles Mariannes) où 8000 civils – sur les 22000 habitants – préfèrent se suicider plutôt que se rendre. Parallèlement, Mac Arthur progresse de la Nouvelle-Guinée vers les Philippines où il débarque à Leyte le 20 octobre 1944 : l'archipel est libéré en mars 1945 avec la prise de Manille. De leur côté, les Britanniques chassent l'armée japonaise du nord de la Birmanie à la fin de l'année 1944.

À partir du 19 février 1945, les Américains entreprennent la conquête de l'île d'Iwo Jima qui sert de base pour le pilonnage aérien du Japon : le bombardement de Tokyo dans la nuit du 9 au 10 mars fait près de 120000 victimes.

**La conquête d'Iwo Jima**
Les soldats du 28e régiment de la marine hissent le drapeau américain sur le mont Suribachi, le 23 février 1945.



**Le porte-avion américain *Bunker Hill* après une attaque d'un kamikaze japonais**

### La bataille d'Okinawa (1er avril-22 juin 1945)

La conquête de l'île d'Okinawa constitue un préalable pour le débarquement sur l'archipel nippon. Elle est lancée par le plus grand assaut amphibie de la guerre du Pacifique et oppose 180 000 *Marines* à 130 000 soldats japonais décidés à se sacrifier pour leur nation et pour l'empereur. Les instructions militaires nippones promeuvent d'ailleurs le suicide collectif (*gyokusai*) ou individuel.

Il faut deux mois et demi à l'armée américaine pour atteindre le sud de l'île où les derniers défenseurs se sont repliés. L'affrontement a fait près de 110 000 morts côté japonais et 7 500 prisonniers. Au cours de la bataille, 1 900 kamikazes réussissent à couler 36 navires américains. Le 13 juin, le commandant du Quartier général de la marine japonaise, le vice-amiral Minoru Ota et 175 de ses officiers et marins se suicident par *seppuku*.

13 février 1945

# Le bombardement de Dresde par les Alliés fait des dizaines de milliers de victimes

**À partir de 1942, l'aviation alliée utilise les bombardements stratégiques sur l'Allemagne pour saper le moral de l'adversaire, au prix d'un très grand nombre de victimes civiles.**

## Le paroxysme de la guerre totale

Depuis février 1942, le ministère de l'Air britannique a fixé comme premier objectif aux pilotes de la Royal Air Force (RAF) d'atteindre « le moral de la population civile ennemie, et tout particulièrement celui des ouvriers de l'industrie ». Les 30 et 31 mai 1942, la ville de Cologne subit l'« attaque des mille bombardiers » au cours de laquelle 1 500 tonnes de bombes sont larguées en 90 minutes.

Entre février 1942 et avril 1945, la guerre aérienne menée par les Alliés, qui larguent jusqu'à 100 000 bombes par mois, cause des dommages importants à l'infrastructure industrielle, aux voies de communication et aux villes allemandes. Pourtant, les civils ne flanchent pas et la production d'armement atteint son maximum en 1944.



## L'attaque de Dresde

Dans la nuit du 13 février 1945, Dresde, ancienne ville-résidence des rois de Saxe, joyau de l'art baroque, est attaquée par 1 180 avions de la RAF. Pour les Alliés, il s'agit également de montrer leur appui à l'allié soviétique en bombardant les bases arrière de l'ennemi. Pendant deux jours, des bombardiers lourds déversent près de 1 500 tonnes de bombes explosives et 750 000 bombes incendiaires. Le lendemain, 400 avions de l'US Air Force détruisent en quelques minutes tout un quartier.

Parmi les 700 000 habitants de la ville, auxquels s'ajoutent plus de 100 000 réfugiés, on décompte entre 35 000 et 60 000 morts. 40 % de la surface de la ville sont détruits, 350 000 personnes sont sans abri.

## Des opérations critiquées

L'écho du bombardement de Dresde est très négatif dans l'opinion mondiale et suscite des débats au sein de l'état-major britannique. En mars 1945, Winston Churchill déclare vouloir dorénavant « concentrer les attaques sur les cibles militaires ». Un terme officiel est mis au système du bombardement stratégique mi-avril.

Au total, 80 % des principales agglomérations allemandes ont été détruites, entre 300 000 et 600 000 Allemands, en majorité des femmes, des enfants et des personnes âgées, ainsi que 16 000 membres d'équipage des bombardiers sont morts.

**Dresde après les bombardements, le 25 février 1945**
Afin d'éviter les risques d'épidémies, les corps sont incinérés sur de grands bûchers improvisés.

« *Le but ultime de l'attaque d'une zone urbaine est de briser le moral de la population qui l'occupe. [...] En conséquence, l'objectif immédiat est, à savoir, de produire : 1) la destruction et 2) la peur de la mort.* »

Conclusion d'un mémorandum du Commandement aérien britannique, septembre 1941.



## Les principales conférences interalliées

| | |
|---|---|
| 9-12 août 1941 | **Conférence de l'Atlantique** (Winston Churchill et Franklin D. Roosevelt) : signature de la Charte de l'Atlantique. |
| 22 décembre 1941-14 janvier 1942 | **Conférence Arcadia** (Churchill et Roosevelt) : la priorité est donnée au front européen avant le front du Pacifique. |
| 20-25 juin 1942 | **Conférence de Washington** (Churchill et Roosevelt) : décision du débarquement en Afrique du Nord. |
| 14-24 janvier 1943 | **Conférence de Casablanca** (Churchill, Roosevelt, général de Gaulle, général Giraud) : préparation de la campagne d'Italie. |
| 23-26 novembre 1943 | **Conférence du Caire** (Churchill, Roosevelt, Jiang Jieshi dit Tchang Kaï-chek) : le Japon devra abandonner ses conquêtes. |
| 28 novembre-1er décembre 1943 | **Conférence de Téhéran** (Churchill, Roosevelt, Staline) : décision d'ouvrir un nouveau front à l'Ouest pour soulager l'URSS ; choix de la date de l'opération *Overlord*. |
| 4-11 février 1945 | **Conférence de Yalta** (Churchill, Roosevelt, Staline) : conditions de reconstruction de l'Europe d'après-guerre. |
| 17 juillet-2 août 1945 | **Conférence de Potsdam** (Churchill puis Clement Attlee, Harry S. Truman, Staline) : règlement du sort de l'Allemagne. |

**1945** Bombardement de Dresde par les Alliés

1943 — 1944 — 1945 — 1946

41-1945 Guerre du Pacifique

942-1943
ournant de la guerre

1943-1945 Victoires des Alliés en Europe et en Asie

26 avril 1945

# L'Armée rouge entre dans Berlin

**La prise de la capitale du IIIe Reich par les Soviétiques et le suicide d'Adolf Hitler mettent fin à la Seconde Guerre mondiale en Europe.**

## Le reflux de l'armée allemande à l'Est

Après la victoire de Koursk (► p. 147), la Wehrmacht recule sur tout le front oriental. En janvier 1944, le siège de Leningrad est levé au bout de presque 900 jours. Plus de 660 000 habitants y ont péri, en très grande majorité de faim.

Au cours de l'été 1944, l'Armée rouge progresse en Europe centrale et en Pologne. Début 1945, la Pologne, la Hongrie et la Tchécoslovaquie sont libérées.

Joseph Staline veut atteindre Berlin avant les Américains, ce que lui concède le président Franklin D. Roosevelt qui a besoin de l'Union soviétique dans la guerre contre le Japon. Le 20 avril, 2,5 millions de soldats soviétiques sont aux abords de la capitale allemande afin de prendre la ville en étau.

## La défense de Berlin

La garde de Berlin est rejointe par des groupes d'armées en retraite. Des unités du *Volkssturm*, milice populaire composée de tous les hommes capables de porter une arme, des compagnies de la DCA, de la police, des Jeunesses hitlériennes et de la Waffen-SS – la branche militaire de la *Schutzstaffel* (SS) –, dont des membres des divisions française Charlemagne et belge Wallonie (► p. 132), complètent les défenses.



Les Berlinois attendent avec angoisse, terrés dans le métro, sans eau courante ni électricité. Des patrouilles SS sillonnent les rues et pendent aux réverbères les déserteurs.

## « Stalingrad à l'envers »

Le 26 avril, l'assaut est donné par le maréchal Gueorgui Joukov après le barrage d'artillerie le plus intense de la guerre – plus d'un million d'obus sont tirés le premier jour. Investissant la ville, les Soviétiques donnent libre cours à leur désir de vengeance, violant des centaines de milliers d'Allemandes. Les soldats allemands défendent chaque rue, chaque immeuble avec tant d'acharnement qu'il faut deux jours à l'Armée rouge pour parvenir au centre politique de Berlin.

Tandis que les Soviétiques atteignent le Reichstag, Adolf Hitler se suicide dans son bunker, le 30 avril. Au terme d'une bataille qui a fait 700 000 victimes côté soviétique et 1 million côté allemand, Joukov reçoit le 8 mai à minuit, du maréchal Wilhelm Keitel, la capitulation sans condition de la Wehrmacht. La Seconde Guerre mondiale se termine en Europe.

**Le drapeau soviétique flotte sur le Reichstag à Berlin, le 2 mai 1945**
**Cette photographie est un montage effectué par le photographe ukrainien Evgueni Khaldei. L'image du soldat en bas à droite est retouchée : celui-ci portait à l'origine deux montres, ce qui laissait supposer qu'il en avait volé une. Afin de ne pas alimenter la polémique sur les pillages opérés par l'Armée rouge, une des deux montres a été supprimée.**



> « *Tout le monde et tout est ivre. Des drapeaux sur Unter den Linden, sur le Reichstag. Des drapeaux blancs. Tout le monde suspend un drapeau blanc. Ils vivent dans les ruines. Berlin a été crucifié.* »

Lettre du soldat soviétique, Efraim Guenkine à sa famille, cité dans Antony Beevor, *La Seconde Guerre mondiale*, Calman-Levy, 2012.

## Gueorgui Konstantinovitch Joukov (1896-1974)

En 1941, Joukov est chef d'état-major de l'armée soviétique. Il assure la défense de Moscou et déclenche la contre-offensive victorieuse de l'hiver 1942. Artisan de la victoire de la bataille de Stalingrad, il est nommé maréchal en 1943. Joukov brise le siège de Leningrad en janvier 1944, puis mène l'offensive qui libère la quasi-totalité de la Biélorussie. Il participe à l'assaut final sur l'Allemagne en 1945, prenant Berlin en avril.

**1945** **Prise de Berlin par l'Armée rouge**

1943 | 1944 | 1945 | 1946

**41-1945 Guerre du Pacifique**

**942-1943**
**ournant de la guerre**

**1943-1945 Victoires des Alliés en Europe et en Asie**

26 juin 1945

# La Charte des Nations unies est adoptée par 50 États

**Alors que la guerre continue dans le Pacifique, une nouvelle organisation internationale, portée par le président américain Franklin D. Roosevelt et chargée de garantir la paix, voit le jour.**

## Gagner la paix

Dès 1941 lors de l'élaboration de la Charte de l'Atlantique, signée par Franklin D. Roosevelt et Winston Churchill, puis lors de la conférence de Moscou en novembre 1943, les Alliés s'accordent sur la création d'« une organisation générale fondée sur le principe d'une égale souveraineté de tous les États pacifiques, afin d'assurer le maintien de la paix et de la sécurité internationale ». Persuadé que la paix repose sur l'équilibre mondial, Roosevelt estime qu'il faut créer une institution plus universelle que la Société des Nations (SDN) (► p. 54) et dotée de mécanismes d'intervention plus efficaces.

## Une institution universelle

Lors de la conférence de Dumbarton Oaks, à côté de Washington à l'automne 1944, les structures de la nouvelle institution sont créées. Le 26 juin 1945, les délégués de 50 pays se réunissent à San Francisco pour adopter la Charte de l'Organisation des Nations unies (ONU), laquelle commence à fonctionner l'année suivante à New York. Le Norvégien Trygve Lie en devient le premier secrétaire général.

La Charte affirme les ambitions de l'Organisation en matière de maintien de la paix et de progrès social. L'idéal proclamé est celui de la coexistence et de la coopération internationales dans le respect des droits de l'homme, énoncés trois ans plus tard dans la Déclaration universelle de 1948. L'ONU peut user de sanctions économiques et/ou militaires – avec l'envoi de Casques bleus – pour imposer ses résolutions.



## Des débuts difficiles

Mais les rivalités entre l'Union soviétique et les États-Unis bloquent rapidement le fonctionnement de l'ONU. Le droit de veto, dont disposent les cinq membres permanents du Conseil de sécurité, est utilisé par Moscou pour contrebalancer le camp occidental qui détient la majorité à l'Assemblée et au Conseil. Neutralisée dans son action, l'ONU n'accueille plus aucun nouveau membre durant cinq ans.

*« Nous, peuples des Nations unies, résolus à préserver les générations futures du fléau de la guerre qui deux fois en l'espace d'une vie humaine a infligé à l'humanité d'indicibles souffrances. »*

Préambule de la Charte des Nations unies, 26 juin 1945.

1939 — 1940 — 1941 — 1942

**1939-1941**
**Victoires de l'Axe en Europe et en Asie**

**1941-1945**
**Extermination en masse des Juifs d'Europe**

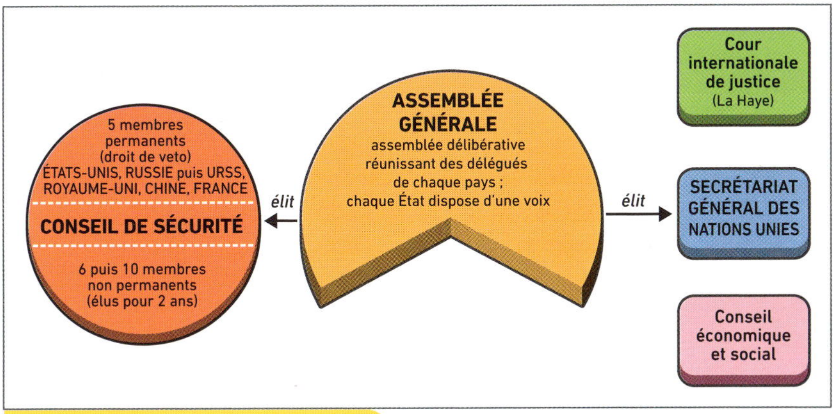


**Les institutions de l'ONU**

**Au sein de l'Assemblée générale, les États membres disposent chacun d'une voix. Les décisions des cinq membres du Conseil de sécurité s'imposent à tous les États membres. Une vingtaine d'institutions spécialisées organisent la coopération entre les pays dans des domaines tels que la santé, l'alimentation, l'économie ou la culture.**

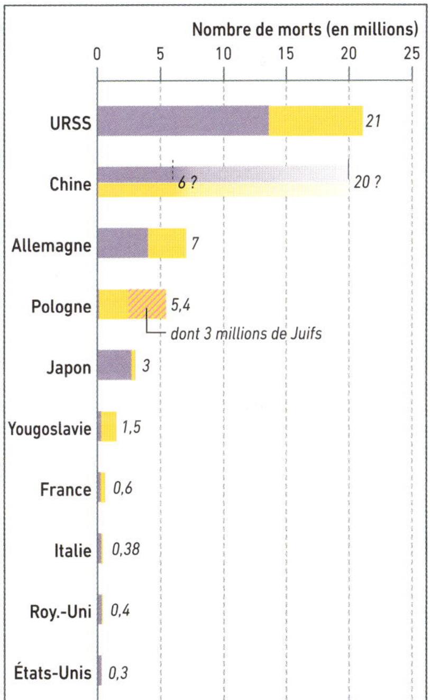


*Source : Marc Nouschi,* Bilan de la Seconde Guerre mondiale, *Le Seuil, 1996.*

**Le bilan humain de la guerre**

**La Seconde Guerre mondiale est le conflit le plus meurtrier de l'histoire. Les pertes sont estimées à 50 millions de morts. En Europe, en Union soviétique et en Chine, les civils constituent la majorité des victimes.**

## Les conséquences économiques de la guerre

Les dégâts matériels de la guerre sont évalués à 1 000 milliards de dollars. La moitié des destructions touchent l'Union soviétique. Des villes entières ont été rasées (Stalingrad, Berlin, Le Havre, Coventry, Tokyo). La production s'est écroulée dans de nombreux pays d'Europe et d'Asie et les difficultés de ravitaillement se prolongent. Toutes les monnaies se sont effondrées.

Seuls les États-Unis sortent renforcés de la guerre. Leur produit national brut (PNB) a presque doublé depuis 1938 et le pays détient les deux tiers du stock d'or mondial.



**1945** **Charte des Nations unies**

1943 | 1944 | 1945 | 1946

**941-1945 Guerre du Pacifique**

**1942-1943**
**Tournant de la guerre**

**1943-1945 Victoires des Alliés en Europe et en Asie**

26 juillet 1945

# L'accord de Potsdam
## est signé entre les Alliés

**Si la dernière grande conférence interalliée de la guerre entérine les décisions prises cinq mois plus tôt lors de la conférence de Yalta, elle laisse toutefois apparaître une reconfiguration des rapports de force au sein de la Grande Alliance.**

### Quel sort réserver à l'Allemagne ?

Lorsque Joseph Staline, Harry S. Truman et Winston Churchill se retrouvent à Potsdam, le 17 juillet 1945, la guerre a pris fin en Europe avec la capitulation allemande (▶ p. 162). Pour les Alliés, il s'agit de préparer l'après-guerre.

La conférence entérine la décision prise à Yalta d'un découpage de l'Allemagne en quatre zones d'occupation, avec une gestion quadripartite de Berlin, selon le principe des « quatre D » : démilitarisation, dénazification, décentralisation, démocratisation. Le Conseil de contrôle interallié, censé superviser le processus, laisse en réalité une grande autonomie aux Alliés dans leur zone d'occupation respective pour poursuivre, juger et condamner les criminels nazis.



### De nouveaux rapports de force en Europe

La conférence prévoit également la mise en place de la Conférence des ministres des Affaires étrangères (CMAE) pour négocier les traités de paix, mais ceux-ci doivent tenir compte de la situation militaire sur le terrain. En effet, la présence de l'Armée rouge dans la partie orientale de l'Europe et la pression exercée par Moscou sur les gouvernements qui se mettent en place témoignent de la volonté de Staline de créer un glacis protecteur autour de l'Union soviétique.

De son côté, Churchill craint l'hégémonie soviétique en Europe. Il œuvre donc pour faire reconnaître la légitimité du général de Gaulle auprès des États-Unis et la place de la France parmi les Alliés. Truman, qui raisonne en termes d'équilibre mondial, est en revanche davantage disposé à faire des concessions aux Soviétiques sur lesquels il compte pour la poursuite de la guerre contre le Japon.

### La guerre continue dans le Pacifique

À Potsdam, les Américains réitèrent leur ultimatum à Tokyo d'une reddition totale et obtiennent la promesse des Soviétiques d'une déclaration de guerre en août contre la prise de contrôle des îles Sakhaline, Kouriles et de Port-Arthur.

Mais dès le 20 juillet, Staline apprend que les Américains ont réalisé leur premier essai nucléaire. Dès lors, il n'a de cesse que l'Union soviétique comble le gap nucléaire avec les États-Unis. La course aux armements est lancée.

**Les trois Grands à Potsdam**
À Potsdam, dans la banlieue de Berlin, Joseph Staline et Winston Churchill accueillent Harry S. Truman, le tout nouveau président des États-Unis qui remplace Franklin D. Roosevelt, décédé le 12 avril. Le 26 juillet, le travailliste Clement Atlee remplace Churchill.

**L'Europe à la fin de la Seconde Guerre mondiale**
Les traités de Paris (1946-1947) bouleversent les frontières européennes. En Europe de l'Ouest, l'Italie et l'Allemagne perdent leurs conquêtes. À l'Est, l'URSS gagne 700 000 kilomètres carrés et une large ouverture sur la Baltique. Ces bouleversements entraînent des déplacements massifs de population : 11 millions d'Allemands sont chassés d'Europe de l'Est.



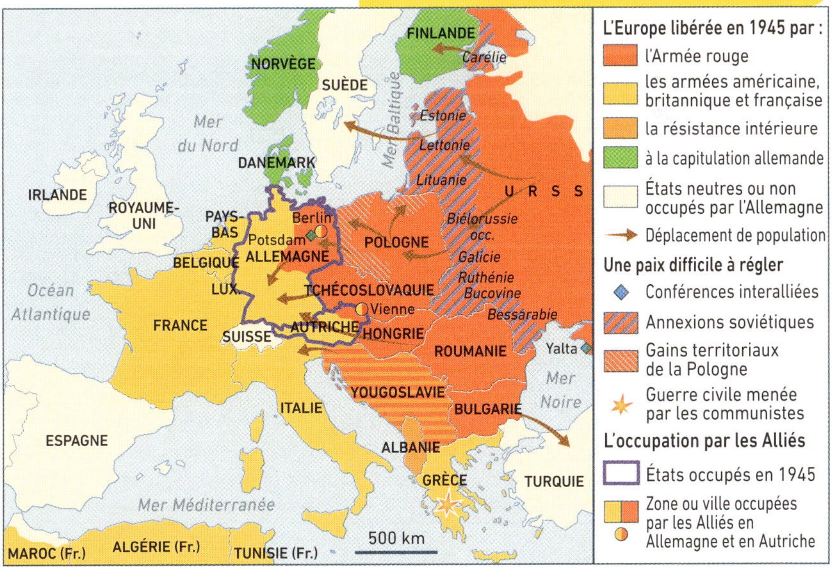


**1945** Accord de Potsdam

1943 — 1944 — 1945 — 1946

941-1945 Guerre du Pacifique

1942-1943 Tournant de la guerre

1943-1945 Victoires des Alliés en Europe et en Asie

6 et 9 août 1945

# Les Américains larguent deux bombes nucléaires sur Hiroshima et Nagasaki

**La double explosion nucléaire d'Hiroshima et de Nagasaki, à l'initiative des États-Unis, met un point final à la Seconde Guerre mondiale et révèle l'existence d'une arme à la puissance destructrice inédite.**

## Le projet *Manhattan*

Dès octobre 1941, le président américain Franklin D. Roosevelt autorise la recherche en vue du développement d'une bombe atomique. Ainsi naît le projet *Manhattan* le 6 décembre 1941, qui passe sous le contrôle de l'armée en août 1942.

Les États-Unis investissent deux milliards de dollars dans les recherches. 6000 chercheurs et techniciens de toutes nationalités travaillent dans un centre construit à Los Alamos, dans le désert du Nouveau-Mexique, sous la direction de Robert Oppenheimer. Le premier essai a lieu le 16 juillet 1945 à Alamogordo.



## Le terme de la guerre

Après le refus de Tokyo de l'ultimatum de Potsdam le 28 juillet (► p. 166), le président Harry S. Truman prend la décision d'utiliser l'arme nucléaire afin de contraindre les Japonais à la reddition.

Le 6 août 1945, une première bombe à uranium est larguée sur Hiroshima, ville de 350000 habitants, libérant une énergie équivalente à 15000 tonnes d'explosif. En quelques secondes, détruisant tout dans un rayon de deux kilomètres, *Little Boy* fait entre 70000 et 150000 victimes. Beaucoup d'autres meurent des suites des radiations. À Nagasaki, trois jours plus tard, la bombe au plutonium détruit près de la moitié de la ville et tue entre 40000 et 60000 personnes.

Le 14 août, l'empereur Hirohito annonce à la nation la reddition du Japon.

### La guerre des scientifiques

À partir de 1944, des armes de conception radicalement nouvelle sont utilisées dans les deux camps. Pendant que les Américains travaillent au projet *Manhattan*, Adolf Hitler privilégie la mise au point d'armes nouvelles : les V1, avions sans pilote de deux tonnes, véritables bombes volantes, et les V2, fusées de 14 mètres de long atteignant la vitesse du son en 30 secondes. Cette technologie sert de base à la conquête de l'espace par les États-Unis et l'Union soviétique. L'utilisation de la bombe à l'uranium sur Hiroshima réalise ce que Winston Churchill appelait « la guerre des sorciers ».

1939 1940 1941 1942

**1939-1941**
**Victoires de l'Axe en Europe et en Asie**

**1941-1945**
**Extermination en masse des Juifs d'Europe**

**Champignon atomique provoqué par l'explosion de la bombe à l'uranium de 4 tonnes sur Hiroshima, le 6 août 1945**
La bombe est larguée sur la ville industrielle à 8h15 du matin.



« *La civilisation mécanique vient d'atteindre son dernier degré de sauvagerie.* »

Albert Camus, éditorial de *Combat*, 9 août 1945.

## La justification de l'utilisation de l'arme nucléaire

Le président Truman présente l'utilisation de l'arme atomique comme un moyen d'écourter la guerre et d'économiser des vies américaines. L'expérience des combats acharnés d'Iwo Jima et Okinawa (► p. 159) laissait penser que la prise de l'archipel nippon prendrait des mois et nécessiterait la mobilisation de 5 millions de soldats et causerait la mort d'un million d'hommes.
Salué par Truman comme « le plus grand accomplissement de la science organisée dans l'histoire », l'arme nucléaire est aussi l'occasion pour les États-Unis de montrer leur supériorité face à l'Union soviétique dont ils redoutent la politique expansionniste en Extrême-Orient. On a parlé d'une « diplomatie atomique » qui aurait initié la guerre froide. Mais Washington n'a pas exploité son monopole atomique dans le règlement de l'après-guerre.
Surtout, si pour certains la libération de l'énergie nucléaire représente un progrès aux possibilités inouïes, une partie de l'opinion n'a de cesse dès lors d'exprimer son horreur devant « les torches vivantes et les cadavres calcinés » à Hiroshima et Nagasaki.

Bombes atomiques sur Hiroshima et Nagasaki **1945**

1943 — 1944 — 1945 — 1946

**1941-1945 Guerre du Pacifique**

**1942-1943 Tournant de la guerre**

**1943-1945 Victoires des Alliés en Europe et en Asie**

1er octobre 1946

# Le verdict tombe au procès de Nuremberg

**La découverte des atrocités nazies incite à mettre en place un tribunal militaire international à Nuremberg pour juger les plus hauts dignitaires du IIIe Reich.**

## Un procès pour l'histoire

La charte de Londres, signée le 8 août 1945 par les représentants des États-Unis, de l'Union soviétique, du Royaume-Uni et de la France, fixe les statuts du tribunal militaire international de Nuremberg ainsi que les chefs d'accusation.

Le tribunal juge vingt-deux des plus hauts dignitaires du régime nazi encore en vie, pour conjuration, crimes contre la paix, crimes de guerre et crimes contre l'humanité. Innovation juridique, cette dernière notion vise des crimes spécifiques : « l'assassinat, l'extermination, la réduction en esclavage, la déportation, et tout autre acte inhumain commis contre toutes populations civiles, avant ou pendant la guerre, ou bien les persécutions pour des motifs politiques, raciaux ou religieux ».

## La première expression d'une justice internationale



Le procès de Nuremberg, symbole d'une justice internationale naissante, est une entreprise inédite qui mobilise du 20 novembre 1945 au 1er octobre 1946 des centaines de magistrats, de témoins, d'interprètes et d'experts. Il poursuit plusieurs objectifs : punir mais aussi rendre publique la criminalité des nazis.

Ce qui en demeure l'un des acquis les plus durables, c'est l'introduction d'une dose de responsabilité personnelle dans les crimes d'État, contre laquelle les coupables se prémunissent ordinairement par l'argument de l'obéissance aux ordres.

## Le verdict

Le 1er octobre 1946, douze des prévenus, qui ont plaidé non coupable, sont condamnés à mort par pendaison, sept à des peines de prison, trois sont acquittés. Ce procès aux ambitions pédagogiques – la dénonciation d'un système politique barbare – porte ses fruits : une majorité d'Allemands l'estime juste.

### Le procès de Tokyo

À partir de mai 1946, le Tribunal militaire international pour l'Extrême-Orient juge à Tokyo vingt-huit criminels de guerre japonais dont plusieurs anciens Premiers ministres. Parmi ceux-ci, Hideki Tojo (► p. 157) fait figure de principal accusé, endossant, en l'absence de l'empereur Hirohito, l'entière responsabilité de la guerre. Les autres sont des officiers, diplomates, fonctionnaires.
Le 12 novembre 1948, tous les accusés sont déclarés coupables : sept sont condamnés à mort, dont Tojo.

1939 | 1940 | 1941 | 1942

**1939-1941**
**Victoires de l'Axe en Europe et en Asie**

**1941-1945**
**Extermination en masse des Juifs d'Europe**

**Le banc des accusés au procès de Nuremberg**
Des militaires du tribunal international (casques blancs) encadrent 21 des 22 accusés, Martin Bormann étant présumé en fuite au moment du procès. Au premier plan, les avocats allemands des accusés.

## Le verdict de Nuremberg

| | |
|---|---|
| **Condamnation à mort** | • Hermann GOERING, second d'Adolf Hitler, chef de la Luftwaffe (il se suicide).<br>• Joachim von RIBBENTROP, ministre des Affaires étrangères.<br>• Wilhelm KEITEL, chef d'état-major de la Wehrmacht.<br>• Alfred JODL, chef des opérations de la Wehrmacht.<br>• Wilhelm FRICK, ministre de l'Intérieur.<br>• Arthur SEYSS-INQUART, gouverneur d'Autriche, commissaire du Reich aux Pays-Bas.<br>• Alfred ROSENBERG, théoricien nazi et commissaire du Reich pour les territoires occupés de l'Est.<br>• Ernst KALTENBRUNNEN, chef de l'Office de sécurité suprême du Reich.<br>• Hans FRANK, gouverneur de la Pologne.<br>• Fritz SAUCKEL, chargé de la réquisition de la main-d'œuvre dans les territoires occupés.<br>• Martin BORMANN, chef de la Chancellerie du parti nazi (par contumace).<br>• Julius STREICHER, *Gauleiter* de Franconie. |
| **Prison à perpétuité** | • Erich RAEDER, commandant en chef de la Marine (libéré en 1955).<br>• Walther FUNK, ministre de l'Économie (libéré en 1957).<br>• Rudolf HESS, adjoint d'Hitler, jugé irresponsable (il se suicide en 1988). |
| **20 ans de prison** | • Alfred SPEER, ministre de l'Armement et des Munitions.<br>• Baldur von SCHIRACH, chef des Jeunesses hitlériennes. |
| **15 ans de prison** | • Konstantin von NEURATH, ministre des Affaires étrangères puis protecteur de Bohême-Moravie (libéré en 1954). |
| **10 ans de prison** | • Karl DÖNITZ, chef de la Marine, successeur d'Hitler. |
| **Acquittement** | • Hjalmar SCHACHT, président de la Reichsbank et ministre de l'Économie.<br>• Franz von PAPEN, chancelier du Reich avant Hitler, ambassadeur.<br>• Hans FRIETSCHE, chef de la propagande radiophonique du Reich. |



**Procès de Nuremberg** 1946

1943 1944 1945 1946

**941-1945 Guerre du Pacifique**

**1942-1943 Tournant de la guerre**

**1943-1945 Victoires des Alliés en Europe et en Asie**

# 1947-1972

## La guerre froide et l'émergence du tiers-monde

**Après le second conflit mondial, la rivalité entre les États-Unis et l'Union soviétique domine les relations internationales tandis que de nombreux peuples colonisés d'Asie et d'Afrique s'émancipent de la tutelle européenne. Dans le même temps, les pays industrialisés entrent dans une période marquée par une forte croissance économique, de grandes innovations technologiques et de profonds bouleversements sociaux.**

**Dans les années 1960, le monde bipolaire et la société de consommation sont peu à peu remis en cause.**

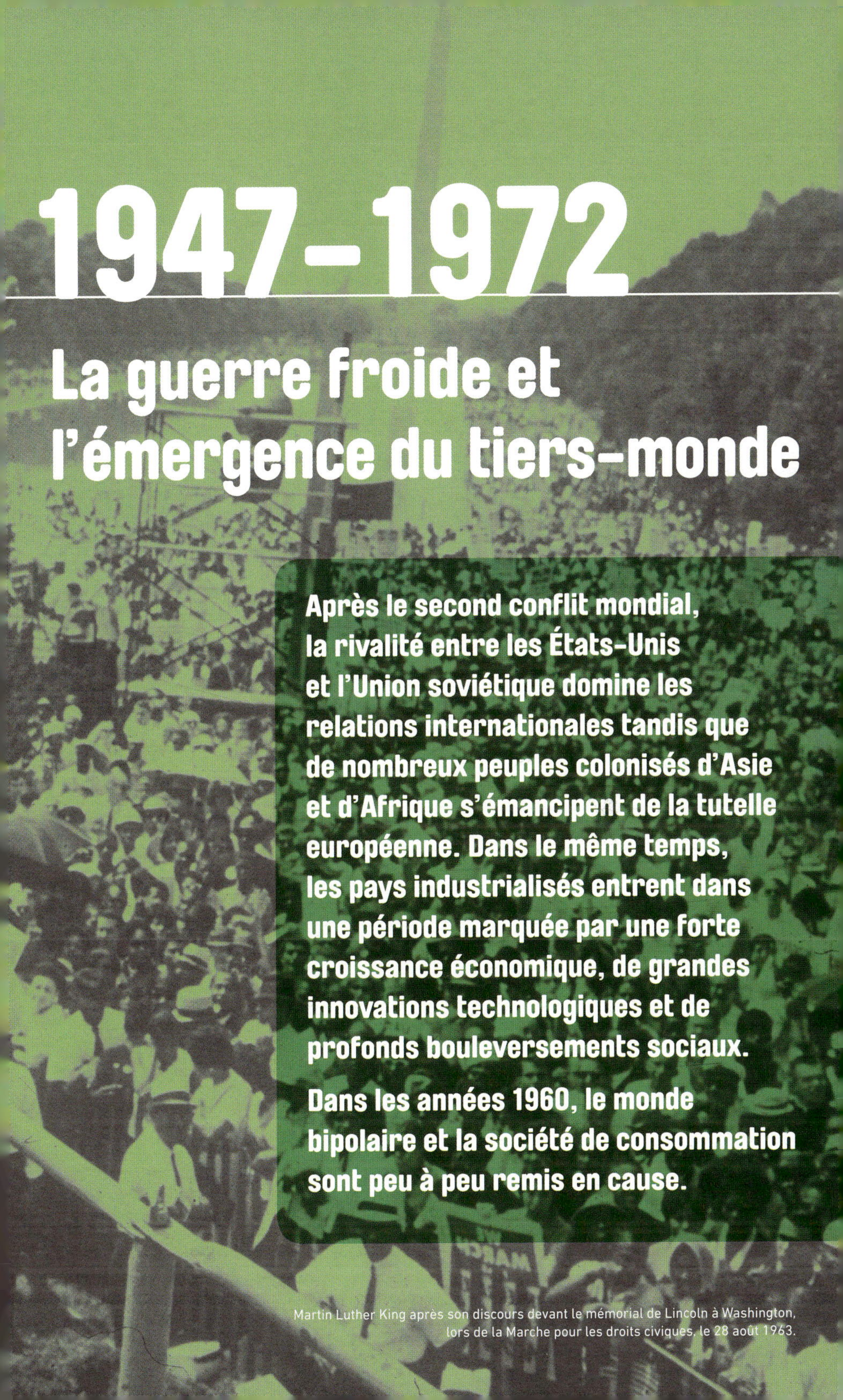

Martin Luther King après son discours devant le mémorial de Lincoln à Washington, lors de la Marche pour les droits civiques, le 28 août 1963.

## Un monde divisé par la guerre froide

Dès 1947, les États-Unis et l'Union soviétique prétendent imposer leur modèle dans un monde ruiné par la Seconde Guerre mondiale. Leur rivalité, sans affrontement militaire direct, aboutit à la constitution des blocs ; elle engendre de graves crises en Europe et en Amérique latine ainsi que des conflits périphériques en Asie et au Proche-Orient. Les puissances d'Europe occidentale, alliées aux États-Unis, doivent faire face aux aspirations d'indépendance de leurs colonies. Les nouveaux États issus de la décolonisation cherchent à s'affirmer comme un « troisième monde » en rejetant la logique des blocs.

## Le temps des Trente Glorieuses

Après une phase de reconstruction soutenue par les États-Unis, les pays industrialisés du bloc occidental connaissent une forte croissance économique. Les sociétés entrent alors dans une ère d'abondance et de plus grande liberté, en particulier pour les femmes. En même temps, les efforts consacrés à la recherche et l'innovation portent leurs fruits, comme dans l'aéronautique et l'aérospatiale. En 1969, des astronautes américains marchent sur la Lune.



## Des modèles remis en cause dans les années 1960

Le modèle américain est contesté, à l'intérieur et à l'extérieur, en raison de la guerre du Vietnam, de la ségrégation raciale et des excès de la société de consommation.
Le modèle soviétique, quant à lui, est fragilisé par les critiques des dissidents, les aspirations démocratiques des populations des « pays frères » et l'influence du modèle chinois.

*Au début des années 1970, les difficultés économiques et politiques des deux superpuissances les poussent à la « détente » : un monde plus complexe se construit alors.*

**12 mars 1947**
Doctrine Truman
Début de la guerre froide

**14-15 août 1947**
Indépendance de l'Inde
et du Pakistan

**14 mai 1948**
Naissance
d'Israël

**1er octobre 1949**
Proclamation
de la République
populaire de Chine

**25 juin 1950**
Début de la guerre
de Corée

**Juillet 1954**
Indépendance
de l'Indochine

1947 1948 1949 1950 1951 1952 1953 1954 1955

**Depuis 1947 Guerre froide**

**Depuis 1947 Décolonisation de l'Asie et de l'Afrique**

**1950-1968 Âge d'or de la croissance**

**30 octobre 1947**
Signature du GATT

**Juin 1948-mai 1949**
Blocus de Berlin

**Août 1949**
Reconnaissance
de l'indépendance
de l'Indonésie par
les Pays-Bas

**5 mars 1953**
Mort de J. Staline

**18-24 avril 1955**
Conférence de Bandung

**Mars 1956**
Indépendance du Maroc et de la Tunisie

**Mars 1957**
Indépendance du Ghana

**1960**
Indépendance de 18 colonies d'Afrique

**Octobre 1962**
Crise de Cuba

**28 août 1963**
M. Luther King, *I Have a Dream*

**Octobre 1963**
Début de la Beatlemania

1956 | 1957 | 1958 | 1959 | 1960 | 1961 | 1962 | 1963 | 1964

**Depuis 1947 Guerre froide**

**Depuis 1947 Décolonisation de l'Asie et de l'Afrique**

**1950-1968 Âge d'or de la croissance**

**Depuis 1957 Construction européenne**

**26 juillet 1956**
Nationalisation du canal de Suez

**25 mars 1957**
Traités de Rome
Fondation de la CEE

**13 août 1961**
Construction du mur de Berlin

**1962**
A. Warhol, *Marilyn Diptych*

**18 mars 1962**
Accords d'Évian
Fin de la guerre d'Algérie

**22 novembre 1963**
Assassinat de J. F. Kennedy

**31 mars 1964**
Coup d'État militaire au Brésil

**2 mars 1965**
Opération *Rolling Thunder* au Vietnam

**1966**
Fondation de la *National Organization of Women* (NOW)

**26 mai 1972**
Signature des accords SALT I

**1967**
Légalisation de la contraception orale en France et de l'avortement au Royaume-Uni

**30 janvier 1972**
*Bloody Sunday*

**15 août 1971**
Fin du système de Bretton Woods

**5-10 juin 1967**
Guerre des Six Jours

1965 1966 1967 1968 1969 1970 1971 1972

**1966**
Révolution culturelle en Chine

**8 décembre 1965**
Clôture du concile Vatican II

**9 octobre 1967**
Exécution d'E. Che Guevara

**1968**
Contestations internationales
Printemps de Prague

**8 octobre 1970**
A. Soljenitsyne, prix Nobel de littérature

**1er octobre 1969**
Premier passage supersonique du *Concorde*

**20 juillet 1969**
Premiers pas sur la Lune

**5-6 septembre 1972**
Attentats terroristes aux JO de Munich

12 mars 1947

# La doctrine Truman marque le début de la guerre froide

**Dans un discours au Congrès, le président américain expose sa volonté de contenir l'expansion du communisme dans le monde. Désormais, les États-Unis ne considèrent plus l'Union soviétique comme un allié mais comme un adversaire.**

## La fin de la Grande Alliance

Au lendemain de la Seconde Guerre mondiale, les États-Unis et l'URSS apparaissent comme les principaux artisans de la victoire contre le nazisme. Ensemble, ils construisent le monde de l'après-guerre, avec notamment la mise en place de l'Organisation des Nations unies (ONU) en juin 1945 (► p. 164).

Cependant, les relations entre les deux superpuissances se détériorent rapidement. Elles ne parviennent pas à s'entendre sur l'avenir de l'Allemagne qu'elles occupent conjointement. Surtout, les États-Unis s'inquiètent de la poussée communiste dans les États d'Europe orientale où stationne l'Armée rouge, alors que le principe d'élections libres avait été retenu lors de la conférence de Yalta en février 1945.

Le 5 mars 1946, l'ancien Premier ministre britannique Winston Churchill dénonce dans un discours à Fulton (Missouri) le « rideau de fer » qui sépare le monde « libre » et le bloc communiste.



> *« Les peuples libres attendent de nous que nous les aidions à maintenir leur liberté. »*
>
> Harry S. Truman, discours devant le Congrès, 12 mars 1947.

## Endiguer le communisme

Le 12 mars 1947, le président américain Harry S. Truman définit devant le Congrès la nouvelle politique extérieure des États-Unis. Au nom de la liberté et de la paix, il entend soutenir tous les « peuples libres » face à l'expansion du communisme dans le monde : c'est la doctrine de l'endiguement (*containment*).

Dès juin 1947, le secrétaire d'État George Marshall propose un vaste plan d'aide économique à la reconstruction. Seize États d'Europe occidentale l'acceptent aussitôt.

## Lutter contre l'impérialisme américain

Se sentant menacé, Joseph Staline fait pression sur les pays d'Europe orientale pour qu'ils refusent le plan Marshall. Le 5 octobre 1947, à l'occasion de la création de l'organe de coordination des partis communistes, le *Kominform*, Andreï Jdanov, haut responsable du Parti communiste de l'Union soviétique (PCUS), expose la politique extérieure à mener : au nom de la paix et de la démocratie, l'URSS et ses alliés communistes doivent lutter contre l'« impérialisme » américain.

La rupture entre les deux Grands est désormais consommée.

**1947** Doctrine Truman

1947 1948 1949 1950 1951 1952 1953 1954 1955 1956 1957 1958 19

Depuis 1947 Guerre froide

Depuis 1947 Décolonisation de l'Asie et de l'Afrique

1950-1968 Âge d'or de la croissance

Depuis 1957

**Harry S. Truman face au Congrès**

Le 12 mars 1947, le président Truman s'adresse aux membres du Congrès pour qu'ils soutiennent sa politique d'endiguement. Ce discours est retransmis à la télévision américaine.

**Le plan Marshall**

« Les aides américaines (blé, charbon, aliments, médicaments) nous aident à nous aider nous-mêmes. » L'Italie fait partie des principaux bénéficiaires du plan Marshall qui comporte livraisons gratuites de produits et prêts à faible taux d'intérêt.

Affiche italienne, 1948.

## D'où vient l'expression « guerre froide » ?

L'expression est utilisée dès 1947 par le diplomate américain Bernard Baruch pour désigner les tensions entre les États-Unis et l'URSS au lendemain de la Seconde Guerre mondiale. Par la suite, les historiens l'ont retenue pour caractériser, à l'échelle mondiale, les relations conflictuelles entre les deux superpuissances, fondées sur une rivalité idéologique, politique, économique et culturelle, sans affrontement militaire direct. Pour la plupart des spécialistes, la guerre froide commence avec la rupture américano-soviétique de 1947 et s'achève avec la disparition de l'URSS en 1991. Cette période est marquée par l'alternance de phases de fortes tensions, avec ses crises ouvertes (blocus de Berlin, missiles à Cuba) et ses conflits périphériques (guerres de Corée et du Vietnam), et de phases de détente.



960 1961 1962 1963 1964 1965 1966 1967 1968 1969 1970 1971 1972

Construction européenne

14-15 août 1947

# L'Inde et le Pakistan deviennent indépendants

**Au lendemain de la Seconde Guerre mondiale, le Royaume-Uni négocie l'indépendance des Indes, joyau de l'empire britannique. Dans un climat de violence, le territoire est scindé en deux États : l'Union indienne, majoritairement hindoue, et le Pakistan musulman.**

> *« La mort serait une glorieuse délivrance pour moi plutôt que d'être le témoin impuissant de la destruction de l'Inde… »*
>
> Mohandas Karamchand Gandhi, 12 janvier 1948.

## Vers quelle(s) indépendance(s) ?

Dès les années 1930, face à la montée des revendications indépendantistes (► p. 88), les Britanniques émettent l'hypothèse de l'indépendance de l'Inde. En 1935, l'*Indian Act* accorde ainsi une large autonomie au territoire.

Mais depuis fin 1945, l'Inde est en proie à des violences intercommunautaires qui opposent hindous (76 % de la population) et musulmans (24 %). Ces derniers, par la voix de la Ligue musulmane dirigée par Muhammad Ali Jinnah, défendent la « théorie des deux nations » face au Congrès national indien de Mohandas Karamchand Gandhi et Jawaharlal Nehru, partisan de l'unité. En août 1946, des émeutes sanglantes, parties de Calcutta, se propagent à toute l'Inde.



## La partition

En février 1947, le gouvernement de Londres nomme Lord Mountbatten vice-roi des Indes, avec pour mission d'organiser le retrait britannique en quinze mois. Face à l'inflexibilité de Jinnah, Lord Mountbatten et Nehru se rangent à l'idée de la partition contre l'avis de Gandhi. Deux États sont alors créés simultanément : l'Union indienne, à majorité hindoue, et le Pakistan, à majorité musulmane. Ce dernier est divisé en deux parties éloignées de plus de 1 500 kilomètres l'une de l'autre.

## Un processus chaotique

Lors de l'indépendance, les régions dont la majorité de la population est musulmane deviennent pakistanaises, celles à majorité hindoue passent à l'Inde. Ce découpage entraîne le déplacement de plus de 15 millions de personnes et un déchaînement de violences entre communautés qui font près de 500 000 victimes.

Le cas du Cachemire, État princier majoritairement musulman mais dirigé par un maharaja hindou, n'est quant lui pas tranché, et fait l'objet d'une première guerre indo-pakistanaise dès la fin de l'année 1947.

**1947** Indépendance de l'Inde et du Pakistan

1947 1948 1949 1950 1951 1952 1953 1954 1955 1956 1957 1958 195

Depuis 1947 Guerre froide

Depuis 1947 Décolonisation de l'Asie et de l'Afrique

1950-1968 Âge d'or de la croissance

Depuis 1957

**La conférence de New Delhi, le 3 juin 1947**

**Lord Mountbatten, vice-roi des Indes (au centre), Jawaharlal Nehru, leader du Congrès national indien (à sa droite) et Muhammad Ali Jinnah, chef de la Ligue musulmane (à sa gauche) négocient l'indépendance des Indes.**

## Jawaharlal Nehru (1889-1964)

Issu d'une famille indienne aisée, Nehru suit des études en Angleterre. De retour en Inde en 1912, il milite avec Mohandas Karamchand Gandhi pour l'indépendance, au sein du Congrès national indien dont il prend la tête en 1929.
En 1947, il devient Premier ministre de l'Inde indépendante.
Sur la scène internationale, il s'affirme comme un leader du tiers-monde : anticolonialiste et défenseur du non-alignement pendant la guerre froide, il joue un rôle de premier plan lors des conférences de Bandung en 1955 (► p. 202) et de Belgrade en 1961.



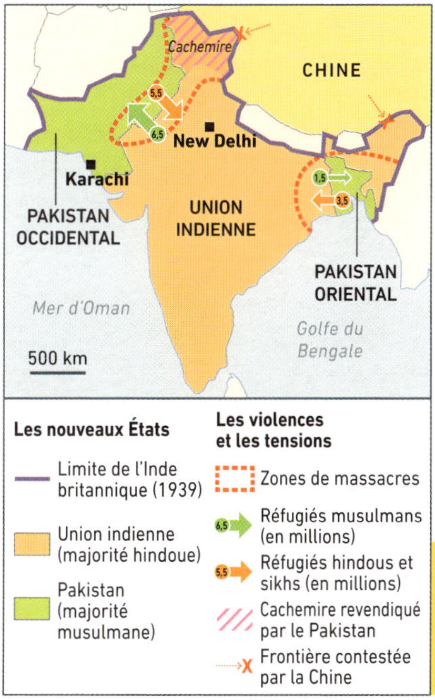


**La partition des Indes**

**L'Inde reprend l'essentiel du territoire de l'ancienne colonie. Le Pakistan est formé de deux entités : le Pakistan occidental et le Pakistan oriental qui devient le Bangladesh en 1971.**

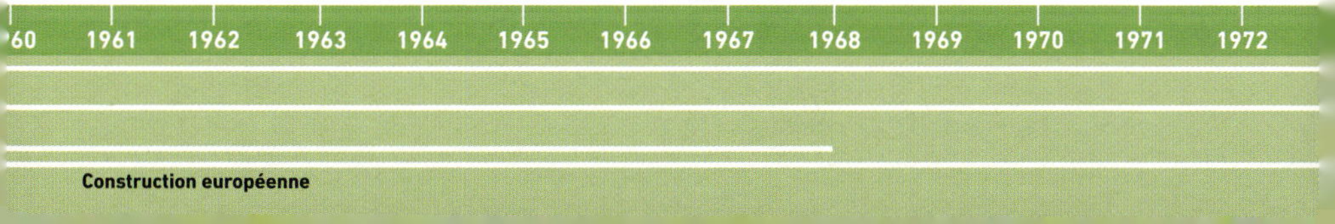

30 octobre 1947

# Les pays développés signent le GATT pour réguler le commerce international

**Après la crise des années 1930 et les destructions de la Seconde Guerre mondiale, le monde se trouve face à deux défis majeurs : reconstruire des économies dévastées et favoriser une reprise des échanges. La signature du GATT marque le début d'une gouvernance collective de l'économie mondiale.**

## Un pilier du nouvel ordre économique mondial

Par les accords de Bretton Woods signés dès juillet 1944, les États-Unis entendent assumer leur rôle de leader économique et vont favoriser la création des premières institutions de gouvernance économique mondiale : la Banque internationale pour la reconstruction et le développement (BIRD) doit aider les États à se développer, tandis que le Fonds monétaire international (FMI) garantit la stabilité du système monétaire international et confirme la position hégémonique du dollar qui devient la seule monnaie convertible en or.



Dans le domaine commercial, les États-Unis, à la recherche de débouchés commerciaux pour leur production agricole et industrielle, défendent la libéralisation des échanges contre le protectionnisme qui avait aggravé les effets de la crise mondiale des années 1930. Dans ce but, ils signent, le 30 octobre 1947 à Genève, le *General Agreement on Tariffs and Trade* (GATT) – Accord général sur les tarifs douaniers et le commerce – avec 22 autres États occidentaux.

## La libéralisation des échanges

Entré en vigueur le 1er janvier 1948, le GATT fixe d'abord un certain nombre de règles commerciales. Parmi elles, la clause de la nation la plus favorisée – imposant d'étendre à tous les signataires les conditions les plus favorables appliquées à l'un d'eux – et l'interdiction des restrictions aux échanges. Cependant, il existe de nombreuses dérogations à ces règles.

Le GATT organise aussi des cycles de négociations multilatérales (*rounds*) visant notamment à baisser les droits de douane : ceux-ci diminuent ainsi de 40 % en 1947 à 5 % en 1994. Dans le même temps, le nombre d'États participants passe de 23 à 125.

À l'issue de l'Uruguay Round (1986-1994), les membres du GATT décident la création d'une organisation permanente, afin de faciliter les négociations : l'Organisation mondiale du commerce (OMC) (► p. 352).

**1947** Signature du GATT

1947 1948 1949 1950 1951 1952 1953 1954 1955 1956 1957 1958 19

Depuis 1947 Guerre froide

Depuis 1947 Décolonisation de l'Asie et de l'Afrique

1950-1968 Âge d'or de la croissance

Depuis 1957

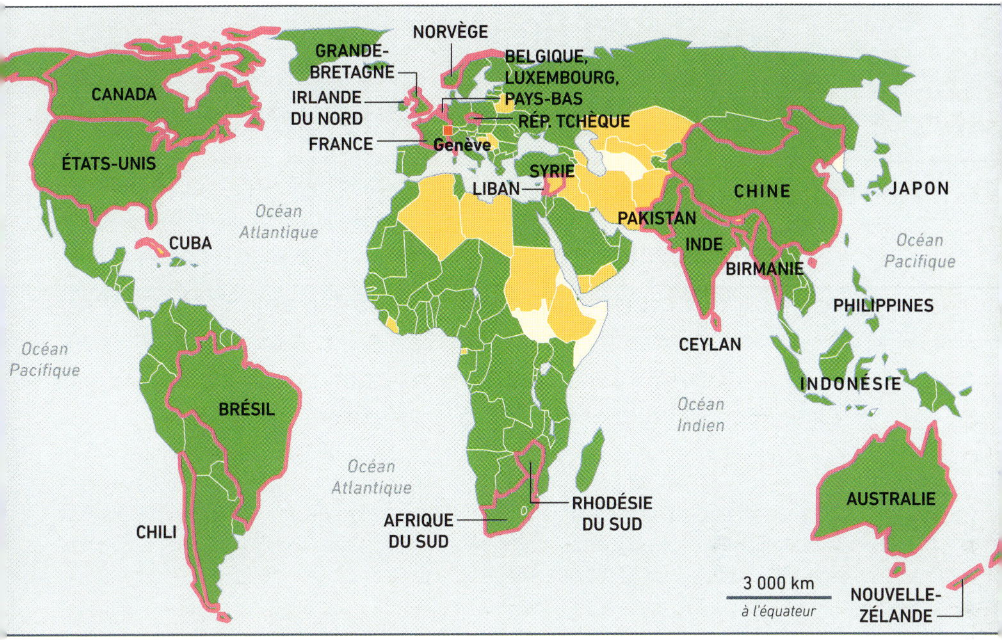


États signataires du GATT en 1947 | États membres de l'OMC en 2015 | États observateurs de l'OMC en 2015, ayant entamé des négociations d'adhésion | Autres États | Siège de l'OMC et du GATT

**Du GATT à l'OMC**

**Depuis la création du GATT, l'ensemble des États du monde participe peu à peu à la libéralisation des échanges commerciaux.**

« *Les gouvernements [reconnaissent] que leurs rapports [...] doivent être orientés vers le relèvement des niveaux de vie [...], la pleine utilisation des ressources mondiales et l'accroissement de la production et des échanges [...].* »

Accord général sur les tarifs douaniers et le commerce, 30 octobre 1947.

## La domination économique des États-Unis en 1945

Première puissance économique mondiale depuis la fin du XIXe siècle, les États-Unis assoient leur suprématie à l'occasion de la Seconde Guerre mondiale. Véritable arsenal pour les démocraties, ils doublent leur potentiel de production (acier, navires, avions) et prennent une considérable avance technique. Créanciers de nombreux États, ils possèdent en 1945 les deux tiers du stock d'or mondial (► p. 165). Ils confortent également leur puissance commerciale aux dépens du Royaume-Uni, en doublant leurs exportations par rapport à l'avant-guerre. Une économie-monde américaine se met alors en place.

960 1961 1962 1963 1964 1965 1966 1967 1968 1969 1970 1971 1972

Construction européenne

14 mai 1948

# David Ben Gourion proclame l'État d'Israël

**Sous mandat britannique depuis 1922, la Palestine voit cohabiter difficilement une majorité d'Arabes et une importante minorité juive. Après 1945, en réaction à la Shoah, se pose la question de la création d'un État hébreu, laquelle devient une source majeure de conflits pour le Proche-Orient.**

## L'échec du plan de partage de la Palestine

Le 29 novembre 1947, l'Assemblée générale de l'Organisation des Nations unies (ONU) adopte un plan de partage de la Palestine, prévoyant la création d'un État juif et d'un État palestinien, Jérusalem étant internationalisée et placée sous le contrôle de l'ONU. Ce plan est aussitôt refusé par le Haut Comité arabe palestinien, soutenu par les États de la Ligue arabe.

Alors que les Palestiniens se soulèvent et que les Britanniques entament le retrait de leurs soldats, la situation militaire des Juifs devient vite critique.

## Un État juif en Palestine



Le 14 mai 1948, dernier jour du mandat britannique, David Ben Gourion, leader du parti travailliste et chef de l'armée clandestine des Juifs de Palestine, la Haganah, déclare l'indépendance d'Israël. Quelques heures plus tard, les États-Unis reconnaissent l'existence du nouvel État dont Ben Gourion devient le Premier ministre.

Une loi votée par le parlement israélien en 1950 reconnaît à tous les Juifs le droit d'immigrer dans l'État hébreu et d'en devenir citoyen.

## La première guerre israélo-arabe et l'exode des Palestiniens

Le jour de la naissance du nouvel État, une coalition de pays arabes, composée du Liban, de la Syrie, de l'Égypte, de la Jordanie et de l'Irak, lance une offensive militaire contre Israël qui résiste grâce à sa nouvelle armée unifiée, Tsahal. Cette première guerre israélo-arabe dure jusqu'en juillet 1949 et voit la perspective de création d'un État palestinien s'éloigner.

Le conflit entraîne la destruction de 500 villages et l'exil de 800 000 Palestiniens qui se réfugient dans les États arabes voisins, notamment en Jordanie et en Égypte : c'est la *nakba* (« le désastre »).

**L'abandon du projet d'État palestinien (1948-1949)**

**La première guerre israélo-arabe entraîne la disparition du territoire dévolu au futur État palestinien, au profit d'Israël, de l'Égypte et de la Jordanie.**

**1948** Naissance d'Israël

1947 1948 1949 1950 1951 1952 1953 1954 1955 1956 1957 1958 19…

Depuis 1947 Guerre froide

Depuis 1947 Décolonisation de l'Asie et de l'Afrique

1950-1968 Âge d'or de la croissance

Depuis 1957

**La proclamation de l'État d'Israël, le 14 mai 1948**
Sous le portrait de Theodor Herzl, théoricien du sionisme, David Ben Gourion lit la déclaration d'indépendance de l'État d'Israël devant les membres du Conseil national qui représente les Juifs de Palestine et le mouvement sioniste.



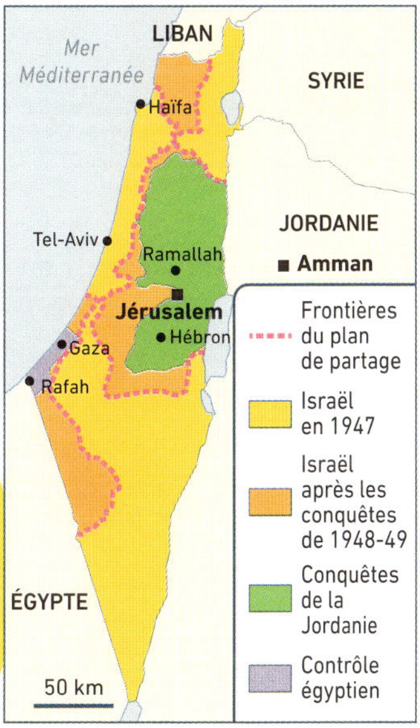


## Les guerres israélo-arabes

| | |
|---|---|
| **Première guerre israélo-arabe (mai 1948-juillet 1949)** | Israël, la Jordanie et l'Égypte se partagent le territoire de l'État palestinien envisagé par l'ONU. |
| **Crise de Suez (octobre-novembre 1956)** | Israël et ses alliés britannique et français doivent se retirer d'Égypte. |
| **Guerre des Six Jours (juin 1967)** | Israël quintuple sa superficie aux dépens de la Syrie, de la Jordanie et de l'Égypte. |
| **Guerre du Kippour (octobre 1973)** | Israël repousse les armées syriennes et égyptiennes sans gain territorial. |
| **Première guerre du Liban (juin 1982-mai 1983)** | Israël occupe le Sud-Liban. |
| **Seconde guerre du Liban (juillet-août 2006)** | L'armée israélienne lance une vaste offensive contre les positions du Hezbollah au Liban. |

60 1961 1962 1963 1964 1965 1966 1967 1968 1969 1970 1971 1972

Construction européenne

Juin 1948

# Le blocus de Berlin accélère la division de l'Allemagne

**La décision des Soviétiques de bloquer les accès terrestres à Berlin-Ouest, occupée par les Occidentaux, constitue l'une des plus graves crises de la guerre froide. Elle donne naissance à deux États allemands distincts.**

## Berlin, épicentre de la guerre froide

Depuis la conférence de Potsdam de juillet-août 1945 (► p. 166), le territoire allemand, ainsi que celui de Berlin, sont divisés en quatre zones d'occupation militaire : américaine, britannique et française à l'ouest ; soviétique à l'est.

Cependant, des divergences se font jour entre les Alliés. Les Occidentaux souhaitent la reconstruction économique et politique rapide d'un État allemand, pour faire face à l'expansion communiste (► p. 178). Quant aux Soviétiques, ils entendent maintenir l'occupation de leur zone afin de constituer un glacis protecteur et de déménager sur leur territoire de nombreux équipements industriels.

## Le blocus, un coup de force soviétique



En janvier 1947, les États-Unis et le Royaume-Uni fusionnent leurs zones d'occupation ; ils sont rejoints par la France en juin 1948. Une nouvelle monnaie, le Deutsche Mark, est mise en circulation dans cette trizone le 20 juin.

La réaction de Joseph Staline est immédiate. Le 24 juin, prétextant des problèmes techniques sur les voies ferrées, les Soviétiques coupent tous les accès terrestres à Berlin-Ouest, privant deux millions de Berlinois de tout approvisionnement (nourriture, chauffage, éclairage).

Seul le ravitaillement par air reste possible : les Occidentaux mettent alors en place un pont aérien depuis l'Allemagne occidentale. Durant onze mois, ils font parvenir 2,5 millions de tonnes de marchandises, permettant aux Berlinois de résister aux pénuries de nourriture et de médicaments.

Constatant son échec, Staline se résout à lever le blocus le 12 mai 1949 à minuit.

## La division de l'Allemagne

Face à l'impossibilité d'un accord, les Occidentaux décident de transformer leur zone d'occupation en un État autonome. Le 23 mai 1949, est ainsi créée une République fédérale d'Allemagne (RFA), intégrant Berlin-Ouest avec Bonn pour capitale. Le 7 octobre 1949, les Soviétiques répliquent et fondent dans leur zone une République démocratique allemande (RDA), qui a pour capitale Berlin-Est.

**1948** Début du blocus de Berlin

1947 1948 1949 1950 1951 1952 1953 1954 1955 1956 1957 1958 19

**Depuis 1947 Guerre froide**

**Depuis 1947 Décolonisation de l'Asie et de l'Afrique**

**1950-1968 Âge d'or de la croissance**

**Depuis 1957**

**Le pont aérien occidental**

Les Occidentaux, et tout particulièrement les Américains, ont mobilisé des moyens énormes pour contrer le blocus : plus de 275 000 vols en 322 jours ont atterri à Berlin-Ouest, soit près d'un avion toutes les trois minutes, et ce malgré les manœuvres d'obstruction des Soviétiques (projecteurs aveuglants, interférences radio, tirs de DCA).

## Les crises de Berlin (1948-1989)

| | |
|---|---|
| **Juillet -août 1945** | À la conférence de Potsdam, les Alliés fixent le sort de Berlin. |
| **Juin 1948 -mai 1949** | L'URSS organise le blocus de Berlin-Ouest, ravitaillée par les Occidentaux grâce à un pont aérien. |
| **Mai 1949** | Berlin-Ouest est intégrée à la RFA. |
| **Octobre 1949** | Berlin-Est devient la capitale de la RDA. |
| **Juin 1953** | Les manifestations ouvrières à Berlin-Est sont sévèrement réprimées. |
| **Août 1961** | Les autorités est-allemandes font construire le mur de Berlin. |
| **Juin 1963** | Le président américain John Fitzgerald Kennedy en visite à Berlin-Ouest proclame « *Ich bin ein Berliner* ». |
| **Novembre 1989** | Des manifestations entraînent la chute du mur de Berlin. |

## RFA-RDA : deux systèmes opposés

La République fédérale d'Allemagne (RFA) et la République démocratique allemande (RDA) cristallisent les tensions en Europe durant la guerre froide. La première, intégrée au bloc occidental, est une démocratie libérale ; la seconde, intégrée au bloc communiste, est une démocratie populaire. Sur le plan politique, la RFA est un État démocratique dans lequel le multipartisme et les libertés sont respectés ; toutefois, le parti communiste (KPD) y est interdit en 1956. La RDA est un État autoritaire avec un parti unique, le parti socialiste unifié (SED), et une police secrète, la *Staatssicherheit* (*Stasi*), chargée de surveiller les citoyens. Sur le plan économique, la RFA opte pour le système capitaliste, alors que la RDA choisit le système socialiste (avec planification et collectivisation). Les deux États allemands vivent des histoires séparées jusqu'à la réunification de 1990 (► p. 314).



60 1961 1962 1963 1964 1965 1966 1967 1968 1969 1970 1971 1972

Construction européenne

1er octobre 1949

# Mao Zedong déclare la naissance de la République populaire de Chine

**La victoire des communistes, dans la guerre civile qui les oppose aux nationalistes depuis 1927, permet à Mao Zedong de fonder un État communiste en Chine.**

## Mao au pouvoir

Après une trêve pour faire face à l'occupation japonaise à partir de 1937 (► p. 93), la guerre civile entre le régime nationaliste de Tchang Kaï-chek et les communistes menés par Mao Zedong reprend dès 1946. Si le premier bénéficie de l'aide militaire américaine et obtient pour la Chine un siège au Conseil de sécurité des Nations unies, le second rallie les masses paysannes par des réformes agraires.

En avril 1949, les communistes s'emparent de Nankin, la capitale, alors que Tchang Kaï-chek s'est réfugié sur l'île de Taïwan, d'où il maintient un gouvernement indépendant revendiquant l'appellation de République de Chine.

Le 1er octobre 1949, sur la place Tian'anmen à Pékin, Mao proclame la naissance de la République populaire de Chine devant une foule nombreuse.



## Une dictature communiste

Dominé par Mao dont la popularité est alors immense, le Parti communiste chinois gouverne sans partage. Ses cadres locaux remplacent les élites traditionnelles. La population est encadrée et contrôlée, mobilisée dès l'enfance dans des organisations de jeunesse, elle passe ensuite sous la tutelle des unités de travail compétentes en matière de logement et de nourriture.

La censure s'abat sur les intellectuels, et les opposants sont envoyés en camps de rééducation par le travail (*laogai*). Entre 1949 et 1954, 840 000 « contre-révolutionnaires » sont ainsi éliminés.

## La voie chinoise du socialisme

Face aux destructions dues à la guerre civile et à l'occupation japonaise, et tandis que la majorité de la population vit dans une grande précarité, la priorité de Mao est la reconstruction. Fort du soutien financier et technique de l'Union soviétique, il entreprend une réforme agraire dès 1950 afin de redistribuer les terres aux paysans pauvres, et nationalise les grandes entreprises de l'industrie lourde et de la banque. Mais en 1958, le lancement du Grand Bond en avant affirme, face à l'URSS, la voie chinoise du socialisme fondée sur les campagnes.

**1949** Proclamation de la République populaire de Chine

1947 1948 1949 1950 1951 1952 1953 1954 1955 1956 1957 1958 19

Depuis 1947 Guerre froide

Depuis 1947 Décolonisation de l'Asie et de l'Afrique

1950-1968 Âge d'or de la croissance

Depuis 1957

**Mao Zedong acclamé par la foule, en 1950**
**Ouvriers, membres du parti et vétérans de l'Armée populaire de libération congratulent leur chef.**

## Mao Zedong (1893-1976)

Fils de paysans aisés du Hunan, Mao est d'abord instituteur puis bibliothécaire à l'université de Pékin. En 1921, il participe à la fondation du Parti communiste chinois, avant de prendre la tête d'une révolte paysanne contre le régime de Tchang Kaï-chek en 1927. Pourchassé par ce dernier, il doit se réfugier avec ses partisans dans le nord-ouest de la Chine : c'est la Longue Marche (1934-1935).
Vainqueur d'une guerre civile qui s'achève en 1949, Mao devient alors président de la République populaire de Chine, qu'il dirige d'une main de fer jusqu'à sa mort en 1976.

## La Chine maoïste (1949-1976)

| | |
|---|---|
| **1949** | Mao Zedong proclame la République populaire de Chine. |
| **1950** | La Chine et l'URSS signent un traité d'amitié, d'alliance et d'assistance. |
| **1950-1953** | La Chine intervient aux côtés de la Corée du Nord dans la guerre de Corée. |
| **1958-1961** | Le Grand Bond en avant, qui prévoit une collectivisation générale dans le cadre de communes populaires, entraîne une famine qui fait entre 20 et 40 millions de morts. |
| **1961** | Des tensions mettent fin à l'alliance entre la Chine et l'URSS. |
| **1966-1969** | La Révolution culturelle, lancée par Mao contre ses rivaux au sein du Parti communiste chinois, fait plusieurs millions de victimes. |
| **1971** | La Chine se rapproche des États-Unis et intègre le Conseil de sécurité des Nations unies. |
| **1976** | Mort de Mao. |



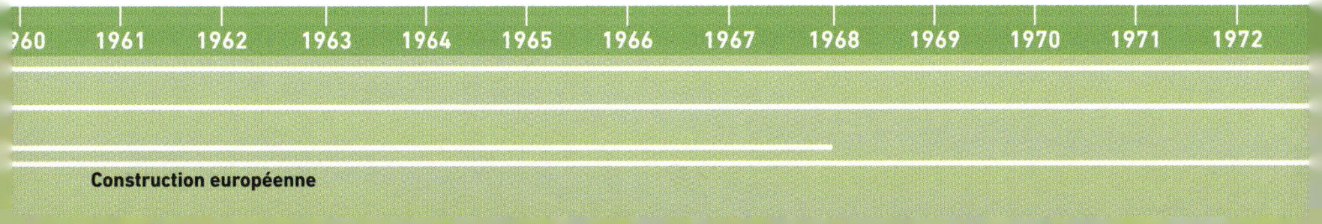

Années 1950-1960

# L'émergence de la société de consommation

**Au lendemain de la Seconde Guerre mondiale, les pays industrialisés connaissent trois décennies de forte croissance économique. Cette période est marquée par l'émergence d'une société fondée sur la consommation de masse.**

## De la consommation de masse...



### Le temps de la reconstruction

En 1945, les populations des pays européens sortent de plusieurs décennies de privations, liées à la crise des années 1930 et au second conflit mondial. À l'inverse, la guerre a stimulé l'économie américaine et hissé les États-Unis au rang de premier créancier du monde. Par le biais du plan Marshall, ils assurent la reconstruction de l'Europe occidentale et de l'Asie orientale.

### L'âge d'or de la croissance

Dès lors, les économies libérales entrent dans une ère de croissance sans précédent entre 1950 et 1973. Cette période se caractérise par de remarquables gains de productivité et par le plein-emploi. Le *baby-boom* stimule la demande. La généralisation de l'État-providence dans de nombreux pays européens assure la redistribution des fruits de la croissance.

### La diffusion du modèle américain

La généralisation du taylorisme et du fordisme, fondés sur une production de masse destinée à un large marché de consommation, s'impose.
À l'instar des géants américains de l'automobile (Ford, General Motors et Chrysler), l'Allemand Volkswagen (avec la Coccinelle) et le Français Renault (avec la Dauphine) s'adressent à des millions de consommateurs européens.

**L'American way of life**

Fondé sur l'opulence et la facilité, le mode de vie américain déferle sur le monde. Le chewing-gum, les bas nylons, le Coca-Cola sont autant de symboles de cette société d'abondance stimulée par la diffusion permanente de nouveaux produits de consommation. Hollywood et son *star system* sont également un vecteur essentiel de cette diffusion.

**Une usine d'assemblage de postes de télévision à Chicago, en 1953**
Fabriquée à la chaîne pour répondre à une demande croissante, la télévision devient un des emblèmes de la société de consommation dès les années 1950.

## De nouveaux vecteurs de consommation

L'essor de la publicité, grâce à la pénétration croissante dans les foyers de la radio puis de la télévision, assure la diffusion des nouveaux produits. Des marques américaines comme Coca-Cola ou Frigidaire sont connues dans l'ensemble des pays occidentaux.



Par ailleurs, le secteur de la distribution se réorganise : apparus dès les années 1930 en Amérique du Nord, les supermarchés se multiplient en Europe à la fin des années 1940 tandis qu'au début des années 1960 naissent les premiers hypermarchés.

Enfin, le développement des prêts à la consommation permet aux plus modestes d'accéder aux biens proposés : des organismes de crédit spécialisés apparaissent ainsi dès le début des années 1950.

*« Un frigidaire, un joli scooter, un atomixer, et du Dunlopillo. Une cuisinière, avec un four en verre, des tas de couverts et des pelles à gâteaux. »*

Boris Vian, *La Complainte du progrès*, 1956.

**Affiche publicitaire pour la marque américaine Frigidaire (1954)**
Le réfrigérateur est associé à l'abondance de biens produits par l'industrie agro-alimentaire, source de bonheur pour les ménages.

# ... à la société de consommation

## « L'ère de l'opulence »

À partir de la fin des années 1950, l'élévation du niveau de vie élargit l'accès aux biens d'équipement domestiques (réfrigérateur, télévision, automobile, etc.). Les logements se dotent du confort moderne : électricité, eau courante, toilettes et salle de bain, séparation des pièces favorisant le respect de l'intimité. Parallèlement, la part du budget consacrée aux loisirs progresse et une place grandissante est accordée à la recherche de l'épanouissement personnel. Ainsi, la consommation n'apporte pas seulement un bien-être matériel, elle participe à la définition de l'identité individuelle et sociale.

## L'affirmation des jeunes consommateurs

Dans les années 1960, les classes d'âge nombreuses issues du *baby-boom* entrent dans l'ère de la consommation. Elles se distinguent par des dépenses alimentaires, vestimentaires et culturelles spécifiques : boissons gazeuses, jeans et tee-shirts, disques vinyles. La jeunesse devient alors un argument de vente pour les slogans publicitaires : c'est, par exemple, la « Génération Pepsi ».

## Une société contestée



Dès la fin des années 1960, le caractère uniformisant de la société de consommation fait cependant l'objet de critiques de la part d'intellectuels comme Herbert Marcuse (► p. 237). Ces analyses sont relayées par une partie de la jeunesse qui trouve refuge dans la contre-culture ou s'engage dans de nouvelles formes d'activisme politique comme le féminisme (► p. 210) ou l'écologie. Certains artistes participent également à cette critique : en 1956, le Britannique Richard Hamilton, précurseur du *pop art*, évoque avec humour l'uniformisation du quotidien ; en 1965, dans leur titre *I Can't Get No Satisfaction*, les Rolling Stones chantent les frustrations des individus (► p. 223).

**Le premier hypermarché français**

En 1963, à Sainte-Geneviève-des-Bois (Essonne), Carrefour ouvre son premier hypermarché, sur 2 600 mètres carrés. Le directeur de l'enseigne, Marcel Fournier, y applique les méthodes apprises outre-Atlantique, résumées par quelques formules célèbres, comme « Empilez haut et vendez à bas prix ».

## La grande distribution européenne à l'école américaine

De 1957 à 1966, des milliers de directeurs de magasins suivent des stages de formation à la distribution à Dayton, aux États-Unis. Ils sont animés par Bernardo Trujillo qui résume ses idées par de célèbres formules comme « *No parking, no business* ». Parmi les stagiaires, on compte de nombreux Français à la tête de toutes nouvelles enseignes, tels Gérard Mulliez pour Auchan ou Marcel Fournier pour Carrefour. Cependant, les méthodes de vente américaines s'adaptent parfois au marché local : ainsi, en Italie, des chariots plus petits pour tenir compte de budgets plus contraints.

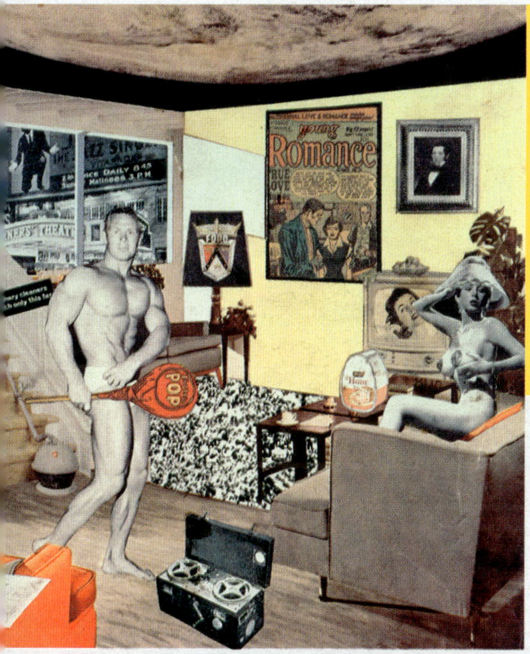


***Just What Is That Makes Today's Homes So Different, So Appealing?*** **(« Mais qu'est-ce qui fait que les maisons d'aujourd'hui sont si différentes, si attrayantes ? »)**

**Considéré comme le premier exemple du *pop art*, cette œuvre met en scène quelques produits emblématiques de la société de consommation comme la télévision ou l'emballage publicitaire autour de personnages (la *pin-up*, le *bodybuilder*) réduits au rang de simples objets.**

Richard Hamilton, collage, 26 × 25 cm, 1956 (Kunsthalle de Tübingen, Allemagne).

*« Nous vivons le temps des objets : je veux dire que nous vivons à leur rythme et selon leur succession incessante. »*

Jean Baudrillard, *La Société de consommation*, 1970.

## La consommation, un des enjeux de la guerre froide

En raison des pesanteurs de l'économie socialiste (planification, priorité donnée à l'industrie lourde), les habitants des démocraties populaires d'Europe de l'Est connaissent une pénurie chronique. Cependant, certains dirigeants communistes ont à cœur de donner une image moderne de leur pays en soutenant la production de biens de consommation, comme les voitures Trabant ou les jeans Blue Cottino en République démocratique allemande (RDA).

25 juin 1950

# La guerre de Corée commence

**Entre 1950 et 1953, la péninsule coréenne est le théâtre d'un conflit qui oppose le Nord, armé par les Soviétiques, et le Sud, soutenu par les Américains et les Nations unies : c'est la première confrontation armée de la guerre froide.**

## « Une nation déchirée »

Après la capitulation japonaise en septembre 1945, la Corée est occupée par les troupes soviétiques et américaines, de part et d'autre du 38e parallèle. Les deux Grands ne parvenant pas à s'entendre, l'Organisation des Nations unies (ONU) entérine la création de deux États en 1948 : au nord, la République populaire et démocratique de Corée, dirigée par le leader communiste Kim Il-sung ; au sud, la République de Corée, présidée par Syngman Rhee et soutenue par les Américains.

## Une guerre rythmée par les offensives et contre-offensives

Kim n'a pas renoncé à la réunification : avec l'aval de Joseph Staline, le 25 juin 1950 à l'aube, deux corps d'armée nord-coréens franchissent le 38e parallèle. En trois mois la quasi-totalité du territoire sud-coréen est envahie.

En l'absence de l'URSS qui boycotte l'ONU pour y faire entrer la Chine populaire, les États-Unis obtiennent le 7 juillet le vote par le Conseil de sécurité d'une résolution permettant une intervention armée : 616 000 soldats – dont 480 000 Américains –, commandés par le général Douglas MacArthur, sont mobilisés. En octobre, la reconquête est presque complète. Mao Zedong envoie alors près de 800 000 « volontaires » au secours de son allié communiste. En avril 1951, le front se stabilise autour du 38e parallèle.



## Le retour au *statu quo*

Le conflit prend fin avec l'armistice de Panmunjeom signé le 27 juillet 1953, quelques mois après la mort de Staline. Il rétablit le *statu quo* territorial autour d'une zone démilitarisée entre les deux Corées, restée aujourd'hui le dernier vestige de la guerre froide.

Le conflit a coûté la vie à 2 millions de civils et 900 000 militaires. Aucun traité de paix n'ayant été signé, la Corée du Nord et la Corée du Sud cohabitent depuis dans une situation de guerre larvée.

**1950** Début de la guerre de Corée

1947 1948 1949 1950 1951 1952 1953 1954 1955 1956 1957 1958

Depuis 1947 Guerre froide

Depuis 1947 Décolonisation de l'Asie et de l'Afrique

1950-1968 Âge d'or de la croissance

Depuis 1957

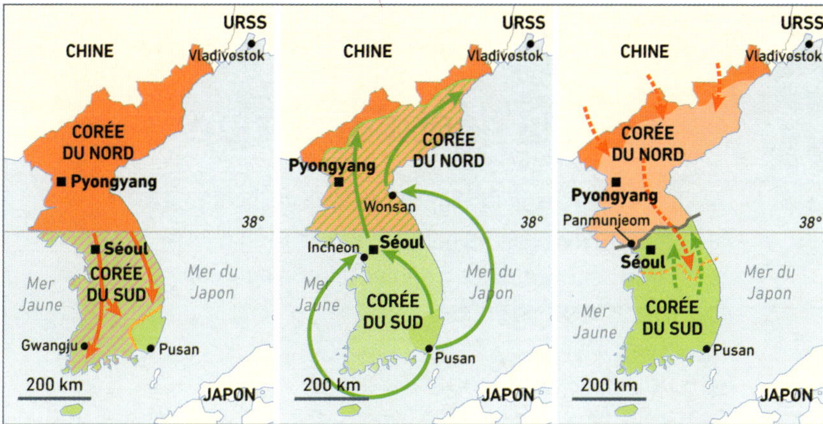


**1. Juin-août 1950 : invasion nord-coréenne**

- Offensive nord-coréenne (juin-août 1950)
- Territoire contrôlé par les Nord-Coréens (août 1950)

**2. Octobre-novembre 1950 : contre-offensive de l'ONU**

- Contre-offensive de l'ONU (oct.-nov. 1950)
- Territoire contrôlé par l'ONU (novembre 1950)

**3. Janvier 1951-1953 : stabilisation du front**

- Contre-off. nord-coréenne et chinoise (janvier 1951)
- Limite de l'avancée nord-coréenne (24 janvier 1951)
- Contre-offensive de l'ONU (février-juillet 1951)
- Frontière après l'armistice de 1953

**Les phases de la guerre de Corée (1950-1953)**

*« La guerre difficile, à l'endroit difficile et au moment difficile. »*

Général américain Omar Nelson Bradley.

**« Souhaitons dix mille ans de victoire à l'armée du peuple coréen et à l'armée des volontaires du peuple chinois ! »**

La Chine déploie une intense propagande pour faire accepter à la population une intervention en Corée, présentée comme une victorieuse offensive du communisme contre l'impérialisme américain.

Affiche de propagande chinoise, 1951.

## La guerre froide en Asie orientale

| | |
|---|---|
| 1946-1954 | La guerre d'Indochine oppose la France, soutenue par les États-Unis, au Nord-Vietnam, appuyé par la Chine communiste. |
| 1949 | La République populaire de Chine est proclamée par Mao Zedong, mais n'est pas reconnue par les États-Unis. |
| 1950 | La Chine signe avec l'URSS un traité d'amitié, d'alliance et d'assistance mutuelle. |
| 1951 | Les États-Unis et le Japon signent un pacte de sécurité, le traité de San Francisco. |
| 1950-1953 | La guerre de Corée voit s'affronter la Corée du Nord, soutenue par l'URSS et la Chine, et la Corée du Sud, aidée par les États-Unis. |
| 1954 | L'Organisation du traité de l'Asie du Sud-Est (OTASE) associe les États-Unis et des pays non communistes dans un pacte de défense collective. |
| 1964-1973 | La guerre du Vietnam oppose le Sud-Vietnam, soutenu par les États-Unis, et le Nord-Vietnam communiste. |
| 1975 | La chute de Saïgon permet la réunification du Vietnam ; le Laos et le Cambodge deviennent communistes. |



0 1961 1962 1963 1964 1965 1966 1967 1968 1969 1970 1971 1972

Construction européenne

5 mars 1953

# La mort de Staline ouvre la voie à la déstalinisation

**Depuis 1928, Joseph Staline est le maître incontesté de l'Union soviétique. Sa mort, le 5 mars 1953, pousse ses successeurs à démanteler le système dont il était la clé de voûte.**

## Une nouvelle stupéfiante

Le 6 mars 1953, les Soviétiques écoutent avec émotion Radio-Moscou : « Le cœur du compagnon d'armes de Lénine, le porte-drapeau de son génie et de sa cause, le sage éducateur et guide du parti communiste et de l'Union soviétique, a cessé de battre le 5 mars 1953 à 21h50, heure de Moscou. »

Le 9 mars, jour des funérailles de Joseph Staline, les Moscovites affluent en masse vers le Kremlin où est exposée sa dépouille, provoquant des mouvements de foule qui font des centaines de victimes.

## Quel successeur pour Staline ?



Staline n'ayant pas désigné de successeur, commence alors au sommet du pouvoir une lutte entre ses plus proches collaborateurs. De mars à juin 1953, l'ancien chef de la police politique (le NKVD) et numéro 2 du régime, Lavrenti Beria, impose son autorité au sein d'une direction collégiale.

Alors qu'il avait été l'un des artisans de la terreur stalinienne (► p. 110), Beria fait libérer un million de prisonniers du Goulag (sur plus de 2,5 millions), rétablit la liberté de circulation sur le territoire soviétique et met fin à la répression en Ukraine qui sévissait depuis la fin de la Seconde Guerre mondiale. Jugé trop puissant par ses collègues, il est arrêté en juin puis exécuté en décembre 1953.

## La déstalinisation

Entre temps, Nikita Khrouchtchev, nommé premier secrétaire du Parti communiste de l'Union soviétique (PCUS) en septembre, est devenu l'homme fort du pays. En février 1956, il convoque le XX$^{e}$ congrès du parti, le premier depuis la mort de Staline.

Devant les délégués soviétiques, Khrouchtchev lit un rapport secret qui critique les pratiques totalitaires de son prédécesseur. Au nom des principes marxistes-léninistes, il dénonce le culte de la personnalité, la répression généralisée, les condamnations arbitraires et les déportations de masse.

Le texte connaît très vite un retentissement international, diffusé, dans une version expurgée, d'abord auprès des partis communistes européens puis par des journaux occidentaux.

**1953** Décès de Joseph Staline

1947 | 1948 | 1949 | 1950 | 1951 | 1952 | 1953 | 1954 | 1955 | 1956 | 1957 | 1958

**Depuis 1947 Guerre froide**

**Depuis 1947 Décolonisation de l'Asie et de l'Afrique**

**1950-1968 Âge d'or de la croissance**

**Depuis 1957**

**Hommage à Staline dont la dépouille est exposée dans la salle des Colonnes du Kremlin, début mars 1953**

Les plus proches collaborateurs et possibles successeurs de Staline, de gauche à droite : Viatcheslav Molotov, Kliment Vorochilov, Lavrenti Beria, Gueorgui Malenkov, Nikolaï Boulganine, Nikita Khrouchtchev et Lazar Kaganovitch.

« La glorification d'un individu, son élévation au rang de surhomme doté de qualités surnaturelles comparables à celles d'un dieu, sont contraires aux principes du marxisme-léninisme. »

Nikita Khrouchtchev, rapport secret du XX<sup>e</sup> congrès du PCUS, 24-25 février 1956.

## Les limites de la déstalinisation

Initiée lors du XXe congrès du PCUS, la déstalinisation se traduit par la libération de nombreux prisonniers du Goulag, une relative liberté d'expression – en 1962, Alexandre Soljenitsyne (► p. 244) publie *Une journée d'Ivan Denissovitch*, qui dénonce les camps de travail – et la fin du culte de Staline – Stalingrad devient Volgograd en 1961.
Cependant, le système soviétique, avec son parti unique, sa police politique, ses camps de travail, demeure ; et la censure veille toujours, interdisant par exemple le roman de Boris Pasternak, *Le Docteur Jivago* en 1957. Surtout, la mise à l'écart de Khrouchtchev en 1964 marque un coup d'arrêt à la déstalinisation.



## Nikita Sergueïevitch Khrouchtchev (1894-1971)

Issu d'un milieu modeste, Khrouchtchev est d'abord ouvrier avant d'adhérer au parti bolchevique en 1918. Protégé de Joseph Staline lui-même, il connaît une rapide ascension politique, d'abord en Ukraine pendant les grandes purges. Lors de la Seconde Guerre mondiale, il participe à la défense de Stalingrad.
Après la mort de Staline, et suite à l'élimination de Lavrenti Beria, il devient premier secrétaire du Parti communiste de l'Union soviétique (PCUS). Sur le plan intérieur, il lance la déstalinisation lors du XXe congrès du parti. À l'extérieur, il mène une politique de coexistence pacifique avec les États-Unis malgré de graves crises, en particulier celle de Cuba en 1962 (► p. 218). Il est écarté du pouvoir en 1964.

1954-1960

# La décolonisation en marche

**Prolongeant le processus d'émancipation nationale entamé en Asie dès 1945, les colonies européennes du continent africain accèdent progressivement à l'indépendance.**

## L'émancipation de l'Asie

### Les précurseurs

Dès 1947, les Indes britanniques accèdent à l'indépendance avec la création de deux États distincts : l'Inde et le Pakistan (► p. 180). En 1949, les Indes néerlandaises deviennent la République d'Indonésie.

Dans les pays colonisés, le prestige des leaders nationalistes asiatiques est immense. C'est le cas, en particulier, de Jawaharlal Nehru, devenu Premier ministre de l'Inde, qui a pris la tête du combat anti-impérialiste dès 1947.



### Le choc de Diên Biên Phu

En Indochine, après huit années de guerre sanglantes, les troupes françaises, encerclées dans la cuvette de Diên Biên Phu par l'armée nord-vietnamienne, capitulent le 7 mai 1954. Cette lourde défaite militaire – 3 500 tués, 11 000 prisonniers – contraint la France à négocier l'indépendance, entérinée par les accords de Genève en juillet 1954.

Victoire symbolique d'un mouvement nationaliste, le Viêt-minh de Hô Chi Minh, sur une grande puissance occidentale, Diên Biên Phu a un écho international en particulier en Afrique, encore sous tutelle européenne.

**La guerre d'Indochine (1946-1954)**

Le 2 septembre 1945, après quatre années d'occupation japonaise (► p. 156), le leader nationaliste Hô Chi Minh proclame l'indépendance du Vietnam et y instaure un régime communiste. En novembre 1946, à la suite de l'échec des négociations, des combats opposent l'armée française aux forces du Viêt-minh. Le conflit s'internationalise en 1950 : les États-Unis soutiennent la France, la Chine aide le Viêt-minh. Après la défaite française de Diên Biên Phu, les accords de Genève de juillet 1954 créent deux États indépendants : l'un communiste au nord, et l'autre pro-occidental au sud.

*« Nous assistons à l'effondrement ou à la disparition de la France en tant que grande puissance. »*

J. F. Dulles, secrétaire d'État américain, 23 avril 1954.

**Débarquement de l'armée néerlandaise à Java, en juillet 1947**
Les Pays-Bas refusent l'indépendance des Indes néerlandaises proclamée par le leader nationaliste Ahmed Soekarno en août 1945. Après l'échec des négociations, la métropole déclenche une intervention militaire en juillet 1947 pour imposer son autorité par la force.

### Bandung, l'internationalisation de la question coloniale

À la conférence de Bandung en avril 1955 (► p. 202), alors que la quasi-totalité du continent asiatique s'est émancipée, les leaders nationalistes victorieux côtoient des délégations encore en lutte, comme le Front de libération nationale (FLN) algérien et le Néo-Destour tunisien.

Le communiqué final, qui condamne le colonialisme et affirme la solidarité des peuples dans leur combat pour l'émancipation, connaît un retentissement mondial.

## La décolonisation de l'Afrique

### D'abord l'Afrique du Nord...

Dans les protectorats français du Maroc et de Tunisie, les revendications indépendantistes s'intensifient au début des années 1950. La France y répond d'abord en déposant le sultan marocain Mohamed V en 1953 et en emprisonnant à plusieurs reprises le leader nationaliste tunisien Habib Bourguiba ; mais elle finit par négocier l'indépendance de ces deux territoires, accordée en 1956.

**Habib Bourguiba (1903-2000)**

Issu de la petite bourgeoisie tunisienne, Bourguiba poursuit des études de droit et de science politique en France. En 1927, il rentre en Tunisie et milite au sein du parti nationaliste Destour, avant de faire scission et de fonder le Néo-Destour. Après plusieurs emprisonnements, il est reconnu en 1954 comme un interlocuteur légitime par le gouvernement de Pierre Mendès France avec qui il signe les accords de Carthage : la Tunisie accède à l'indépendance le 20 mars 1956. Bourguiba préside le pays à partir de 1957, en s'inspirant du modèle occidental (droit de vote des femmes, laïcisation de l'État). En 1987, il est destitué par le général Zine el-Abidine Ben Ali.

En Algérie, où vivent près d'un million de Français (les pieds-noirs), la métropole fait face depuis le 1er novembre 1954 à l'insurrection du FLN. Le choix de la répression systématique conduit à un conflit sanglant qui ne s'achève qu'en 1962 (► p. 214).

## ... ensuite l'Afrique subsaharienne

Les colonies britanniques accèdent à l'indépendance dans le cadre du **Commonwealth***. Le Ghana – ancienne Côte-de-l'Or –, dirigé par le Premier ministre Kwame Nkrumah, s'émancipe pacifiquement dès 1957. Si cette indépendance fait figure de modèle pour l'ensemble des territoires de l'Empire qui s'engagent dans le processus à partir de 1960, la répression est souvent violente dans les colonies où les minorités blanches sont nombreuses, à l'exemple du Kenya.

En 1960, Paris, renonçant à la création de la Communauté française, accorde l'indépendance à ses colonies d'Afrique occidentale, d'Afrique équatoriale et de Madagascar. La même année, la Belgique la concède précipitamment au Congo, qui s'enfonce dans la guerre civile jusqu'en 1965.

## Les derniers foyers de la décolonisation

Les colonies portugaises (Angola, Mozambique) accèdent à l'indépendance en 1975 au terme de conflits sanglants, tandis que les territoires dirigés par une minorité blanche s'émancipent seulement en 1980 pour la Rhodésie du Sud, devenue le Zimbabwe, et en 1990 pour la Namibie.

**Cérémonie d'indépendance du Ghana, en mars 1957**
Marina, duchesse de Kent, dansant avec le Premier ministre Kwame Nkrumah lors des cérémonies d'indépendance du Ghana, les 5-6 mars 1957.

*« Je dis qu'il n'est pas de paix armée, de paix sous l'oppression. De fraternité sans égalité. J'ai voulu tous les hommes frères. »*

Léopold-Sédar Senghor, « Chaka », *Éthiopiques*, 1956.

* Association d'États et de territoires dotés de degrés d'autonomie divers tout en étant liés par un serment d'allégeance à la Couronne britannique.

**Le drapeau du Mali**
Adopté lors de l'indépendance du Mali en 1961, ce drapeau reprend les couleurs panafricaines : le vert, symbole de l'espérance, de la terre et de l'agriculture ; le jaune, pour l'or, l'une des richesses du continent ; le rouge, pour le sang versé par les esclaves et les martyrs de l'indépendance.

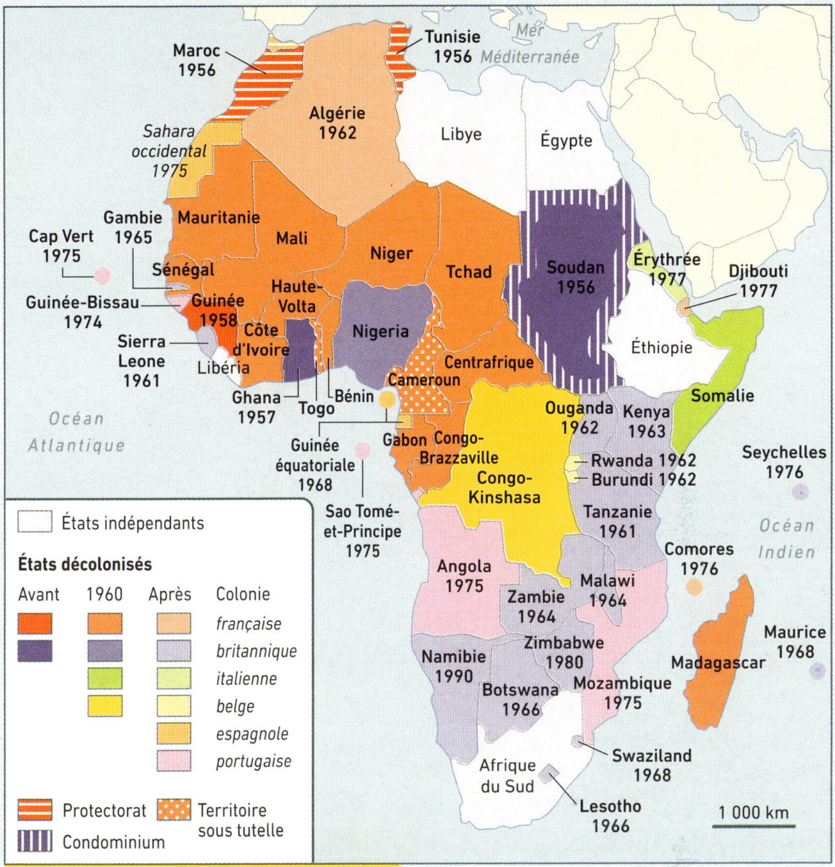


**La décolonisation du continent africain**
La décolonisation du Maroc et de la Tunisie en 1956 ainsi que celle du Ghana en 1957 annoncent la grande vague d'émancipation de 1960 qui concerne 18 territoires sous tutelle coloniale.



## Les lendemains de l'indépendance

Les nouveaux États indépendants sont confrontés au défi de la cohésion nationale dans des territoires à forte diversité ethnique, linguistique et religieuse, en particulier en Afrique subsaharienne.
La question de leur développement économique est tout aussi cruciale, d'autant que le personnel qualifié et les capitaux font défaut : l'aide des organismes internationaux, comme l'Organisation des Nations unies (ONU) ou la Banque internationale pour la reconstruction et le développement (BIRD), est souvent nécessaire.
Enfin, dans un monde bipolaire, les jeunes États sont exposés à l'ingérence politique, économique et militaire des grandes puissances, celle par exemple des États-Unis au Congo, ou celle de l'Union soviétique en Angola.

18–24 avril 1955

# Un « troisième monde » s'affirme à Bandung

**En 1955, la conférence de Bandung en Indonésie réunit 29 dirigeants d'États d'Afrique, du Moyen-Orient et d'Asie. Son communiqué final appelle à refuser le monde bipolaire dominé par les États-Unis et l'Union soviétique, et à lutter contre le colonialisme.**

## Nehru, le maître d'œuvre

Alors qu'il prépare l'indépendance de l'Inde (► p. 180), Jawaharlal Nehru organise en mars 1947 une conférence des relations asiatiques à New Delhi, réunissant 25 pays, première affirmation d'une unité asiatique ; puis une seconde en 1949, à laquelle assistent l'Égypte et l'Éthiopie, donne naissance à l'afro-asiatisme.

En 1954, avec ses homologues de Ceylan, du Pakistan, de Birmanie et d'Indonésie, Nehru planifie la tenue d'une grande conférence afro-asiatique pour promouvoir l'anticolonialisme, la paix et le développement. Celle-ci se déroule au palais de l'indépendance de Bandung, station touristique de Java, en Indonésie, du 18 au 24 avril 1955.



## Le « coup de tonnerre » de Bandung

Vingt-neuf États participent à la conférence ; forts d'un milliard d'habitants, ils représentent plus de la moitié de la population mondiale, mais moins de 10 % des richesses de la planète.

Plus de quatre cents journalistes ont fait le déplacement pour couvrir l'événement. Les débats sont dominés par des personnalités charismatiques : le président indonésien Soekarno, qui est l'hôte de la conférence ; Nehru, qui en est l'instigateur ; mais surtout le Premier ministre chinois Zhou Enlai, qui veut faire de son pays un modèle de développement pour les États nouvellement décolonisés.

## Un communiqué final retentissant

Après une semaine de discussions, le communiqué final, s'appuyant sur la Charte des Nations unies de 1945 (► p. 164), réaffirme le droit des peuples à disposer d'eux-mêmes et la nécessité de la paix et de la coopération mondiale.

À ce titre, il condamne sans appel le colonialisme et engage les puissances concernées à accorder l'indépendance aux peuples dominés. Les États présents à Bandung entendent ainsi dépasser la confrontation Est-Ouest (► p. 178) et affirmer une solidarité afro-asiatique. Ils se revendiquent comme un « troisième monde » rassemblant l'ensemble des pays anciennement colonisés et encore peu développés.

**1955** Conférence de Bandung

1947 1948 1949 1950 1951 1952 1953 1954 1955 1956 1957 1958

**Depuis 1947 Guerre froide**

**Depuis 1947 Décolonisation de l'Asie et de l'Afrique**

**1950-1968 Âge d'or de la croissance**

**Depuis 1957**

**Des leaders de premier plan**
La conférence de Bandung consacre le prestige international de Zhou Enlai (à gauche), Jawaharlal Nehru (à droite) et Soekarno. La fille de Nehru, Indira Gandhi (de dos), future Premier ministre de l'Inde, y participe également.

## Le non-alignement

Même s'il est en germe à Bandung, le non-alignement est véritablement défini en 1956 par le Premier ministre indien Jawaharlal Nehru, le président yougoslave Tito et le président égyptien Gamal Abdel Nasser lors de leur rencontre à Brioni en Yougoslavie. Il s'agit à la fois de refuser l'impérialisme des États-Unis et de l'URSS au nom de la souveraineté nationale et de la paix, et de favoriser le développement économique. Ces principes servent de base aux différentes conférences des non-alignés qui se déroulent à la suite de celle, fondatrice, de Belgrade en 1961. Cependant, les divisions l'emportent peu à peu : Nasser et Nehru se disputent le *leadership* des non-alignés tandis que les fractures idéologiques opposent les États proches de l'URSS, comme Cuba, et ceux attachés au neutralisme, comme la Yougoslavie et l'Inde.



**Les États participant à la conférence de Bandung**
La majeure partie de l'Afrique étant encore sous domination coloniale, les États d'Asie et du Moyen-Orient (23 sur 29) sont les plus nombreux à participer à la conférence.

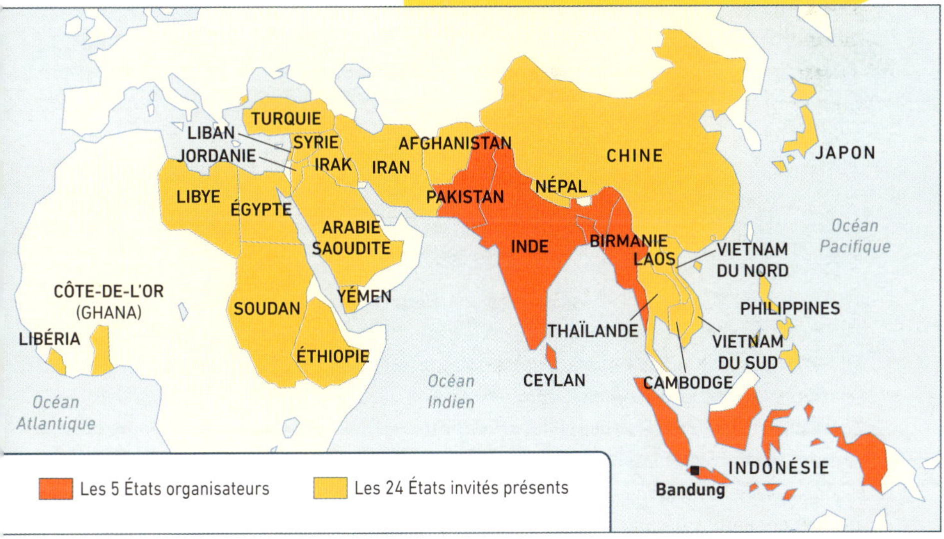

26 juillet 1956

# Gamal Abdel Nasser nationalise le canal de Suez

**La décision du président égyptien de nationaliser la compagnie franco-britannique gérant le canal de Suez entraîne une grave crise internationale.**

## Une annonce fracassante

Le 26 juillet 1956, Gamal Abdel Nasser annonce à ses compatriotes la nationalisation du canal de Suez, contrôlé jusque-là par les Britanniques et les Français. Ce passage, percé de 1859 à 1869 entre la mer Méditerranée et le golfe de Suez, est stratégique : une partie du pétrole qui approvisionne les pays occidentaux y transite, réduisant les distances des routes maritimes.

Nasser compte s'assurer les revenus tirés du canal, après le refus des États-Unis et du Royaume-Uni de financer la construction du barrage d'Assouan sur le Nil dans le but d'augmenter les surfaces irriguées du pays et de lui fournir de l'électricité. La position occidentale s'inscrit dans le cadre de la guerre froide qui voit l'Égypte se rapprocher de l'Union soviétique, laquelle lui fournit des armes en vue d'une revanche contre Israël (► p. 184).



## Une expédition militaire éclair…

Le 24 octobre 1956, la France, le Royaume-Uni et Israël concluent un accord secret pour intervenir contre l'Égypte. Les deux puissances européennes espèrent ainsi reprendre le contrôle du canal tandis que l'État hébreu veut mettre fin aux attaques des **fedayins*** égyptiens contre son territoire.

En une semaine, du 29 octobre au 5 novembre, les troupes israéliennes, britanniques et françaises envahissent le Sinaï et la zone du canal. Battue, l'Égypte déplore près de 1 000 victimes, surtout civiles, 5 000 prisonniers et une centaine de chars détruits.

## … et une victoire politique pour Nasser

Réunie dès le 2 novembre, l'Assemblée générale des Nations unies adopte une résolution condamnant l'attaque contre l'Égypte. Sous la pression conjointe de Moscou, qui menace Londres et Paris d'une riposte nucléaire, et de Washington, qui entend désamorcer la crise, les troupes franco-britanniques et israéliennes doivent cesser les opérations. Le mois suivant, elles se retirent de la zone du canal, laissant les Casques bleus – dont c'est la première intervention directe – prendre le relais. Israël évacue également les territoires conquis.

*** Combattants pour la cause palestinienne.**

**Gamal Abdel Nasser acclamé par la foule après un discours au Caire, le 20 août 1956**

*« Nous avons lutté pour nous débarrasser des traces du passé, de l'impérialisme et du despotisme ; des traces de l'occupation étrangère et du despotisme intérieur. [...] Nous ne permettrons pas que le canal de Suez soit un État dans l'État. »*

Gamal Abdel Nasser, discours radiodiffusé, 26 juillet 1956.



## Gamal Abdel Nasser (1918-1970)

Fils d'un fonctionnaire égyptien, Nasser embrasse la carrière militaire. En 1948, il part se battre en Palestine contre Israël. Peu après, il fonde le Mouvement des officiers libres qui renverse le roi Farouk en 1952 et instaure une république dont il devient président en 1954. Présent à la conférence de Bandung en 1955 (▶ p. 202), sa victoire politique lors de la crise du canal de Suez de 1956 lui permet d'apparaître comme le leader du monde arabe. En 1967, il participe à la guerre des Six Jours contre Israël, laquelle se solde par une large victoire de l'État hébreu (▶ p. 232). Nasser meurt en 1970, sans avoir réussi à réaliser l'unité arabe dont il rêvait.

## Le panarabisme

Théorisé au début du XX^e siècle, le panarabisme vise à réaliser l'unité des peuples arabes. Le projet prend corps en 1945 avec la création au Caire de la Ligue des États arabes – qui regroupe alors l'Égypte, l'Arabie saoudite, la Syrie, la Transjordanie, l'Irak, le Liban et le Yémen. Cependant, incapable d'échapper à la logique des blocs liée à la guerre froide et d'empêcher la création de l'État d'Israël (▶ p. 184), la Ligue arabe déçoit les populations. Après la crise de Suez, Nasser, se posant en champion de l'unité arabe, suscite la création en 1958 d'une République arabe unie (RAU) issue de la fusion de l'Égypte et de la Syrie ; mais en 1961, cette dernière fait sécession. Nasser ne parvient pas non plus à stopper les affrontements entre Palestiniens et Jordaniens qui éclatent en 1970 : le panarabisme a vécu.

25 mars 1957

# La CEE voit le jour à Rome

**Le 25 mars 1957 à Rome, six États d'Europe occidentale signent deux traités qui relancent la construction européenne, l'un sur le plan économique, l'autre dans le domaine du nucléaire.**

## De la CECA à la CEE

En 1951, sous l'impulsion de Jean Monnet et du ministre des Affaires étrangères français, Robert Schuman, est instaurée la Communauté européenne du charbon et de l'acier (CECA), assurant la libre circulation de ces deux produits entre six États membres (République fédérale d'Allemagne, France, Italie, Belgique, Pays-Bas, Luxembourg). Elle est dirigée par une Haute Autorité collégiale et supranationale.

Le succès de la CECA et l'aggravation des tensions Est-Ouest (► p. 194) incitent à renforcer l'unité européenne. Mais, en 1954, le projet de Communauté européenne de défense (CED), destiné à doter l'Europe de forces militaires unifiées et autonomes, ne peut aboutir : en France, les gaullistes, au nom de la souveraineté nationale, et les communistes, au nom de l'antifascisme, s'y opposent. La construction européenne semble alors en panne.

L'année suivante, à Messine, des projets recentrés sur l'économie sont en discussion. Le 26 mars 1957, les États membres de la CECA se réunissent à Rome pour fonder une Communauté économique européenne (CEE).

## Des traités historiques

Comme le rappelle le préambule du traité instituant la CEE, les six États fondateurs sont « résolus à affermir [...] les sauvegardes de la paix et de la liberté » : en pleine guerre froide, leur union doit éviter un nouveau conflit en Europe et, avec le soutien des États-Unis, servir de rempart face au totalitarisme soviétique. La CEE prévoit l'établissement d'un marché commun reposant sur une union douanière entre ses membres permettant la libre circulation des biens. C'est un projet alors unique au monde.

Un deuxième traité, signé à Rome le même jour, crée par ailleurs la Communauté européenne de l'énergie atomique (Euratom), qui amorce une coopération dans le domaine de l'énergie nucléaire.

## La formation du couple franco-allemand

Le 22 janvier 1963, le président de la République française Charles de Gaulle et le chancelier ouest-allemand Konrad Adenauer signent à Paris le traité de l'Élysée. En prévoyant des rencontres périodiques entre les chefs d'État et de gouvernement des deux pays, cet accord institutionnalise la coopération franco-allemande. Plus fondamentalement, il scelle la réconciliation entre les deux États, vingt ans à peine après la fin de la Seconde Guerre mondiale. Il fait également du couple franco-allemand le moteur de la construction européenne : la décennie 1970 est marquée par le tandem Giscard d'Estaing-Schmidt ; la décennie 1980 par le couple Mitterrand-Kohl.

**De Gaulle et Adenauer, le 21 septembre 1963**

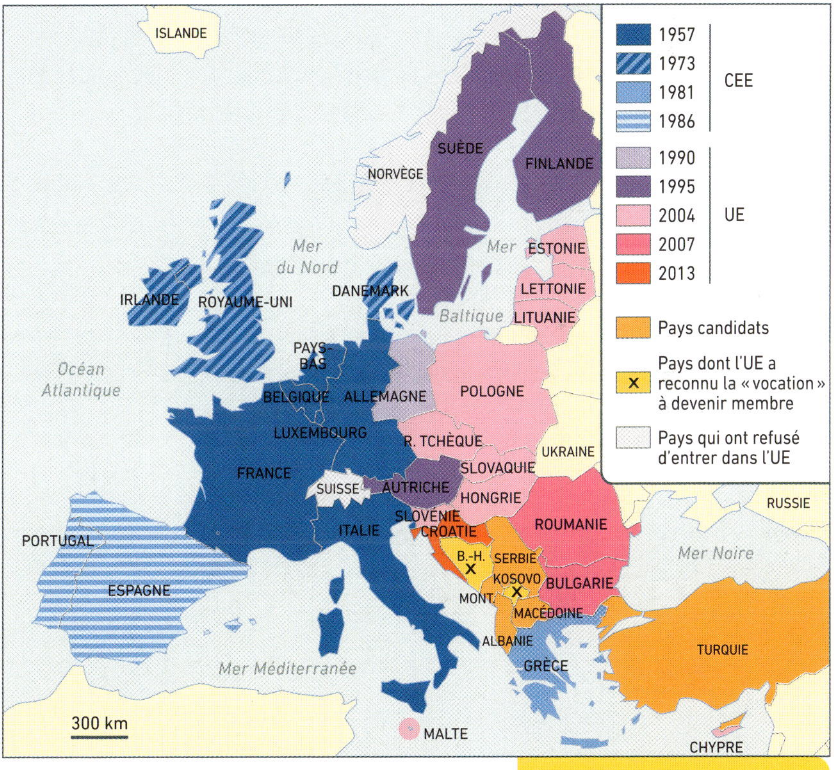


**Les élargissements européens**

**« Une Europe unie pour le progrès et pour la paix »**
Affiche italienne en faveur des traités de Rome, 1957.



60 | 1961 | 1962 | 1963 | 1964 | 1965 | 1966 | 1967 | 1968 | 1969 | 1970 | 1971 | 1972

**Construction européenne**

1960-1974

# L'émancipation des femmes

## dans les sociétés occidentales

**Si le contexte économique et politique de l'après-guerre favorise l'émancipation des femmes, de nombreux obstacles les empêchent de jouir d'une complète égalité, objet d'une lutte inachevée.**



## Des progrès… et des limites

### Des citoyennes à part entière, mais en retrait

Au lendemain de la Seconde Guerre mondiale, les Constitutions de nombreux États d'Europe occidentale reconnaissent l'égalité entre hommes et femmes : la France en 1946, l'Italie en 1947, la République fédérale d'Allemagne (RFA) en 1949. Plus globalement, les progrès de la condition féminine sont étroitement liés aux avancées de la démocratie.

Pour autant, la représentativité des femmes dans les instances politiques reste limitée. Et il faut attendre la fin des années 1970 pour les voir accéder aux postes de Premier ministre – en 1979 au Royaume-Uni – et de chef d'État – en 1980 en Islande.

**L'universalisation des droits des femmes**

| | |
|---|---|
| 1945 | La Charte des Nations unies proclame le principe d'égalité sans discrimination de sexe. |
| 1952 | L'Organisation des Nations unies (ONU) adopte la Convention sur les droits politiques de la femme. |
| 1975 | Une grande conférence internationale sur le droit des femmes se tient à Mexico à l'occasion de la célébration de l'année internationale des femmes. |
| 1977 | L'ONU institue le 8 mars Journée internationale pour les droits des femmes. |
| 1979 | L'ONU adopte la Convention sur l'élimination de toutes les formes de discrimination à l'égard des femmes. |

« *Il y a plus inconnu que le soldat inconnu : sa femme.* »

Slogan du Mouvement de libération des femmes (MLF), 1970.

**La libération du corps**
À l'instar du créateur français André Courrèges, la styliste britannique Mary Quant raccourcit les jupes. La première apparition de ses mini-jupes dans le magazine anglais *Vogue* en 1965 fait scandale.

## Une entrée massive sur le marché du travail, mais sous conditions

À partir des années 1960, le taux d'activité des femmes augmente fortement dans les pays occidentaux. En 1970, 75 % des Européennes qui travaillent sont salariées, essentiellement dans les activités de service (secrétaires, vendeuses).

Alors que de nombreux États ont proclamé l'égalité des salaires entre hommes et femmes – 1963 aux États-Unis, 1970 au Royaume-Uni –, dans les entreprises, les femmes sont victimes de nombreuses discriminations. En 1975, à l'échelle européenne, elles perçoivent, à qualification égale, un salaire inférieur de 30 % environ à celui des hommes. De plus, l'accès aux postes à responsabilité leur reste majoritairement fermé.

## Un meilleur accès à l'éducation, mais jusqu'à un certain niveau

Cette intégration plus forte sur le marché du travail tient en partie à l'augmentation du taux de scolarisation des filles dans le secondaire. Toutefois, il faut attendre 1970 pour que la parité scolaire entre filles et garçons soit atteinte dans deux pays précurseurs : la Norvège et la France.

En revanche, les filles accèdent difficilement à l'enseignement supérieur : en 1964-1965, l'écart avec les garçons est encore de 30 % dans l'ensemble de l'Europe.

# La deuxième vague du féminisme

## Nouveau contexte, nouvelles questions

Si l'entre-deux-guerres avait permis aux femmes d'accéder à de nouveaux droits (► p. 68), le combat pour l'émancipation dans les pays occidentaux est relancé dans les années 1960.

Sous l'influence notamment de l'ouvrage de Simone de Beauvoir, *Le Deuxième Sexe* (1949), la lutte passe sur le terrain du corps et de la sexualité. Ce nouvel élan du féminisme est également porté par les mouvements contestataires et la révolution des mœurs qui entraîne la dissociation entre sexualité et reproduction.

### Simone de Beauvoir (1908-1986) et le deuxième sexe

Issue d'un milieu bourgeois, Simone de Beauvoir obtient l'agrégation de philosophie en 1929. Elle se dirige rapidement vers une carrière de romancière et d'essayiste. *Le Deuxième Sexe*, paru en 1949, en fait une figure majeure du féminisme de l'après-guerre. Elle y défend la thèse de l'existence d'un sexe social au-delà du sexe biologique, et dénonce la domination masculine dans tous les domaines y compris celui de la reproduction, présentée comme l'espace d'exploitation privilégié des femmes. L'ouvrage est vendu à plusieurs millions d'exemplaires dans le monde. Mis à l'index par le Vatican, il influence durablement les mouvements féministes des années 1960 et 1970 en Europe et aux États-Unis.

## L'organisation d'un mouvement



Aux États-Unis, Betty Friedan, auteure de *La Femme mystifiée* (1963), fonde en 1966 la National Organization of Women (NOW), d'inspiration réformiste, afin de combattre le sexisme. Les luttes s'élargissent ensuite avec le Women's Lib dans les pays anglo-saxons et avec le Mouvement de libération des femmes (MLF) en France, qui militent pour l'égalité entre les sexes.

Parallèlement se développe une contestation plus radicale, multiforme, qui n'hésite pas à avoir recours à des formes de mobilisation provocatrices.

## Le droit à l'avortement

Pour les féministes, l'émancipation de la femme passe par le libre choix de sa reproduction. La lutte s'engage alors pour le contrôle des naissances.

« *Un enfant si je veux, quand je veux.* »

Slogan du Mouvement français pour le planning familial, années 1970.

Ainsi en France, le premier centre de planning familial qui distribue la pilule ouvre à Grenoble en 1961 avant que ne soit autorisée la contraception orale en 1967.

Ce combat ouvre sur la revendication du droit à l'avortement qui est progressivement permis dans les pays occidentaux : en 1967 au Royaume-Uni, en 1973 aux États-Unis. Objet de la mobilisation du mouvement Choisir la cause des femmes, fondé par Simone de Beauvoir et Gisèle Halimi en 1971, l'interruption volontaire de grossesse (IVG) est légalisée en France en 1974.

**Manifestation féministe à New York, le 26 août 1971**

La National Organization of Women (NOW) est à la pointe du combat des féministes américaines pour dénoncer, sur un mode humoristique, le sexisme à l'égard des femmes.



## Quelle émancipation pour les femmes dans les sociétés non-occidentales ?

Le mal développement, l'absence de démocratie et le poids des traditions religieuses constituent un frein à l'émancipation des femmes dans ce qu'Alfred Sauvy appelle le « tiers-monde ». Cependant, il existe de notables exceptions. En Tunisie, sous l'impulsion du président Habib Bourguiba, les femmes obtiennent le droit de vote dès 1957. À Ceylan (futur Sri Lanka), Sirimavo Bandaranaike devient Premier ministre en 1960 après l'assassinat de son mari, fondateur du Parti de la liberté : c'est la première femme de l'histoire à être élue démocratiquement à la tête d'un gouvernement. La deuxième est Indira Gandhi, fille de Jawaharlal Nehru, qui dirige l'Inde à partir de 1967.

***Nana*, Niki de Saint-Phalle, 1974 (Sprengel Museum, Hanovre)**

L'artiste franco-américaine Niki de Saint-Phalle démystifie l'idéal féminin avec ses sculptures géantes de la série des *Nanas*, produites à partir de 1964.

13 août 1961

# La construction du mur de Berlin débute

**Pendant l'été 1961, les autorités est-allemandes décident la construction d'un mur afin de séparer Berlin-Est de Berlin-Ouest. Il devient le symbole de la bipolarisation de l'Europe à l'apogée de la guerre froide.**

## Le coup de force des autorités est-allemandes

Depuis 1949 et la séparation du pays en deux entités distinctes (► p. 186), plus de 3 millions de personnes ont fui l'Allemagne de l'Est vers l'Allemagne de l'Ouest, *via* Berlin. Pour le pouvoir communiste, c'est l'existence même de la République démocratique allemande (RDA) qui est menacée.

En juillet 1961, afin d'endiguer cette émigration massive, Walter Ulbricht, premier secrétaire du Parti socialiste unifié d'Allemagne (SED) – parti unique de RDA –, décide la construction d'un mur. Par son insistance, il a obtenu l'aval de Moscou et de Nikita Khrouchtchev pour mettre en œuvre son projet.

## Un mur construit en une nuit



Le dimanche 13 août 1961, à leur réveil, les Berlinois découvrent des fils de fer barbelé qui séparent Berlin-Ouest, enclave occidentale en RDA, et Berlin-Est, capitale de l'État est-allemand. Le jour même, la plupart des points de passage entre les deux secteurs sont murés et de nombreuses stations de métro fermées.

Dans les semaines qui suivent, un véritable mur, construit en parpaings et long de 155 kilomètres, est édifié. Il est étroitement surveillé par les militaires est-allemands. Berlin-Ouest est désormais isolée en RDA.

## Le symbole des divisions de la guerre froide

La construction du mur de Berlin stoppe net l'hémorragie qui vidait la RDA de ses forces vives. Les tentatives de fuite sont punies par de lourdes amendes, jusqu'à des peines de prison. À plusieurs reprises, les autorités est-allemandes consolident et modernisent l'édifice, bientôt hérissé de miradors et de systèmes d'alarme.

Après la crise de Cuba (► p. 218) et alors que la guerre froide fait rage, le président américain John Fitzgerald Kennedy se rend à Berlin-Ouest en juin 1963. À cette occasion, il se fait le chantre du « monde libre » dans un discours devenu célèbre.

« *Tous les hommes libres, où qu'ils vivent, sont citoyens de cette ville de Berlin-Ouest, et pour cette raison, en ma qualité d'homme libre, je dis : Ich bin ein Berliner.* »

John Fitzgerald Kennedy, 26 juin 1963.

**Le mur de Berlin, en octobre 1961**

Jusqu'en 1965, le mur de Berlin est une construction rudimentaire. Cependant, il empêche déjà toute circulation entre l'est et l'ouest de la ville.

**Les passages à l'Ouest**

Entre 1961 et 1989, année de la chute du mur (► p. 314), plus d'un millier d'Allemands de l'Est auraient péri en tentant de rejoindre l'Allemagne de l'Ouest. Le 17 août 1962, un jeune maçon de 18 ans, Peter Fechter, est ainsi abattu par les soldats est-allemands devant les caméras de télévision.

## Un mur, deux villes antagonistes

La construction du mur de Berlin accélère la compétition idéologique entre la République fédérale d'Allemagne (RFA) et la République démocratique allemande (RDA) durant les années 1960 et 1970. Berlin-Ouest s'affirme comme une vitrine du monde capitaliste, avec notamment son gigantesque centre commercial Europa-Center. Berlin-Est, quant à elle, se présente comme l'emblème du monde socialiste avec l'édification de monuments imposants comme la tour de la télévision ou le palais de la République. L'architecture est ainsi mise au service de la propagande.

**1961** Construction du mur de Berlin

60 1961 1962 1963 1964 1965 1966 1967 1968 1969 1970 1971 1972

Construction européenne

18 mars 1962

# Les accords d'Évian mettent fin à la guerre d'Algérie

**À partir de 1959, des négociations entre le gouvernement français et le Front de libération nationale (FLN) algérien visent à mettre fin à la « sale guerre » en Algérie, présentée officiellement comme une opération de maintien de l'ordre, qui voit exactions, assassinats et actes de torture se multiplier.**

## Vers le cessez-le-feu

Après le référendum du 8 janvier 1961 par lequel une large majorité de Français approuve le droit à l'autodétermination de l'Algérie, des négociations secrètes s'engagent en février entre le gouvernement français et le Gouvernement provisoire de la République algérienne (GPRA), l'organe exécutif du FLN. Elles sont interrompues à plusieurs reprises, faute de compromis sur les droits de la minorité européenne et sur le statut du Sahara, riche en hydrocarbures et base des essais nucléaires français.

Cependant, le président Charles de Gaulle veut accélérer les pourparlers car, durant l'année 1961, l'Organisation armée secrète (OAS) multiplie les attentats, en France comme en Algérie. Dirigé par le général Raoul Salan, ce mouvement clandestin regroupe des militaires et des **pieds-noirs*** partisans de l'Algérie française.

## À Évian, les négociateurs se mettent d'accord

La conférence d'Évian, qui se tient du 7 au 18 mars 1962, aboutit à des accords historiques. Ceux-ci prévoient, après huit années de guerre, un cessez-le-feu applicable dès le 19 mars, la mise en place d'un exécutif provisoire franco-algérien, l'évacuation des troupes françaises et la garantie de droits civiques pour les Français d'Algérie.

En France, le référendum du 8 avril 1962 ratifie ces accords par plus de 90 % de « oui ». Le 1er juillet 1962, les Algériens, consultés également par référendum, approuvent à plus de 99 % l'indépendance de leur pays.

## Des accords bafoués

Après les accords d'Évian, l'OAS adopte la politique de la « terre brûlée » en intensifiant les attentats afin de pousser le FLN à rompre le cessez-le-feu. Ce dernier réplique par l'enlèvement de plus de 3 000 Européens et Algériens pro-français.

Ces violences provoquent l'exode de 800 000 pieds-noirs vers la métropole. Après l'indépendance de l'Algérie, proclamée le 3 juillet 1962, plus de 60 000 **harkis****, considérés comme des traîtres, sont massacrés par le FLN.

*** Français d'Algérie. ** Supplétifs algériens de l'armée française.**

DANUBE

L'AURORE

CESSEZ-LE-FEU
aujourd'hui à midi

DE GAULLE ANNONCE
pour avril un référendum

ALGER : Accablement puis tumulte
ORAN : Colère et manifestations dans les rues

IL FAUT LES COMPRENDRE : trois fois ils sont venus au secours de la Métropole...

Dans ces deux villes des cours martiales sont instituées

Ben Bella, libéré est arrivé à Genève

CONSEIL DES MINISTRES EXTRAORDINAIRE CET APRÈS-MIDI : PREMIERS DÉCRETS SUR L'EXÉCUTIF PROVISOIRE

Mardi : RÉUNION DU PARLEMENT

BEN KHEDDA A TUNIS : Le cessez-le-feu n'est pas la paix

Robert BONY

Au téléphérique de La Clusaz
UNE BENNE SE DÉTACHE DU CABLE
et tombe de 25 mètres
35 skieurs blessés



ATTENTION ! à partir de cette semaine France Dimanche est mis en vente le MERCREDI

AVEC LE SOURIRE !
PARTICIPEZ A NOTRE GRAND CONCOURS
EN PAGE 11 LA QUESTION N° 43
DÉCOUPEZ CHAQUE JOUR ICI LA VIGNETTE DE PARTICIPATION
N° 43
50 MILLIONS DE PRIX (500.000 NF)

**Une du journal *L'Aurore*, le lundi 19 mars 1962**

La une de ce grand quotidien populaire reflète le soulagement de l'opinion publique française après la signature des accords d'Évian. Sur la photographie, on reconnaît leurs principaux négociateurs : à gauche, Belkacem Krim pour le Gouvernement provisoire de la République algérienne (GPRA) ; à droite, Louis Joxe, ministre d'État français des Affaires algériennes.

## Ahmed Ben Bella (1916-2012)

Après avoir participé à la Seconde Guerre mondiale dans les rangs de l'armée française, Ben Bella s'engage dans la lutte nationaliste contre la présence de la France en Algérie. Cofondateur du Front de libération nationale (FLN), il appelle au soulèvement du 1er novembre 1954. Il est fait prisonnier par les Français en 1956 puis peu à peu associé aux négociations secrètes conduisant aux accords d'Évian. Rentré en Algérie lors de l'indépendance, Ben Bella devient chef du gouvernement en septembre 1962 puis président de la République algérienne en septembre 1963. En juin 1965, il est renversé par un coup d'État fomenté par le colonel Houari Boumédiène.

## L'Algérie, de la guerre à l'indépendance

| | |
|---|---|
| **1er novembre 1954** | « Toussaint rouge » : le Front de libération nationale (FLN) lance une vague d'attentats en Algérie. |
| **1956** | Les pouvoirs spéciaux de police sont confiés à l'armée française ; des soldats du contingent sont envoyés en Algérie. |
| **13 mai 1958** | Un Comité de salut public prend le pouvoir à Alger et réclame le retour du général de Gaulle. |
| **1er juin 1958** | De Gaulle devient président du Conseil. |
| **16 septembre 1959** | Le président de Gaulle se prononce pour l'autodétermination des Algériens. |
| **8 janvier 1961** | Le référendum sur l'autodétermination de l'Algérie est approuvé par 75 % des Français. |
| **22-25 avril 1961** | Des généraux français tentent un putsch à Alger. |
| **18 mars 1962** | Le cessez-le-feu est décidé à Évian. |
| **3 juillet 1962** | L'Algérie proclame son indépendance. |

**1962** Accords d'Évian

60 1961 1962 1963 1964 1965 1966 1967 1968 1969 1970 1971 1972

Construction européenne

1962

# Andy Warhol réalise la série des *Marilyn*

**Le 5 août 1962, l'actrice américaine Marilyn Monroe se suicide. Cet événement inspire l'artiste Andy Warhol : ses portraits de la star constituent un véritable manifeste du *pop art*.**

## Un art populaire ancré dans la société de consommation

Depuis la fin des années 1950, des artistes britanniques (Richard Hamilton, David Hockney) et américains (Roy Lichtenstein) ont développé une nouvelle forme d'expression, facile, immédiatement accessible, enracinée dans le quotidien : le *pop art*. Il ne s'agit plus d'inventer des images mais de s'approprier celles produites par les médias et la société de consommation (► p. 190).

## Une icône

L'Américain Andy Warhol s'inscrit dans ce mouvement. Quelques semaines à peine après la mort de Marilyn Monroe le 5 août 1962, il termine une sérigraphie en diptyque de cinquante images identiques de l'actrice, réalisées à partir d'une photographie publicitaire du film *Niagara* (1953). Cette œuvre prend place dans une série que l'artiste a intitulée « Les icônes de la célébrité ». En novembre, le *Marilyn Diptych* est exposé à la Stable Gallery de New York : le succès est immédiat.



## Un manifeste du *pop art*

L'utilisation de la **sérigraphie*** permet la reproduction en série du même sujet. Warhol conteste ainsi le caractère unique de l'œuvre d'art tandis que le choix du thème, ancré dans les représentations quotidiennes, la désacralise.

Revendiquant un art figuratif et populaire à l'esthétique fabriquée, il propose une réflexion sur le statut de l'image. Alors que dans l'histoire de la peinture, le portrait s'est toujours présenté comme une pièce unique, il propose un « produit » sans détails, où les couleurs vives, jusqu'à la saturation, font disparaître les traits de l'actrice, soulignant la dépersonnalisation des sociétés de masse contemporaines.

*** Procédé d'impression directe à partir de plusieurs écrans de soie ou de nylon.**

***Marilyn Diptych***

**Ce tableau est le début d'une série de portraits sérigraphiés de l'actrice qui s'échelonnent jusqu'en 1967.**

Andy Warhol, acrylique sur toile, 205,4 × 144,8 × 2 cm, 1962 (Tate Modern, Londres).

*« Je suis pour l'art Kool, pour l'art 7-Up, pour l'art Pepsi… L'art à 39 cents et à 9,99 dollars. »*

Claes Oldenburg, sculpteur.

## L'école de New York

Dans les années 1950-1960, New York rassemble de nombreux artistes d'avant-garde qui s'inspirent du surréalisme et rejettent les conventions artistiques. Ainsi, le peintre Jackson Pollock, figure de proue de l'expressionnisme abstrait, privilégie la manifestation concrète et physique du geste avec la technique de l'*action painting.* Dans le domaine musical, le compositeur John Cage pose les bases de la musique expérimentale tandis qu'Ornette Coleman bouscule les règles avec le *free jazz.* Plus qu'une école, il s'agit en réalité d'un groupe informel de créateurs mus par le même esprit de liberté.

***Whaam!***

**Avec Andy Warhol, l'Américain Roy Lichtenstein est l'autre figure de proue du *pop art* aux États-Unis. Ses séries de peinture sont autant d'images de bandes dessinées transposées à grande échelle. S'appuyant ainsi sur l'un des vecteurs de la culture populaire, ses œuvres remportent un grand succès.**

Roy Lichtenstein, acrylique et huile sur toile, 174,7 × 408,4 × 6 cm, 1963 (Tate Modern, Londres).

**1962** **Andy Warhol, *Marilyn Diptych***

960 1961 1962 1963 1964 1965 1966 1967 1968 1969 1970 1971 1972

**Construction européenne**

Octobre 1962

# La crise de Cuba fait craindre une troisième guerre mondiale

**Du 14 au 28 octobre 1962, le bras de fer que se livrent les États-Unis et l'Union soviétique à propos de Cuba fait craindre le déclenchement d'un conflit nucléaire.**

## Un régime pro-communiste aux portes de Washington

Après l'arrivée au pouvoir à Cuba en 1959 du leader révolutionnaire Fidel Castro, les relations se tendent entre La Havane et Washington. Dès 1960, Castro se rapproche de Nikita Khrouchtchev qui se félicite de trouver un nouvel allié si proche des États-Unis.

En avril 1961, la tentative de renversement du régime cubain par un débarquement dans la baie des Cochons, autorisée par le président John Fitzgerald Kennedy et fomentée par la Central Intelligence Agency (CIA), pousse Castro à demander la protection militaire soviétique.

## « Le monde au bord du gouffre »



Le 14 octobre 1962, un avion espion américain repère sur Cuba des rampes de lancement de fusées à charge nucléaire, installées par les Soviétiques et capables d'atteindre le territoire des États-Unis. Le 22 octobre, dans un discours solennel retransmis à la télévision, Kennedy annonce le blocus de l'île par les navires américains et exige de Khrouchtchev qu'il renonce à livrer des missiles sous peine de riposte nucléaire. La possibilité d'une confrontation directe entre les deux superpuissances fait craindre le pire.

En coulisses cependant, Khrouchtchev et Kennedy négocient et parviennent à un accord le 28 octobre : le premier s'engage à démanteler les rampes de fusées sur l'île, le second à ne pas attaquer Cuba et à retirer ses missiles installés en Turquie.

## Le début d'une détente entre les deux Grands

La crise de Cuba a révélé à l'opinion publique mondiale la réalité du risque nucléaire. Pour le limiter, les deux Grands s'engagent à dialoguer directement, notamment par la mise en place d'une ligne directe entre la Maison-Blanche et le Kremlin, le « téléphone rouge ».

Si la crise a renforcé le prestige de Kennedy qui a contraint Moscou à reculer, elle oblige les États-Unis à accepter la présence durable d'une enclave communiste sur le continent américain. En revanche, elle affaiblit Khrouchtchev, soumis aux vives critiques de Castro : le dirigeant soviétique est limogé deux ans plus tard.

**La confrontation**

**La crise de Cuba est autant une confrontation entre les deux superpuissances dotées de l'arme nucléaire, véritable outil de dissuasion, qu'un bras de fer psychologique entre deux hommes, Khrouchtchev et Kennedy.**

Dessin de Leslie Gilbert Illingworth, paru dans le *Daily Mail*, 29 octobre 1962.



## La dissuasion nucléaire

Dès le début des années 1960, les États-Unis et l'Union soviétique disposent d'un arsenal nucléaire leur permettant de se détruire mutuellement : c'est l'« équilibre de la terreur ». Aucune des deux superpuissances ne peut donc attaquer l'autre sans s'exposer au risque de représailles, massives ou graduées. Ce risque est la base de leur stratégie de dissuasion nucléaire. Lors de la crise de Cuba, elle a poussé leurs dirigeants à la négociation plutôt qu'à la confrontation.

## Fidel Castro (né en 1926)

Opposant au régime du dictateur Fulgencio Batista, allié des États-Unis, Fidel Castro s'empare du pouvoir à Cuba en 1959. La politique qu'il mène – et en particulier les nationalisations dans de nombreux secteurs de l'économie, lesquelles se traduisent par des expropriations d'entreprises américaines – lui attire l'opposition de Washington et l'amène à se rapprocher de Moscou. Au cours des années 1970, Castro cherche à s'imposer comme un leader du tiers-monde. Après la chute de l'Union soviétique en 1991 (► p. 314), il ne parvient pas à sortir son pays de son isolement diplomatique et de ses difficultés économiques. Malade, il quitte le pouvoir en 2008 au profit de son frère Raúl.

**1962** Crise de Cuba

960 1961 1962 1963 1964 1965 1966 1967 1968 1969 1970 1971 1972

**Construction européenne**

28 août 1963

# Martin Luther King

## « fait un rêve »

**Depuis 1955, le pasteur afro-américain Martin Luther King est engagé dans le combat en faveur des droits civiques aux États-Unis. Le discours qu'il prononce en 1963 lors de la Marche sur Washington en est une étape décisive.**

### La ségrégation aux États-Unis

Dans les années 1950, treize États du Sud, ceux confédérés de la guerre de Sécession ainsi que le Kentucky et le Missouri, pratiquent légalement la ségrégation raciale. Noirs et Blancs sont séparés dans les transports, les lieux publics et les écoles, tandis que des clauses spécifiques écartent les Noirs du droit de vote. Deux sociétés séparées coexistent ainsi, dans un climat de peur et de violence comme en témoignent les nombreux lynchages dont sont victimes les Noirs.

### Un discours mémorable

Dans le but de dénoncer cette ségrégation et d'obtenir une législation plus égalitaire, des associations de défense des droits civiques, des syndicats et des organisations religieuses organisent le 28 août 1963 la Marche sur Washington pour le travail et la liberté.

Point d'orgue d'une journée de manifestation qui réunit plus de 250 000 personnes et qui voit défiler à la tribune, face au Lincoln Memorial, de nombreuses personnalités dont Asa Philip Randolph, Joséphine Baker ou Bob Dylan, Martin Luther King improvise son « rêve » de voir Noirs et Blancs vivre égaux et en harmonie.

Forte de cette mobilisation, une délégation est reçue le jour-même à la Maison-Blanche par le président John Fitzgerald Kennedy.

### Un leader actif et reconnu

Le pasteur King devient dès lors une icône internationale : le magazine *Time* le consacre « homme de l'année 1963 », et en octobre 1964, il se voit décerner le prix Nobel de la paix.

Cette visibilité et le succès de la Marche sur Washington contribuent à la signature le 2 juillet 1964 du *Civil Rights Act* qui interdit toute discrimination et toute ségrégation dans les lieux publics.

Martin Luther King poursuit son combat, en particulier en faveur du droit de vote des Noirs en Alabama où la police se livre à une violente répression contre les militants des droits civiques. Le 6 août 1965 le *Voting Rights Act* supprime toutes les restrictions au droit de vote des Noirs dans les États du Sud.

**Martin Luther King s'adressant à la foule, le 28 août 1963**

Après un discours écrit par avance, Martin Luther King se lance dans une improvisation, inspirée par les sermons des églises baptistes, qui galvanise les 250 000 participants de la Marche sur Washington.

*« Je fais le rêve qu'un jour là-bas en Alabama [...] les petits garçons noirs et les petites filles noires puissent joindre leurs mains avec les petits garçons blancs et les petites filles blanches, comme frères et sœurs. »*

Martin Luther King, 28 août 1963.



## Martin Luther King (1929-1968)

Pasteur baptiste afro-américain, King est un militant non violent contre la ségrégation raciale et pour les droits civiques. Ainsi, en soutien à Rosa Parks qui refuse de laisser sa place dans un car à un voyageur blanc, il organise en 1955-1956 le boycott des bus de Montgomery dans l'Alabama. Ses talents d'orateur et d'organisateur lui permettent de mobiliser les foules en faveur de son combat, comme lors de la Marche sur Washington en 1963. Prix Nobel de la paix en 1964, il se mobilise également contre la guerre, notamment celle du Vietnam (► p. 228), avant d'être assassiné le 4 avril 1968 à Memphis.

## Les mouvements nationalistes afro-américains

Le combat de Martin Luther King en faveur des droits civiques est vivement critiqué par des leaders plus radicaux. Malcom X, prêcheur de la Nation of Islam de 1952 à 1964, prône le séparatisme noir et l'action violente ; il est assassiné en 1965. Le Black Panthers Party, fondé par Huey P. Newton et Bobby Seale en 1967, préconise la lutte armée contre les brutalités policières et la mise en place de programmes sociaux en faveur de la communauté noire ; il décline en raison de la répression systématique du Federal Bureau of Investigation (FBI) à partir de 1968.

**1963** Martin Luther King, « *I Have A Dream* »

1960 1961 1962 1963 1964 1965 1966 1967 1968 1969 1970 1971 1972

Construction européenne

Octobre 1963

# Les Beatles conquièrent le monde

**Décrivant l'engouement du public pour les Beatles, le quotidien britannique *The Daily Mail* parle le 21 octobre 1963 de « Beatlemania ». Fondé trois ans plus tôt, le groupe est alors en train de révolutionner l'histoire du rock.**

## De Liverpool à Hambourg

En 1960, trois adolescents issus des quartiers populaires de Liverpool, John Lennon, Paul McCartney et George Harrison, bientôt rejoints par un quatrième, Ringo Starr, créent un groupe de rock : les Beatles – de *beetles* (« scarabées ») et *beat* (« rythme »).

Jusqu'en 1962, ils interprètent les tubes de leurs idoles américaines (Chuck Berry, Gene Vincent ou Elvis Presley) dans des boîtes de nuit de Liverpool et de Hambourg, en Allemagne. En 1961, ils sont repérés par Brian Epstein, un disquaire qui devient leur manager. Pour garantir leur succès commercial, ce dernier leur impose une tenue et un comportement en opposition avec ceux des « blousons noirs », les fans de rock.

## De Londres au monde



Après un premier échec, Epstein décroche un contrat auprès de la *major* du disque EMI. En février 1963, les Beatles enregistrent dans les studios d'Abbey Road à Londres l'album *Please, Please Me* qui reste en tête des *charts* britanniques durant sept mois.

Pendant l'année 1963, ils effectuent quatre tournées au Royaume-Uni marquées par des scènes d'hystérie collective : la Beatlemania est née.

En 1964 et 1965, deux tournées sont organisées aux États-Unis : les Beatles y pulvérisent tous les records. En avril 1964, cinq de leurs titres, dont *I Want To Hold Your Hand*, occupent les cinq premières places du hit-parade américain. Et en août 1965, ils jouent devant près de 56 000 personnes au Shea Stadium de New York.

## De la scène au studio

« *Nous sommes plus populaires que le Christ, maintenant.* »

John Lennon, *London Evening Standard*, 4 mars 1966.

En 1966, les Beatles retournent en studio. L'album *Sgt. Pepper's Lonely Hearts Club Band* marque un tournant capital pour le groupe. Par sa pochette aux couleurs vives, ses influences psychédéliques et l'introduction d'instruments indiens, le disque s'inscrit dans le *Summer Love*, loin de l'image de « bons garçons » des *Fab Four*.

L'opus est organisé autour d'un thème, celui d'un spectacle d'opérette ; sa pochette s'ouvre en deux comme un livre sur lequel figurent les paroles des chansons. De divertissement, le rock devient culture.

1947 1948 1949 1950 1951 1952 1953 1954 1955 1956 1957 1958 19

Depuis 1947 Guerre froide

Depuis 1947 Décolonisation de l'Asie et de l'Afrique

1950-1968 Âge d'or de la croissance

Depuis 1957

**Les Beatles en escale à Boston, le 1er août 1966**

Comme à chacun de leur passage, les Beatles sont accueillis par leurs fans en liesse.

## Rolling Stones contre Beatles

C'est par opposition aux Beatles que les Rolling Stones, groupe fondé par Mick Jagger et Keith Richards en 1962, construisent leur identité. Au caractère policé des premiers répond le style agressif des seconds. L'influence *rhythm and blues* des Rolling Stones, dignes héritiers de Muddy Waters, contraste aussi avec l'éclectisme des Beatles, qui puisent dans des répertoires variés (rock, classique, musique indienne). Enfin, le groupe de Jagger aborde des questions d'actualité (la société de consommation, la guerre du Vietnam) tandis que celui de McCartney préfère les thèmes intemporels (l'amour, la nostalgie).

Disque vinyle 33 tours de l'album des Rolling Stones *Have you Seen Your Mother, Live in Japan*, 1967.

## Le déclin des Beatles

En 1967, la disparition de Brian Epstein porte un coup dur à la cohésion du groupe. Celle-ci est peu à peu fragilisée par le fiasco financier de leur entreprise Apple lancée en 1967, l'omniprésence de Yoko Ono auprès de John Lennon à partir de 1968 et les désaccords entre ce dernier et Paul McCartney. Malgré le succès de l'album *Abbey Road* sorti en 1969, le groupe se sépare l'année suivante.

**1963** Début de la Beatlemania

60 1961 1962 1963 1964 1965 1966 1967 1968 1969 1970 1971 1972

Construction européenne

22 novembre 1963

# John Fitzgerald Kennedy est assassiné à Dallas

**Élu président des États-Unis en 1960, John Fitzgerald Kennedy incarne une nation jeune et entreprenante. Son assassinat traumatise profondément le pays.**

## L'assassinat

Le 22 novembre 1963, John Fitzgerald Kennedy et son épouse Jacqueline sont en visite officielle à Dallas, au Texas, un État conservateur que le président tente de reconquérir dans la perspective de l'élection de 1964. Accueillis par le gouverneur, ils sillonnent la ville dans une limousine décapotable sous les acclamations des Texans et sous l'œil des caméras de télévision.

À 12h30, alors que le cortège ralentit, des coups de feu sont tirés d'un immeuble voisin ; le président est touché à la gorge et à la tête. Transporté à l'hôpital, il décède à 13h00.

## L'arrestation de Lee Harvey Oswald



Moins d'une heure plus tard, Lee Harvey Oswald, un sympathisant communiste, est arrêté par la police à la sortie d'une salle de cinéma. Dans la soirée, compte tenu des preuves qui l'accablent, il est inculpé du meurtre du président.

Dans l'avion qui ramène le corps de Kennedy à Washington, le vice-président Lyndon B. Johnson prête serment et devient le nouveau président des États-Unis.

Le 24 novembre, alors qu'il est transféré à la prison du comté de Dallas, Oswald est à son tour assassiné, devant de nombreux journalistes, par Jack Ruby, un gangster plus ou moins lié à la mafia.

## La recherche de la vérité

Pour rassurer le pays en état de choc et répondre aux rumeurs de complot, Johnson nomme une commission d'enquête confiée à Earl Warren, président de la Cour suprême. En septembre 1964, quelques semaines avant l'élection présidentielle, celle-ci établit la seule culpabilité d'Oswald.

En 1979, une seconde commission, confiée au démocrate Louis Stokes, conclut à la présence de deux tireurs ayant probablement agi dans le cadre d'une conspiration, sans qu'une responsabilité ne soit établie.

Depuis, différentes hypothèses ont circulé : la volonté de la mafia de se débarrasser d'un président engagé dans la lutte contre le « syndicat du crime » ; un complot du gouvernement cubain (► p. 218) ; l'action du Federal Bureau of Investigation (FBI), dirigé par Edgar Hoover qui redoutait un désengagement américain au Vietnam (► p. 228).

**Un assassinat en direct**

**Le président Kennedy est touché à la gorge par une première balle, avant d'être atteint par un deuxième projectile à la tête. Jacqueline, son épouse, rampe sur la malle de la limousine pour ramasser des morceaux de cervelle de son mari. Durant 70 heures, les grandes chaînes de télévision américaines interrompent leurs programmes et couvrent l'événement, un record inégalé jusqu'au 11 septembre 2001.**

Photogramme extrait du film amateur tourné par Abraham Zapruder, 22 novembre 1963.



## La violence politique aux États-Unis dans les années 1960

L'assassinat de John F. Kennedy prend place dans un contexte de grande violence politique aux États-Unis, témoignant des cassures qui traversent la société et des limites du rêve américain. En février 1965, Malcolm X (► p. 221) est tué de 21 coups de revolver par des membres de la Nation of Islam. En avril 1968, le pasteur Martin Luther King (► p. 220) est assassiné par un ségrégationniste blanc tandis que, deux mois plus tard, Robert Kennedy, frère de l'ancien président, meurt sous les coups de feu d'un jeune militant antisioniste. L'escalade militaire au Vietnam va plonger plus encore dans le doute un pays en perte de repères.

## John Fitzgerald Kennedy (1917-1963)

Premier président catholique des États-Unis, Kennedy a été élu en 1960 sur le thème de la « Nouvelle Frontière », un programme de lutte contre la pauvreté et les discriminations raciales. Sur le plan intérieur, il tente de mettre en œuvre de grandes réformes sociales, soutient les leaders des droits civiques, dont Martin Luther King, mais il se heurte à l'opposition du Congrès. Face à l'Union soviétique, il relance la conquête spatiale avec le programme *Apollo* en 1961 (► p. 240) et maintient une politique de fermeté qu'attestent la crise de Cuba en 1962 (► p. 218) ou l'envoi de conseillers militaires au Sud-Vietnam.

**1963** **Assassinat de John Fitzgerald Kennedy**

1960 1961 1962 1963 1964 1965 1966 1967 1968 1969 1970 1971 1972

**Construction européenne**

31 mars 1964

# Les militaires déclenchent un coup d'État au Brésil

**Le coup d'État militaire, soutenu en sous-main par les États-Unis, impose durant vingt ans une dictature, tandis que le Brésil connaît un véritable miracle économique.**

## Une prise du pouvoir éclair

Au début des années 1960, le Brésil connaît des difficultés économiques auxquelles le président de gauche João Goulart répond par un projet de nationalisation des raffineries de pétrole et de réforme agraire qui inquiète les milieux possédants.

Avec l'appui de ces derniers, les militaires organisent un coup d'État le 31 mars 1964, provoquant la fuite du président. 50 000 opposants, hommes de gauche, syndicalistes ou intellectuels, sont incarcérés. Le 9 avril, le général Humberto Castelo Branco devient général-président ; ses ministres sont tous de hauts gradés.

## Une priorité : la sécurité nationale

Dans le contexte de la guerre froide, le coup d'État est justifié par la menace communiste, bénéficiant ainsi du soutien logistique et financier de la Central Intelligence Agency (CIA) américaine. La doctrine de la « sécurité nationale » défendue par le régime est également calquée sur la ligne de l'École de guerre française qui a théorisé la lutte contre-insurrectionnelle testée notamment en Algérie (► p. 214).

À partir de 1967, une nouvelle Constitution confie l'essentiel du pouvoir à un général choisi par ses pairs. Les libertés individuelles sont suspendues, une police politique traque les opposants qui peuvent être emprisonnés sans jugement. La censure s'abat sur le pays et pousse à l'exil de nombreux artistes tels Caetano Veloso ou Gilberto Gil.

## Le miracle économique brésilien

Sous la férule des généraux, le Brésil devient une puissance économique, que célèbre la propagande officielle et son slogan « Grand Brésil ». Après la stabilisation de l'inflation, le pays connaît une croissance record de 11 % entre 1968 et 1970.

L'État finance de grands projets comme la Transamazonienne qui ouvre des fronts pionniers sur deux millions de kilomètres carrés, la construction du plus grand barrage hydro-électrique du monde à Itaipu, ou la création de grandes entreprises publiques comme Embraer.

Mais les fruits de la croissance ne profitent qu'à un petit nombre et les inégalités sociales se creusent. En 1973, le choc pétrolier clôt cette période de forte croissance (► p. 262) et le Brésil renoue avec les difficultés.



1947 1948 1949 1950 1951 1952 1953 1954 1955 1956 1957 1958 19

**Depuis 1947 Guerre froide**

**Depuis 1947 Décolonisation de l'Asie et de l'Afrique**

**1950-1968 Âge d'or de la croissance**

**Depuis 1957**

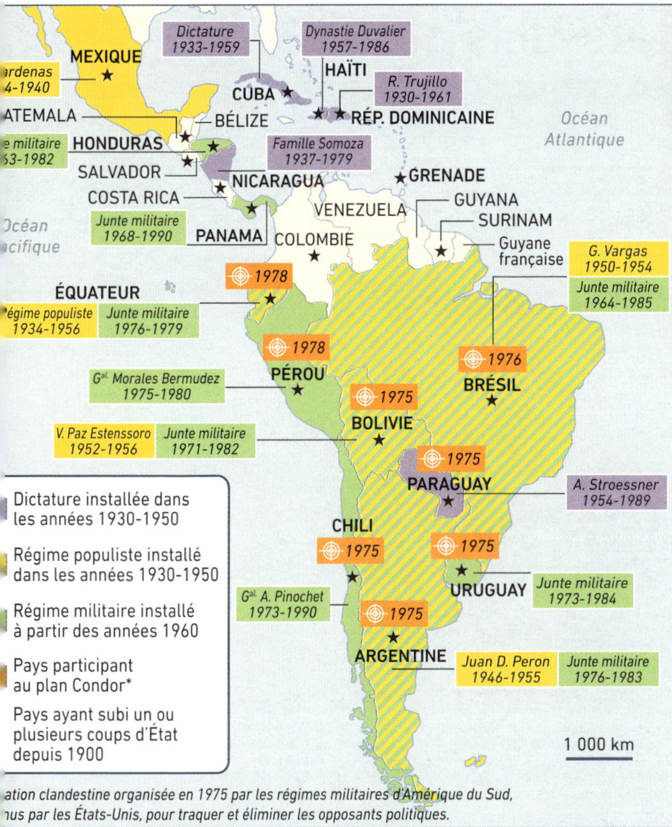


*ation clandestine organisée en 1975 par les régimes militaires d'Amérique du Sud,*
*ɿus par les États-Unis, pour traquer et éliminer les opposants politiques.*

**Les régimes autoritaires en Amérique latine**

Après trois décennies de régimes populistes, entre les années 1930 et 1950, l'Amérique du Sud voit l'instauration de dictatures militaires : si le Brésil en est le précurseur à partir de 1960, le Chili d'Augusto Pinochet (1973-1990) en devient l'archétype (► p. 260).



## Brasilia, image du « Grand Brésil »

Capitale du Brésil depuis 1960, Brasilia est le symbole d'un pays tourné vers l'avenir. Située à près de 1 000 kilomètres du littoral, elle montre la volonté de mettre en valeur l'intérieur du territoire. Conçue par l'architecte Oscar Niemeyer et l'urbaniste Lúcio Costa, elle se veut futuriste par son plan en forme d'avion, organisé autour de deux axes perpendiculaires, et son architecture audacieuse. La place des Trois-Pouvoirs, qui regroupe le palais présidentiel, le Congrès et le Tribunal fédéral, souligne la puissance de l'État.

**Les bâtiments du Congrès à Brasilia, 1958**

**1964** Coup d'État au Brésil

60 | 1961 | 1962 | 1963 | 1964 | 1965 | 1966 | 1967 | 1968 | 1969 | 1970 | 1971 | 1972

**Construction européenne**

2 mars 1965

# Les États-Unis bombardent le Nord-Vietnam

**En mars 1965, le président américain Lyndon B. Johnson déclenche l'opération *Rolling Thunder*. Pendant 44 mois, jusqu'au 1er novembre 1968, l'US Air Force bombarde le Nord-Vietnam qui soutient la guérilla communiste au Sud-Vietnam.**

## Un conflit de la guerre froide

Depuis les accords de Genève de 1954, le Vietnam est coupé en deux États (► p. 198). Au nord, en République démocratique du Vietnam, Hô Chi Minh dirige une dictature communiste et souhaite réunifier le pays. Au sud, un régime militaire, la République du Vietnam, est soutenu depuis 1955 par les États-Unis, soucieux d'endiguer la progression communiste en Asie du Sud-Est suivant la théorie des dominos – « Quand un pays tombe, il entraîne ses voisins avec lui. »

## Une opération de grande envergure

À partir de mars 1965, l'opération *Rolling Thunder* (« Roulement de tonnerre ») ouvre une campagne de bombardements intensifs contre des objectifs militaires et des infrastructures de communication en République démocratique du Vietnam. Parallèlement, le corps expéditionnaire américain présent en République du Vietnam passe de 23 000 à 185 000 hommes.



L'opération montre cependant les limites de la stratégie américaine. Les bombardements n'ont pas affaibli le potentiel du Nord et tendent même à fortifier la résistance de l'ensemble de la population vietnamienne contre « l'envahisseur américain ». Sur le terrain, l'armée la plus puissante du monde – jusqu'à près de 550 000 soldats sont envoyés sur place – se heurte à la résistance de la guérilla du Front national de libération du Sud-Vietnam (FNL).

## L'enlisement américain

Les images de civils fuyant les bombardements et de villages incendiés au napalm font le tour du monde et ternissent profondément l'image des États-Unis. L'engagement militaire américain est contesté à l'intérieur par une jeunesse pacifiste qui refuse de partir se battre (► p. 236), et à l'extérieur par certains alliés de Washington, comme la France du général de Gaulle.

Devant ce front anti-guerre, le président Lyndon B. Johnson entame en 1968 des négociations secrètes avec Hanoï pour rechercher une issue au conflit. S'il décide d'interrompre les raids aériens à la fin de l'année 1968, aucune solution ne se dégage pour autant dans l'immédiat.

**Enfants vietnamiens, dont Kim Phuc (9 ans) au centre, fuyant leur village après un bombardement au napalm, le 8 juin 1972**

Entre 1961 et 1971, les Américains et leurs alliés sud-coréens déversent 80 millions de litres de napalm, défoliant destiné à détruire la végétation servant d'abri à leurs adversaires. Les civils en sont les principales victimes.

Photographie de Nick Ut, World Press Photo 1972.

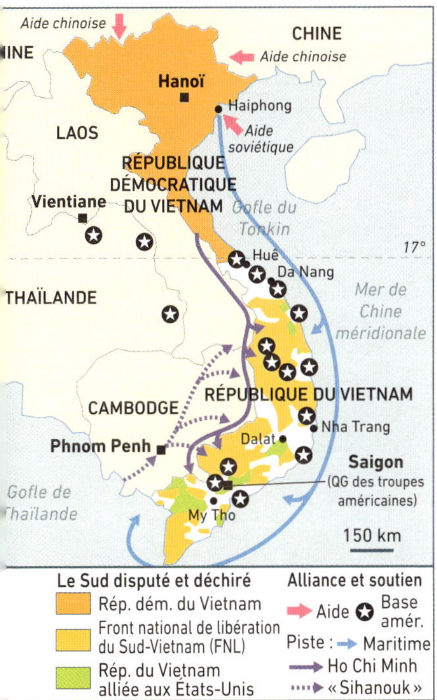


**La guerre du Vietnam (1964-1973)**

Les États-Unis et la République du Vietnam font face aux offensives du FNL, soutenu par la République démocratique du Vietnam, l'URSS et la Chine. Malgré le pilonnage des bombardiers américains à partir de leurs nombreuses bases, le ravitaillement de la guérilla n'est jamais interrompu.

## Le règlement de la guerre du Vietnam

À la suite de la large offensive du Têt menée par l'armée nord-vietnamienne et le Front national de libération du Sud-Vietnam (FNL) au début de l'année 1968, mais également face à la montée aux États-Unis de l'opposition à la guerre contre laquelle 500 000 personnes manifestent le 15 novembre 1969, le nouveau président des États-Unis Richard Nixon initie le retrait progressif, à partir de 1969, des troupes américaines dans le cadre de la « vietnamisation » du conflit. Cette nouvelle stratégie aboutit, le 27 janvier 1973, aux accords de Paris qui mettent fin à la guerre. Deux ans plus tard, le pays est réunifié sous la domination des communistes. Plus d'un million de combattants du FNL et du Nord-Vietnam, 224 000 soldats du Sud-Vietnam et 58 000 GIs ont perdu la vie au cours de cette guerre.



**1965** Opération *Rolling Thunder* au Vietnam

1960 1961 1962 1963 1964 1965 1966 1967 1968 1969 1970 1971 1972

Construction européenne

8 décembre 1965

# Le concile Vatican II s'achève

**Du 11 octobre 1962 au 8 décembre 1965, les papes Jean XXIII puis Paul VI réunissent les évêques du monde entier en concile au Vatican. Ses conclusions constituent une rupture majeure dans l'histoire de l'Église catholique.**

## Une assemblée exceptionnelle

Depuis 1870, date de l'interruption de Vatican I à cause du début de la guerre franco-prussienne, aucun concile n'a été réuni. De la fin du XIXe siècle au milieu du XXe siècle, les papes renforcent la centralisation de l'Église et affermissent la doctrine. Dans ces conditions, l'annonce par Jean XXIII en janvier 1959 de la tenue d'un concile œcuménique est perçue comme un événement considérable.

Vatican II rassemble 2 386 évêques venus des cinq continents, des observateurs des Églises chrétiennes non romaines (orthodoxe et protestantes) et de nombreux experts. Des commissions ont préparé depuis plus de deux ans les projets à soumettre aux pères conciliaires.

## Une Église plus moderne



Le concile souhaite rapprocher l'Église des fidèles : les évêques voient leur rôle pastoral réaffirmé en même temps que sont institués des synodes réguliers afin de faire remonter au pape les problèmes de la vie ecclésiale. Les laïcs sont également invités à participer plus activement au quotidien de l'institution.

Dans le même but, la liturgie est modernisée : le latin n'en est plus la langue exclusive, une place plus importante est dédiée à la lecture des Évangiles et la messe est célébrée « face au peuple » pour favoriser la prière communautaire.

## Une Église plus ouverte sur le monde

Le concile reconnaît la légitimité des autres Églises chrétiennes, notamment orthodoxe et protestantes. Au-delà, un message de paix et de fraternité est adressé aux religions non chrétiennes, au judaïsme en particulier.

*« L'Église de tous, mais qui veut surtout être l'Église des pauvres. »*

Jean XXIII, message d'ouverture du concile, 11 septembre 1962.

En rupture avec la tradition, le concile affirme le bien-fondé de la liberté religieuse en soulignant qu'aucun acte de croyance ne peut être imposé par une autorité humaine.

De par ces évolutions radicales, Vatican II constitue l'un des événements les plus importants de l'histoire de l'Église catholique au XXe siècle.

**L'ouverture de Vatican II, le 11 octobre 1962**
Le concile Vatican II s'ouvre dans la basilique Saint-Pierre-de-Rome sous la présidence du pape Jean XXIII. Après la mort de ce dernier en juin 1963, son successeur, Paul VI, poursuit les travaux de l'assemblée des évêques.



## Le Saint-Siège et les questions internationales dans les années 1960

Inquiet de la montée des tensions internationales au début des années 1960 (construction du mur de Berlin en 1961, crise des missiles de Cuba en 1962), Jean XXIII appelle solennellement les gouvernements « à se mettre en face des terribles responsabilités qu'ils portent devant l'histoire ». Il se propose même comme médiateur durant la crise de Cuba. Son successeur, Paul VI, mène quant à lui une politique d'ouverture vis-à-vis des régimes communistes d'Europe orientale où vivent d'importantes communautés catholiques (Hongrie, Pologne, République démocratique allemande).

## Les héritiers de Vatican II

Des conclusions de Vatican II naissent différents courants de pensée au sein de l'Église catholique durant les décennies 1960 et 1970. Un courant progressiste, favorable à l'engagement social et politique des chrétiens dans la société, s'affirme : en 1971, dans sa *Théologie de la libération*, le prêtre et philosophe péruvien Gustavo Gutiérrez va jusqu'à associer christianisme et marxisme. À l'inverse, un courant traditionnaliste, incarné par Monseigneur Lefebvre, refuse la liberté religieuse et la réforme liturgique : dès 1978, il ordonne des prêtres formés de façon traditionnelle.

**1965** Clôture du concile Vatican II

960 | 1961 | 1962 | 1963 | 1964 | 1965 | 1966 | 1967 | 1968 | 1969 | 1970 | 1971 | 1972

Construction européenne

5-10 juin 1967

# Israël remporte la guerre des Six Jours

**Après la guerre de 1948-1949 et la crise de Suez en 1956, un troisième conflit oppose Israël à ses voisins arabes. Si la victoire de l'État hébreu est spectaculaire, elle est également lourde de conséquences pour l'avenir.**

## Une guerre éclair

Au printemps 1967, la tension monte entre Israël et la Syrie qui craint d'être envahie par son voisin. Pour dissuader l'État hébreu d'une possible offensive, l'Égypte de Gamal Abdel Nasser concentre des troupes dans le Sinaï, jusque-là sous contrôle de Casques bleus, et ferme, en mai 1967, le détroit de Tiran aux navires israéliens.

Pour Tel Aviv, les initiatives égyptiennes sont une provocation qui nécessite une réponse. À partir du 5 juin, l'armée israélienne attaque sur tous les fronts : les forces terrestres fondent sur Suez, le Jourdain puis le Golan tandis que les aviations égyptienne, jordanienne et syrienne sont détruites au sol. Le 10 juin, la guerre est terminée, la victoire israélienne totale.



## Une victoire spectaculaire

La défaite des armées arabes coalisées (Égypte, Syrie, Jordanie, Irak) est sévère : elles perdent plus de 70 % de leur armement lourd et près de 20 000 hommes, contre 760 soldats israéliens.

Grâce à ses gains territoriaux, l'État hébreu quintuple sa superficie : il occupe le Sinaï, la bande de Gaza, la Cisjordanie et le Golan. Jérusalem-Est, la partie arabe de la ville, est annexée.

Politiquement, la victoire israélienne marque le déclin du panarabisme incarné par Nasser (► p. 205) et fragilise tous les États arabes.

## Un isolement diplomatique

Le 22 novembre 1967, le Conseil de sécurité des Nations unies adopte la résolution 242 qui exige le retrait des forces israéliennes des territoires occupés. Si les États-Unis restent un allié indéfectible, l'Union des républiques socialistes soviétiques (URSS) et les démocraties populaires rompent leurs relations diplomatiques avec l'État hébreu et d'autres pays, comme la France, prennent leurs distances.

En outre, la victoire d'Israël renforce l'intransigeance des États arabes qui lui refusent toute négociation et toute reconnaissance officielle. Et la présence d'un million de Palestiniens dans les territoires occupés ravive le nationalisme qu'incarne l'Organisation de libération de la Palestine (OLP).

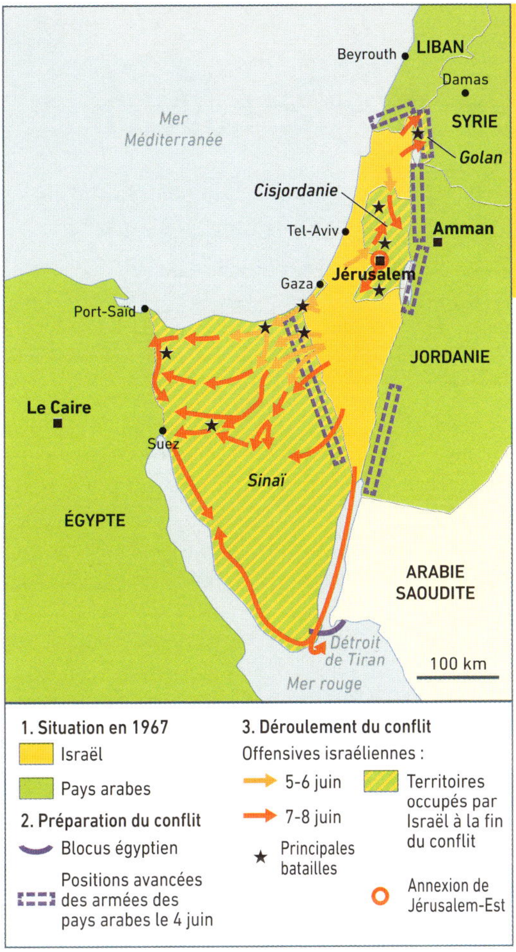


**La guerre des Six Jours, 5-10 juin 1967**

Grâce à une armée compétente, motivée et bien équipée (Tsahal), Israël l'emporte rapidement sur une coalition pourtant supérieure en hommes. À l'issue de cette guerre éclair, l'Égypte, la Jordanie et la Syrie perdent des zones d'importance stratégique pour la défense de leur territoire, comme le Sinaï et le Golan.

« La lutte armée est la seule voie pour la libération de la Palestine. [...] L'action des commandos constitue le noyau de la guerre populaire palestinienne de libération. »

Charte nationale palestinienne, version de 1968.

Yasser Arafat

233

## Le nationalisme palestinien dans les années 1960-1970

La première guerre israélo-arabe de 1948-1949 pousse 800 000 Palestiniens à l'exil : c'est la *nakba* (« le désastre »). Ils sont alors un peuple sans État.

Forts du soutien militaire et financier des pays arabes, des combattants palestiniens, les *fedayins*, choisissent l'action armée contre Israël. Parmi eux, Yasser Arafat, co-fondateur du Fatah dès 1959 puis président de l'Organisation de libération de la Palestine (OLP) à partir de 1969. Ce leader charismatique incarne le nationalisme palestinien durant plusieurs décennies (► p. 362). Il privilégie la lutte armée, à partir de la Jordanie puis du Liban, et le terrorisme, par des prises d'otages notamment, jusqu'au milieu des années 1980.

**1967** Guerre des Six Jours

960 1961 1962 1963 1964 1965 1966 1967 1968 1969 1970 1971 1972

Construction européenne

9 octobre 1967

# Ernesto Che Guevara est exécuté par l'armée bolivienne

**Parti de Cuba pour la Bolivie en 1966 afin d'organiser la guérilla contre la dictature en place, Ernesto Che Guevara est capturé puis exécuté en octobre 1967. Il devient alors une icône universelle de la lutte révolutionnaire.**

## Une tragique expédition

Fin 1966, le leader révolutionnaire marxiste Ernesto Che Guevara part pour la Bolivie. Son objectif est d'y former, selon le modèle cubain, des guérilléros venus de toute l'Amérique latine afin de renverser la dictature militaire dirigée par le général-président René Barrientos.

Dès le début, les obstacles se multiplient : Guevara perd le soutien du Parti communiste bolivien, il n'a aucun contact radio avec La Havane et ses troupes se limitent à une trentaine de combattants.

En mars 1967, Guevara et ses hommes sont repérés dans la jungle. Durant six mois, ils sont traqués par les soldats boliviens auxquels des conseillers militaires américains et des agents de la Central Intelligence Agency (CIA) prêtent main-forte. Le 8 octobre à l'aube, près de la ville d'Higueras, Guevara est fait prisonnier ; il est sommairement assassiné le lendemain sur ordre de Barrientos.



## Un modèle révolutionnaire

Si Guevara bénéficiait d'une popularité importante de son vivant, sa mort l'érige en icône universelle de la révolution. Objet d'un véritable culte à Cuba, il a inspiré – et inspire toujours – hommes et mouvements politiques d'extrême gauche tant en Amérique latine que dans le monde.

Dans *La Guerre de guérilla* (1960) et *Souvenirs de la guerre révolutionnaire* (1964), Guevara a théorisé sa conception de la lutte révolutionnaire. Il y défend l'idée de la constitution de foyers insurrectionnels en milieu rural destinés à entraîner les masses populaires dans une guerre qui mettra à bas les régimes en place.

### Ernesto Che Guevara (1928-1967)

Né en Argentine dans une famille aisée, Guevara poursuit des études de médecine. Parcourant le continent latino-américain, il rencontre Fidel Castro en 1955. Il participe avec lui au renversement du régime dictatorial à Cuba en 1959. Naturalisé cubain, Guevara y est ministre de l'Industrie de 1961 à 1965 ; il est également le porte-parole des pays du tiers-monde aux Nations unies. Il préconise la création de foyers révolutionnaires dans le monde et la lutte contre l'impérialisme américain. En 1965, il quitte ses fonctions officielles pour organiser la guérilla au Congo puis en Bolivie.

**Ernesto Che Guevara gisant après son assassinat, le 9 octobre 1967**

Le cadavre d'Ernesto Che Guevara est exposé dans le lavoir de Vallegrande, en Bolivie. Sa photographie, prise par un agent de la CIA en gisant christique, entouré de soldats, fait le tour du monde. Il incarne alors le héros qui a sacrifié sa vie au nom d'un idéal révolutionnaire.

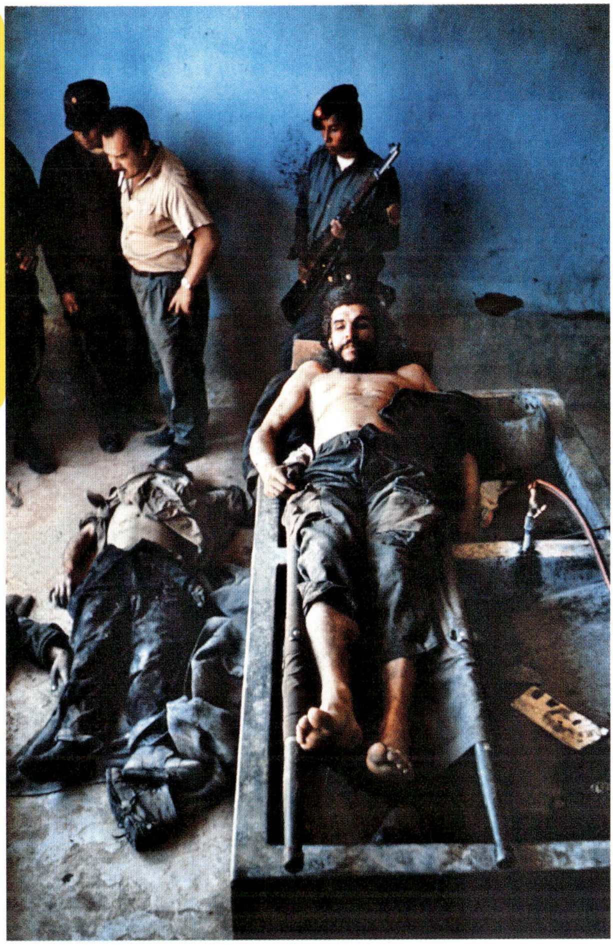

« *L'Argentin [Che Guevara] préfère encore l'impossible au possible. C'est un mystique. Il veut mourir.* »

Régis Debray, *Loués soient nos seigneurs*, 1996.



## Les guérillas marxistes en Amérique latine

Dans les années 1960, l'Amérique latine se trouve dans la sphère d'influence des États-Unis. Dès 1962, Ernesto Che Guevara appelle à la lutte armée contre l'impérialisme américain sur tout le continent, visant à « créer deux, trois, de nombreux Vietnam ». De 1960 à 1975, une vingtaine de pays, comme le Mexique, la Bolivie ou l'Argentine sont le théâtre de guérillas soutenues par Cuba. Faute de réelle mobilisation des masses paysannes et d'unité, elles ne parviennent cependant pas à renverser les régimes en place (▶ p. 227) qui bénéficient de l'aide des États-Unis.

**1967** Exécution d'Ernesto Che Guevara

60 | 1961 | 1962 | 1963 | 1964 | 1965 | 1966 | 1967 | 1968 | 1969 | 1970 | 1971 | 1972

**Construction européenne**

1968

# Un mouvement international de contestation

**L'année 1968 est marquée par un vaste mouvement de révolte étudiante dans les pays capitalistes et par de violentes secousses dans le bloc communiste.**

## De Berkeley à Tokyo, les étudiants manifestent

### Un mouvement parti des États-Unis...



En septembre 1964, sur le campus de l'université de Berkeley (Californie), le Free Speech Movement lance la protestation contre la guerre du Vietnam (► p. 228). Des milliers de jeunes Américains brûlent leurs livrets militaires en clamant « *We won't fight in Vietnam* ». En avril 1968, l'université de Columbia, à New York, est occupée par les étudiants ; le mois suivant, la police les déloge avec une extrême violence, ce qui amplifie le mouvement.

Les jeunes Américains contestent les injustices sociales et raciales ainsi que le puritanisme ambiant. Ils rejettent la société de consommation et militent pour la libération des mœurs. Cette contre-culture puise ses références dans le mouvement littéraire de la *beat generation* (William S. Burroughs, Jack Kerouac), a son image de marque (les hippies), sa musique (Bob Dylan, Janis Joplin), son art (le *pop art* ► p. 216).

**Le mouvement hippie**

Le mouvement hippie désigne une forme de contre-culture, apparue dans les années 1960 aux États-Unis, préconisant la liberté, en particulier en matière de sexualité, et le pacifisme, dans le contexte de la guerre du Vietnam. Les hippies rejettent les valeurs et le mode de vie de leurs parents, ainsi que la société de consommation (► p. 192). Le mouvement inspire de nombreuses productions artistiques : la comédie musicale *Hair*, créée à Broadway en 1967 ; certaines chansons de Joan Baez ou de Jimmy Hendrix, présents au festival de Woodstock en août 1969.

**Manifestation étudiante à Mexico, en août 1968**

Influencés par les mouvements américains, allemands et français, les étudiants de l'université de Mexico dénoncent l'autoritarisme du président Gustavo Díaz Ordaz et les carences du système éducatif.



« *Ne faites pas confiance à quelqu'un de plus de trente ans.* »

Jack Weinberg, membre du Free Speech Movement.

## ...qui fait tache d'huile

Dans de nombreux pays, la jeunesse se politise. En Allemagne de l'Ouest où stationnent des troupes américaines, des manifestations étudiantes dénoncent la guerre du Vietnam. À Paris, en mai, les étudiants occupent l'université de la Sorbonne et érigent des barricades ; ils contestent le « vieux monde », le pouvoir gaulliste et prônent la révolution du quotidien. Solidaires, les ouvriers entament une grève générale qui paralyse la France.

Au Japon, tous les campus sont touchés par les violences : des affrontements sanglants opposent ainsi les jeunes aux forces de l'ordre à l'université de Tokyo en juin. Au Mexique, des manifestations étudiantes sont réprimées dans le sang le 2 octobre (« massacre de Tlateloclo »).

### Herbert Marcuse (1898-1979), inspirateur des mouvements étudiants ?

Philosophe d'origine allemande, professeur à l'université de Columbia (New York), Marcuse publie en 1964 *L'Homme unidimensionnel*, ouvrage dans lequel il dénonce l'aliénation de l'individu dans la société de consommation. Pour la dépasser, il préconise une révolution multiforme (politique, sociale, sexuelle). Il est considéré, *a posteriori*, comme le maître à penser des étudiants révoltés, même si, en 1968, ses écrits restent inconnus de la majorité d'entre eux.

# De Prague à Pékin, le monde communiste vacille

## L'espoir du printemps de Prague

À la tête de la Tchécoslovaquie depuis janvier 1968, Alexandre Dubček veut instaurer un « socialisme à visage humain ». Cette initiative favorise une réelle liberté d'expression, en particulier dans les médias, débouchant sur des revendications en faveur du pluralisme politique : c'est le printemps de Prague.

Inquiète d'un risque de contagion, l'Union soviétique envoie plusieurs centaines de milliers de soldats en Tchécoslovaquie : en août, ses chars écrasent dans le sang les manifestations de soutien à Dubček qui est écarté du pouvoir. L'heure est désormais à la « normalisation ».

**L'écrasement du printemps de Prague, en août 1968**
**La répression à l'arme lourde des manifestants qui soutiennent la libéralisation du régime initiée par Alexandre Dubček montre le raidissement des régimes communistes d'Europe de l'Est.**

## Les secousses de la Révolution culturelle

Lancée par Mao Zedong en 1966 (► p. 189), la grande révolution culturelle prolétarienne a pour but politique de rétablir la position de ce dernier au sein du Parti communiste chinois en faisant appel à la « spontanéité des masses ». Le *Petit livre rouge* engage ainsi les étudiants, organisés en gardes rouges, à remettre en cause toutes les hiérarchies et tous les privilèges.

La Révolution culturelle aboutit à une situation d'anarchie généralisée : en avril 1968, des factions de gardes rouges s'affrontent à l'université de Pékin. Le pouvoir y répond alors par une féroce répression, faisant appel à l'armée et à la classe ouvrière, qui assure le retour à l'ordre. À grand renfort de propagande, Mao se présente comme le vainqueur de la Révolution culturelle.

**Parade des gardes rouges à Pékin, en 1967**

Les gardes rouges, mouvements de jeunesse organisés par Mao Zedong, sont le fer de lance de la Révolution culturelle lancée à partir de 1966 contre la « bourgeoisie bureaucratique ».

## L'héritage de 1968 dans les pays occidentaux

Dans les années 1970, en Europe, des groupuscules d'extrême gauche nés dans le sillage des mouvements de contestation entretiennent un climat de violence politique en recourant aux prises d'otages et aux assassinats politiques : c'est le cas de la Fraction armée rouge (ou « Bande à Baader ») en Allemagne de l'Ouest et des Brigades rouges en Italie (► p. 276). Sur le plan idéologique, le mouvement a confirmé la naissance d'une nouvelle gauche qui élargit le champ de la contestation aux questions raciales et sexuelles, et voit émerger une nouvelle vague du féminisme (► p. 210).



*« Servir le peuple de tout cœur, sans nous couper un seul instant des masses [...], voilà ce qui inspire nos actes. »*

Mao Zedong, *Petit livre rouge*, 1966.

**Un mouvement internationaliste**

Très influencés par les discours révolutionnaires de Mao Zedong et de Fidel Castro, les étudiants français se solidarisent avec les peuples du tiers-monde en lutte contre l'impérialisme américain.

Affiche française, mai 1968.

20 juillet 1969

# Des hommes marchent sur la Lune

**Après neuf années de recherche, les États-Unis envoient, dans le cadre du programme *Apollo*, les premiers astronautes sur la Lune. Le succès de la mission montre la supériorité des Américains sur les Soviétiques dans la compétition spatiale.**

## Un programme spatial colossal

En 1961, afin de répondre aux Soviétiques qui viennent de réussir le premier vol habité dans l'espace, le président américain John Fitzgerald Kennedy lance le programme *Apollo*. Confié à l'Agence nationale aéronautique et spatiale (NASA), celui-ci mobilise de considérables moyens financiers (24 milliards de dollars) et humains (300 000 employés et 20 000 sous-traitants).

En 1967, le programme débouche sur la construction d'une fusée capable de s'envoler pour la Lune : *Saturn V*. Avec ses 111 mètres de haut, ses 3 000 tonnes et sa puissance de 155 millions de chevaux, c'est une merveille de technologie.

## Un événement mondial

Le 20 juillet 1969 à 22h56 heure de Houston (Texas), près de 500 millions de téléspectateurs et d'auditeurs du monde entier assistent en direct aux premiers pas sur la Lune de deux des astronautes de la mission *Apollo 11* qui a quitté la Terre quatre jours plus tôt à bord de *Saturn V*. Descendus du module d'exploration lunaire (LEM), Neil Armstrong et Edwin Aldrin plantent le drapeau américain avant de marcher une soixantaine de mètres, devant l'objectif d'une caméra de télévision installée sur le LEM.

> « *C'est ici que des êtres humains de la planète Terre posèrent pour la première fois le pied sur la Lune, en 1969 ap. J.-C. Nous sommes venus en paix pour toute l'humanité.* »
>
> Inscription gravée sur la plaque d'acier posée sur la Lune.



## Entre science et politique

Au cours d'une sortie unique de deux heures et demie, les astronautes collectent des échantillons de terre et de pierres lunaires, déploient un capteur de particules du vent solaire et testent leur mobilité sur le sol du satellite et les effets du changement de la gravité.

Les astronautes doivent interrompre leur travail pour un échange téléphonique de quelques minutes avec le président Richard Nixon : la mission répond aussi, en pleine guerre froide, à la volonté des Américains d'affirmer leur puissance scientifique face au rival soviétique.

1947 1948 1949 1950 1951 1952 1953 1954 1955 1956 1957 1958 19

**Depuis 1947 Guerre froide**

**Depuis 1947 Décolonisation de l'Asie et de l'Afrique**

**1950-1968 Âge d'or de la croissance**

**Depuis 1957**

**Le drapeau américain planté sur la Lune, le 20 juillet 1969**
En plantant sur le sol lunaire la bannière étoilée, Neil Armstrong et Edwin Aldrin soulignent à la fois un exploit humain et la suprématie de la puissance américaine.

## Youri Gagarine (1934-1968), le premier homme dans l'espace

Issu d'un milieu modeste, Gagarine devient pilote de chasse en 1957 avant d'être sélectionné en 1960 pour participer au programme spatial soviétique. Le 12 avril 1961, il réalise le premier vol habité dans l'espace, à bord de la fusée *Vostok 1*. Cette performance lui vaut une renommée mondiale et les honneurs du régime soviétique : il devient Héros de l'Union soviétique. Nommé directeur du centre d'entraînement de la Cité des étoiles de Baïkonour, il parcourt le monde entier dans le cadre de conférences qui défendent la suprématie technologique de son pays. Il meurt en 1968 lors d'un vol d'entraînement.

## La compétition spatiale américano-soviétique dans les années 1950-1960

| | |
|---|---|
| **4 octobre 1957** | Le satellite soviétique *Spoutnik 1* est mis en orbite. |
| **3 novembre 1957** | L'Union soviétique envoie la chienne Laïka dans l'espace. |
| **29 juillet 1958** | Les États-Unis créent la NASA. |
| **12 avril 1961** | Le cosmonaute soviétique Youri Gagarine effectue le premier vol habité dans l'espace. |
| **25 mai 1961** | Les États-Unis lancent le programme *Apollo*. |
| **18 mars 1965** | Le cosmonaute soviétique Alexeï Leonov effectue la première sortie dans l'espace. |
| **2 juin 1966** | La sonde américaine *Surveyor 1* se pose sur la Lune. |
| **20 juillet 1969** | L'équipage de la mission *Apollo 11* marche sur la Lune. |

Premiers pas sur la Lune **1969**

60 1961 1962 1963 1964 1965 1966 1967 1968 1969 1970 1971 1972

Construction européenne

1er octobre 1969

# Le *Concorde* effectue son premier passage supersonique

**Après un premier vol le 2 mars 1969, le *Concorde 001* franchit le mur du son au-dessus du golfe de Gascogne le 1er octobre. Véritable prouesse technologique, cette aventure débouche néanmoins sur un cuisant échec commercial.**

## Le fruit de la coopération franco-britannique

En 1962, la France et le Royaume-Uni, en concurrence avec les États-Unis dans le domaine aéronautique et spatial, signent un accord de coopération destiné à construire un avion de ligne supersonique : le *Concorde*.

Les tâches sont réparties à parts égales entre les firmes nationales des deux États : Sud-Aviation et Snecma pour la France ; British Aircraft Corporation et Bristol Siddeley pour le Royaume-Uni. En décembre 1967, le prototype français 001 sort de l'usine de Toulouse et effectue ses premiers essais à partir de mars 1969.

## Une prouesse technologique



Le *Concorde* est le premier avion long courrier supersonique : sa vitesse de croisière atteint Mach 2,02 – soit 2145 km/h – en volant à une altitude comprise entre 16 000 et 18 000 mètres. Il peut transporter 100 passagers sur une distance de 4 500 kilomètres. Le *Concorde* relie ainsi Paris à New York en 3h26.

Long de 61,66 mètres et d'une envergure de 25,6 mètres, sa forme triangulaire assure son aérodynamisme tandis que sa structure en alliage léger lui permet de supporter de grands écarts de température (de - 57 à + 127 degrés Celcius).

## Un échec commercial

Malgré un surcoût financier de 12 milliards de francs dû à sa construction en doublon franco-britannique, les 76 options d'achat et commandes contractées dès 1963 font espérer un succès.

Cependant, la commercialisation de l'appareil à partir de 1976 se heurte à des obstacles, en particulier la concurrence du Boeing 747, gros porteur plus économe en carburant, et les effets des chocs pétroliers de 1973 et 1979 (► p. 262). Au final, seuls 20 exemplaires du *Concorde* sont construits, dont six non commerciaux.

Le crash de l'un de ces appareils sur un hôtel de Gonesse le 25 juillet 2000, deux minutes après son décollage de l'aéroport Paris-Charles-de-Gaulle, scelle son avenir. En avril 2003, British Airways et Air France annoncent l'arrêt de l'exploitation commerciale du *Concorde*.

**Le premier vol du *Concorde***
Le 2 mars 1969, le prototype français *001* décolle de Toulouse pour effectuer son premier vol qui dure 29 minutes. Son homologue britannique *002* vole un mois plus tard, le 9 avril.



## La France, une grande puissance technologique dans les années 1960

| | |
|---|---|
| **1960** | La première bombe A française explose dans le Sahara. |
| **1962** | Le plus grand paquebot du monde, le *France*, effectue sa première liaison Le Havre-New York. |
| **1965** | Le tunnel du Mont-Blanc, le plus long du monde, est inauguré. |
| **1967** | Le premier sous-marin à propulsion nucléaire français, le *Redoutable*, est lancé. |
| **1968** | La première bombe H française explose sur l'atoll de Mururoa dans l'océan Pacifique. |
| **1969** | Le *Concorde* réalise le premier vol supersonique civil de l'histoire. |

## L'aviation civile, un terrain de compétition entre les États-Unis et l'Europe

En 1958, l'Américain Boeing lance le premier quadriréacteur long courrier : le *707*. Il peut transporter 147 passagers à 950 km/h sur 9 200 kilomètres. En 1959, la *Caravelle*, construite par des avionneurs français, est mise sur le marché : avec ses 100 sièges et ses 2 000 kilomètres d'autonomie, elle ne peut cependant rivaliser avec le Boeing *707*. Si, à partir de 1969, le *Concorde* entend proposer une alternative à ce dernier, dès 1970, Boeing réplique avec son *Jumbo 747*, plus lent (850 km/h) mais proposant alors à environ 400 passagers des parcours allant jusqu'à près de 10 000 kilomètres.

**Premier passage supersonique du *Concorde*** **1969**

1960 1961 1962 1963 1964 1965 1966 1967 1968 1969 1970 1971 1972

**Construction européenne**

8 octobre 1970

# Alexandre Soljenitsyne reçoit le prix Nobel de littérature

**En récompensant l'œuvre littéraire d'Alexandre Soljenitsyne en 1970, le jury du prix Nobel consacre le combat d'un dissident contre le régime soviétique.**

## Du Goulag au succès littéraire

Officier dans l'artillerie pendant la Seconde Guerre mondiale, Alexandre Soljenitsyne est arrêté en février 1945 puis condamné sans jugement à huit ans de camp de travail pour avoir tenu des propos critiques à l'égard de Joseph Staline dans sa correspondance privée. Libéré en 1953, il est alors relégué au Kazakhstan jusqu'à sa réhabilitation définitive en 1956, à la faveur de la déstalinisation (► p. 196).

En 1959, Soljenitsyne décrit, dans *Une journée d'Ivan Denissovitch*, le quotidien d'un *zek* (un prisonnier) dans un camp du Goulag, récit inspiré de sa propre expérience carcérale. Publié dans la revue *Novy Mir* en 1962, avec l'accord du Premier secrétaire du Parti communiste Nikita Khrouchtchev en personne, le roman remporte un immense succès en Union soviétique et à l'étranger.



## Une persécution systématique

L'arrivée au pouvoir de Léonid Brejnev en octobre 1964 sonne le glas de la déstalinisation. Les dissidents font de nouveau l'objet d'une répression systématique.

Ainsi, dès 1965, Soljenitsyne est interdit de publication. Il fait alors paraître ses textes à l'étranger grâce à un réseau de soutiens : *Le Pavillon des cancéreux* est édité en 1968 à Paris. En raison de ses critiques à l'égard du système concentrationnaire, Soljenitsyne est exclu de l'Union des écrivains en 1969 et étroitement surveillé par les services de renseignement soviétiques, le KGB.

Le 8 octobre 1970, il obtient le prix Nobel de littérature qu'il ne va pas chercher à Stockholm, de peur de ne pas pouvoir revenir en Union soviétique.

## Une reconnaissance internationale

En décembre 1973, paraît à Paris *L'Archipel du Goulag*, description minutieuse du système répressif soviétique, écrit en neuf ans dans la clandestinité.

Arrêté, Soljenitsyne est alors déchu de sa nationalité et expulsé en février 1974. En exil aux États-Unis pendant vingt ans, il incarne aux yeux du monde la lutte des intellectuels dissidents contre le régime communiste.

Rétabli dans sa nationalité par Mikhaïl Gorbatchev, Soljenitsyne rentre en Russie en 1994. Il y vit jusqu'à sa mort en 2008, défendant au cours de ses dernières années des positions politiques très conservatrices.

« *L'idéologie ! C'est elle qui donne au crime sa justification et au scélérat la fermeté durable dont il a besoin.* »

Alexandre Soljenitsyne, *L'Archipel du Goulag*, 1973.

**Alexandre Soljenitsyne recevant le prix Nobel de littérature, le 10 décembre 1974**

Quatre ans après l'avoir obtenu, Alexandre Soljenitsyne reçoit son prix Nobel des mains du président du jury. Exilé en Suisse puis aux États-Unis, il continue d'être surveillé par le KGB jusqu'en 1982.



## Les dissidents de l'URSS

Intellectuels, artistes ou savants, les dissidents combattent le système soviétique au nom des droits de l'homme. Ils profitent d'un relatif assouplissement de la censure au moment de la première déstalinisation, entre 1956 et 1964 (► p. 197), même si Boris Pasternak, auteur du *Docteur Jivago*, doit renoncer à son prix Nobel de littérature obtenu en 1958. Surtout à partir de 1965, la répression du pouvoir à l'égard des contestataires s'intensifie : tandis qu'Alexandre Soljenitsyne est expulsé d'Union soviétique en 1974, le physicien Andreï Sakharov – prix Nobel de la paix en 1975 – est assigné à résidence de 1980 à 1986.

## L'URSS de Léonid Brejnev

Après la déstalinisation voulue par Nikita Khrouchtchev, Léonid Brejnev, son successeur au pouvoir de 1964 à 1982 (► p. 251), rétablit une censure stricte et impose une véritable chape de plomb sur la vie intellectuelle. Sur le plan économique, la croissance est en berne et le budget lourdement grevé par les dépenses militaires. Les files d'attente et les magasins vides sont alors le quotidien des Soviétiques.

Alexandre Soljenitsyne, prix Nobel de littérature **1970**

60 | 1961 | 1962 | 1963 | 1964 | 1965 | 1966 | 1967 | 1968 | 1969 | 1970 | 1971 | 1972

Construction européenne

15 août 1971

# Richard Nixon met fin au système de Bretton Woods

**Confronté à de graves difficultés économiques, le président américain Nixon suspend la convertibilité du dollar en or, mettant fin au système monétaire international né à Bretton Woods en 1944.**

## Un déclin relatif

Depuis les accords de Bretton Woods, signés le 22 juillet 1944, le système monétaire international repose sur la parité fixe des monnaies par rapport au dollar, seule devise convertible en or, reflétant ainsi l'hégémonie américaine.

Or, au début des années 1970, si les États-Unis restent la première puissance économique mondiale, ils doivent répondre à des difficultés économiques et financières : l'inflation, creusée par les dépenses de la guerre du Vietnam, la concurrence européenne et japonaise qui pèse sur la balance commerciale et sur celle des paiements.

## Des mesures draconiennes

Le 15 août 1971, en pleine trêve estivale, Richard Nixon organise avec ses conseillers une réunion secrète. Il prend alors des mesures cruciales : la suspension de la convertibilité du dollar en or pour les banques centrales, une surtaxe de 10 % sur les importations ainsi que le blocage temporaire des prix et des salaires aux États-Unis.



En dévaluant ainsi de fait le dollar sans consulter ses partenaires occidentaux et japonais, le président américain rompt avec le multilatéralisme et remet en cause l'ordre monétaire de l'après-guerre. La panique gagne le marché des changes.

## Une diplomatie habile

Nixon charge son secrétaire d'État Henry Kissinger de jouer l'apaisement auprès des partenaires économiques des États-Unis doublement touchés par son coup de force : leurs réserves en dollars ne sont plus convertibles en or et leurs exportations vers les États-Unis sont pénalisées.

> *« Le dollar est notre monnaie et votre problème. »*
>
> Le secrétaire américain au Trésor, John Bowden Connally, s'adressant à une délégation européenne en 1971.

Le 18 décembre 1971, les accords de Washington, conclus par les États-Unis, la Communauté économique européenne (CEE), la Suède, le Canada et le Japon prévoient une dévaluation du dollar de 7,89 % en échange de la réévaluation des autres monnaies. Surtout en établissant des marges de fluctuation monétaires plus amples, Nixon paraît avoir gagné la partie : les États-Unis sont désormais libres de faire varier le dollar selon leurs intérêts.

**Un magasin à Londres, en 1971**
À condition de régler ses achats en dollars, ce magasin britannique continue à pratiquer la parité dollar-livre pour éviter la flambée des prix.

## Richard Nixon (1913-1994)

Issu d'un milieu modeste, Richard Nixon sert dans la Marine durant la Seconde Guerre mondiale. Élu représentant en 1946 puis sénateur en 1950, il se fait connaître par son anticommunisme farouche. Il est vice-président aux côtés de Dwight David Eisenhower de 1952 à 1960. Battu face à John Fitzgerald Kennedy à l'élection présidentielle de 1960, il est finalement élu en 1968.
Nixon met fin à la guerre du Vietnam (▶ p. 228) et mène une politique de détente avec l'Union des républiques socialistes soviétiques (URSS). Il est le premier président américain à se rendre en visite officielle en Chine où il rencontre Mao en 1972. Réélu la même année, il doit démissionner en 1974 à la suite du scandale du Watergate (▶ p. 266).

## L'agonie du système de Bretton Woods (1971-1976)

| | |
|---|---|
| **Août 1971** | Le président américain Richard Nixon décide seul de mettre fin à la convertibilité du dollar en or. |
| **Décembre 1971** | Le groupe des Dix (États-Unis, Canada, Japon, Communauté économique européenne, Suède) signe les accords de Washington pour établir des parités avec le dollar et adopter des marges de fluctuation. |
| **Février 1973** | En raison de la forte dévaluation du dollar, le groupe des Dix réajuste les parités. |
| **Mars 1973** | Le groupe des Dix abandonne la fixité des taux de change des diverses monnaies par rapport au dollar. |
| **Janvier 1976** | Les accords de Jamaïque entérinent le régime des changes flottants. |



Fin du système de Bretton Woods **1971**

0 1961 1962 1963 1964 1965 1966 1967 1968 1969 1970 1971 1972

Construction européenne

30 janvier 1972

# Le *Bloody Sunday* endeuille l'Irlande du Nord

**Le 30 janvier 1972, à Derry, des soldats britanniques tirent sur des manifestants pacifiques. Cet événement sanglant plonge l'Irlande du Nord dans la guerre civile.**

## Des inégalités communautaires

Depuis 1922 et la partition de l'île, l'Irlande du Nord est une province autonome du Royaume-Uni. Deux communautés y cohabitent : les loyalistes et unionistes, majoritaires, la plupart protestants ; et les républicains nationalistes, principalement catholiques. Ces derniers sont davantage touchés par le chômage et sont exclus des emplois et des logements publics.

## De la division politique aux « troubles »

La vie politique de la province est dominée par le parti unioniste de Ian Paisley qui défend le maintien de la souveraineté britannique et par le parti républicain catholique de Gerry Adams, le Sinn Féin, qui revendique quant à lui le rattachement à la République d'Irlande, État indépendant né de la partition.



À la fin des années 1960, les tensions entre les deux communautés dégénèrent en affrontements violents qui opposent l'Armée républicaine irlandaise (IRA), branche armée du Sinn Féin, à la police royale de l'Ulster (RUC) et aux milices protestantes. En 1969, l'armée britannique est envoyée en Irlande du Nord.

## Un dimanche sanglant

En janvier 1972, l'Association nord-irlandaise pour les droits civiques (NICRA) appelle à manifester pacifiquement contre l'internement administratif.

La marche se déroule à Derry, petite ville à majorité catholique, le dimanche 30 janvier. Dès le matin, un régiment de parachutistes britanniques a pris position dans la ville dans le but de cantonner la manifestation dans les quartiers catholiques. Après des accrochages avec de jeunes nationalistes, les soldats tirent : 14 personnes sont tuées, 14 sont blessées, dont deux renversées par des véhicules blindés.

## Des responsabilités partagées

Ce 30 janvier marque une étape dans le conflit nord-irlandais qui voit la violence se déchaîner dans les décennies 1970 et 1980. Aux actions terroristes de l'IRA répond la brutalité des milices protestantes, tandis que le gouvernement britannique peine à endosser ses propres responsabilités : ainsi, ce n'est qu'en 2010 qu'il reconnaît le rôle de son armée dans le *Bloody Sunday*.

**L'armée britannique face aux manifestants à Derry, le 30 janvier 1972**

La violence de la répression militaire à l'égard de manifestants pacifiques contribue à radicaliser la lutte des nationalistes catholiques qui rejoignent en nombre les rangs de l'Armée républicaine irlandaise (IRA) au cours des années 1970.

## Trente ans de guerre civile en Irlande du Nord (1968-1998)

| | |
|---|---|
| **5 octobre 1968** | Une manifestation pacifique pour les droits civiques à Derry est violemment réprimée par la police et les milices protestantes. |
| **30 janvier 1972** | Lors du *Bloody Sunday*, 14 manifestants sont tués par l'armée britannique. |
| **24 mars 1972** | Le gouvernement britannique met fin à l'autonomie administrative de l'Irlande du Nord (*Direct Rule*). |
| **21 juillet 1972** | Lors du *Bloody Friday*, l'IRA fait exploser des bombes à Belfast, tuant 9 personnes. |
| **27 août 1979** | Lord Mountbatten, cousin de la reine, est assassiné par l'IRA. |
| **5 mai 1981** | Bobby Sands, militant de l'IRA, meurt en prison des suites d'une grève de la faim. |
| **10 avril 1998** | Sous l'impulsion du Premier ministre Tony Blair, un accord prévoit la création d'institutions représentatives en Irlande du Nord et le désarmement des groupes paramilitaires. |

## Le *Bloody Sunday*, source d'inspiration artistique

Les événements du 30 janvier 1972 ont inspiré de nombreux artistes : John Lennon y consacre une de ses chansons en 1972 tout comme le groupe de rock irlandais U2 en 1983, sous le même titre : *Sunday Bloody Sunday*. Le cinéaste britannique Paul Greengrass en a fait le thème de son film *Bloody Sunday* en 2002, œuvre récompensée par un Ours d'or au festival de Berlin la même année.

**Fresque commémorative du *Bloody Sunday* à Derry (Ulster)**

26 mai 1972

# Richard Nixon et Léonid Brejnev signent les accords SALT I

**En visite officielle à Moscou en mai 1972, le président des États-Unis signe avec son homologue soviétique les accords SALT I sur la limitation des armements. Cette décision marque un temps fort de la détente entre les deux superpuissances.**

## Une volonté commune de rapprochement

À la fin des années 1960, les États-Unis et l'Union soviétique semblent choisir la voie de la détente : ils prennent garde ainsi à éviter toute confrontation directe.

Au-delà, Washington et Moscou cherchent à limiter la coûteuse course aux armements engagée depuis 1945 (► p. 166). Entamées à Helsinki en novembre 1969, les négociations aboutissent à des « accords de désarmement partiel ».

## Une visite historique pour des accords historiques

En mai 1972, Richard Nixon est le premier président américain à effectuer une visite officielle en URSS. Accompagné par son conseiller Henry Kissinger, il est reçu par Léonid Brejnev, secrétaire général du Parti communiste de l'Union soviétique (PCUS), et son ministre des Affaires étrangères, Andreï Gromyko.



À l'issue de ce séjour, le 26 mai, les deux dirigeants signent au Kremlin des accords de limitation des armes stratégiques, dits SALT I, incluant un traité sur les missiles balistiques (ABM) et une convention provisoire sur les armes offensives stratégiques. Il s'agit des premiers accords de ce type.

## Les limites de la détente

Les accords SALT I ne sont cependant pas synonymes de désarmement ; ils n'interdisent pas la fabrication de nouvelles armes. Les deux superpuissances poursuivent donc leur course aux armements conventionnels : bombardiers soviétiques contre missiles de croisière américains.

De plus, au Proche-Orient comme au Vietnam – où les troupes vietcongs soutenues par l'Union soviétique sont bombardées par les Américains (► p. 228)–, Washington et Moscou continuent de s'affronter par pays interposés.

**Après la signature des accords SALT I, le 26 mai 1972**

En signant les accords SALT I, Richard Nixon (à gauche) et Léonid Brejnev (à droite) veulent garantir la « coexistence pacifique » entre les deux superpuissances, chère à Nikita Khrouchtchev (► p. 197).

## La limitation des armements entre les États-Unis et l'URSS

| | |
|---|---|
| **5 août 1963** | Traité de Moscou d'interdiction partielle des essais nucléaires, incluant le Royaume-Uni. |
| **1er juillet 1968** | Traité multilatéral sur la non-prolifération des armes nucléaires. |
| **26 mai 1972** | Accords SALT I. |
| **18 juin 1979** | Traité de limitation des armements stratégiques (accords SALT II). |
| **8 décembre 1987** | Traité de Washington sur la suppression des missiles de portée intermédiaire et courte. |
| **1er juin 1990** | Accord de réduction des arsenaux d'armes chimiques et arrêt de leur fabrication. |
| **31 juillet 1991** | Traité sur la réduction et la limitation des armements stratégiques offensifs (accords START I) : diminution des arsenaux nucléaires. |

**Caricature de Ranan Lurie, 1970**

Coûteuse et dangereuse, la course aux armements pousse les deux puissances à négocier en vue de leur limitation.

## Léonid Ilitch Brejnev (1906-1982)

Issu d'un milieu ouvrier, Brejnev fait carrière au sein du Parti communiste de l'Union soviétique (PCUS). Soutenu par Nikita Khrouchtchev, il connaît une ascension politique rapide. Mais en 1964, il participe au limogeage de son mentor et devient premier secrétaire du PCUS, fonction qu'il occupe jusqu'à sa mort en 1982. Sur le plan extérieur, il mène d'abord une politique de détente vis-à-vis des États-Unis avant de favoriser, à partir du milieu des années 1970, l'expansion du communisme, comme en témoigne l'invasion de l'Afghanistan en 1979 (► p. 292). Sur le plan intérieur, il cherche à consolider l'emprise du parti sur la société notamment par la lutte contre les dissidents.



Accords SALT I 1972

60 1961 1962 1963 1964 1965 1966 1967 1968 1969 1970 1971 1972

Construction européenne

5-6 septembre 1972

# Des terroristes ensanglantent les Jeux olympiques de Munich

**Durant les Jeux olympiques organisés à Munich en 1972, un commando palestinien prend en otage des athlètes israéliens. Le conflit au Proche-Orient est ainsi importé au cœur même de l'arène sportive.**

## Une prise d'otages au village olympique

Le 26 août 1972 débutent les Jeux olympiques de Munich. Le 5 septembre, au petit matin, un commando de huit hommes du groupe terroriste palestinien Septembre noir s'introduit dans le village sportif. Onze membres de la délégation israélienne sont capturés : deux d'entre eux sont immédiatement assassinés, neuf autres sont pris en otage.

Les revendications du commando sont rapidement communiquées aux autorités allemandes : libération de 234 prisonniers palestiniens détenus en Israël ainsi que celle de deux membres de l'organisation terroriste d'extrême gauche Fraction armée rouge (RAF), détenus en République fédérale d'Allemagne, et mise à disposition d'un avion prêt à décoller pour l'Égypte.



## L'intervention catastrophique des autorités allemandes

Malgré l'échec des négociations, les autorités fournissent aux terroristes deux hélicoptères qui les déposent, avec leurs otages, sur un aéroport militaire, à proximité d'un Boeing 727. Avec l'aval du gouvernement, la police bavaroise décide de donner l'assaut. Celui-ci, effectué par des tireurs d'élite, des fantassins et six blindés légers, dure plusieurs heures.

Le 6 septembre au matin, le bilan est lourd : tous les otages ont été exécutés et trois des huit terroristes seulement ont été capturés vivants. Le Comité international olympique (CIO) organise une cérémonie funèbre en hommage aux victimes mais décide néanmoins de poursuivre les Jeux.

## La vengeance d'Israël

Quelques jours après la prise d'otages, le Premier ministre israélien Golda Meir monte avec ses conseillers militaires l'opération *Colère de Dieu*, destinée à exécuter tous les responsables du massacre.

Pendant vingt ans, cinq équipes des services secrets de l'État hébreu, le Mossad, traquent sans relâche, dans le monde entier, les terroristes palestiniens liés à la tuerie : plus d'une dizaine d'entre eux sont exécutés, dont l'organisateur de la prise d'otages, Ali Hassan Salameh, assassiné à Beyrouth le 22 janvier 1979.

**Un membre du commando Septembre noir, le 5 septembre 1972**

**Le nom de l'organisation terroriste palestinienne est un rappel de l'offensive meurtrière décidée par le roi Hussein de Jordanie contre les combattants palestiniens présents sur son territoire, le 17 septembre 1970.**

## Des Jeux olympiques aux enjeux géopolitiques

| | |
|---|---|
| **1956** | Melbourne : l'Égypte, l'Irak et le Liban boycottent les JO en raison de la présence d'Israël ; l'Espagne, les Pays-Bas et la Suisse font de même en signe de protestation après la répression soviétique de l'insurrection de Budapest. |
| **1964** | Tokyo : l'Afrique du Sud est exclue des jeux en raison de sa politique d'apartheid. |
| **1968** | Mexico : sur le podium, les athlètes afro-américains Tommie Smith et John Carlos protestent contre la ségrégation raciale en levant leur poing ganté de noir. |
| **1972** | Munich : onze athlètes israéliens sont tués par un commando palestinien. |
| **1976** | Montréal : 28 pays africains boycottent les JO pour protester contre la présence de la Nouvelle-Zélande dont une équipe de rugby s'est rendue en Afrique du Sud. |
| **1980** | Moscou : à l'initiative des États-Unis, plus de cinquante nations boycottent les JO suite à l'invasion de l'Afghanistan par l'Armée rouge. |
| **1984** | Los Angeles : l'URSS et la majorité des pays du bloc soviétique ne participent pas aux JO en raison du boycott massif des Jeux de Moscou. |



## Les terrorismes dans les années 1970

Deux formes de terrorisme se développent dans les années 1970. Le premier est un terrorisme identitaire fondé sur les revendications nationales d'un peuple : Armée républicaine irlandaise (IRA) au Royaume-Uni (► p. 248), Organisation de libération de la Palestine (OLP) au Proche-Orient (► p. 233), Euskadi Ta Askatasuna (ETA) au Pays basque. Le second est un terrorisme révolutionnaire fondé sur une idéologie : Fraction armée rouge (RAF) en République fédérale d'Allemagne (► p. 277), Brigades rouges en Italie (► p. 276). Ces mouvements mènent des actions spectaculaires (détournements d'avion, pose de bombes, prise d'otages) et fortement médiatisées.

# 1973-1991

## Les « années grises »

**En 1973, le premier choc pétrolier révèle l'essoufflement de la croissance exceptionnelle des Trente Glorieuses. S'ouvre alors une période de crise économique et sociale, caractérisée par la fin du plein emploi. Dans un contexte marqué également par les soubresauts de la guerre froide, les lignes de fractures idéologiques évoluent et les relations internationales se complexifient, conduisant à un « nouveau désordre mondial » (Pierre Milza).**

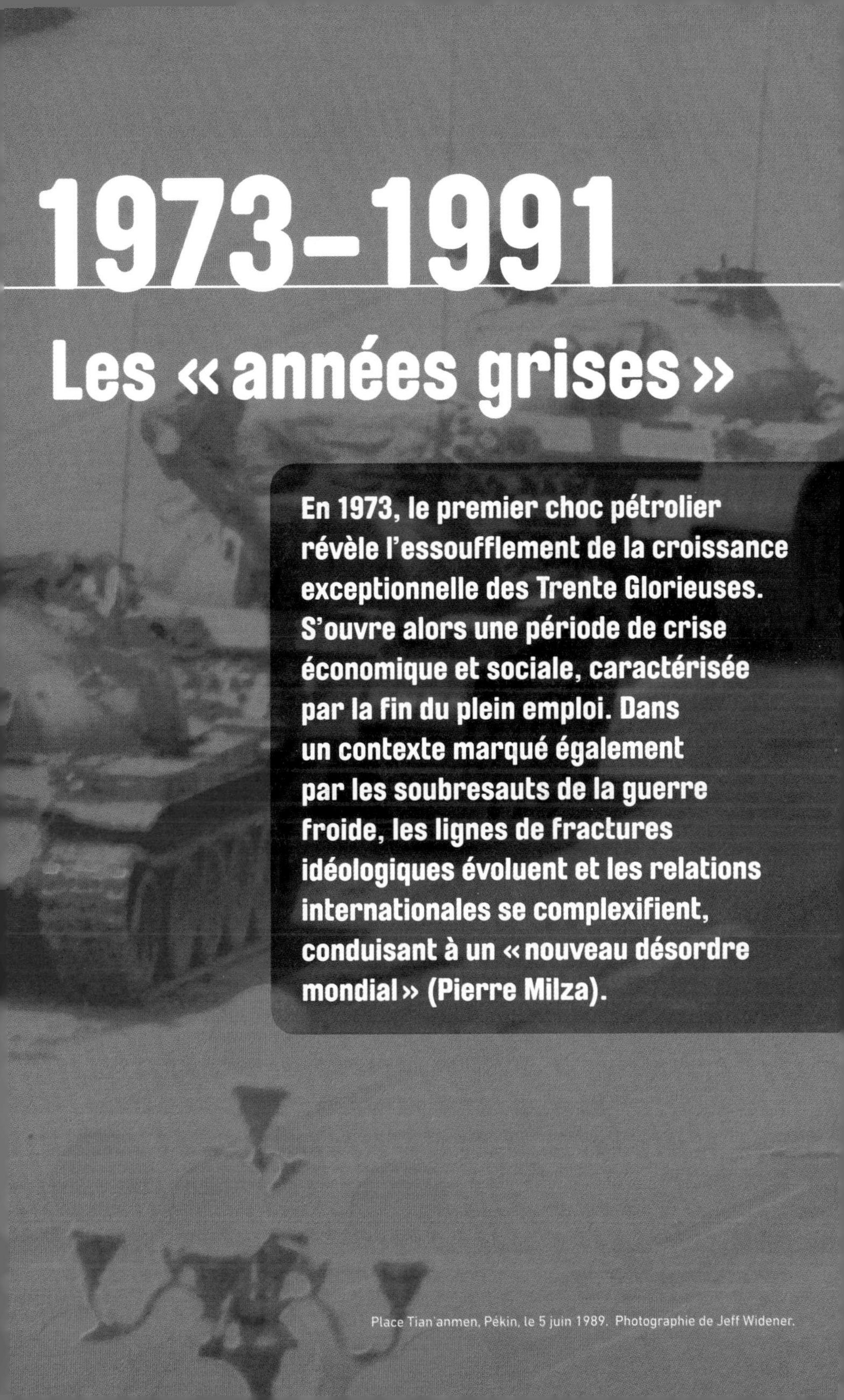

Place Tian'anmen, Pékin, le 5 juin 1989. Photographie de Jeff Widener.

## Un changement de cycle économique

Au début des années 1970, le lauréat du prix Nobel d'économie Paul Samuelson déclare : « avec nos connaissances d'aujourd'hui, nous savons comment éviter une récession chronique ». C'est dire le caractère inattendu de la crise économique qui débute à la suite du choc pétrolier d'octobre 1973. En raison de l'envolée des prix du pétrole et dans un contexte de mondialisation de la concurrence, le chômage de masse devient structurel dans le monde occidental. Pour y faire face, des réorientations économiques sont engagées et aux solutions keynésiennes succèdent des politiques néolibérales.

## Construction européenne et expansion démocratique

Perçue comme un moyen de faire face à la crise, l'intégration européenne se poursuit. Entre 1981 et 1986, les trois pays d'Europe méridionale où des transitions démocratiques ont été engagées dans les années 1970 rejoignent la Communauté économique européenne.



## De nouveaux équilibres à l'échelle du globe

Durant la décennie 1970, le *leadership* américain est remis en cause par le coup de force des États arabes membres de l'OPEP en 1973, mais aussi par la victoire des sandinistes au Nicaragua, la révolution islamique en Iran ou encore l'invasion de l'Afghanistan par l'URSS. Ceci explique qu'en 1980 Ronald Reagan soit plébiscité par les Américains lorsqu'il fait campagne sur le slogan *« America is back »*.
Le projet d'Initiative de défense stratégique (IDS) qu'il présente en 1983 relance la course aux armements ; en dépit des réformes engagées par Mikhaïl Gorbatchev à partir de 1985, la situation économique de l'URSS devient critique.

*L'année 1991 marque alors l'implosion du bloc de l'Est et la victoire des États-Unis devenus, comme en témoigne la guerre du Golfe, les gendarmes du monde.*

**11 septembre 1973**
Coup d'État
d'A. Pinochet au Chili

**9 août 1974**
Scandale du Watergate

**1975**
Début de la guerre
civile au Liban

**17 avril 1975**
Entrée des Khmers
rouges à Phnom Penh

**16 mars 1978**
Enlèvement
d'Aldo Moro
à Rome

1973 1974 1975 1976 1977 1978 1979

**Depuis 1973 Conflits au Moyen-Orient**

**Depuis sept. 1973 Récession économique**

**1973-1976 Détente**

**1976-1986 Guerre fraîche**

**Juillet 1974**
Fin de la
dictature
des colonels
en Grèce

**Novembre 1975**
Mort du général
F. Franco en
Espagne

**24-25 avril 1974**
Révolution
des œillets
au Portugal

**25 mai 1977**
George Lucas,
*Star Wars, épisode IV*

**Juin 1978**
Coupe du
monde de
football en
Argentine

**20 octobre 1973**
Inauguration de
l'opéra de Sydney

**16-17 octobre 1973**
Premier choc pétrolier

Mars 1979
Second choc pétrolier

1er avril 1979
Instauration d'une république islamique en Iran

19 juillet 1979
Révolution sandiniste au Nicaragua

31 août 1980
Autorisation du syndicat Solidarnosc en Pologne

10 mai 1981
F. Mitterrand, président de la République française

30 octobre 1983
Premières élections libres après la dictature en Argentine

7 mars 1985
USA for Africa, *We Are The World*

11 mars 1985
M. Gorbatchev secrétaire général du PCUS

| 1979 | 1980 | 1981 | 1982 | 1983 | 1984 | 1985 |
|---|---|---|---|---|---|---|

**Depuis 1973 Conflits au Moyen-Orient**

**Depuis 1973 Récession économique**

**1976-1986 Guerre fraîche**

1980-1988
Guerre Iran-Irak

25 décembre 1979
Invasion de l'Afghanistan par l'URSS

15 juillet 1979
Création des premières zones économiques spéciales en Chine

4 mai 1979
Margaret Thatcher, Premier ministre du Royaume-Uni

23 mars 1983
Projet américain d'Initiative de défense stratégique, relance de la course aux armements

20 mai 1983
Découverte du virus du sida

24 janvier 1984
Commercialisation du premier Macintosh

**26 avril 1986**
Catastrophe nucléaire de Tchernobyl

**27 octobre 1986**
Première réunion interreligieuse d'Assise

**9-10 novembre 1989**
Chute du mur de Berlin

**4 juin 1989**
Répression des manifestations de la place Tian'anmen

**26 décembre 1991**
Dissolution de l'URSS

1986 | 1987 | 1988 | 1989 | 1990 | 1991

**1989-1991 Implosion du bloc de l'Est**

**1986-1991 Deuxième détente**

**Nov.-déc. 1989**
Révolution de velours en Tchécoslovaquie

**1987-1993**
Première Intifada

**3 octobre 1990**
Réunification allemande

**17 janvier 1991**
Opération *Tempête du désert*, début de la guerre du Golfe

11 septembre 1973

# Le général Augusto Pinochet fait un coup d'État au Chili

**Démocratiquement élu, le président socialiste Salvador Allende est renversé par une junte militaire. Celle-ci instaure un régime autoritaire dirigé par le général Augusto Pinochet.**

## Une guerre civile aux enjeux internationaux

Les réformes profondes engagées par Salvador Allende depuis son élection en 1970 dans le but de promouvoir la « voie chilienne vers le socialisme » ont plongé le pays dans une quasi-guerre civile. La nationalisation des banques mais aussi des mines de cuivre, la réforme agraire, l'augmentation des salaires de 40 % à 60 % ont largement désorganisé l'économie et provoqué une très forte inflation.

Dans ce contexte, la vie politique se radicalise : nombreux sont ceux qui manifestent leur défiance à l'égard du président et souhaitent qu'il soit démis de ses fonctions. Ils sont tacitement soutenus par les États-Unis qui redoutent la contagion socialiste en Amérique latine.

## Un coup d'État militaire



Le 11 septembre 1973, sous l'impulsion d'Augusto Pinochet qu'Allende a nommé commandant en chef de l'armée de terre au mois d'août, un coup d'État est mis en œuvre. Dans tout le pays, à l'exception de la capitale, les militaires, pourtant traditionnellement légalistes au Chili, s'emparent du pouvoir. La marine prend le port de Valparaiso.

## Le siège de la Moneda

Retranché dans le palais présidentiel de la Moneda, Allende refuse un sauf-conduit qui lui permettrait de fuir avec sa famille. Sur ordre de Pinochet, des tanks et des avions de chasse bombardent le bâtiment. Lorsque les soldats parviennent à s'en emparer, Allende est mort : il s'est suicidé.

**Salvador Allende (1908-1973)**

Membre fondateur du Parti socialiste chilien en 1933, Allende participe au gouvernement de Front populaire de Pedro Aguirre Cerda en 1938 puis se présente aux élections présidentielles de 1952, 1958 et 1964. Ses défaites successives le convainquent que la gauche ne peut l'emporter que si elle s'unit. C'est ainsi qu'est fondée en 1969 la coalition de l'Unité populaire qui permet à Allende d'être élu à la présidence du Chili le 4 septembre 1970. Il met alors en œuvre une réforme agraire, des nationalisations et engage le pays sur la voie de la démocratisation. Son objectif est de modifier en profondeur les structures politiques, économiques et sociales du pays tout en respectant les institutions.

**1973** Coup d'État d'Augusto Pinochet

1973 1974 1975 1976 1977 1978 1979 1980 1981 1982

Depuis 1973 Conflits au Moyen-Orient

Depuis sept. 1973 Récession économique

1973-1976 Détente

1976-1986 Guerre fraîche

**L'attaque contre la Moneda à Santiago du Chili**
Le 11 septembre 1973 en fin de matinée, le palais présidentiel est bombardé avant d'être pris d'assaut.

*« Je crois au Chili et en son destin. D'autres hommes sauront dépasser ce moment gris et amer où la trahison prétend s'imposer. »*

Salvador Allende, dernier message radiophonique adressé au peuple chilien le 11 septembre 1973 depuis le palais de la Moneda.



## La dictature du général Augusto Pinochet

Dès le 13 septembre 1973, le Congrès est dissout, la Constitution suspendue et les partis politiques interdits. Afin de « refonder la société chilienne », une nouvelle Constitution instaure un régime autoritaire.

L'opposition est violemment réprimée : des centaines de milliers d'opposants, de militants de gauche, de syndicalistes sont emprisonnés et torturés.

À la suite du référendum de 1988, Augusto Pinochet perd une partie de ses prérogatives et doit accepter la transition démocratique, achevée en 1998 (► p. 271).

Plusieurs procédures concernant les crimes commis durant la dictature sont alors engagées contre lui, mais sa mort en 2006 y met un terme sans qu'il ait pu être jugé. D'autres dignitaires du régime sont en revanche condamnés pour ces violences et de très nombreuses actions judiciaires sont toujours en cours.

16-17 octobre 1973

# Le premier choc pétrolier amplifie la crise économique mondiale

OPEP

**En octobre 1973, alors que la guerre du Kippour embrase de nouveau le Proche-Orient, les principaux pays producteurs de pétrole du golfe Persique annoncent l'augmentation des prix du brut et la réduction de leur production.**

## Une hausse brutale

Le 16 octobre 1973, dix jours après le début d'une nouvelle guerre entre Israël et ses voisins (► p. 282), les États arabes membres de l'Organisation des pays exportateurs de pétrole (OPEP) se réunissent en urgence à Koweït City. Ils décident qu'ils fixeront dorénavant le prix du brut, jusque-là établi par les compagnies pétrolières, et prévoient une hausse immédiate du tarif du baril de 70 %. Le lendemain, ils préviennent qu'ils diminueront chaque mois leur production jusqu'à ce qu'Israël quitte les territoires occupés, puis décrètent un embargo contre ses alliés.



## Le pétrole, une arme dans la géopolitique mondiale

Si cette décision fait suite à la dévaluation du dollar en 1971 – monnaie dans laquelle s'effectuent les ventes de pétrole – (► p. 246), elle vise surtout à faire pression sur les alliés d'Israël, en particulier les États-Unis. En effet, pour soutenir l'État hébreu attaqué en pleine fête de Kippour par l'Égypte et la Syrie armées par les Soviétiques, les Américains ont mis en place un pont aérien pour fournir des armes à **Tsahal***.

Cette hausse brutale et non concertée fait l'effet d'un coup de tonnerre : le pétrole est une source d'énergie essentielle à la croissance économique et les pays européens ainsi que le Japon sont très dépendants de leurs importations de brut en provenance du Moyen-Orient. Face au risque de pénurie et pour sécuriser les approvisionnements, la France et l'archipel nippon signent des accords avec les principaux pays exportateurs et acceptent d'importantes hausses de prix. Moins dépendants des pays du Golfe, les États-Unis sont peu atteints.

## L'accélération de la crise mondiale

Dans les pays occidentaux, la hausse du brut creuse les déficits extérieurs, l'inflation s'envole, la croissance ralentit et le chômage augmente. Néanmoins, le choc pétrolier n'est pas la cause directe de la crise qui s'installe : des signes avant-coureurs de « surchauffe » des économies étaient visibles dès la fin des années 1960.

* Armée de défense d'Israël.

**Consommer moins de pétrole**

En Allemagne, le choc pétrolier entraîne des restrictions, dont des dimanches sans voiture.

Allemagne, novembre 1973.

## Le développement du nucléaire

La brutale augmentation des prix du pétrole en 1973 conduit les pays importateurs à tenter de limiter leur consommation – en faisant la chasse au gaspillage ou en instaurant une heure d'été et une heure d'hiver –, mais aussi à se tourner vers d'autres sources d'énergie. Les recherches sur l'électronucléaire entamées dans les années 1950 connaissent alors une accélération et de nombreux pays, tels la France, la Suède, les États-Unis ou le Japon décident de construire des centrales nucléaires de façon à limiter leur dépendance énergétique.

*« La responsabilité de l'Europe est grande dans la création de l'État d'Israël. [...] Mais pourquoi donc ne leur donnez-vous pas Paris ? Pourquoi l'Allemagne ne leur offre-t-elle pas la Bavière ? Ce serait la moindre des choses. »*

A. Al-Atiki, ministre du Pétrole du Koweït, déclaration reproduite dans *Le Monde* du 22 novembre 1973.



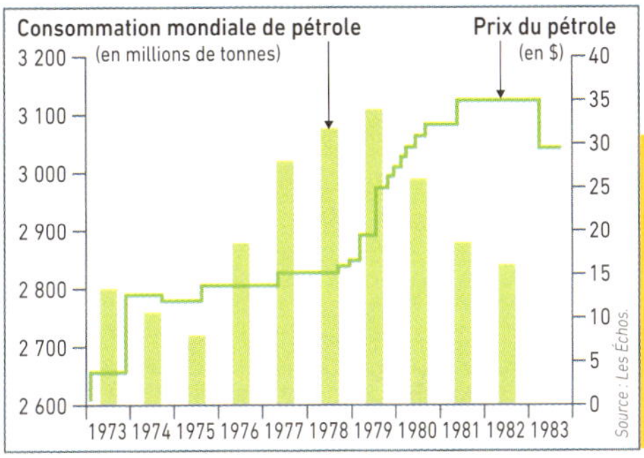


**Évolutions du prix du pétrole et de la consommation mondiale**

La hausse décidée le 16 octobre 1973 est la première étape d'un processus qui conduit, en trois mois, à un quadruplement du prix du baril de pétrole, de 3 à 12 dollars. En 1979, un deuxième choc pétrolier porte le prix du baril à 35 dollars (► p. 282).

1983 | 1984 | 1985 | 1986 | 1987 | 1988 | 1989 | 1990 | 1991

**1986-1991 Deuxième détente**

**1989-1991 Implosion du bloc de l'Est**

20 octobre 1973

# La reine Élizabeth II inaugure l'opéra de Sydney

**Au terme d'un chantier de plus de quinze ans, l'opéra de Sydney ouvre ses portes. Il s'agit de l'une des réalisations architecturales les plus marquantes du XXe siècle.**

## Une inauguration sous l'œil des caméras du monde entier

Le 20 octobre 1973, Élizabeth II – qui règne aussi sur l'Australie qui est un État du *Commonwealth* – assiste dans le nouvel opéra de Sydney à une représentation de la *Neuvième Symphonie* de Ludwig van Beethoven. La fête fastueuse, marquée par un gigantesque feu d'artifice, est retransmise à la télévision et suivie, à travers la planète, par des millions de téléspectateurs.

## Un concours international

Cette cérémonie est le point d'aboutissement d'un projet évoqué depuis les années 1940 : doter la capitale de la Nouvelle-Galles du Sud d'une salle lui permettant de devenir une scène lyrique de premier plan.



En 1956, bien que des voix s'élèvent pour qu'un architecte australien soit engagé, un concours international est ouvert. Le Danois Jørn Utzon est retenu parmi les 233 participants. Alors qu'il n'est jamais venu en Australie, il a su proposer une structure formée de trois grands pans – des coquilles ou des voiles, selon les interprétations –, en parfaite adéquation avec le cadre maritime de Bennelong Point, dans le port de Sydney, où l'édifice sera construit.

## Un projet de longue haleine

Le chantier est engagé en 1959. Néanmoins, Utzon n'a pas réalisé d'études de structures et bien des éléments demandent de longues investigations. Ainsi la confection des tuiles de céramique blanche de la toiture, inspirées de bols japonais, nécessite trois ans de recherches.

Les retards s'accumulent, le budget explose et les tensions entre la ville de Sydney et Utzon conduisent celui-ci à démissionner en 1966. Trois architectes australiens sont alors engagés pour achever le projet et réaliser les façades et les deux auditoriums.

Le chantier a pris six années de retard et a coûté plus de cent millions de dollars australiens, très loin des sept millions initialement prévus.

**L'opéra de Sydney**

Rentré au Danemark en 1966, Jørn Utzon (1918-2008) n'assiste pas à l'inauguration de l'opéra de Sydney en 1973. Toujours en utilisant une architecture basée sur des jeux de coquilles, il élabore en 1982 l'Assemblée nationale du Koweït. En 2003, Utzon reçoit le prix Pritzker, le plus prestigieux dans cette discipline.

*« Pensez à une cathédrale gothique, c'est assez proche de ce que j'ai voulu. Le soleil, la lumière et les nuages en feront une chose vivante. Vous ne vous en lasserez jamais. »*

Promesse de Jørn Utzon aux Australiens, *Zodiac*, n° 14, 1965.

UNESCO

## Le patrimoine mondial de l'humanité

L'Organisation des Nations unies pour l'éducation, la science et la culture (Unesco) œuvre, depuis sa création en 1945, à la préservation du patrimoine naturel et culturel considéré comme ayant une valeur exceptionnelle pour l'humanité. Les pyramides de Gizeh en Égypte, le site archéologique de Delphes en Grèce, le sanctuaire des baleines d'El Vizcaino au Mexique, la forêt naturelle du mont Kenya et, depuis 2007, l'opéra de Sydney ont été ainsi inscrits au patrimoine mondial, lequel compte à ce jour 1 007 sites répertoriés.

9 août 1974

# Richard Nixon démissionne suite au scandale du Watergate

**Sous le coup d'une procédure d'*impeachment**, le président des États-Unis démissionne le 9 août 1974. Tout en montrant la solidité des institutions américaines, cette crise révèle la place prise par les médias dans la vie politique.**

## De la tentative de cambriolage au scandale d'État

Le 17 juin 1972, peu après une heure du matin, cinq hommes sont arrêtés au siège du Parti démocrate, dans l'immeuble du Watergate à Washington. S'il semble à première vue s'agir d'un simple cambriolage, la découverte d'un important matériel d'écoute convainc les journalistes du *Washington Post* Carl Bernstein et Bob Woodward de l'implication de la Maison-Blanche.

Aidés dans leurs investigations par un mystérieux informateur, « *Deap Throat* » (« Gorge profonde ») – qui se révèle plus tard être le n° 2 du Federal Bureau of Investigation (FBI) –, ils mettent en lumière les liens des cambrioleurs, qui sont pour certains d'anciens agents du FBI et de la Central Intelligence Agency (CIA), avec le Comité pour la réélection du président.



## L'équilibre des pouvoirs

En janvier 1973, une enquête judiciaire est ouverte et une commission parlementaire créée tandis qu'un procureur spécial, indépendant du secrétaire d'État à la Justice, est mandaté pour mener à bien les investigations.

De proches collaborateurs de Nixon sont inculpés. Le président, quant à lui, refuse d'obéir à l'injonction de la Cour suprême de livrer les enregistrements de ses échanges avec ses collaborateurs et ses visiteurs à la Maison-Blanche, qui avaient été réalisés à sa demande mais pourraient l'impliquer. Le Congrès décide alors d'engager une procédure d'***impeachment**** pour obstruction à la justice. Acculé, Nixon annonce le 8 août 1974 son intention de quitter le pouvoir le lendemain à midi.

## Les médias, un « quatrième pouvoir »

Outre l'importance du pouvoir judiciaire, qui a manifesté son indépendance à l'égard de l'exécutif, le scandale du Watergate révèle le rôle que les médias jouent dans la vie politique américaine. C'est en effet dans la presse écrite que l'affaire a été révélée, puis c'est à la radio et à la télévision que des millions d'Américains ont suivi les retransmissions des auditions des témoins.

* Procédure de mise en accusation permettant au pouvoir législatif de démettre de ses fonctions le président, le vice-président ou un haut fonctionnaire.

**1974** Scandale du Watergate

1973 | 1974 | 1975 | 1976 | 1977 | 1978 | 1979 | 1980 | 1981

Depuis 1973 Conflits au Moyen-Orient

Depuis sept. 1973 Récession économique

1973-1976 Détente

1976-1986 Guerre fraîche

**La démission de Nixon fait la une des journaux**
L'enquête menée par Carl Bernstein et Bob Woodward dévoilant le scandale du Watergate constitue l'un des exemples les plus célèbres du journalisme d'investigation politique. Elle vaut à ses auteurs de remporter le prix Pulitzer en 1973.

*« Eh bien, je ne suis pas un escroc. »*

Richard Nixon, conférence de presse retransmise à la télévision, 17 novembre 1973.



## Une politique extérieure sous le signe de la détente

En 1968, Richard Nixon est élu notamment sur la promesse de parvenir à une « paix dans l'honneur » au Vietnam. Pour donner à Henry Kissinger, son conseiller à la sécurité nationale, une latitude pour négocier, il pratique au début de son mandat la stratégie du « bombardier fou », c'est-à-dire qu'il se présente comme prêt à tout pour gagner la guerre, y compris à utiliser l'arme atomique. Les négociations aboutissent à la signature à Paris, le 27 janvier 1973, d'un accord de paix. Parallèlement, une politique de détente est engagée avec la Chine, où Nixon fait un voyage officiel en février 1972, puis avec l'URSS: la signature à Moscou en mai 1972 du traité SALT I (*Strategic Arms Limitations Talks*) est une première étape vers le désarmement (► p. 250).

**Richard Nixon et Mao Zedong à Pékin, le 21 février 1972**
Richard Nixon est le premier président américain à réaliser un voyage officiel en République populaire de Chine.

1983 1984 1985 1986 1987 1988 1989 1990 1991

1986-1991 Deuxième détente

1989-1991 Implosion du bloc de l'Est

1974-1982

# Les transitions démocratiques dans l'Europe méridionale

**Dans les années 1970, les régimes autoritaires de Grèce, du Portugal et d'Espagne laissent place à des démocraties libérales. C'est le début d'une « troisième vague de démocratisation » (Samuel P. Huntington).**

## 1974-1976 • La révolution des Œillets au Portugal



### L'impasse des guerres coloniales

Depuis le début des années 1960, le Portugal est confronté à des mouvements indépendantistes dans ses colonies d'Angola, de Guinée et du Mozambique. Pour faire face à ces guérillas, le dictateur António de Oliveira Salazar, figure centrale de l'*Estado Novo* (l'« État nouveau ») et président du Conseil des ministres de 1932 à 1968, a mobilisé une partie importante des ressources du pays mais aussi de très nombreux soldats. Cette politique pèse de plus en plus lourdement sur le pays : aux difficultés économiques s'ajoute l'exil de près de 100 000 jeunes qui refusent de faire leur service militaire et de participer à ces guerres très meurtrières.

Malgré les tentatives de libéralisation engagées par le successeur de Salazar, Marcelo Caetano, nombre de militaires pensent, à partir de 1973, que le temps est venu de préférer à la force une évolution du statut des colonies dans un cadre démocratique.

### Un coup d'État sans effusion de sang

Dans la nuit du 24 au 25 avril 1974, la diffusion sur les ondes de Radio Renascença de la chanson *Grândola, Vila Morena* est le signal de l'insurrection : des garnisons encerclent Lisbonne tandis que d'autres s'emparent de la télévision, des radios, du quartier général de l'armée, de l'aéroport ainsi que des ministères de l'Intérieur et de la Défense

« Grândola, ville brune
Terre de fraternité
Seul le peuple ordonne,
Dans ton enceinte, ô cité »

José « Zeca » Afonso, *Grândola, Vila Morena*, 1971.

**Des œillets au fusil**
**Après qu'une fleuriste a donné des œillets à des soldats, cette fleur devient le symbole du coup d'État mené de façon pacifique au Portugal en avril 1974.**
Lisbonne, 28 avril 1974.



Dès le lendemain, la population fait un accueil triomphal à ces soldats qui arborent des œillets – la fleur de saison – au bout de leurs fusils. Cette prise du pouvoir s'est en effet déroulée sans violences : seuls quatre morts, tombés sous les balles de la police politique, sont à déplorer.

## La transition vers la démocratie

La « junte de salut national » qui a pris le pouvoir annonce immédiatement le rétablissement de la démocratie et des libertés publiques ainsi que la réorientation de la politique menée outre-mer. Durant dix-huit mois, tandis que des négociations mènent à l'indépendance des anciennes colonies portugaises, le pays est déchiré par un « processus révolutionnaire » qui suscite espoir mais aussi inquiétude au-delà des frontières.

Après l'élection d'une Assemblée constituante, la nouvelle Constitution, promulguée le 2 avril 1976, établit une démocratie parlementaire.

### La fin de la dictature des colonels en Grèce

L'année 1974 voit également la chute de la junte militaire dirigée par le colonel Geórgios Papadópoulos, au pouvoir en Grèce depuis 1967. Face à la révolte de la population menée par les étudiants, mais aussi à un risque de guerre avec la Turquie en raison de tensions sur l'île de Chypre, l'ancien Premier ministre Konstantínos Karamanlís est rappelé d'exil en juillet. Il engage alors le pays sur la voie du rétablissement de la démocratie. Le 8 décembre 1974, 69 % des électeurs grecs se prononcent en faveur de la république puis, le 9 juin 1975, une nouvelle Constitution est adoptée.

**L'occupation de l'École polytechnique d'Athènes**
Entamée en février, la révolte des étudiants est violemment réprimée par l'armée le 17 novembre 1973.

# 1975-1982 • La transition démocratique espagnole

## Juan Carlos de Bourbon, successeur de Francisco Franco



Le 20 novembre 1975, le général Francisco Franco, au pouvoir en Espagne depuis près de 40 ans, meurt. Le prince Juan Carlos de Bourbon, son dauphin désigné depuis 1969, lui succède en qualité de roi. Après quelques mois d'attentisme, celui-ci nomme le jeune Adolfo Suárez au poste de Premier ministre. Bien que ce dernier soit issu du sérail franquiste, il apporte son soutien au roi dans son projet d'instaurer une monarchie constitutionnelle respectueuse des libertés.

**Le prince Juan Carlos et le général Francisco Franco**
Le général Franco, qui n'avait pas d'héritier, a veillé à l'éducation de Juan Carlos de Bourbon, petit-fils du roi Alphonse XIII, à partir de ses dix ans, dans l'idée qu'il lui succèderait un jour.

## Le rétablissement d'une démocratie libérale

Le 9 avril 1977, le Parti communiste espagnol, interdit durant la dictature, retrouve une existence légale. Parallèlement, la liberté syndicale est rétablie. Puis, le 15 juin 1977, des élections législatives sont organisées afin d'élire les députés chargés de rédiger une nouvelle Constitution. Ratifiée par près de 90 % des Espagnols lors du référendum du 6 décembre 1978, celle-ci instaure une monarchie parlementaire et fait de l'Espagne un État régional dans lequel chacune des provinces peut négocier son statut d'autonomie.

## Une transition pacifique ?

Le processus de transition démocratique espagnol est marqué par une volonté de réconciliation nationale que symbolise la loi d'amnistie réciproque, premier texte adopté par le nouveau Parlement – à la quasi-unanimité – le 15 octobre 1977. Celle-ci concerne aussi bien ceux qui furent poursuivis durant le franquisme pour des délits politiques que les tenants de la dictature.

Pour autant, cette évolution suscite également des oppositions. Le 23 février 1981, sous l'œil des caméras de télévision, des gardes civils menés par le lieutenant-colonel Antonio Tejero tentent un putsch et prennent en otage à la Chambre les députés et le gouvernement. Juan Carlos parvient alors à convaincre l'armée de lui rester fidèle et rappelle aux Espagnols, dans une allocution solennelle enregistrée en pleine nuit, son attachement à la Constitution. Au matin du 24 février, les mutins se rendent. Le régime sort renforcé de cette épreuve.

La victoire des socialistes menés par Felipe González lors des élections législatives de 1982 est le point d'aboutissement de cette transition largement soutenue par le peuple espagnol.

### La poursuite, en Amérique latine, de la « troisième vague de démocratisation »

Dans les pays d'Amérique latine, les élites politiques et économiques sont contraintes de négocier avec l'opposition, parfois du fait de facteurs extérieurs telle la guerre des Malouines en Argentine (► p. 287). Une à une, les dictatures militaires installées durant la seconde moitié du siècle chutent : après l'Équateur en 1978, le Pérou, la Bolivie, l'Argentine, l'Uruguay, le Brésil puis le Chili deviennent à leur tour, dans les années 1980, des démocraties libérales.

Néanmoins ces démocratisations sont limitées : l'armée continue de contrôler en sous-main les institutions, les droits de l'homme demeurent bafoués et les inégalités sociales sont accrues par le passage au néolibéralisme.

**Les transitions démocratiques en Amérique latine**

**Considérée comme négociée, graduelle et modérée, la transition démocratique espagnole a parfois été vue comme un « modèle à suivre ».**

17 avril 1975

# Les Khmers rouges s'emparent de Phnom Penh

**La prise de la capitale du Cambodge par les Khmers rouges le 17 avril 1975 est une étape clé dans l'instauration de la dictature de Pol Pot. Celui-ci met ensuite en place une politique génocidaire à l'encontre de son peuple.**

## La conquête progressive du Cambodge par les Khmers rouges

Le 18 mars 1970, le roi du Cambodge, Norodom Sihanouk, est déposé par son Premier ministre, le général Lon Nol. Il s'allie alors à ses ennemis d'hier, les Khmers rouges, communistes révolutionnaires d'inspiration maoïste. Engagés dans la guérilla depuis 1968, ces derniers contrôlent déjà une grande partie du pays où ils ont mis en œuvre la collectivisation des terres.

Très vite, et alors que les États-Unis se désengagent du Vietnam voisin, le régime du général Lon Nol ne parvient plus à se maintenir. Menés par Pol Pot, les Khmers rouges s'emparent de Phnom Penh le 17 avril 1975. En une journée, la capitale est vidée de sa population et laissée à l'abandon.



## Le Kampuchéa démocratique

Maîtres du pays, les Khmers rouges engagent alors une révolution au Cambodge, rebaptisé Kampuchéa démocratique. Ayant comme objectif de ruraliser l'ensemble de la population, ils dispersent les citadins et créent des exploitations collectives dans tout le pays. Les Khmers rouges souhaitent « rééduquer » totalement les Cambodgiens : ils abolissent ainsi la propriété privée et la monnaie, laïcisent les monastères, disloquent les familles… afin de faire table rase de la culture traditionnelle.

## Le génocide de tout un peuple

Quasiment réduits en esclavage, les Cambodgiens sont enrôlés pour de grands travaux de voierie ou encore d'irrigation, alors que règne la famine en raison de la désorganisation de l'agriculture provoquée par ces réformes mêmes.

Les anciennes élites, les bourgeois, les intellectuels – mais aussi, par assimilation, les possesseurs de livres ou les porteurs de lunettes –, les opposants au régime, avérés ou supposés, sont impitoyablement réprimés. Ils sont emprisonnés et torturés (notamment dans l'ancien lycée de Phnom Penh devenu le camp S-21) ou assassinés dans des camps d'extermination.

**1975** Prise de Phnom Penh par les Khmers rouges

1973 | 1974 | 1975 | 1976 | 1977 | 1978 | 1979 | 1980 | 1981

Depuis 1973 Conflits au Moyen-Orient

Depuis sept. 1973 Récession économique

1973-1976 Détente

1976-1986 Guerre fraîche

**Photographies de prisonniers du camp S-21**

Les personnes emprisonnées dans le camp S-21 étaient systématiquement photographiées. 1,7 million de personnes, soit environ 20 % de la population du pays, sont victimes de ce génocide perpétré par les Khmers rouges entre 1975 et 1979, date de l'invasion du Cambodge par le Vietnam.

*« Le bien de chaque Cambodgien tient dans un sac. »*

*« L'Angkar voit tout, l'Angkar entend tout. »*

Slogans de l'Angkar (l'« Organisation », Parti communiste du Kampuchéa).



## Les *boat-people*

La chute du Sud-Vietnam le 30 avril 1975 et la réunification du pays sous l'égide du Nord-Vietnam communiste l'année suivante poussent de très nombreux Sud-Vietnamiens à l'exil. Contre une somme d'argent versée aux autorités et aux passeurs, beaucoup s'embarquent sur des navires de fortune. Les conditions de traversée vers Hong Kong, l'Indonésie ou encore l'Australie sont épouvantables : entassés, les *boat-people* souffrent de la faim et du froid et subissent les exactions des pirates et des garde-côtes.

Entre 1975 et le début des années 1990, ce sont sans doute 200 à 250 000 personnes qui périssent en mer de Chine.

**L'association Médecins du Monde vient au secours de 400 *boat-people* sur le bateau *Mary*, en mai 1988 au Vietnam**

983 | 1984 | 1985 | 1986 | 1987 | 1988 | 1989 | 1990 | 1991

**1986-1991 Deuxième détente**

**1989-1991 Implosion du bloc de l'Est**

1977

# Le film *Star Wars* remporte un succès planétaire

**Après *American Graffiti*, le jeune réalisateur américain George Lucas tourne le premier volet de la saga *Star Wars* et crée un univers de science-fiction qui marque des générations de spectateurs à travers le monde.**

## Un scénario classique

Dans un lieu et à une époque imaginaires, l'histoire raconte l'affrontement entre le Bien, incarné par l'Alliance rebelle emmenée par la princesse Leia, et le Mal que représentent l'Empire et son sinistre serviteur Dark Vador. Puisant dans les récits mythologiques, George Lucas crée un jeune héros, Luke Skywalker, qui doit accomplir une quête, guidé par son mentor Obi-Wan Kenobi. Celui-ci initie son élève à la Force pour qu'il devienne un chevalier jedi. Luke subit alors une série d'épreuves avec un compagnon, le mercenaire Han Solo, sorte d'antihéros issu du monde du western. Il remporte l'ultime combat en détruisant l'arme redoutable qui permettrait à l'Empire de régner sur la galaxie, l'Étoile de la mort.



## Les ingrédients d'un succès international

Après l'écriture du scénario qui a pris plusieurs années, le tournage se déroule à l'été 1976 loin d'Hollywood : en Tunisie pour les scènes d'extérieur et dans des studios londoniens pour le reste. Afin de produire des effets spéciaux, Lucas a créé sa propre société baptisée Industrial Light and Magic (ILM) : elle conçoit les batailles spatiales et les courses-poursuites, créant des actions très réalistes. Le compositeur John Williams écrit une introduction puissante interprétée par un orchestre symphonique qui capte l'attention du spectateur.

## Une consécration planétaire

Les projections tests se révélant décevantes, la 20th Century Fox ne diffuse au départ *Star Wars* que dans 37 salles aux États-Unis. Cependant, très rapidement, face aux interminables files d'attente, elle organise une sortie massive sur le territoire américain puis dans le reste du monde. Le film bat alors le record mondial du nombre d'entrées et, en 1978, il obtient onze nominations aux Oscars et remporte sept prix dont celui des meilleurs effets visuels.

**1977** George Lucas, *Star Wars, épisode IV*

1973 | 1974 | 1975 | 1976 | 1977 | 1978 | 1979 | 1980 | 1981

**Depuis 1973 Conflits au Moyen-Orient**

**Depuis sept. 1973 Récession économique**

**1973-1976 Détente**

**1976-1986 Guerre fraîche**

**« Il y a bien longtemps, dans une galaxie lointaine, très lointaine... »**

En 1977, c'est une véritable saga qui commence : *Star Wars* est en effet prévue pour être composée de trois trilogies successives. La première est complétée par *L'Empire contre-attaque* en 1980 et *Le Retour du Jedi* en 1983 ; une deuxième trilogie sort entre 1999 et 2005 et la troisième est prévue entre 2015 et 2019.

## Le *soft power** américain

Depuis les années 1930, l'industrie cinématographique américaine basée à Hollywood et dominée par de grandes firmes, les *majors*, telles Universal, Warner Bros, Disney ou encore Columbia, joue un rôle économique, culturel mais aussi politique de premier plan. Du fait de la distribution de ses films partout dans le monde, elle permet non seulement de réaliser des profits colossaux, mais aussi de diffuser le modèle de l'*American way of life* (▶ p. 190) et, plus largement, de transmettre un contenu idéologique. *Star Wars* est un excellent exemple de ce *soft power*.

* Forme de puissance reposant non sur la contrainte, mais sur la persuasion.

**Un modèle économique**

Lors de la négociation de son contrat avec la 20th Century Fox, George Lucas demande à toucher tous les bénéfices tirés des produits dérivés *Star Wars* (objets, licences, etc.). Couplé à cette manne, le succès de ce premier film permet à Lucas de réaliser une suite qu'il finance lui-même.



83 | 1984 | 1985 | 1986 | 1987 | 1988 | 1989 | 1990 | 1991

**1986-1991 Deuxième détente**

**1989-1991 Implosion du bloc de l'Est**

16 mars 1978

# Aldo Moro est enlevé par les Brigades rouges à Rome

**L'enlèvement du député Aldo Moro par les Brigades rouges le 16 mars 1978 signe l'échec du rapprochement entre les partis communiste et démocrate-chrétien italiens.**

## Les « années de plomb »

Depuis la fin des années 1960, l'Italie connaît une explosion sociale. Aux revendications des étudiants en 1968 ont succédé une agitation ouvrière violente puis, à partir de 1969, des attentats orchestrés à la fois par des organisations d'extrême droite nationalistes et néo-fascistes, et par des groupes terroristes d'extrême gauche telles les Brigades rouges.

Ces difficultés, qui mettent en danger la démocratie italienne, sont encore aggravées par le premier choc pétrolier de 1973 (► p. 262) : le pays, frappé à la fois par une forte inflation et par une explosion du chômage, plonge dans la crise.



## Le « compromis historique »

Face à cette situation, le nouveau leader du Parti communiste italien (PCI), Enrico Berlinguer, propose en octobre 1973 la constitution d'une alliance réunissant son parti et la Démocratie chrétienne. Ces derniers sont alors les pivots de la vie politique italienne, ayant obtenu respectivement 34 % et 38 % aux élections législatives de 1976. Aldo Moro, député et leader du parti démocrate-chrétien, apporte tout son soutien à cette idée.

## Enlevé dans les rues de Rome

Le 16 mars 1978, l'investiture du nouveau cabinet de « solidarité nationale » formé par Giulio Andreotti doit être votée avec le soutien des communistes et des démocrate-chrétiens. Alors que Moro se rend au Parlement, des membres des Brigades rouges bloquent sa voiture, abattent ses cinq gardes du corps et l'enlèvent. Les terroristes veulent empêcher toute participation du PCI à la démocratie libérale, qu'ils voient comme une trahison. Ils engagent des négociations avec le pouvoir italien, cherchant également une reconnaissance politique et réclamant la libération de certains de leurs compagnons emprisonnés.

Cinquante-cinq jours plus tard, Moro est « jugé » par un « tribunal populaire » puis exécuté. Si dans ce contexte, le PCI soutient la formation du gouvernement d'Andreotti, l'idée du « compromis historique » est néanmoins abandonnée.

**1978** Assassinat d'Aldo Moro à Rome

1973 1974 1975 1976 1977 1978 1979 1980 1981

Depuis 1973 Conflits au Moyen-Orient

Depuis sept. 1973 Récession économique

1973-1976 Détente

1976-1986 Guerre fraîche

**La découverte du corps d'Aldo Moro, le 9 mai 1978**

Son cadavre avait été placé dans le coffre d'une R4 garée à mi-chemin entre les sièges des partis communiste et démocrate-chrétien.

## Les « années de plomb » en Allemagne : la bande à Baader

Dans la nuit du 2 au 3 avril 1968, un groupe d'extrême gauche incendie deux grands magasins de Francfort pour dénoncer le capitalisme. Menés par Andreas Baader, sa compagne Gudrun Ensslin et Ulrike Meinhof, les membres de la bande à Baader, également appelée Fraction armée rouge (RAF), dont certains ont reçu un entraînement militaire dans un camp du Fatah en Jordanie (► p. 232), multiplient dès lors les attentats, les enlèvements et les assassinats en République fédérale d'Allemagne (RFA). Ils s'en prennent en particulier aux bâtiments militaires américains et aux édifices publics. Le renforcement de la législation antiterroriste permet l'arrestation en 1972 des principaux fondateurs du mouvement, mais ne met pas un terme aux attentats qui se poursuivent jusqu'au début des années 1990.



*« La décision est terrible à prendre, car il s'agit de sacrifier la vie d'un homme ou de perdre la république. Malheureusement pour les démocrates, il n'existe aucun doute sur le choix qui doit être fait. »*

Eugenio Scalfari, directeur de *La Repubblica*.

**Emblème de la Fraction armée rouge (RAF)**

Juin 1978

# La Coupe du monde de football est organisée par l'Argentine du dictateur Videla

**En 1978, l'Argentine accueille la Coupe du monde de football. L'administration du général Videla voit dans cet événement, dont elle a hérité, l'occasion de restaurer son image sur la scène internationale, mais celle-ci est l'occasion de faire connaître les violences du régime.**

## Une finale près des geôles du régime

Le 25 juin 1978, dans le stade *Monumental* de Buenos Aires, les Argentins l'emportent face aux Néerlandais au terme des prolongations. Affaiblis par l'absence de Johan Crujiff, le « Hollandais volant », ces derniers perdent pour la deuxième fois consécutive en finale.

Ce match se déroule à proximité de l'École supérieure de mécanique de la Marine dont les sous-sols abritent les cellules où les opposants sont séquestrés et torturés. Depuis 1976, la dictature de Videla mène une « guerre sale », recourant massivement à la violence contre les opposants (hommes politiques, syndicalistes, prêtres...) et leurs familles.

### La dictature militaire en Argentine (1976-1983)

Le 24 mars 1976, à la tête d'une junte militaire, Jorge Rafael Videla renverse Isabel Martínez de Perón, qui avait succédé à son mari en 1974. Traditionaliste, Videla engage un « processus de réorganisation nationale » visant à favoriser le développement économique du pays tout en luttant contre la subversion communiste. Une législation d'exception est mise en place.

Trente mille personnes auraient disparu durant cette période, ce qui conduit dès 1977 les « mères de la place de Mai » à manifester tous les mercredis à Buenos Aires pour demander justice.

En 1983, un processus de démocratisation est enclenché. À la suite de deux procès, en 1985 puis en 2010, Videla est condamné à la prison à perpétuité.

## Contre les violences du régime

De nombreuses voix s'élèvent alors, à travers le monde, pour dénoncer la dictature, rappeler le sort des dizaines de milliers d'hommes et de femmes enlevés, emprisonnés, assassinés, et appeler au boycott. Ces appels ne sont cependant pas suivis et peu de joueurs réalisent des gestes politiques. Seuls les Néerlandais refusent de participer à la remise des médailles pour ne pas avoir à serrer la main au général Videla, les Suédois allant pour leur part à la rencontre des mères de la place de Mai.

**1978** Coupe du monde de football en Argentine

1973 | 1974 | 1975 | 1976 | 1977 | 1978 | 1979 | 1980 | 1981

Depuis 1973 Conflits au Moyen-Orient

Depuis sept. 1973 Récession économique

1973-1976 Détente

1976-1986 Guerre fraîche

**La victoire de l'Argentine, le 25 juin 1978**
Le général Jorge Rafael Videla remet la coupe au capitaine de l'équipe d'Argentine, Daniel Passarella dit « El Pistolero ».

## L'opération *Condor*

Pour échapper à la répression menée par les dictateurs sud-américains dans les années 1970, de nombreux opposants politiques choisissent de s'exiler et de poursuivre leur lutte depuis l'étranger. Est alors mise sur pied, à partir de 1975, à l'initiative d'Augusto Pinochet (▶ p. 260), l'opération *Condor* : les dictateurs chilien, argentin, bolivien, brésilien, uruguayen et paraguayen décident de collaborer en secret afin de traquer les dissidents, aussi bien sur le continent américain qu'en Europe (▶ p. 227). Ainsi, le 22 mai 1976, l'ancien président de la Chambre des représentants uruguayenne, Héctor Gutiérrez Ruiz, et l'un de ses collègues sénateur et ancien ministre, Zelmar Michelini, sont assassinés par la police politique de leur pays en plein cœur de Buenos Aires.

**Les appels au boycott**
Constitué par l'écrivain Marek Halter, le Comité pour le boycott de l'organisation par l'Argentine de la Coupe du monde de football (COBA), met en place de nombreuses actions, dont une pétition qui réunit 150 000 signatures parmi lesquelles celles de Louis Aragon, de Roland Barthes ou encore d'Yves Montand. Néanmoins, la majorité de l'opinion française rejette l'idée d'un boycott, considérant que le sport doit rester apolitique.
*L'Épique*, n° 4, mai 1978.

1er avril 1979

# Une république islamique est instituée en Iran

**En 1979, une révolution conduit à la chute de l'État impérial iranien et à l'instauration d'une république islamique.**

## Transformer l'Iran

À partir de 1963, le **chah*** Mohammad Reza Pahlavi, soutenu par les États-Unis, engage en Iran la Révolution blanche qui conduit à une modernisation économique et sociale du pays. Néanmoins, les résultats sont contrastés et les mesures prises renforcent les inégalités. L'opinion est alors divisée : à une élite occidentalisée s'opposent des classes moyennes et populaires qui, largement influencées par les prédicateurs conservateurs, refusent l'évolution de la société et l'influence américaine.

## L'exil du chah

En 1978, des manifestations massives éclatent à travers le pays pour dénoncer la répression exercée par le pouvoir contre les opposants au régime. Dans ce contexte, les idées de l'**ayatollah**** Rouhollah Mousavi Khomeyni, fondamentaliste chiite favorable à l'instauration d'un État théocratique en exil en France, gagnent du terrain.



Affaibli, le chah nomme à la fin de l'année un Premier ministre issu de l'opposition social-démocrate, Chapour Bakhtiar. Sur les conseils de ce dernier, il décide de s'écarter temporairement du pouvoir : le 16 janvier 1979, le souverain s'envole pour l'Égypte avec son épouse l'impératrice Farah.

## Les religieux au pouvoir

Trois jours plus tard, plusieurs millions de personnes défilent à Téhéran pour fêter la chute du chah puis, le 1er février, une foule immense célèbre l'ayatollah Khomeyni à son retour d'exil. Celui-ci met alors en place un gouvernement qui l'emporte sur celui de Bakhtiar.

À la suite d'un référendum où le « oui » l'emporte à 98 %, une république islamique est instituée le 1er avril 1979. Une nouvelle Constitution est rédigée en vertu de laquelle le Guide suprême de la révolution, dont le pouvoir est à la fois politique et religieux, domine les institutions, dont le président élu au suffrage universel. S'appuyant sur les Gardiens de la révolution, véritable bras armé du régime, les islamistes se sont rendus maîtres du pays.

* Titre porté par les souverains iraniens.

** Haut dignitaire du clergé chiite.

Instauration d'une république islamique en Iran **1979**

1973 1974 1975 1976 1977 1978 1979 1980 1981

**Depuis 1973 Conflits au Moyen-Orient**

**Depuis sept. 1973 Récession économique**

**1973-1976 Détente**

**1976-1986 Guerre fraîche**

**L'ayatollah Rouhollah Mousavi Khomeyni rentre en Iran, le 1er février 1979**

En se détachant des influences occidentales sans pour autant se rapprocher de l'URSS et en tentant d'exporter la révolution islamique au-delà des frontières, le haut dignitaire chiite bouleverse les équilibres internationaux.

*« Le gouvernement islamique est soumis à la loi de l'Islam qui n'émane ni du peuple ni de ses représentants, mais directement de Dieu et de sa volonté divine. »*

Ayatollah Khomeyni, *Pour un gouvernement islamique*, 1979.



## La guerre Iran-Irak (1980-1988)

Le 22 septembre 1980, Saddam Hussein attaque l'Iran dans le but d'élargir la façade maritime de l'Irak dans le Chatt al-Arab*. Au-delà des questions territoriales, Bagdad craint surtout la contagion de la révolution islamique qui vient de réussir à Téhéran. Le pétrole est également un enjeu majeur du conflit : l'arrêt des exportations iraniennes provoque une augmentation des prix du brut, lesquels avaient déjà connu une première hausse à la suite de la chute du chah iranien, et entraîne un deuxième choc pétrolier.

Le conflit s'internationalise, notamment avec l'intervention à partir de 1987 des États-Unis, opposés à l'Iran.

Cette guerre totale fait plus d'un million de morts, pour beaucoup des civils victimes des bombardements de villes et de l'utilisation d'armes chimiques par les Irakiens.

Le 20 août 1988, un cessez-le-feu marque un retour au *statu quo* territorial d'avant la guerre.

* Estuaire formé par la réunion du Tigre et de l'Euphrate, qui débouche dans le golfe Persique.

1973-1993

# Le Moyen-Orient, foyer de conflits

**Au carrefour des mondes sémitiques, ouralo-altaïques et indo-européens, le Moyen-Orient voit coexister musulmans sunnites et chiites, juifs, chrétiens coptes, maronites, orthodoxes. Depuis les années 1960, les enjeux stratégiques – l'essentiel des réserves d'hydrocarbures de la planète sont situées dans cette région –, politiques et religieux en font l'une des principales zones de tensions dans le monde.**

## Israël au cœur des tensions



### La guerre du Kippour

Le 6 octobre 1973, l'Égypte et la Syrie attaquent par surprise Israël. Leur objectif est de récupérer les territoires occupés depuis la guerre des Six Jours (► p. 232). L'offensive, qui se déroule le jour du nouvel an juif (Yom Kippour), surprend d'abord **Tsahal*** qui parvient néanmoins à lancer une contre-offensive victorieuse dans le Golan. Entre-temps, les pays de l'Organisation des pays exportateurs de pétrole (OPEP) ont augmenté de 70 % les prix du brut et annoncé la réduction de leur production tant qu'Israël n'aura pas quitté les territoires occupés (► p. 262).

Le secrétaire d'État américain Henry Kissinger parvient à arracher un accord de paix le 11 novembre. Dès lors, les États-Unis vont jouer un rôle d'arbitre dans cette région.

***Armée de défense israélienne.**

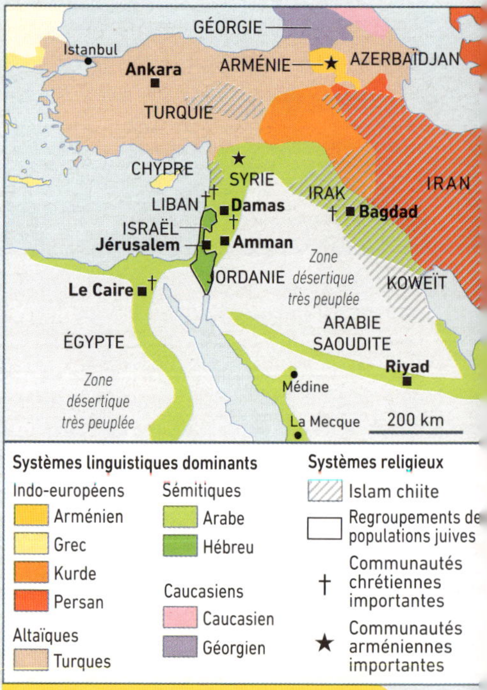


**La diversité linguistique et religieuse du Moyen-Orient**

La religion majoritaire au Moyen-Orient reste l'islam sunnite.

**La première Intifada**

Le terme « Intifada » (« soulèvement » en arabe) désigne les mouvements de contestation et de rébellion des Palestiniens des territoires occupés par Israël. La première Intifada, appelée aussi « guerre des pierres », a duré 6 ans, de décembre 1987 jusqu'aux accords d'Oslo de 1993. Une seconde éclate en septembre 2000 (► p. 363).



## Les accords de Camp David

Trois ans plus tard, le président américain Jimmy Carter réunit du 5 au 17 septembre 1978, dans sa résidence de Camp David (Maryland), le Premier ministre israélien Menahem Begin et le président égyptien Anouar el-Sadate. Cette rencontre a été rendue possible par le repositionnement de l'Égypte sur la scène internationale : l'année précédente, Sadate avait reconnu l'existence d'Israël, affirmant son désir de voir la paix rétablie tout en maintenant le droit des Palestiniens à un État indépendant.

Les pourparlers de paix de Camp David aboutissent à deux accords. Le premier permet la signature, le 26 mars 1979, d'une paix séparée qui sort l'État hébreu de son isolement et doit permettre à l'Égypte de tourner la page d'une guerre qui grevait son développement économique. Néanmoins, le second accord, concernant le principe de négociations sur le statut de la bande de Gaza et de la Cisjordanie, reste lettre morte. En 1987, la première Intifada replace le problème palestinien au centre des débats.

**Anouar el-Sadate, Jimmy Carter et Menahem Begin lors de la signature des accords de Camp David, le 17 septembre 1978 à la Maison-Blanche**

Quelques semaines plus tard, Sadate et Begin se voient décerner le prix Nobel de la paix.

### L'assassinat d'Anouar el-Sadate (6 octobre 1981)

La politique menée par le président égyptien Anouar el-Sadate modifie profondément l'image du Caire dans le monde. En effet, alors que Gamal Abdel Nasser avait été un chantre du panarabisme (▸ p. 204), les initiatives de son successeur sont fort mal perçues par les autres pays arabes. Plusieurs d'entre eux rompent leurs relations diplomatiques et leur collaboration économique avec l'Égypte qui est en outre exclue de la Ligue arabe en 1979. Manifestation extrême et violente du rejet de sa politique, Sadate est assassiné le 6 octobre 1981 au cours d'une parade militaire par des fondamentalistes musulmans.

## La question palestinienne jusqu'aux accords d'Oslo

La fin des tensions Est-Ouest au Proche-Orient permet de renouer un dialogue entre Palestiniens et Israéliens. Le 13 septembre 1993, par les accords d'Oslo, le leader palestinien Yasser Arafat et le Premier ministre israélien Itzhak Rabin reconnaissent pour le premier l'existence de l'État hébreu et pour le second l'Organisation de libération de la Palestine (OLP) : celle-ci pose les bases d'un régime d'autonomie des territoires revendiqués par les Palestiniens. Le partage du contrôle dans les territoires occupés tient compte de la présence de la population palestinienne, mais aussi des colonies israéliennes implantées depuis 1967 et qui se sont développées dans les années 1980 : le nombre de colons est ainsi passé de 7 000 en 1978 à 20 000 en 1983, et à plus de 200 000 dans les années 1990 – sans compter les 200 000 à Jérusalem-Est.



# 1975-1989 • La guerre du Liban

## Le fragile équilibre intérieur

À partir de 1970, l'arrivée massive au Liban de Palestiniens chassés de Jordanie (▸ p. 232) déstabilise l'équilibre des communautés religieuses. L'organisation des pouvoirs y est en effet confessionnelle : président de la République chrétien maronite, Premier ministre sunnite, président de la Chambre chiite.

Réfugiés palestiniens, chiites et druzes s'opposent à l'hégémonie politique et économique des chrétiens et des sunnites, lesquels s'inquiètent des conséquences de la présence de *fedayins* de l'OLP et des incursions d'Israël contre eux en territoire libanais.

La guerre civile débute en avril 1975 par un accrochage entre Palestiniens et phalangistes chrétiens (les Kataëb). Une spirale de violence s'enclenche et de nombreux civils sont massacrés.

## Les interventions étrangères

Une intervention syrienne en 1976 fait cesser les hostilités mais au prix d'une présence militaire extérieure, la Force arabe de dissuasion (FAD). En mars 1978, Israël envahit le sud du pays mais il doit laisser la place aux Casques bleus de la Force intérimaire des Nations unies au Liban (Finul). Le pays se divise alors en factions soutenues par des puissances étrangères.

**L'attaque du camp palestinien de la Quarantaine à Beyrouth par les phalangistes chrétiens, en 1976**

En janvier 1976, les combattants Kataëb vident le camp et transfèrent sa population vers ceux de Beyrouth-Ouest, essentiellement Sabra et Chatila.

Photographie de Françoise Demulder, World Press 1976.

En juin 1982, le sud du Liban est à nouveau envahi par Israël dans le cadre de l'opération *Paix en Galilée* : les Israéliens, décidés à poursuivre les combattants palestiniens jusqu'à Beyrouth, veulent favoriser l'accession au pouvoir du maronite Bachir Gemayel, favorable à la paix. Élu le 23 août, le nouveau président est assassiné moins d'un mois plus tard. En représailles, les forces libanaises chrétiennes massacrent, du 16 au 18 septembre, les civils palestiniens réfugiés dans les camps de Sabra et Chatila, sous les yeux des troupes israéliennes.

La Syrie, de son côté, soutient les forces druzes en lutte contre les chrétiens tandis que l'Iran encourage la formation du Hezbollah.

## Une paix difficile

L'ONU doit à nouveau intervenir et les instances de l'OLP sont contraintes de quitter Beyrouth pour Tunis. L'accord de Taëf en 1989, qui vise à mettre fin à la guerre civile, laisse un pays exsangue, dévasté humainement, politiquement et économiquement. Il ne permet pas au Liban de retrouver son indépendance : la présence syrienne à Beyrouth et israélienne dans le Sud-Liban est lourde de menaces pour l'avenir.

### Le Hezbollah

Le Hezbollah (« parti de Dieu ») est un mouvement chiite libanais fondé en 1982, à la suite de l'opération *Paix en Galilée*, dans le but de lutter contre Israël et la présence étrangère au Liban. Sur le plan intérieur, il prône la mise en place d'un régime islamique sur le modèle iranien. En partie financée et armée par Téhéran, la branche militaire du Hezbollah revendique des prises d'otages (diplomates, journalistes, militaires) et est suspectée d'avoir organisé de nombreux attentats dont ceux de Beyrouth en 1983, qui coûtèrent la vie à 299 soldats américains et français de la force de maintien de la paix de l'ONU.

4 mai 1979

# Margaret Thatcher devient Premier ministre du Royaume-Uni

**À la suite de la victoire des conservateurs aux élections législatives, la reine Élizabeth II nomme Margaret Thatcher Premier ministre. Celle-ci engage une politique néo-libérale.**

## La victoire des *Tories*

En mai 1979, dans un contexte de crise encore aggravé par le deuxième choc pétrolier, le parti conservateur (les *Tories*) remporte les élections. Margaret Thatcher succède alors au Premier ministre travailliste James Callaghan qui a été confronté, l'hiver précédent, à d'importants mouvements sociaux.

À la tête du parti depuis février 1975, Thatcher affiche sa volonté de rompre avec les politiques menées depuis 1945. Au lieu de miser, dans une logique **keynésienne***, sur un accroissement des dépenses publiques pour relancer l'économie, elle prône une politique néo-libérale conforme aux théories **monétaristes**** de l'économiste américain Milton Friedman. Elle entend notamment limiter l'assistanat et favoriser l'initiative individuelle.



## Un virage radical

La sphère d'intervention de l'État est rapidement restreinte. Des entreprises publiques (British Petroleum et British Aerospace par exemple) sont privatisées tandis que la prise en charge du chômage est fortement réduite et les dépenses publiques dans le domaine de l'éducation et du logement limitées. Dans le même temps, la concurrence est replacée au cœur de la vie économique : les activités financières et bancaires sont en partie dérégulées et le poids des syndicats restreint.

## Une « Dame de fer » au 10 Downing Street

Bien que le PIB diminue pour la première fois depuis la Seconde Guerre mondiale et que le nombre de chômeurs augmente, passant de 1,3 million en mai 1979 à plus de 3,3 millions en septembre 1982, Thatcher demeure insensible aux critiques que suscite cette « thérapie de choc ». De même, elle ne cède pas face aux militants de l'Armée républicaine irlandaise (IRA) (► p. 248) : leur grève de la faim entamée pour obtenir le statut de prisonniers politiques se solde par la mort de dix d'entre eux en 1981.

En 1982, la guerre des Malouines lui permet de remporter un succès sur la scène internationale, qui assoit sa légitimité : en 1983, le parti conservateur réalise son plus beau score électoral depuis 1945.

Margaret Thatcher, Premier ministre du Royaume-Uni **1979**

1973 1974 1975 1976 1977 1978 1979 1980 1981

**Depuis 1973 Conflits au Moyen-Orient**

**Depuis sept. 1973 Récession économique**

**1973-1976 Détente**

**1976-1986 Guerre fraîche**

**Margaret Thatcher arrive au 10 Downing Street, le 4 mai 1979**

Première femme Premier ministre en Europe, Margaret Thatcher reste au pouvoir jusqu'en 1990, preuve de sa popularité auprès des Britanniques malgré des oppositions frontales.

*« Ma politique est basée non pas sur des théories économiques mais sur des principes avec lesquels moi et des millions de semblables avons été élevés : un honnête jour de travail pour une honnête paye ; vivez selon vos moyens ; gardez un pécule pour les jours de pluie ; payez vos factures à l'heure ; soutenez la police. »*

Margaret Thatcher, *The News of the World*, 20 septembre 1981.



## La guerre des Malouines

Le 2 avril 1982, la junte militaire au pouvoir en Argentine tente un coup de force : envahir les îles Malouines, archipel de l'Atlantique sud qui se situe à moins de 500 kilomètres de ses côtes mais qui est une possession britannique depuis 1833.

Alors que le Conseil de sécurité des Nations unies et les États-Unis appellent à une solution négociée, Margaret Thatcher décide une intervention aéro-navale d'ampleur, qui coûte la vie à environ 250 Britanniques et 750 Argentins.

La reddition argentine le 14 juin précipite la fin de la dictature l'année suivante (► p. 278) et renforce l'image d'inflexibilité de la « Dame de fer ».

* Inspirée des travaux de l'économiste anglais John Maynard Keynes (1883-1946).

** Qui considère le rôle de la monnaie comme essentiel dans la politique économique.

983 | 1984 | 1985 | 1986 | 1987 | 1988 | 1989 | 1990 | 1991

1986-1991 Deuxième détente

1989-1991 Implosion du bloc de l'Est

15 juillet 1979

# Les premières zones économiques spéciales sont créées en Chine

**En 1979, trois ans après la mort de Zhou Enlai et de Mao Zedong, la République populaire de Chine s'ouvre économiquement sous l'impulsion de Deng Xiaoping.**

## L'économie socialiste de marché

En 1978, Deng Xiaoping, qui a été secrétaire général du Parti communiste chinois (PCC) de 1956 à 1967, s'impose à la tête du pays. Partant du constat que la Chine réunit un cinquième de la population du globe mais ne représente que 5 % du PIB mondial, il prône le passage à une économie socialiste de marché, c'est-à-dire l'introduction d'un certain libéralisme tout en maintenant un fort contrôle étatique.

> *« Bien sûr, nous ne voulons pas du capitalisme, mais nous ne voulons pas non plus être pauvres sous le socialisme. »*
>
> Deng Xiaoping, 26 novembre 1979.

## S'ouvrir à l'étranger

Soucieux de ménager la vieille garde du parti et prudent quant aux conséquences de ses réformes, Deng Xiaoping procède par petites touches. Le 15 juillet 1979, le Comité central du PCC et le Conseil des affaires d'État décident la création, à titre d'essai, de quatre zones économiques spéciales (ZES).

Dans ces territoires, les implantations d'entreprises étrangères, attirées par une main-d'œuvre bon marché, seront favorisées par une fiscalité très avantageuse, l'exonération des droits de douane mais aussi la mise à disposition gratuite de terrains. Il s'agit à la fois d'encourager les investissements étrangers et de permettre à la Chine de combler son retard en bénéficiant de transferts de technologies.

## Les implantations originelles

Afin de développer les exportations, les quatre premières ZES sont implantées sur le littoral méridional de la Chine, dans les provinces du Fujian et du Guangdong méridional. Zhuhai et Shenzhen, largement rurales, sont choisies en raison de leur proximité avec Hong Kong – territoire sous domination britannique jusqu'en 1997 (► p. 340) – et Macao – colonie portugaise jusqu'en 1999. Quant à Shantou et Xiamen, elles sont sélectionnées du fait des liens qu'entretiennent leurs habitants avec les Chinois de la **diaspora***, lesquels sont susceptibles de réaliser des investissements dans leur patrie d'origine.

* Chinois vivant hors de Chine.

**1979** Création des premières ZES en Chine

1973 | 1974 | 1975 | 1976 | 1977 | 1978 | 1979 | 1980 | 1981

**Depuis 1973 Conflits au Moyen-Orient**

**Depuis sept. 1973 Récession économique**

**1973-1976 Détente**

**1976-1986 Guerre fraîche**

**Une ouverture progressive**

**Compte tenu des résultats obtenus par les quatre premières ZES, d'autres sont créées, d'abord sur le littoral dans les années 1980, puis à l'intérieur du pays au cours de la décennie suivante.**



## La modernisation chinoise

La création des zones économiques spéciales (ZES) n'est qu'un aspect de la politique de modernisation mise en œuvre en République populaire de Chine à partir de 1978 (► p. 404). Le rôle de l'État est globalement réduit tandis que l'entreprise privée et la notion de profit sont réintroduites dans la vie économique. Une décollectivisation des campagnes est ainsi engagée à la fin des années 1970 puis, au cours de la décennie suivante, de nombreuses entreprises publiques sont privatisées.

Ces réformes permettent une croissance spectaculaire du PIB qui progresse en moyenne de 10 % par an pendant les années 1980, mais cette libéralisation ne s'étend pas à la vie politique.

19 juillet 1979

# Les sandinistes s'emparent du pouvoir au Nicaragua

**En juillet 1979, le Front sandiniste de libération nationale, d'inspiration socialiste, chasse par les armes le dictateur Anastasio Somoza Debayle longtemps soutenu par les États-Unis.**

## Une dictature familiale

En 1967, Anastasio Somoza Debayle accède au pouvoir au Nicaragua, perpétuant la dictature familiale fondée par son père en 1936. Farouchement anticommuniste, il mène une politique autoritaire avec l'appui des États-Unis qui utilisent le pays comme base arrière contre Cuba. Reposant largement sur la corruption, la mainmise du clan Somoza sur le pays crée des mécontentements et participe du développement, à partir du début des années 1970, d'une opposition légale menée par le directeur du journal *La Prensa*, Pedro Joaquín Chamorro.

## La guerre civile

Parallèlement, le Front sandiniste de libération nationale (FSLN) se livre à une lutte armée contre le régime. Fondé en 1961 à La Havane dans le contexte de la guerre froide, ce mouvement d'inspiration marxiste vise à renverser par la force la dictature de Somoza et à engager de profondes réformes dans le pays.



Dans les années 1970, le FSLN multiplie les actions, en particulier contre des commissariats et des casernes. Le 27 décembre 1974, un commando réalise un coup d'éclat en s'emparant de trente otages, parmi lesquels figurent des proches de Somoza. L'état de siège décrété par le pouvoir et la répression violente qui fait des milliers de morts renforcent le soutien dont jouissent les sandinistes auprès de la population.

## Les sandinistes au pouvoir

Après l'assassinat de Chamorro en janvier 1978, les opposants au régime unissent leurs forces. Le 22 août, une vingtaine d'hommes du FSLN pénètrent dans le palais national au cœur de la capitale, Managua, et prennent en otages 1 500 personnes, dont de nombreux députés et hauts fonctionnaires. Une grève générale paralyse le pays.

De plus en plus affaibli, Somoza perd le soutien des États-Unis si bien qu'il quitte le Nicaragua le 17 juillet 1979. Deux jours plus tard, les guérilleros sandinistes, armés notamment par Cuba, s'emparent de Managua. Une « junte de gouvernement de reconstruction nationale » dirigée par Daniel Ortega se constitue : elle engage une politique d'expropriation des grands propriétaires et entame la rédaction d'une nouvelle Constitution.

Révolution sandiniste au Nicaragua 1979

1973 1974 1975 1976 1977 1978 1979 1980 1981 19

Depuis 1973 Conflits au Moyen-Orient

Depuis sept. 1973 Récession économique

1973-1976 Détente

1976-1986 Guerre fraîche

**Troupes sandinistes dans les rues de Managua, en 1979**

Les sandinistes se dénomment ainsi en référence à Augusto Calderón Sandino. Celui-ci lutta à partir de la fin des années 1920 contre la présence de soldats américains au Nicaragua et mourut assassiné en 1934 sur ordre d'Anastasio Somoza García, le père d'Anastasio Somoza Debayle.

> *« Les peuples opprimés rompront les chaînes de l'humiliation […] et les trompettes guerrières entonneront les hymnes de la liberté des opprimés contre les oppresseurs […]. »*
>
> Augusto Calderón Sandino, leader de la guérilla nicaraguayenne (1895-1934).

**Ronald Reagan affichant son soutien aux Contras**

## Ronald Reagan et la Contra

Face aux sandinistes qui affirment leur proximité avec La Havane et Moscou, le président américain Ronald Reagan engage, dès sa prise de fonction en 1981, une politique de fermeté. Il craint en effet que l'instauration d'un régime marxiste au Nicaragua ne conduise à une diffusion de ce modèle et à une déstabilisation de la région. Dès 1982, des sanctions économiques internationales sont décidées, puis un embargo est mis en place en 1985. Parallèlement, les États-Unis financent un groupe armé contre-révolutionnaire, la Contra, d'abord de façon officielle puis par l'utilisation de fonds tirés de ventes illégales d'armes à l'Iran, ce qui donne lieu en 1986 au scandale de l'Irangate impliquant l'administration Reagan.

1983 1984 1985 1986 1987 1988 1989 1990 1991

**1986-1991 Deuxième détente**

**1989-1991 Implosion du bloc de l'Est**

25 décembre **1979**

# L'URSS envahit l'Afghanistan

**Après une décennie de détente, l'invasion de l'Afghanistan par l'Union soviétique provoque l'une des plus graves crises de la guerre froide.**

## « Préserver les conquêtes du socialisme »

Conformément à la doctrine mise en place par Léonid Brejnev (► p. 251), les Soviétiques souhaitent ancrer la jeune République démocratique d'Afghanistan dans le camp socialiste : ils soutiennent ainsi les réformes collectivistes et sociales engagées par le gouvernement communiste au pouvoir depuis 1978. Au-delà, l'objectif poursuivi est d'empêcher la contagion, en Afghanistan mais aussi dans les républiques socialistes soviétiques du Turkménistan, d'Ouzbékistan et du Tadjikistan, de la révolution islamique iranienne, hostile aux États-Unis comme à l'Union soviétique (► p. 280).

## L'opération *Chtorm 333*

Le 14 septembre 1979, le président afghan est assassiné et remplacé par le secrétaire général du Parti communiste afghan, Hafizullah Amin. Moscou craignant que ce dernier ne se rapproche des Américains, des troupes envahissent l'Afghanistan dans la nuit du 24 au 25 décembre 1979. Deux jours plus tard, Amin est assassiné par les services secrets soviétiques et Babrak Karmal, leader de l'aile modérée du parti, placé à la tête du pays.



## La résistance afghane

L'URSS déploie plus de 100 000 soldats en Afghanistan : ils prennent le contrôle des grandes villes et des routes principales tandis que des centaines de milliers d'Afghans fuient vers l'Iran, le Pakistan ou l'Occident. Néanmoins, l'Armée rouge doit faire face à l'opposition des **moudjahidin***, dont les rangs sont grossis de volontaires venus de nombreux pays musulmans. Ceux-ci multiplient les assauts contre les forces d'occupation et organisent une guérilla efficace.

## Une crise internationale

Cette intervention militaire soviétique hors des frontières du pacte de Varsovie ravive les tensions entre l'Est et l'Ouest. Elle est dénoncée dès le 14 janvier 1980 à l'Assemblée générale des Nations unies par 104 voix contre 18. Le président américain Jimmy Carter décrète un embargo sur les livraisons de blé à destination de l'URSS puis, à l'été 1980, 55 pays boycottent les Jeux olympiques organisés à Moscou.

*Combattants de la foi.

Invasion de l'Afghanistan par l'URSS **1979**

1973 1974 1975 1976 1977 1978 1979 1980 1981 19

Depuis 1973 Conflits au Moyen-Orient

Depuis sept. 1973 Récession économique

1973-1976 Détente

1976-1986 Guerre fraîche

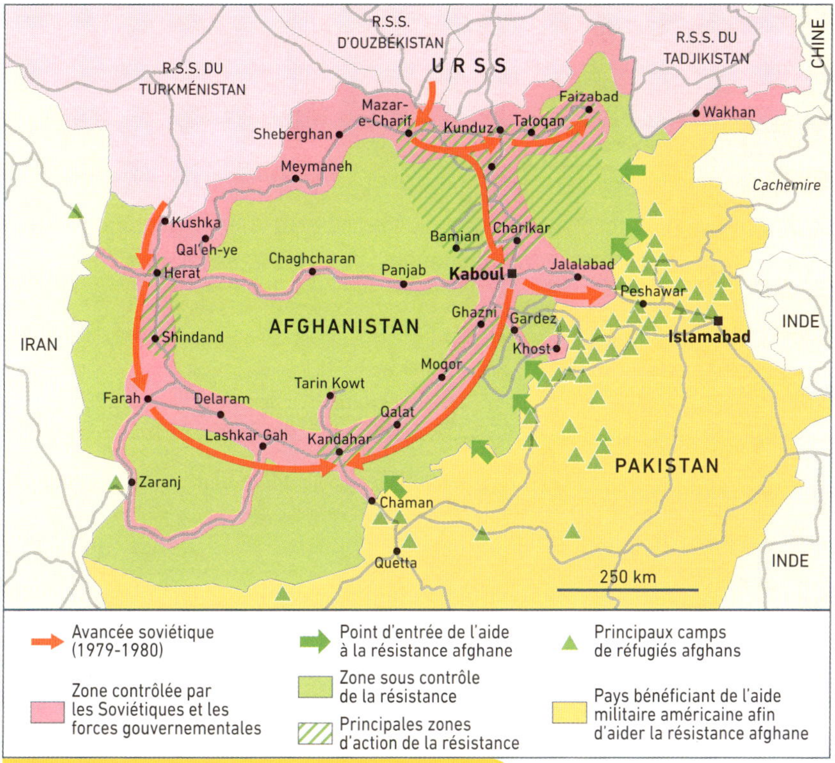




**La guerre d'Afghanistan (1979-1989)**

**L'invasion soviétique marque le début d'une décennie de guerre qui fait, selon les estimations, entre 700 000 et 1,3 million de morts et provoque l'exil de plus de 4,5 millions d'Afghans (sur une population de 20 millions d'habitants). En 1989, les troupes soviétiques se retirent, vaincues.**

## Ahmad Shah Massoud (1953-2001)

Engagé dans la résistance au Panshir, dans le nord-est de l'Afghanistan, le commandant Massoud devient l'un des leaders de la rébellion contre l'URSS. Après la retraite des troupes soviétiques en 1989, celui auquel son engagement et son charisme ont valu le surnom de « Lion du Panshir » étend sa domination sur une grande partie de l'Afghanistan. En 1992, Massoud devient ministre de la Défense dans un gouvernement islamiste modéré et exerce cette fonction jusqu'à la prise de Kaboul par les talibans en 1996. Il s'engage alors dans la lutte contre cette dictature intégriste soutenue par le Pakistan.
Massoud est assassiné le 9 septembre 2001, deux jours avant les attentats perpétrés par Al-Qaïda aux États-Unis (► p. 356).

1983 | 1984 | 1985 | 1986 | 1987 | 1988 | 1989 | 1990 | 1991

**1986-1991 Deuxième détente**

**1989-1991 Implosion du bloc de l'Est**

31 août 1980

# En Pologne, le syndicat Solidarnosc est autorisé

**En vertu des accords signés le 31 août 1980 à Gdansk, dans le nord de la Pologne, Solidarnosc devient le premier syndicat indépendant du pouvoir reconnu dans un pays socialiste.**

## De la grève...

Le 14 août 1980, les 17000 ouvriers du chantier naval Lénine de Gdansk cessent le travail. Dans un contexte de hausse des prix des denrées alimentaires et alors qu'un mouvement de grèves touche le pays depuis le début de l'été, ils demandent des augmentations de salaires mais aussi la réintégration de l'une des leurs, Anna Walentynowicz, licenciée pour avoir créé une association indépendante de travailleurs.

Un ouvrier électricien, Lech Walesa, prend la tête du mouvement. Il organise l'occupation des chantiers navals et cherche à lui donner un écho international. De nouvelles revendications, portant sur les conditions de travail, la retraite mais aussi la liberté syndicale, s'ajoutent aux motifs initiaux du conflit.



## ... à l'accord historique

À la suite des pressions de l'Église catholique et en particulier du pape polonais Jean-Paul II, le gouvernement communiste cède et, le 31 août 1980, un accord est signé. Celui-ci prévoit une hausse des salaires, la reconnaissance du droit de grève et du droit d'accès à l'information, la réintégration des ouvriers licenciés et la libération des prisonniers politiques ainsi que des syndicalistes.

L'existence d'un syndicat indépendant du pouvoir est en outre reconnue : il est baptisé Solidarnosc (« Solidarité ») en référence au bulletin des grévistes de Gdansk.

## Une nouvelle répression

Très vite, le syndicat connaît un grand succès : au bout d'un an, il revendique 9,5 millions d'adhérents – sur 36 millions d'habitants en Pologne !

Solidarnosc, qui n'est pas lié au parti communiste, fragilise le régime. Aux revendications croissantes de la société civile, le général Wojciech Jaruzelski répond alors par la force en instaurant la loi martiale le 13 décembre 1981. 6000 syndicalistes, dont Walesa, sont arrêtés et Solidarnosc est dissout. L'organisation poursuit néanmoins son action dans la clandestinité.

Autorisation de Solidarnosc en Pologne 1980

1973 1974 1975 1976 1977 1978 1979 1980 1981 198

Depuis 1973 Conflits au Moyen-Orient
Depuis sept. 1973 Récession économique
1973-1976 Détente
1976-1986 Guerre fraîche

**Grévistes devant le chantier naval Lénine de Gdansk, le 22 août 1980**

Dans ce pays très catholique, des portraits de Jean-Paul II sont affichés sur les grilles du chantier naval de Gdansk. À plusieurs reprises pendant le conflit, le pape polonais intronisé en 1978 intervient publiquement pour soutenir les grévistes.



## Lech Walesa (né en 1943)

Monteur électricien aux chantiers Lénine de Gdansk, Lech Walesa co-fonde Solidarnosc en 1980. Emprisonné durant onze mois à la suite de l'instauration de l'état de siège en décembre 1981, il reçoit le prix Nobel de la paix en 1983.

Poursuivant son combat en appelant à des manifestations pacifiques, Walesa joue un rôle clé dans la transition démocratique. Il est élu président de la République de Pologne en 1990 avec près de 75 % des voix, mais n'est pas réélu en 1995, du fait de sa politique jugée trop libérale et des critiques que suscite la place prise par l'Église dans la vie politique.

*« La voie qui mène à un avenir plus lumineux passe par l'honnête conciliation des intérêts opposés et non à travers la haine et le sang. Poursuivre cette voie signifie renforcer la force de l'idéal universel de la solidarité. »*

Danuta Walesa, épouse de Lech Walesa, lorsqu'elle reçut au nom de ce dernier, auquel un passeport pour se rendre à Oslo avait été refusé, le prix Nobel de la paix.

10 mai 1981

# François Mitterrand est élu président de la République française

**En mai 1981, François Mitterrand devient le premier président socialiste de la Vᵉ République. Son élection fait naître des espoirs mais aussi des craintes dans un contexte de guerre froide.**

## L'alternance politique

Le 10 mai 1981, François Mitterrand remporte l'élection présidentielle avec 51,8 % des suffrages exprimés face au président sortant, Valéry Giscard d'Estaing. Présenté comme « l'homme du passif » par le candidat socialiste, ce dernier n'a pas réussi à enrayer durant son mandat la progression du chômage. Mitterrand a aussi bénéficié des divisions de la droite et du recul du parti communiste dont le secrétaire général, Georges Marchais, n'a réuni que 15,3 % des voix au premier tour.

## « Changer la vie »

Pour pouvoir appliquer son programme, Mitterrand dissout le 22 mai la Chambre des députés. Après les élections législatives qui s'ensuivent, les socialistes disposent de la majorité absolue : c'est la vague rose.

Conformément à ses « 110 propositions pour la France », le nouveau président initie de nombreuses réformes : abolition de la peine de mort, baisse de la durée hebdomadaire de travail à 39 heures, cinquième semaine de congés payés, abaissement de l'âge de la retraite à 60 ans et décentralisation. Une grande campagne de nationalisations de banques et de groupes industriels est en outre engagée. La place de l'État dans la vie économique est ainsi fortement accrue.

> *« Cette victoire est d'abord celle des forces de la jeunesse, des forces du travail, des forces de création, des forces du renouveau qui se sont rassemblées dans un grand élan national pour l'emploi, la paix, la liberté... »*
>
> Déclaration de François Mitterrand à Château-Chinon, 10 mai 1981.

## La victoire socialiste vue de l'étranger

Dans le contexte de guerre froide, l'entrée de quatre ministres communistes dans le gouvernement de Pierre Mauroy suscite l'inquiétude de Washington, Bonn et Londres. Néanmoins, la politique de fermeté envers l'URSS prônée par Mitterrand lors de la crise des euromissiles (► p. 298), ainsi que son orientation fondamentalement atlantiste, dissipent rapidement les doutes.

François Mitterrand, président de la République française 1981

1973 1974 1975 1976 1977 1978 1979 1980 1981 19

Depuis 1973 Conflits au Moyen-Orient

Depuis sept. 1973 Récession économique

1973-1976 Détente

1976-1986 Guerre fraîche

**Cérémonie au Panthéon, le 21 mai 1981**
Le jour de sa prise de fonction, le nouveau président se rend au Panthéon où il se recueille sur les tombes du militant anti-esclavagiste Victor Schœlcher, du leader socialiste Jean Jaurès et du résistant Jean Moulin. Cette journée, comme celle du 10 mai, est marquée par de très nombreuses scènes de liesse populaire à travers le pays.



## 1983, le « tournant de la rigueur »

Après l'état de grâce qui suit la victoire, la cote de popularité de François Mitterrand s'effondre : les avis positifs passent de 74 % en juin 1981 à 32 % en octobre 1983. La politique de lutte contre la crise et le chômage par la relance de la consommation ne produit pas les résultats escomptés : le nombre de demandeurs d'emploi continue de progresser et l'inflation croît.

La hausse des dépenses publiques engagée depuis le début du septennat devenant incompatible avec la poursuite de l'intégration monétaire européenne, Mitterrand décide en 1983 une réorientation. Laurent Fabius, nommé Premier ministre en 1984, est chargé d'opérer le « tournant de la rigueur ».

1983 – 1984 – 1985 – 1986 – 1987 – 1988 – 1989 – 1990 – 1991

1986-1991 Deuxième détente

1989-1991 Implosion du bloc de l'Est

23 mars 1983

# Ronald **Reagan** présente le projet « **Guerre des étoiles** »

**En 1983, le président américain Ronald Reagan relance la course aux armements avec l'Initiative de défense stratégique.**

## La fin de la politique de dissuasion

Dans un contexte marqué par la révolution islamique en Iran (► p. 280) et par l'invasion soviétique en Afghanistan (► p. 292), et après une période de repli géopolitique des États-Unis, Ronald Reagan est élu président en 1980 au terme d'une campagne fondée sur le slogan « *America is back* ».

En pleine crise des euromissiles, il annonce le 23 mars 1983 le lancement d'un nouveau programme : l'Initiative de défense stratégique (IDS). Rebaptisé par les médias « Guerre des étoiles » en référence au film *Star Wars* de George Lucas (► p. 274), ce projet consiste en la mise en place d'un bouclier spatial permettant de détecter à l'aide de satellites puis de détruire les missiles soviétiques. Ainsi les États-Unis seraient-ils à l'abri de toute attaque.

## L'ultime affrontement militaro-économique



Les coûts de développement de l'IDS sont faramineux : le budget de la défense américaine passe ainsi de 142 à 386 milliards de dollars entre 1980 et 1986. En réaction à ce programme, l'Union soviétique engage elle aussi d'importants investissements militaires.

Or aucun des deux Grands n'a réellement les moyens de cette nouvelle course aux armements. Aux États-Unis, l'IDS, combinée à une baisse de la fiscalité, entraîne un accroissement exponentiel du déficit public. Quant à l'Union soviétique, elle connaît une situation économique très difficile qui amène Mikhaïl Gorbatchev, au pouvoir à partir de 1985, à engager une vague de réformes sans précédent (► p. 306).

Dans ce contexte, les discussions sur le désarmement reprennent entre les deux pays qui signent, en décembre 1987, le traité de Washington sur le contrôle des forces nucléaires à portée intermédiaire.

> « J'étais entré en fonction armé d'un solide préjugé contre l'accord tacite sur les missiles qui s'était instauré entre l'Union soviétique et nous. [...] C'était un peu comme si deux hommes de l'Ouest se tenaient face à face dans un saloon, chacun gardant son arme pointée en permanence sur la tête de l'autre. On devait pouvoir trouver mieux. »
>
> Ronald Reagan, *Une Vie américaine. Mémoires*, 1990.

1973 1974 1975 1976 1977 1978 1979 1980 1981

Depuis 1973 Conflits au Moyen-Orient

Depuis sept. 1973 Récession économique

1973-1976 Détente

1976-1986 Guerre fraîche

**À Arlington, Ronald Reagan défend le projet de l'IDS**
Reposant sur des technologies non encore maîtrisées et nécessitant des investissements considérables, le programme d'Initiative de défense stratégique (IDS) est décrié pour des raisons économiques autant que techniques. Il est abandonné en 1993 durant le premier mandat de Bill Clinton.

## La crise des euromissiles

En 1977, l'Union soviétique déploie en Europe centrale et orientale des missiles *SS-20* d'une portée de 500 à 5 000 kilomètres, lui permettant d'atteindre des bases de l'OTAN en Europe de l'Ouest. Face à cette menace, les nations occidentales répondent en 1979 par une alternative : soit Moscou accepte d'engager des pourparlers en vue d'un désarmement, soit des missiles américains *Pershing II* pouvant atteindre son territoire seront installés à l'Ouest. La fermeté des pays européens, emmenés par Helmut Kohl, François Mitterrand et Margaret Thatcher, entraîne la mise en place de ces missiles en République fédérale d'Allemagne (RFA) en 1983. Les Soviétiques ripostent en annonçant la fin des négociations et un nouveau renforcement de leur arsenal nucléaire. L'Europe est de nouveau au cœur de la guerre froide.

**1983** Projet de l'IDS

1983 | 1984 | 1985 | 1986 | 1987 | 1988 | 1989 | 1990 | 1991

1986-1991 Deuxième détente

1989-1991 Implosion du bloc de l'Est

20 mai 1983

# Le virus du sida est identifié

**En 1983, une équipe de l'institut Pasteur de Paris décrit pour la première fois le virus du sida. C'est une étape cruciale dans la lutte contre la maladie.**

## Une épidémie inquiétante

Le 5 juin 1981, le Centre pour le contrôle et la prévention des maladies (CDC) d'Atlanta signale une hausse importante d'infections pulmonaires à *Pneumocystis carinii* ainsi que de sarcomes de Kaposi, deux affections qui frappent des personnes aux défenses immunitaires affaiblies. Les premiers malades recensés étant homosexuels, on parle alors d'une « peste *gay* ». Il s'avère néanmoins rapidement que des hétérosexuels sont également atteints et que les toxicomanes et les hémophiles sont nombreux parmi les malades recensés.

De plus en plus de cas sont dénombrés aux États-Unis et à travers le monde. Cette maladie étant mortelle, l'inquiétude s'installe.

## Un nouveau virus



Les premières recherches mettent en évidence le fait que cette pathologie attaque les défenses immunitaires et empêche donc l'organisme de lutter contre les infections. Comme elle se transmet par relations sexuelles et par voie sanguine, il semble qu'il s'agisse d'un virus mais les études menées indiquent que celui-ci ne correspond à aucun des agents infectieux identifiés jusqu'alors.

## La première description

Début 1983, à Paris, une équipe de l'institut Pasteur dirigée par le professeur Luc Montagnier, et à laquelle collaborent Jean-Claude Chermann et Françoise Barré-Sinoussi, travaille à partir de prélèvements ganglionnaires réalisés par le docteur Willy Rozenbaum sur un patient contaminé depuis peu. Dans un article publié le 20 mai 1983 dans la revue américaine *Science*, ces chercheurs montrent le lien entre la nouvelle maladie et un **rétrovirus*** baptisé LAV-1 (pour *Lymphadenopathy-Associated Virus*), qui détruit les lymphocytes **T4****: le syndrome de l'immunodéficience acquise, ou sida, vient d'être identifié.

Cette découverte ouvre la voie à la mise au point de tests de dépistage de la maladie puis de traitements antiviraux permettant d'en limiter l'évolution.

* Virus capable de se multiplier dans les cellules par transcription de l'acide ribonucléique (ARN) en acide désoxyribonucléique (ADN).

** Cellules importantes du système immunitaire.

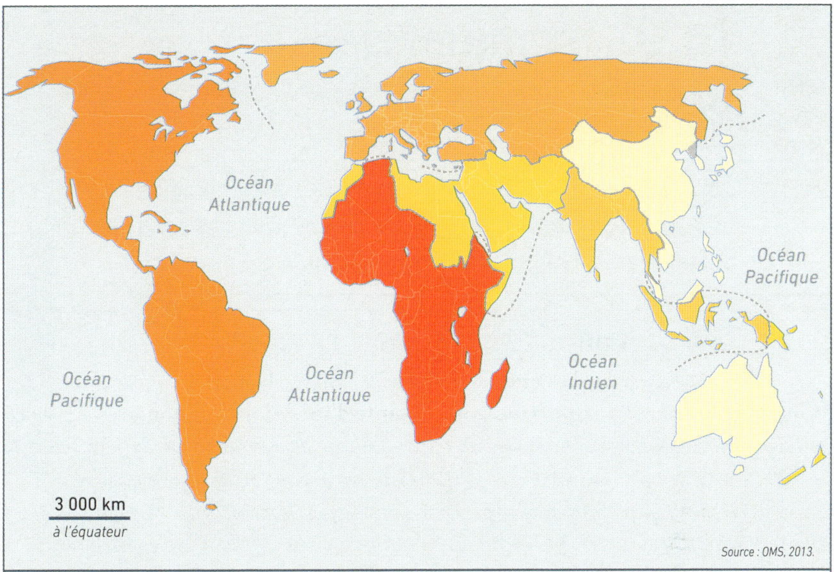

Source : OMS, 2013.

**Taux de prévalence du sida chez les 15-49 ans, en %, par région, en 2012**

- Pacifique Ouest : 0,1
- Méditerranée de l'Est : 0,2
- Asie du Sud-Est : 0,3
- Europe : 0,4
- Amériques : 0,5
- Afrique : 4,5

Taux de prévalence mondiale : 0,8 %



**La pandémie du sida**

En 2013, 35 millions de personnes vivaient avec le sida. Au cours de cette année, 2,1 millions ont été contaminées par le virus et 1,5 million en sont mortes, s'ajoutant aux plus de 20 millions de décès survenus depuis son identification.

**Françoise Barré-Sinoussi et Luc Montagnier dans leur laboratoire de l'institut Pasteur**

En 2008, les deux chercheurs reçoivent le prix Nobel de médecine pour la découverte du virus du sida.

**1983** **Découverte du virus du sida**

1983 | 1984 | 1985 | 1986 | 1987 | 1988 | 1989 | 1990 | 1991

**1986-1991 Deuxième détente**

**1989-1991 Implosion du bloc de l'Est**

24 janvier 1984

# Apple commercialise le premier Macintosh

**L'ordinateur Macintosh lancé en janvier 1984 combine innovations techniques et marketing. Il marque une étape décisive dans l'histoire de l'informatique grand public.**

## Une campagne publicitaire hors norme

Le 22 janvier 1984, lors de la finale du championnat national de football américain, le *Super Bowl*, plus de 90 millions de spectateurs découvrent une publicité d'une minute pour Apple Computer. Réalisée par Ridley Scott, l'auteur des films de science-fiction *Alien* et *Blade Runner*, elle est intitulé *1984**, en référence au roman de George Orwell. Le spot met en scène une femme qui vient libérer les hommes du joug d'un Big Brother représentant la société rivale d'Apple, IBM, qui domine alors largement le marché. Il s'achève sur l'annonce du lancement, deux jours plus tard, du Macintosh.

## À la pointe du progrès



Ce nouveau modèle a été baptisé en référence à la pomme préférée de Jef Raskin, l'homme qui a porté depuis 1979 le projet d'un ordinateur personnel, simple et accessible.

Le dernier-né de la firme de la Silicon Valley se compose d'un boîtier qui inclut un microprocesseur cadencé à 8 mégahertz, une mémoire vive de 128 kilo-octets, un lecteur de disquettes souples 3,5 pouces et un écran noir et blanc de 9 pouces. Un clavier et une souris le complètent. Cette dernière a été ardemment défendue par Steve Jobs, co-créateur d'Apple, qui a intégré l'équipe Macintosh en 1982. Une interface graphique par icônes (corbeille, dossiers, etc.) garantit la simplicité d'utilisation.

## Un succès commercial

Vendu au prix de 2 995 dollars, soit trois fois moins que l'Apple Lisa lancé un an auparavant, cet ordinateur est destiné aux classes moyennes. 70 000 unités sont écoulées en trois mois et demi.

S'il s'agit là d'un premier succès commercial grand public pour Apple, sa part de marché en 1984 ne dépasse néanmoins pas 6 % dans le monde.

* Roman publié en 1949 dans lequel Big Brother, chef d'un régime totalitaire, embrigade et surveille la population par le biais d'écrans.

**L'athlète britannique Anya Major contre Big Brother**

Le Macintosh n'apparaît pas dans le spot autrement qu'esquissé sur le maillot de l'athlète. Cette publicité suscite une immense curiosité : dès sa diffusion, des milliers de personnes téléphonent au standard d'Apple pour en savoir plus.

## Bill Gates (né en 1955)

Entré à Harvard à 18 ans, Bill Gates abandonne rapidement ses études pour se consacrer exclusivement à la programmation. Il fonde en 1975 avec son ami Paul Allen la société Microsoft. Après la signature d'un contrat avec la firme IBM, et dans le contexte de la généralisation des ordinateurs personnels, le système d'exploitation MS-DOS puis les logiciels Windows et Microsoft Office connaissent une diffusion considérable et font sa fortune : Bill Gates devient dans les années 1990 l'homme le plus riche du monde. Au milieu de la décennie 2000, il décide de se retirer peu à peu des affaires pour se consacrer à la fondation Bill & Melinda Gates qui lutte contre la misère et œuvre à l'amélioration de la santé et de l'éducation dans le monde.



*« Le 24 janvier, Apple Computer lancera le Macintosh. Et vous verrez pourquoi 1984 ne sera pas comme 1984. »*

Message affiché dans la publicité de Ridley Scott pour le Macintosh.

**En 1984, le design du Macintosh est très novateur**

Sur ce nouvel ordinateur, un logiciel révolutionnaire permet de dessiner à l'écran.

**1984** Commercialisation du premier Macintosh

1983 | 1984 | 1985 | 1986 | 1987 | 1988 | 1989 | 1990 | 1991

**1986-1991 Deuxième détente**

**1989-1991 Implosion du bloc de l'Est**

7 mars 1985

# Avec *We Are The World*, des artistes se mobilisent contre la famine en Afrique

**En 1985, la chanson *We Are The World* suscite un mouvement de solidarité mondial et permet de lever des fonds afin de financer la lutte contre la faim.**

## Un projet caritatif

Au début des années 1980, la famine sévit à plusieurs reprises en Éthiopie en raison à la fois de la sécheresse et de conflits liés au contexte politique troublé. Elle fait des centaines de milliers de morts au cours de l'année 1984.

Afin de lutter contre ce fléau dont les images émeuvent l'Occident, l'artiste et activiste américain Harry Belafonte crée une fondation à but non lucratif, United Support of Artists for Africa (USA for Africa). Son objectif est de réaliser des chansons dont les revenus seront reversés à des projets humanitaires, à l'image du Band Aid de Bob Geldof qui a enregistré un titre pour venir en aide aux Éthiopiens. Belafonte invite les chanteurs Kenny Rogers et Lionel Richie à participer à son projet. Ce dernier propose de faire également appel à Michael Jackson ainsi qu'au producteur Quincy Jones.



## De l'écriture au studio

L'auteur de *Thriller* souhaite non seulement interpréter le morceau, mais aussi participer à son écriture. Lionel Richie et lui travaillent nuit et jour dans la maison familiale des Jackson à Los Angeles. Ils veulent une mélodie et un texte faciles à mémoriser, mais qui permettent aussi au public de se sentir concerné, d'où le titre *We Are The World* (« Nous sommes le monde ») et l'emploi récurrent de la première personne du pluriel.

> « *We are the world,*
> *We are the children,*
> *We are the ones who make*
> *A brighter day,*
> *So let's start giving* »
>
> Refrain de *We Are The World*, 1985.

Le 28 janvier 1985, une quarantaine d'artistes, parmi lesquels Ray Charles, Stevie Wonder, Tina Turner, Bob Dylan, Bruce Springsteen ou encore Cyndi Lauper, participent à l'enregistrement dans un studio à Hollywood.

## Un succès planétaire

Sorti dans les bacs le 7 mars, le *single* s'arrache : plus de 800 000 exemplaires sont écoulés en quelques jours. Au total, plus de vingt millions de disques sont vendus, permettant de réunir des dizaines de millions de dollars pour financer l'aide humanitaire en Afrique.

1973 | 1974 | 1975 | 1976 | 1977 | 1978 | 1979 | 1980 | 1981 | 198

**Depuis 1973 Conflits au Moyen-Orient**

**Depuis sept. 1973 Récession économique**

**1973-1976 Détente**

**1976-1986 Guerre fraîche**

**Les chanteurs de USA for Africa**
*We Are The World* est le *single* de musique pop qui a été le plus vendu au monde. D'autres projets collectifs permettent également de lever des fonds contre la famine, à l'image de l'association française Chanteurs sans frontières qui, en 1985, vend en quatre mois deux millions d'exemplaires de son *SOS Éthiopie* écrit par Renaud.

## Un continent frappé de façon récurrente par la famine depuis les indépendances

Des famines particulièrement importantes touchent le Biafra à la fin des années 1960, le Sahel au début des années 1970, l'Éthiopie et la Somalie en 1984. Elles découlent de causes multiples, dont les effets peuvent se cumuler : la forte croissance démographique, l'érosion des sols, la sécheresse mais aussi les conflits dans lesquels la faim est utilisée comme une arme.



## Michael Jackson, « King of Pop » (1958-2009)

Michael Jackson commence sa carrière à six ans en tant que chanteur du groupe les Jackson Five qu'il forme avec ses quatre frères aînés.
Il entame une carrière en solo au début des années 1970 et révolutionne la musique pop en fusionnant soul, funk et rock. Chanteur mais aussi excellent danseur, il réalise des vidéo-clips qui sont de véritables courts-métrages saturés d'effets spéciaux. En 1982, l'album *Thriller* remporte un immense succès à travers le monde et devient le disque le plus vendu de tous les temps.
Alors qu'il prépare une nouvelle tournée mondiale, le chanteur décède d'une overdose médicamenteuse le 25 juin 2009.

**1985** USA for Africa, *We Are The World*

1983 1984 1985 1986 1987 1988 1989 1990 1991

**1986-1991 Deuxième détente**

**1989-1991 Implosion du bloc de l'Est**

11 mars 1985

# Mikhaïl Gorbatchev devient secrétaire général du Parti communiste de l'Union soviétique

**En mars 1985, Mikhaïl Gorbatchev succède à Konstantin Tchernenko à la tête du PCUS. Il engage de profondes réformes pour régénérer le communisme et sauver le système soviétique.**

## L'homme du changement

Bien que Mikhaïl Gorbatchev soit un pur produit du système soviétique, cet homme jeune – il a 54 ans lorsqu'il accède au pouvoir – et dynamique tranche avec ses prédécesseurs, beaucoup plus âgés.

Constatant les blocages idéologiques et économiques de l'URSS, il annonce sa volonté de rompre avec la stagnation brejnévienne et d'entamer des réformes de fond, touchant aussi bien le parti communiste et l'État que les citoyens.

## *Glasnost*...



Cherchant l'appui des Soviétiques, Gorbatchev engage une politique de *glasnost* (« transparence ») qui consiste à la fois à réduire les prérogatives du parti, à lutter contre le **népotisme*** et à favoriser la liberté d'expression. Livres et films jusque-là interdits peuvent désormais être diffusés tandis que des journaux libres et une chaîne d'information indépendante sont créés.

De nombreux dissidents sont en outre libérés et la déstalinisation entamée par Nikita Khrouchtchev en 1956 (► p. 197) est relancée avec la réhabilitation des condamnés des grands procès de Moscou des années 1930 (► p. 110).

## ... et *perestroïka*

Dans le même temps, prenant en compte les mécontentements qu'occasionne la pénurie, Gorbatchev présente dans un livre intitulé *Perestroïka* (littéralement « restructuration ») la politique qu'il entend mettre en œuvre afin de moderniser le pays et de redresser la situation économique. Pour trouver un compromis entre la planification socialiste et le marché, la place de l'État, jusqu'alors centrale, est restreinte, les terres sont restituées aux paysans et l'initiative individuelle ainsi que l'innovation sont favorisées.

* Abus d'autorité dans le but de favoriser des membres de sa famille.

1973 1974 1975 1976 1977 1978 1979 1980 1981 198[illegible]

Depuis 1973 Conflits au Moyen-Orient

Depuis sept. 1973 Récession économique

1973-1976 Détente

1976-1986 Guerre fraîche

**Un tournant dans la guerre froide**

Par sa personnalité même, Mikhaïl Gorbatchev transforme également en profondeur la politique internationale de l'URSS, comme en témoigne le caractère chaleureux de sa rencontre avec Ronald Reagan à Genève en novembre 1985. Il entend notamment abolir la défiance entre les États-Unis et l'URSS de façon à mettre un terme à la course aux armements (► p. 298).

*« À mon sens, ma tâche consiste avant tout à rechercher des solutions nouvelles, des voies pour faire avancer notre pays, des moyens pour développer l'économie et la défense de notre Mère patrie et pour améliorer, avec vous, les vies de nos concitoyens. »*

Mikhaïl Gorbatchev devant le Politburo du Parti communiste de l'Union soviétique, 11 mars 1985.

***La glasnost***

Ce dessin de presse paru dans le journal satirique soviétique *Krokodil* en 1988 témoigne de la nouvelle liberté d'expression.

**1985** **Mikhaïl Gorbatchev, secrétaire général du PCUS**

**1983 1984 1985 1986 1987 1988 1989 1990 1991**

**1986-1991 Deuxième détente**

**1989-1991 Implosion du bloc de l'Est**

26 avril 1986

# Une catastrophe nucléaire se produit à Tchernobyl

**Le 26 avril 1986, l'explosion d'un réacteur de la centrale électronucléaire de Tchernobyl, en République socialiste soviétique d'Ukraine, provoque une catastrophe d'une ampleur sans précédent.**

## Un test pour améliorer la sécurité

Dans la nuit du 25 au 26 avril 1986, une expérimentation destinée à renforcer la sécurité est menée sur le réacteur n° 4 de la centrale de Tchernobyl. Une succession de dysfonctionnements et d'erreurs humaines conduit à une explosion : la dalle qui recouvre le réacteur est soulevée et un incendie se déclenche. Des nuages de matières radioactives, équivalant à 200 fois la charge de la bombe larguée sur Hiroshima en 1945, sont libérés dans l'atmosphère.

## Des moyens de lutte dérisoires

Dans les jours qui suivent, des milliers de tonnes de sable et d'autres matériaux sont larguées depuis des hélicoptères puis, une fois le feu maîtrisé, le déblaiement des gravats est organisé. Afin d'isoler le réacteur, les autorités construisent un sarcophage de protection, achevé au mois d'octobre.

600 000 hommes (Russes, Polonais, Ukrainiens, etc.) sont mobilisés. Dans l'immense majorité des cas, ces « liquidateurs » ne disposent que de moyens de protection rudimentaires – parfois un simple mouchoir sur la bouche – alors même qu'ils doivent travailler dans des conditions extrêmement difficiles et qu'ils sont exposés à des niveaux de radioactivité très élevés.

## Quelles conséquences ?

Dans un pays très marqué par la culture du secret, les habitants des environs ne sont pas immédiatement alertés. Pripiat, localité de 50 000 habitants située à quelques kilomètres de la centrale où de nombreux employés vivent avec leur famille, n'est évacuée que 30 heures après la catastrophe. Une zone de 30 kilomètres autour de Tchernobyl est ensuite progressivement vidée de sa population.

Au total, près de 250 000 personnes sont déplacées, mais la plupart des « liquidateurs » et de très nombreux civils développent des malformations et des pathologies, pour certaines cancéreuses, après avoir été irradiés.

Les conséquences sanitaires de la catastrophe ont fait l'objet de débats et les estimations restent encore aujourd'hui très incertaines.



1973 1974 1975 1976 1977 1978 1979 1980 1981 1990

Depuis 1973 Conflits au Moyen-Orient

Depuis sept. 1973 Récession économique

1973-1976 Détente

1976-1986 Guerre fraîche

**La lutte contre l'incendie**
Des largages sont réalisés par hélicoptères au péril de la vie des pilotes qui sont exposés à de très fortes irradiations.

*« Pour la première fois, nous nous sommes trouvés concrètement confrontés à la force redoutable que représente l'énergie nucléaire lorsqu'elle échappe à tout contrôle. »*

Mikhaïl Gorbatchev, discours à la nation, 14 mai 1986.

## Greenpeace et les combattants de l'arc-en-ciel

Créée en 1971, Greenpeace est une organisation non gouvernementale (ONG) de protection de l'environnement. Ses membres entendent sensibiliser les opinions publiques à des thèmes tels que la déforestation ou la préservation des espèces menacées. Ils militent aussi contre les usages civils et militaires du nucléaire.
En 1985, le sabotage par les services secrets français d'un des navires de l'organisation, le *Rainbow Warrior*, qui devait participer à une action contre les essais nucléaires français sur l'atoll de Mururoa dans le Pacifique, coûte la vie au photographe néerlandais Fernando Pereira.

**Le *Rainbow Warrior* coulé dans le port d'Auckland en Nouvelle-Zélande, le 10 juillet 1985**

**1986** Catastrophe nucléaire de Tchernobyl

1983 | 1984 | 1985 | 1986 | 1987 | 1988 | 1989 | 1990 | 1991

**1986-1991 Deuxième détente**

**1989-1991 Implosion du bloc de l'Est**

27 octobre 1986

# Jean-Paul II organise la première rencontre interreligieuse à Assise

**À l'appel du pape Jean-Paul II, les dignitaires de nombreuses religions se réunissent à Assise, en Italie, afin de prier pour la paix. Très décriée par les milieux traditionalistes catholiques, cette journée est une étape importante dans l'instauration d'un dialogue interreligieux.**

## Une Journée mondiale de prière pour la paix

Le 25 janvier 1986, dans un contexte marqué par de nouvelles tensions internationales liées à la guerre froide et au conflit au Moyen-Orient (► p. 282) et à l'occasion de l'Année internationale de la paix proclamée par l'Organisation des Nations unies (ONU), le pape Jean-Paul II invite les chefs des différentes religions à participer à une journée de prière interconfessionnelle en faveur de la paix dans le monde.

Cent trente responsables de douze religions (protestants, orthodoxes, juifs, musulmans, mais aussi bouddhistes, shintoïstes, sikhs, etc.) répondent à son appel et se réunissent à Assise le 27 octobre 1986.



## « Être ensemble pour prier »

Le matin, Jean-Paul II accueille dans la Portioncule, la petite chapelle de saint François, les dignitaires – hommes et femmes – venus des quatre coins de la planète, puis chacun se retire dans un lieu distinct. Si l'idée est en effet de se rassembler pour prier, le pape ne prône pas un **syncrétisme*** des religions.

Après une marche de pénitence à travers les rues d'Assise, les délégations se réunissent, l'après-midi, sur l'esplanade de la basilique Saint-François où, tour à tour, les responsables religieux prononcent une prière conforme à leur tradition et indiquent le sens qu'ils donnent à cette rencontre. Au terme de la journée, une fois le discours de clôture prononcé par Jean-Paul II, les hauts dignitaires rompent ensemble le jeûne.

*** Une fusion.**

### Les rencontres interreligieuses d'Assise

| | |
|---|---|
| **1986** | Première rencontre, dans le contexte de la guerre froide et du conflit au Liban. |
| **1993** | Deuxième rencontre, en pleine guerre en ex-Yougoslavie. |
| **2002** | Troisième rencontre, à la suite des attentats du 11 septembre 2001. |
| **2011** | Quatrième rencontre et commémoration des 25 ans de la première rencontre interreligieuse. |

1973 1974 1975 1976 1977 1978 1979 1980 1981 198

**Depuis 1973 Conflits au Moyen-Orient**

**Depuis sept. 1973 Récession économique**

**1973-1976 Détente**

**1976-1986 Guerre fraîche**

**Une rencontre interconfessionnelle**
Jean-Paul II fait du dialogue interreligieux et du combat en faveur de la paix de grands axes de son pontificat. Peu avant la réunion interreligieuse d'Assise, il se rend à Casablanca en août 1985 et visite la synagogue de Rome en avril 1986.



## Jean-Paul II (1920-2005)

En 1978, l'archevêque de Cracovie (Pologne) Karol Wojtyla est le premier Slave à devenir pape. Pour symboliser sa volonté de réformer l'Église, il choisit un nom en référence à deux grandes figures des premiers temps du christianisme : Jean et Paul.
Sportif et charismatique, il réalise plus de cent voyages au cours de son pontificat, afin d'engager une « nouvelle évangélisation ». Il accorde également une place particulière aux jeunes, comme en témoigne l'instauration en 1985 des Journées mondiales de la jeunesse (JMJ).
Décédé en 2005 après plus de 26 ans à la tête de l'Église, Jean-Paul II est canonisé, c'est-à-dire déclaré saint, par le pape François en 2014.

*« Sans dénier d'aucune manière la nécessité des nombreux moyens humains qui servent à maintenir et à affermir la paix, nous sommes ici parce que nous sommes sûrs que, au-dessus et au-delà de toutes les mesures de cet ordre, nous avons besoin de la prière […] pour que le monde puisse enfin devenir un lieu de paix vraie et permanente. »*

Jean-Paul II, discours d'ouverture, 27 octobre 1986.

**1986** Première rencontre interreligieuse d'Assise

1983 | 1984 | 1985 | 1986 | 1987 | 1988 | 1989 | 1990 | 1991

1986-1991 Deuxième détente

1989-1991 Implosion du bloc de l'Est

4 juin 1989

# Les manifestants de la place Tian'anmen sont violemment réprimés

**Après un mois et demi de contestations, l'armée chinoise met un terme dans le sang au « printemps de Pékin » place Tian'anmen.**

## Pour une « cinquième modernisation »

Le 15 avril 1989, l'annonce du décès de Hu Yaobang provoque des rassemblements spontanés d'étudiants devant le siège du gouvernement à Pékin. Très populaire, ce leader réformateur avait été limogé deux ans plus tôt de son poste de secrétaire général du Parti communiste chinois (PCC) à la suite des mouvements en faveur d'une démocratisation qu'il aurait soutenus. Dans le prolongement de ces revendications qui ont émergé dès les années 1970 et 1980, les étudiants réclament que les réformes économiques engagées par Deng Xiaoping (► p. 288) s'accompagnent d'une modernisation politique.

## L'extension de la protestation



Très vite, la contestation prend de l'ampleur : dans la nuit du 21 au 22 avril, plus de 100 000 personnes se rassemblent à proximité des centres du pouvoir, place Tian'anmen, tandis qu'à travers le pays des lycéens, des professeurs, mais aussi des ouvriers et des policiers se joignent au mouvement. Tous demandent une amélioration des conditions de vie et une libéralisation politique et dénoncent la corruption au sein de l'administration et du PCC.

À partir du 13 mai, plusieurs centaines de manifestants entament une grève de la faim place Tian'anmen. Leur action est retransmise par les médias du monde entier, venus couvrir la visite officielle de Mikhaïl Gorbatchev prévue du 15 au 18 mai.

## Une répression brutale

Les dirigeants chinois sont alors divisés entre réformistes et partisans d'une ligne dure. Après plusieurs semaines d'hésitation, ces derniers l'emportent : le 20 mai, la loi martiale est décrétée à Pékin où 200 000 soldats sont déployés.

Dans la nuit du 3 au 4 juin, les blindés écrasent les campements des manifestants et les soldats tirent à balles réelles pour faire évacuer la place Tian'anmen. Plusieurs centaines de personnes sont tuées et, dans les semaines qui suivent, des milliers d'autres sont arrêtées.

Si la Chine poursuit au début des années 1990 son ouverture économique, les revendications en faveur d'une démocratisation restent lettre morte.

**« *Tank man* »**
Le 5 juin 1989, le reporter Jeff Widener photographie, depuis le balcon de l'hôtel Pékin, un homme qui stoppe la progression d'une colonne de chars puis qui n'hésite pas à grimper sur l'un deux pour enjoindre aux soldats de cesser la répression. Son identité n'a pas été établie, mais cet homme est devenu le symbole de l'opposition pacifique face à la violence du régime.

## La mémoire de Tian'anmen dans la Chine contemporaine

Aujourd'hui, toute référence aux manifestations de 1989 et à la répression qui s'ensuivit est interdite en Chine. Le 4 juin, les autorités empêchent que des commémorations soient organisées. En 2014, des dizaines d'opposants au régime qui souhaitaient en célébrer le vingt-cinquième anniversaire ont été arrêtés, à l'image de la journaliste Gao Yu, lauréate en 1997 du Prix mondial de la liberté de la presse, qui a été contrainte de faire des excuses publiques à la télévision puis a été condamnée en avril 2015 à sept ans de prison.

1989-1991

# La chute du mur de Berlin et l'implosion du bloc soviétique

**La chute du « mur de la honte » en 1989 constitue une étape clé dans la dislocation du bloc de l'Est. Enlisé dans les difficultés, Moscou ne peut pas s'opposer au processus de libéralisation au sein de l'URSS et dans les démocraties populaires.**

## 9 novembre 1989 • Le mur de Berlin cesse de séparer l'Est et l'Ouest



### L'année 1989, un tournant

Alors que l'URSS, défaite, retire ses troupes d'Afghanistan (► p. 292), le communisme perd du terrain dans les pays du bloc de l'Est. En Pologne, un membre du syndicat indépendant Solidarnosc devient Premier ministre tandis qu'en Hongrie le gouvernement communiste annonce au printemps l'ouverture des frontières du pays avec l'Autriche. Des milliers d'Allemands de l'Est y affluent afin de passer à l'Ouest.

### La fin de la répression

Un vent de contestation souffle alors sur la République démocratique allemande (RDA) : des manifestations, parties des églises protestantes, réunissent chaque lundi toujours davantage de mécontents qui dénoncent l'immobilisme du régime et l'impossibilité de voyager librement. Le 7 octobre, lors d'une visite officielle, Mikhaïl Gorbatchev affirme que, face à ce mouvement qui réunit des millions de personnes, le recours à la violence est exclu. Selon lui, il faut engager des réformes d'ampleur. Il perçoit en effet que, du fait de ses propres difficultés intérieures, l'URSS ne peut plus imposer sa tutelle aux démocraties populaires.

*« Quarante-cinq ans après la fin de la Seconde Guerre mondiale, qui est partie du sol allemand et qui a infligé d'immenses souffrances en Europe et dans le monde, la séparation douloureuse des Allemands prend fin. »*

Helmut Kohl, 3 octobre 1990.

**Une euphorie générale**
Dans la nuit du 9 au 10 novembre 1989, les Allemands de l'Est et de l'Ouest célèbrent au sommet du mur la chute de ce symbole de la guerre froide.

## La chute du mur



Le 9 novembre 1989, le député réformateur Günther Schabowski, membre du bureau politique et porte-parole du parti communiste de RDA, le SED, annonce à 19 heures au journal télévisé que les Allemands de l'Est auront dorénavant le droit de circuler à l'étranger « sans conditions particulières ». Immédiatement, des dizaines de milliers de Berlinois de l'Est se présentent aux postes-frontières où les policiers, débordés, les laissent passer sans autre formalité.

Les jours suivants, les Allemands communient dans la liesse et fêtent cet épisode qui ouvre la voie à la fin de la partition du pays.

### L'Allemagne, de la division à la réunification

| | |
|---|---|
| **17 juillet-2 août 1945** | Conférence de Potsdam, entérinant la division de l'Allemagne en quatre zones d'occupation. |
| **3 juin 1948** | Constitution de la Trizone, réunissant les zones d'occupation américaine, britannique et française. |
| **Juin 1948-mai 1949** | Blocus de Berlin. |
| **23 mai 1949** | Fondation de la République fédérale d'Allemagne (RFA). |
| **7 octobre 1949** | Fondation de la République démocratique allemande (RDA). |
| **Nuit du 12 au 13 août 1961** | Début de la construction du mur de Berlin. |
| **21 décembre 1972** | Signature par la RFA et la RDA du Traité fondamental de reconnaissance mutuelle, conformément à l'*Ostpolitik* engagée par Willy Brandt. |
| **9 novembre 1989** | Chute du mur de Berlin. |
| **1er juillet 1990** | Union économique et monétaire de la RFA et de la RDA. |
| **3 octobre 1990** | Union politique. Berlin redevient la capitale de l'Allemagne réunifiée. |

### La « révolution de velours » tchécoslovaque

Bien que le régime communiste tchécoslovaque se caractérise par sa dureté depuis la répression du printemps de Prague en 1968 (► p. 238), des revendications en faveur d'une démocratisation se font jour dès le milieu des années 1970. En 1989, le mouvement s'amplifie considérablement : l'automne est marqué par une grève générale et des manifestations de grande ampleur. Le président Gustáv Husák, à la tête du pays depuis 1968, démissionne et un gouvernement d'union, dans lequel les communistes sont minoritaires, est constitué.
Le dramaturge et opposant au régime Václav Havel est élu président intérimaire en décembre 1989, tandis qu'Alexandre Dubček, le leader du printemps de Prague, devient président du Parlement. La contestation du peuple tchécoslovaque aboutit sans violence à la fin du régime.

# 1990-1991 • L'éclatement de l'URSS

## L'échec de la *perestroïka*

En URSS, les mesures adoptées par Mikhaïl Gorbatchev dans le cadre de la *perestroïka* (► p. 306) conduisent à un essor incontrôlable de l'inflation, qui atteint 10 % par mois en 1991. Face à la pénurie, un système parallèle, reposant sur la corruption et le marché noir, se développe.



La paupérisation qui s'ensuit fait naître des mécontentements qui prennent la forme de mouvements de grève mais s'incarnent également dans un parti d'opposition, Russie démocratique, fondé par Boris Eltsine en 1990.

## Le réveil des nationalités

Dans le prolongement des mouvements nationalistes qui se sont fait jour dès le milieu des années 1980 dans le Caucase et en Asie centrale, et alors que les démocraties populaires abandonnent le communisme, des revendications d'indépendance émergent en URSS.

Au printemps 1990, les trois États baltes (Lituanie, Lettonie et Estonie), qui avaient été annexés par Joseph Staline en 1940, se déclarent indépendants. Ils sont suivis, le 12 juin 1990, par la Fédération de Russie puis, dans ce contexte de remise en cause du pouvoir centralisé soviétique, par les autres républiques qui affirment à leur tour leur souveraineté.

## De l'URSS à la CEI

Alors que Gorbatchev semble hésitant, le camp conservateur tente de s'opposer à cette évolution et organise un coup d'État à Moscou en août 1991, lequel est déjoué par Eltsine qui vient d'être élu au suffrage universel président de la Fédération de Russie (▶ p. 390).

Le 8 décembre 1991, ce dernier rencontre près de Minsk ses homologues de Biélorussie et d'Ukraine. Les trois dirigeants « constat[ent] que l'Union soviétique en tant que sujet du droit international et réalité géopolitique n'existe plus » et fondent la Communauté des États indépendants (CEI), élargie à huit autres anciennes républiques socialistes soviétiques le 21 décembre après la conférence d'Alma-Ata.

Mesurant la portée de ces événements, Gorbatchev démissionne de la présidence de l'URSS le 25 décembre 1991.

**La fin du bloc de l'Est**
Au lendemain de la chute des régimes communistes, les anciennes démocraties populaires s'engagent sur la voie de l'économie de marché et se tournent vers l'Europe.

**« Le grand déménagement »**
En 1990, le caricaturiste allemand Fritz Behrendt illustre la dislocation du bloc de l'Est.

17 janvier 1991

# L'opération *Tempête du désert* débute en Irak

**En janvier 1991, une coalition internationale menée par les États-Unis engage une intervention militaire contre l'Irak de Saddam Hussein à la suite de l'invasion du Koweït par ce dernier.**

## Le Koweït, un enjeu stratégique

Indépendant depuis 1961, le Koweït est envahi par les troupes irakiennes le 2 août 1990. Par ce coup de force, le dictateur Saddam Hussein vise à obtenir l'annulation des dettes contractées auprès de cet émirat pendant la guerre Iran-Irak, à s'emparer de ses abondantes ressources pétrolières et à se ménager un accès au golfe Persique.

## Une intervention sous l'égide des Nations unies

Le Conseil de sécurité de l'ONU exige le retrait immédiat de l'armée irakienne puis décrète un embargo international contre Bagdad. Le 29 novembre, il adopte la résolution 678 en vertu de laquelle une coalition internationale répondra par la force à cette agression si le 15 janvier 1991 le Koweït n'a pas été évacué. C'est la première opération militaire décidée par le Conseil de sécurité depuis la guerre de Corée en 1950.



## Les débuts de l'opération

Les préparatifs logistiques débutent dès le 6 août. En sept mois, les Américains déploient 500 000 hommes, acheminent quatre millions de tonnes de matériel et construisent 3 000 kilomètres de routes.

Puis le 17 janvier 1991, au lendemain de la date butoir fixée par l'ONU, la coalition internationale dirigée par les États-Unis et réunissant 34 États parmi lesquels la France, le Royaume-Uni mais aussi des pays arabes (Arabie saoudite, Égypte, Syrie) engage l'opération *Tempête du désert*. La première phase consiste à pilonner les avions, les chars ou les missiles irakiens, mais aussi les routes, les installations électriques, etc. La guerre est devenue technologique.

### Les médias au service de l'hyperpuissance américaine

Alliant force militaire, maîtrise du renseignement et capacité à façonner l'opinion mondiale, les États-Unis affirment leur hyperpuissance lors de la guerre du Golfe. La médiatisation du conflit est ainsi largement contrôlée par l'armée américaine qui cherche à accréditer l'idée d'une « guerre propre ». La faiblesse des pertes parmi les troupes engagées par la coalition est mise en avant et les effets collatéraux des bombardements sur les populations civiles irakiennes aussi bien que les conséquences à plus long terme sur les soldats sont minimisés.

**Une guerre technologique**
Durant l'opération *Tempête du désert*, la coalition lance des missiles *Tomahawk* depuis les navires de guerre basés dans le golfe Persique et largue près de 90 000 tonnes de bombes en mobilisant plus de 2 000 avions de chasse. Les images de ces bombardements spectaculaires sont largement retransmises par les médias.

« Maintenant nous pouvons voir venir un nouveau monde. [...] Un monde dans lequel les Nations unies, libérées de l'impasse de la guerre froide, sont en mesure de réaliser la vision historique de leurs fondateurs. Un monde dans lequel la liberté et les droits de l'homme sont respectés par toutes les nations. La guerre du Golfe est le premier test de ce monde nouveau… »

George H. Bush, discours au Congrès, 6 mars 1991.



## La victoire de la coalition : un nouvel ordre mondial

La deuxième phase de l'opération *Tempête du désert* consiste en une offensive terrestre lancée par la coalition dans la nuit du 23 au 24 février 1991 : celle-ci permet de libérer en « cent heures » le Koweït. Les troupes irakiennes se retirent en pratiquant la politique de la terre brûlée, notamment en incendiant les puits de pétrole koweïtiens.
Constatant l'infériorité de ses forces, Saddam Hussein accepte les conditions du cessez-le-feu posées par le Conseil de sécurité des Nations unies, telle la destruction des missiles et des arsenaux chimiques et biologiques.
Le 28 février, le président américain George H. Bush déclare à la télévision que la guerre est finie, manifestant de façon éclatante le fait que les États-Unis exercent dorénavant sans partage le rôle de gendarme du monde.

Opération *Tempête du désert* en Irak **1991**

983 1984 1985 1986 1987 1988 1989 1990 1991

**1986-1991 Deuxième détente**

**1989-1991 Implosion du bloc de l'Est**

# 1992-2015

## Vers un nouvel ordre mondial ?

**Alors que commencent un nouveau siècle et un autre millénaire, le monde connaît une accélération sans précédent de l'Histoire. Les stupéfiants progrès scientifiques et techniques dont témoignent l'informatique, la médecine, les exploits spatiaux rendent difficile l'adaptation à une réalité en perpétuelle mutation. Ils interrogent aussi une humanité de plus en plus nombreuse sur sa place, son insertion et son avenir dans l'environnement.**

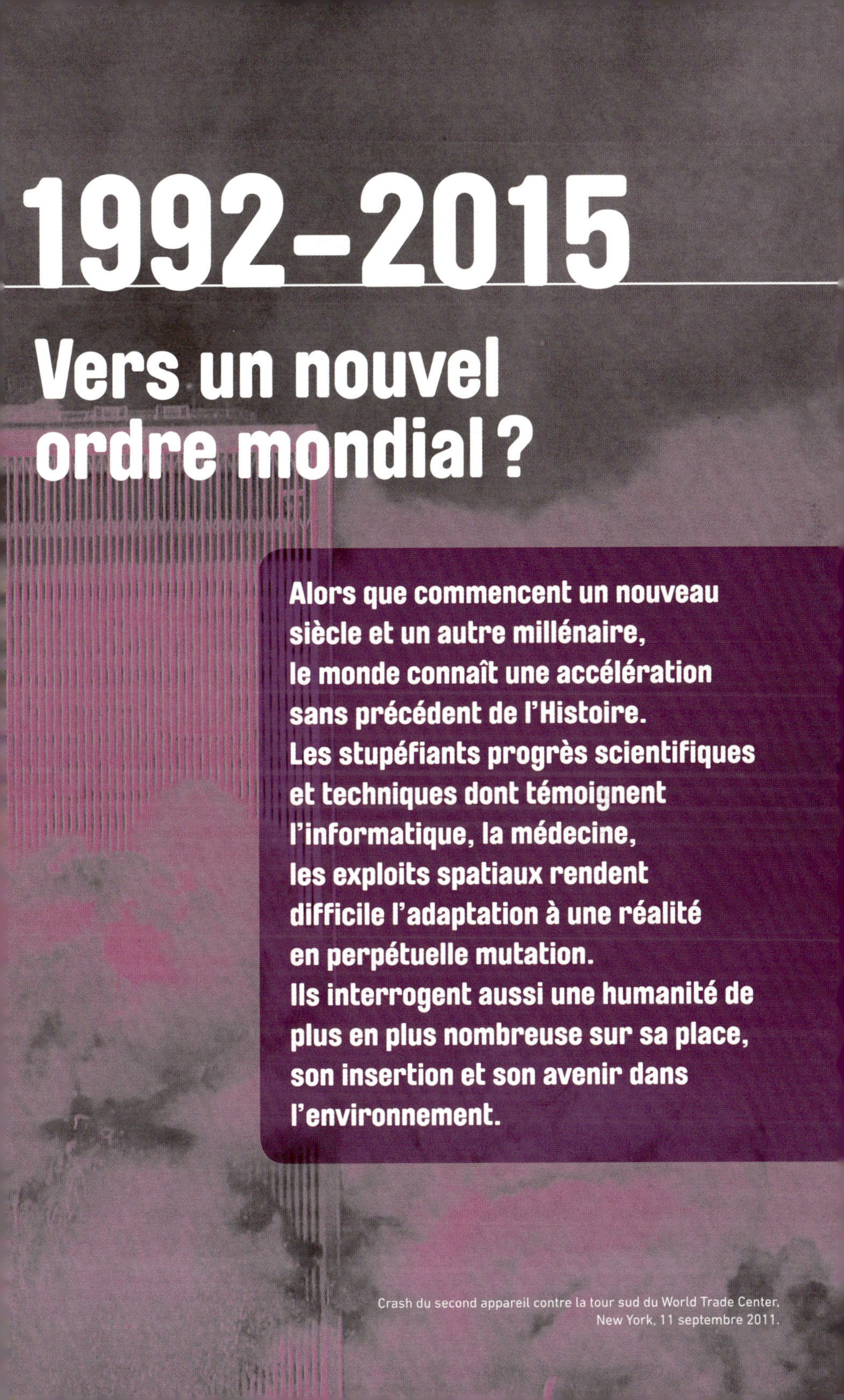

Crash du second appareil contre la tour sud du World Trade Center, New York, 11 septembre 2011.

## L'âge de la mondialisation

À partir des années 1990, la convergence de facteurs techniques, économiques et géopolitiques bouleverse les données et les certitudes sur lesquelles avait reposé le xxe siècle. La révolution de la communication que représentent Internet et les technologies numériques, la densité et la rapidité accrues des transports créent les conditions d'une mondialisation des échanges. Au même moment, l'effondrement du communisme soviétique et la transformation du modèle chinois consacrent l'élargissement aux dimensions planétaires des pratiques capitalistes néolibérales, qui privilégient un libre-échange généralisé et les mécanismes du marché comme mode de régulation.

## Un monde perturbé

Des pays jusqu'alors sous-développés connaissent un rapide essor : ce sont les « pays émergents ». En retour, d'importants déplacements d'activités déstabilisent les vieilles régions industrialisées d'Europe ou d'Amérique du Nord, où chômage et inégalités sociales s'étendent. Les excès spéculatifs déclenchent aussi des crises financières, d'abord localisées. Mais à partir de 2007, le désordre se généralise à l'échelle mondiale et vire à la crise économique, la plus importante connue depuis 1929.

## Le réchauffement climatique

À ces dérèglements s'ajoute l'inquiétude face aux effets de l'évolution climatique terrestre. Les scientifiques constatent un rapide réchauffement aux conséquences mal prévisibles et dont l'activité humaine pourrait être un agent par l'émission massive de gaz à effet de serre.

*En quête d'une nécessaire définition de la gouvernance mondiale, le monde naissant du xxie siècle se cherche dans un contexte convulsif où ressurgissent replis nationalistes et fanatismes religieux.*

**7 février 1992**
Traité de Maastricht

**Avril-juillet 1994**
Génocide au Rwanda

**Juillet 1995**
Massacre de Srebrenica

**1er juillet 1997**
Rétrocession de Hong Kong à la Chine

**17 juillet 1998**
Création de la Cour pénale internationale

992 | 1993 | 1994 | 1995 | 1996 | 1997 | 1998 | 1999 | 2000

**1991-1995 Guerre en Yougoslavie**

**Depuis 1992 Approfondissement et élargissement de la construction européenne**

**9 mai 1994**
Nelson Mandela, président d'Afrique du Sud

**11 décembre 1994**
Début de la guerre en Tchétchénie

**30 janvier 1995**
Violences terroristes en Algérie

**5 juillet 1996**
Premier clonage réussi

**Juillet 1997**
Crise financière en Asie du Sud-Est

**27 octobre 1998**
G. Schröder, chancelier d'Allemagne

**30 nov.- 3 déc. 1999**
Contestations au sommet de l'OMC à Seattle

**2000**
Éclatement
de la « bulle Internet »

**13 décembre 200**
Traité de Lisbonne

**27 octobre 2002**
Lula da Silva,
président du Brésil

**11 novembre 2004**
Décès de Y. Arafat

2000 2001 2002 2003 2004 2005 2006 20

**Depuis 1992 Approfondissement et élargissement de la construction européenne**

**2003-2011 Guerre en Irak**

**11 septembre 2001**
Attentats-suicides
du World Trade Center

**20 mars 2003**
Opération
*Liberté en Irak*

**15 septembre 2008**
Faillite de la banque Lehman Brothers

**4 novembre 2008**
B. Obama, président des États-Unis

**25 décembre 2009**
Rajkumar Hirani, *Three Idiots*

**31 octobre 2011**
Sept milliards d'humains sur la Terre

**4 mars 2012**
Réélection de V. Poutine en Russie

**4 juillet 2012**
Découverte du boson de Higgs

**6 août 2012**
*Curiosity* sur Mars

**13 mars 2013**
Élection du pape François

**6 juin 2013**
Scandale de la NSA

08 | 2009 | 2010 | 2011 | 2012 | 2013 | 2014 | 2015

**Depuis 2011 Guerre civile en Irak**

**Depuis 2008 Mise en place d'une gouvernance économique mondiale**

**15 novembre 2008**
Première réunion du G20

**Décembre 2010**
Début des « Printemps arabes »

**11 mars 2011**
Accident nucléaire de Fukushima

**2 mai 2011**
Mort d'O. Ben Laden

**9 juillet 2011**
Indépendance du Soudan du Sud

**18 décembre 2013**
Implantation du premier cœur totalement artificiel

**31 mars 2014**
Alerte du GIEC sur le climat

**10 octobre 2014**
Malala Yousafzaï, prix Nobel de la paix

**27 janvier 2015**
Défaite de l'organisation État islamique à Kobané

7 février 1992

# Le traité de Maastricht ouvre la voie à l'euro

**Aboutissement d'une négociation commencée en 1988, le traité sur l'Union européenne est signé le 7 février 1992 à Maastricht, aux Pays-Bas, entre les douze États membres de la Communauté économique européenne (CEE).**

## Les nouvelles perspectives européennes

Entre 1989 et 1991, l'Europe a connu de profonds bouleversements géopolitiques à la suite de la dissolution de l'Union des républiques socialistes soviétiques (URSS) qui a entraîné l'émancipation des États d'Europe de l'Est (Pologne, pays baltes, Tchécoslovaquie, Hongrie, Roumanie, Bulgarie) (► p. 314).

En vue d'un élargissement prévisible, il apparaît alors nécessaire de redéfinir les traités qui datent, pour l'essentiel, de ceux de Rome en 1957 (► p. 206).

## La naissance de l'Union européenne



Afin de préparer une future union politique, le traité de Maastricht institue l'Union européenne (UE), laquelle repose sur « trois piliers » : la Communauté européenne, cadre de la libre circulation des marchandises, des services, des capitaux et des personnes ; la politique étrangère et de sécurité commune (PESC) ; la coopération policière et judiciaire en matière pénale.

Une citoyenneté européenne est également créée, et la possibilité est donnée aux ressortissants de l'UE de voter ou de se présenter aux élections locales et européennes dans un État membre dont ils sont résidents.

## Le projet d'une monnaie unique

Le traité institue également l'Union économique et monétaire (UEM), préparant ainsi l'adoption d'une future monnaie unique, l'euro. En prévision de celle-ci sont fixés des critères de convergence qui imposent aux États candidats la maîtrise de l'inflation, de la dette publique et du déficit budgétaire, la stabilité du taux de change et le rapprochement des taux d'intérêt.

Sitôt le traité signé, des réserves apparaissent, en particulier autour de la création d'une monnaie unique que refusent le Royaume-Uni et le Danemark.

*« Lorsqu'en 1947, nous arrachions des poteaux-frontière entre la France et l'Allemagne, on me traitait de naïf. Si j'avais parlé alors d'une monnaie unique, on m'aurait conseillé de consulter un médecin ! »*

Le chancelier fédéral allemand Helmut Kohl, 3 novembre 1997.

**1992** Traité de Maastricht

1992 | 1993 | 1994 | 1995 | 1996 | 1997 | 1998 | 1999 | 2000 | 2001 | 2002

1991-1995 Guerre en Yougoslavie

Depuis 1992 Approfondissement et élargissement de la construction européenne

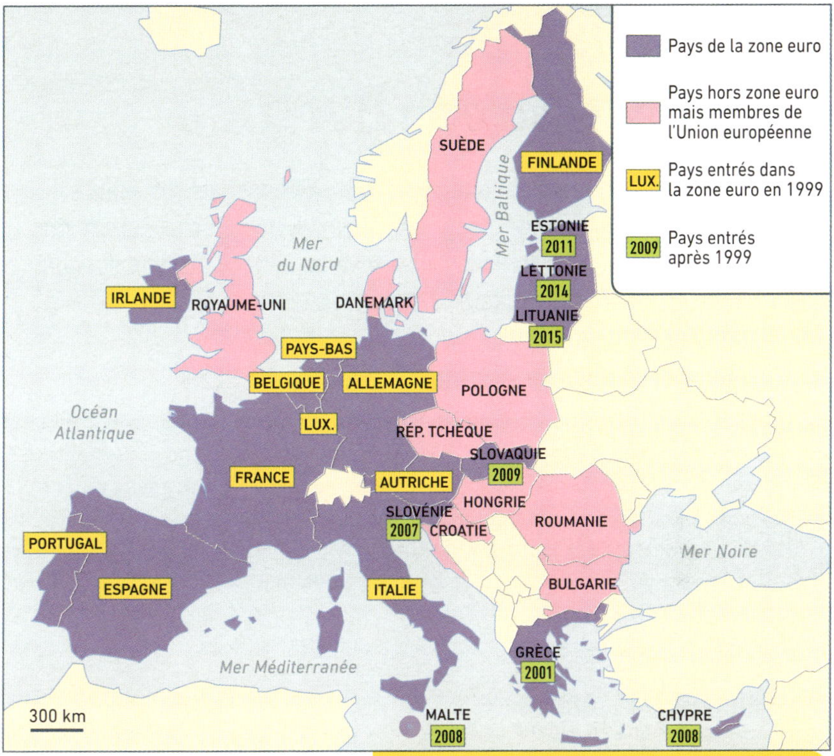




**La zone euro**

De 12 États en 2002, la zone euro en comprend 19 en 2015, représentant 341 millions d'habitants. L'euro a également cours légal dans les principautés d'Andorre et de Monaco, dans la République de Saint-Marin et dans l'État de la Cité du Vatican. Parmi les pays membres de l'Union européenne, neuf n'ont pas adopté la monnaie européenne.

## L'adoption de l'euro

| | |
|---|---|
| **1er janvier 1993** | Le Marché unique européen est mis en place, permettant la libre circulation des marchandises, des services, des capitaux et des personnes. |
| **1er juin 1998** | La Banque centrale européenne (BCE), indépendante des gouvernements nationaux et des institutions communautaires, est créée. |
| **1er janvier 1999** | L'euro est introduit en tant que monnaie de compte dans les transactions financières. |
| **1er janvier 2002** | L'euro devient la monnaie unique et remplace les billets et les pièces des douze États qui l'ont adopté. |

**Le billet de 10 euros**

Aucun signe « national » n'apparaît sur les billets en euros, mais des symboles se rapportant aux formes artistiques propres à la civilisation européenne. Le thème du billet de 10 euros est ainsi l'art roman (Xe-XIIe siècles).

Avril-juillet 1994

# Un génocide est perpétré au Rwanda

**L'assassinat du président rwandais Juvénal Habyarimana, le 6 avril 1994, donne le signal d'une extermination à l'échelle du pays. En l'espace de trois mois, environ 800 000 Rwandais, dont une grande majorité de Tutsis, sont assassinés par les Hutus.**

## La guerre civile rwandaise

Le début des années 1990 voit éclater au Rwanda une sanglante guerre civile qui oppose le Front patriotique rwandais (FPR), composé de Tutsis revenus d'exil sous la direction de Paul Kagame, aux forces armées loyalistes du président hutu Juvénal Habyarimana, au pouvoir depuis un coup d'État en 1973.

Afin de mettre fin à ces violences sont négociés, entre juin 1992 et août 1993, les accords d'Arusha qui prévoient la démocratisation du pays et l'intégration politique et militaire des Tutsis à la nation rwandaise. Mais cette politique tarde à se mettre en place, accroissant la tension entre les deux camps qui se radicalisent et s'arment.

## Un génocide à la machette



Le 6 avril 1994, l'avion présidentiel est abattu par un missile alors qu'il s'apprête à atterrir à Kigali. Les extrémistes hutus attribuent aussitôt l'attentat au FPR. Dès le lendemain, leurs milices entreprennent le massacre systématique des Tutsis, ainsi que des opposants hutus.

Les tueries, ordonnées par le gouvernement et relayées par les pouvoirs locaux auprès de la population, s'étalent sur cent jours. Les milices, appelées au « travail » par la Radio des Mille Collines, opèrent de façon systématique, à la machette, et traquent hommes, femmes et enfants.

## L'impuissance internationale

Dès le début du génocide, l'Organisation des Nations unies (ONU) a réduit sa présence après la mort de dix Casques bleus belges. Le 22 juin, alors que la grande majorité des massacres ont déjà eu lieu, elle autorise une intervention militaire de la France, l'opération *Turquoise*, en vue de constituer une zone-refuge humanitaire dans le sud du Rwanda. La situation sur le terrain est alors des plus confuses : aux massacres contre les Tutsis qui continuent s'ajoute l'avancée des forces du FPR vers Kigali, entraînant la fuite de nombreux Hutus.

Le 4 juillet, le FPR occupe la capitale. Le 19, un gouvernement d'union nationale est formé, auquel participe Kagame, pour une période de transition de cinq ans, mettant ainsi fin au génocide.

**1994** Génocide au Rwanda

1992 | 1993 | 1994 | 1995 | 1996 | 1997 | 1998 | 1999 | 2000 | 2001 | 2002

1991-1995 Guerre en Yougoslavie

Depuis 1992 Approfondissement et élargissement de la construction européenne

**Photographies de victimes du génocide au Mémorial de Kigali**

En novembre 1994, l'ONU installe à Arusha (Tanzanie) un tribunal pénal international pour le Rwanda afin de juger les responsables du génocide : 93 accusés y sont déférés. En 2014, 61 condamnations ont été prononcées, l'ultime appel doit être jugé en septembre 2015.

« *Un génocide n'est pas une guerre particulièrement meurtrière et cruelle : c'est un projet d'extermination.* »

Jean Hatzfeld, *Dans le nu de la vie. Récits des marais rwandais*, 2000.



## Hutus et Tutsis

Dans la société traditionnelle rwandaise, les Tutsis, minoritaires, appartiennent à la caste supérieure des propriétaires de troupeaux et détiennent le pouvoir. Les Hutus constituent quant à eux la masse des paysans. Mais tous partagent la même langue, la même religion et font allégeance au même roi. Pendant 30 ans, le colonisateur belge confie l'essentiel du pouvoir à l'ancienne aristocratie tutsie que les missionnaires blancs se chargent de christianiser.

À la fin des années 1950, un renversement du rapport de force s'opère en faveur des Hutus, dorénavant soutenus par la Belgique et par la hiérarchie catholique. C'est de cette période que date l'émergence d'un discours raciste hutu cherchant à plaquer sur les distinctions sociales des différences raciales. En novembre 1959, des dizaines de milliers de Tutsis sont massacrés lors de pogroms tandis que près de 100 000 autres se réfugient dans les États voisins (Ouganda, Burundi, Zaïre). La République du Rwanda, proclamée en 1961, assoit le pouvoir des Hutus. L'année suivante, le pays accède à l'indépendance.

4 | 2005 | 2006 | 2007 | 2008 | 2009 | 2010 | 2011 | 2012 | 2013 | 2014 | 2015

03-2011 Guerre en Irak

Depuis 2011 Guerre civile en Irak

Depuis 2008 Mise en place d'une gouvernance économique mondiale

9 mai 1994

# Nelson Mandela devient président d'Afrique du Sud

**Succédant à Frederik de Klerk qui avait entamé de profondes réformes en Afrique du Sud, Nelson Mandela est le premier Noir à devenir président du pays. Son élection constitue une étape essentielle dans la remise en cause du régime d'apartheid et dans l'instauration d'une démocratie.**

## La fin de l'apartheid

Devenu président en 1989, Frederik de Klerk engage l'Afrique du Sud sur la voie d'une démocratisation et abolit l'apartheid, régime ségrégationniste institué en 1948 par les **Afrikaners*** et en vertu duquel les blancs, bien que minoritaires dans le pays, avaient une prédominance sur les autres groupes raciaux et ethniques.

De Klerk lève l'état d'urgence, institue le pluralisme politique et, dès 1990, fait libérer les membres du Congrès national africain (ANC) emprisonnés en raison de leur engagement contre l'apartheid. Incarcéré depuis 27 ans, son chef historique, Nelson Mandela, sort alors de prison.



## L'élection

Une Constitution transitoire ayant été instaurée, les premières élections législatives libres et non raciales se déroulent le 27 avril 1994. L'ANC arrive largement en tête, avec plus de 62 % des suffrages. Le 9 mai, les députés nouvellement élus désignent Mandela président. Ce dernier nomme deux vice-présidents, Thabo Mbeki de l'ANC et Frederik de Klerk, et constitue un gouvernement d'union nationale.

## Un président consensuel

Le 10 mai, des chefs d'État du monde entier assistent à la cérémonie de prestation de serment de Mandela dans l'amphithéâtre des Union Buildings à Pretoria. Le nouveau président marque d'emblée sa volonté d'être l'artisan de la réconciliation nationale en terminant son discours par ces mots en **afrikaans****: « *What is verby verby* » (« Ce qui est passé est passé »). Blancs et Noirs entonnent ensuite de concert les deux hymnes nationaux, *Nkosi Sikelel'iAfrica* et *Die Stem*, qui étaient jusque-là propres à chacune des communautés.

*« Le temps est venu de panser nos blessures. Le moment est venu de réduire les abîmes qui nous séparent. Le temps de la construction approche. »*

Nelson Mandela, discours d'investiture, 10 mai 1994.

* Les Sud-Africains blancs, descendants des colons.

** Langue germanique parlée par les Afrikaners.

**1994** Nelson Mandela, président d'Afrique du Sud

1992 1993 1994 1995 1996 1997 1998 1999 2000 2001 2002

1991-1995 Guerre en Yougoslavie

Depuis 1992 Approfondissement et élargissement de la construction européenne

**Nelson Mandela et Frederik de Klerk**
Les deux hommes ont reçu conjointement le prix Nobel de la paix, le 10 décembre 1993 à Oslo.

**Desmond Tutu**

## Nelson Mandela (1918-2013)

Mandela rejoint en 1944 le Congrès national africain (ANC), parti politique qui lutte contre l'apartheid et revendique des droits identiques pour les Blancs et les Noirs. Passé à la lutte armée, il est arrêté en 1962 et condamné à la prison à vie et aux travaux forcés.

Devenu le symbole de la lutte contre la ségrégation, Mandela est libéré le 11 février 1990 après que Frederik de Klerk a accédé à la présidence. Il succède à ce dernier à la tête du pays en 1994. Durant les cinq ans de son mandat, il fait considérablement progresser le processus de transition démocratique en Afrique du Sud et la réconciliation entre les différents groupes raciaux et ethniques. Il restaure en outre l'image du pays sur la scène internationale.

Mandela demeure jusqu'à sa mort en 2013 une autorité morale et une figure de premier plan de la lutte pour la liberté et l'égalité.

## « Vérité et réconciliation »

Pour enraciner le processus de transition démocratique, Nelson Mandela apporte tout son soutien à la commission « Vérité et réconciliation » créée en 1995. Dirigée par l'archevêque anglican Desmond Tutu, elle recueille plus de 20 000 témoignages – de victimes comme de bourreaux – sur les violations des droits de l'homme, en particulier en relation avec l'apartheid. Placée sous le signe de la repentance et du pardon, cette commission joue un rôle clé dans l'instauration de la paix civile en Afrique du Sud. Engagé dès sa jeunesse dans un combat pacifique contre l'apartheid, Desmond Tutu a reçu le prix Nobel de la paix en 1984.

| 2005 | 2006 | 2007 | 2008 | 2009 | 2010 | 2011 | 2012 | 2013 | 2014 | 2015 |
|---|---|---|---|---|---|---|---|---|---|---|

3-2011 Guerre en Irak

Depuis 2011 Guerre civile en Irak

Depuis 2008 Mise en place d'une gouvernance économique mondiale

11 décembre 1994

# L'armée russe entre en Tchétchénie

**En novembre 1991, l'ex-république soviétique de Tchétchénie se déclare unilatéralement indépendante. Opposé à cette évolution qui met en danger l'intégrité du territoire de la Fédération de Russie, Moscou y envoie l'armée en 1994.**

## L'indépendance tchétchène

À l'automne 1991, l'Union soviétique est en pleine déliquescence et ses républiques s'en détachent l'une après l'autre. En Tchétchénie, Djokhar Doudaïev, ex-général de l'armée soviétique, prend le pouvoir et proclame l'indépendance du territoire début novembre.

Pour la nouvelle Fédération de Russie qui se met en place à partir de décembre sous l'autorité de Boris Eltsine (► p. 316), la sécession tchétchène est inadmissible. D'une part, elle intervient dans une zone hautement stratégique, riche en pétrole et par laquelle passent de nombreux pipe-lines et gazoducs ; et d'autre part, son exemple peut devenir contagieux dans une région que l'imbrication des nationalités et des religions rend particulièrement sensible.

Face à l'opposition de Moscou, la Tchétchénie installe progressivement un régime nationaliste infiltré par des réseaux mafieux. Les islamistes instaurent la *charia*.

## La guerre de 1994-1996

Fin 1994, Eltsine opte pour la force. Le 11 décembre, 30 000 soldats russes entrent en Tchétchénie. La capitale, Grozny, tombe en février 1995 après de terribles bombardements qui font des milliers de victimes. Malgré la mort de Doudaïev, les Tchétchènes résistent, infligeant de lourdes pertes à l'armée russe. En août 1996, ils parviennent à reprendre Grozny.

Moscou signe un cessez-le-feu prévoyant le retrait de ses troupes et reconnaissant une forme d'autonomie à la Tchétchénie. Des élections libres y sont prévues tandis que son statut de république indépendante doit faire l'objet de négociations ultérieures.

L'accord met fin à une guerre qui a causé la mort de plus de 80 000 Tchétchènes et 4 000 soldats russes, et laisse un territoire exsangue et désorganisé.

**1994** Début de la guerre en Tchétchénie

1992 1993 1994 1995 1996 1997 1998 1999 2000 2001 2002

1991-1995 Guerre en Yougoslavie

Depuis 1992 Approfondissement et élargissement de la construction européenne

**Vue des ruines de Grozny**
Assiégée une seconde fois de décembre 1999 à février 2000 par l'armée russe, la capitale tchétchène est presque totalement détruite.



## Une longue tradition de résistance

Annexée par l'Empire russe en 1818, la Tchétchénie se situe sur le versant nord du Caucase. Couvrant 16 000 kilomètres carrés, elle est peuplée de 1,3 million d'habitants, convertis à l'islam sunnite au Moyen Âge et dotés d'une forte identité qui a résisté au cours des siècles à toutes les tentatives d'assimilation. Devenue après 1922 une république soviétique, elle s'oppose à Moscou et une part importante de sa population est déportée en Asie centrale entre 1944 et 1957.

## La deuxième guerre de Tchétchénie

Après 1996, les indépendantistes tchétchènes ne perdent pas l'espoir d'arriver à leurs fins en associant autour d'eux les républiques de Transcaucasie, la Géorgie, l'Arménie et l'Azerbaïdjan. Soucieux de maintenir dans la Fédération les républiques du versant nord du Caucase, le nouveau président russe Vladimir Poutine (► p. 392) prend prétexte d'attentats terroristes attribués aux Tchétchènes pour intervenir à nouveau en 1999. Un gouvernement pro-russe est installé tandis que la guérilla se poursuit dans les montagnes. Ce recours systématique aux moyens militaires a cependant réveillé les nationalismes anti-russes et introduit l'islamisme radical. La Tchétchénie et le Daghestan voisin sont ainsi devenus des foyers actifs du djihadisme international.

30 janvier 1995

# Un attentat contre le commissariat central d'Alger fait de très nombreuses victimes

**À partir de 1995, les violences terroristes perpétrées en Algérie par les mouvements islamistes dans le contexte de la guerre civile redoublent.**

## Un ramadan sanglant

Le 30 janvier 1995, à 15h30, un véhicule explose devant le commissariat central d'Alger. À cette heure, ce quartier commerçant du centre-ville de la capitale algérienne est bondé. On dénombre 42 morts et 256 blessés, soit le bilan le plus lourd depuis le début de la guerre civile en 1991.

## Le rejet de la plateforme de Sant'Egidio

Cet attentat a été perpétré par des membres du Groupe islamique armé (GIA) après que la junte militaire, au pouvoir depuis 1992, a rejeté un plan de sortie de crise. Celui-ci avait été établi à Rome, à l'invitation de la communauté catholique de Sant'Egidio, par huit organisations d'opposition, dont le Front islamique du salut (FIS). Mais la proposition de rétablir le dialogue, tout en continuant de boycotter les élections tant que l'état de siège ne serait pas levé, n'est pas acceptée par les généraux qui réitèrent leur refus de discuter avec les islamistes.

### Les débuts de la « décennie noire »

Le 26 décembre 1991, après des mois de violences, le Front islamique du salut (FIS) arrive en tête du premier tour des élections législatives. Craignant l'instauration d'une république islamique, des généraux contraignent, le 11 janvier 1992, le président Chadli Bendjedid à la démission et annulent le second tour du scrutin. Le FIS est alors interdit et des milliers de ses membres arrêtés. Des maquis se constituent et commence une guérilla dont les premières cibles sont des policiers et des militaires avant que les violences ne s'étendent aux civils.

## Une guerre totale

Au lendemain de cet épisode, le pouvoir multiplie les opérations contre le Groupe islamique armé et contre le bras armé du FIS, l'Armée islamique du salut (AIS), tandis que les actes de sabotage et les attentats à la bombe endeuillent le pays. Après plusieurs années de guerre civile, l'Algérie s'enfonce dans l'horreur. Les massacres de civils se multiplient dont celui de sept moines français à Tibhirine en mars 1996.

La victoire d'Abdelaziz Bouteflika à l'élection présidentielle de 1999 et la loi sur la « concorde civile » largement approuvée par référendum en septembre permettent un retour très progressif à la paix au début des années 2000.

**1995** Violences terroristes en Algérie

1992 1993 1994 1995 1996 1997 1998 1999 2000 2001 2002

1991-1995 Guerre en Yougoslavie

Depuis 1992 Approfondissement et élargissement de la construction européenne

**Attentat à la voiture piégée boulevard Amirouche, le 30 janvier 1995**

Au cours de ces « années de braise », plus de cent mille personnes périssent en Algérie.

*« Une dynamique nouvelle pour la paix implique un processus graduel, simultané et négocié… »*

Plateforme de Sant'Egidio, Rome, 13 janvier 1995.

## Des violences terroristes sur le sol français

Après le détournement le 24 décembre 1994, à l'aéroport d'Alger, d'un avion d'Air France par le Groupe islamique armé (GIA), une vague d'attentats endeuille la France entre juillet et octobre 1995. Accusant Paris de soutenir le pouvoir en place en Algérie, des membres du GIA posent une série de bombes (souvent des bombonnes de gaz remplies de clous). L'explosion la plus meurtrière a lieu le 25 juillet à Paris, dans le RER B, à la station Saint-Michel-Notre-Dame : elle fait huit morts et 117 blessés.

2005 2006 2007 2008 2009 2010 2011 2012 2013 2014 2015

3-2011 Guerre en Irak

Depuis 2011 Guerre civile en Irak

Depuis 2008 Mise en place d'une gouvernance économique mondiale

Juillet 1995

# Les Serbes massacrent des musulmans bosniaques à Srebrenica

**Au début des années 1990, les tensions interethniques font imploser la Yougoslavie qui se morcelle en plusieurs États et sombre bientôt dans une violente guerre civile.**

## La guerre en Bosnie-Herzégovine

Un an après la Slovénie et la Croatie, la Bosnie-Herzégovine se déclare indépendante le 5 avril 1992, après à un référendum. Sa population serbe, qui a boycotté le scrutin, n'en accepte pas les résultats, lui préférant un rapprochement avec la Serbie.

Le 6 avril 1992, l'armée serbe, sous l'autorité de Slobodan Milošević, investit la capitale bosniaque, Sarajevo. C'est le début d'un siège de trois ans et d'une guerre durant laquelle les Serbes adoptent une stratégie d'épuration ethnique.

## Une ville martyre



À Srebrenica, dans l'est de la Bosnie, plus de 40 000 civils vivent le conflit dans des conditions inhumaines, sous la menace permanente des artilleurs serbes, malgré la présence de Casques bleus.

Le 6 juillet 1995, l'armée des Serbes de Bosnie, dirigée par le général Ratko Mladić, lance l'offensive contre la ville. Le lendemain, les hommes sont séparés des femmes et des enfants, avant d'être amenés vers une destination inconnue et exécutés. Près de 8 000 hommes et adolescents sont ainsi systématiquement massacrés. Des dizaines de bus et de camions réquisitionnés transportent près de 30 000 personnes vers Kladanj, plus à l'ouest, en territoire bosniaque : Srebrenica est vidée de sa population.

## Les accords de Dayton

Face à cette situation, et sur initiative des États-Unis, l'Organisation du traité de l'Atlantique nord (OTAN) lance une campagne aérienne de bombardements au cours de l'été 1995. Des pourparlers s'ouvrent alors entre les représentants de la Croatie, de la Serbie, de la Bosnie-Herzégovine, et en présence de deux négociateurs américains.

Le 21 novembre 1995, les accords de Dayton partagent la Bosnie-Herzégovine en deux entités autonomes, sur des bases ethniques : la Fédération de Bosnie-Herzégovine, ou Fédération croato-musulmane, et la République serbe de Bosnie.

**1995** Massacre de Srebrenica

1992 | 1993 | 1994 | 1995 | 1996 | 1997 | 1998 | 1999 | 2000 | 2001 | 2002

**1991-1995** Guerre en Yougoslavie

**Depuis 1992** Approfondissement et élargissement de la construction européenne

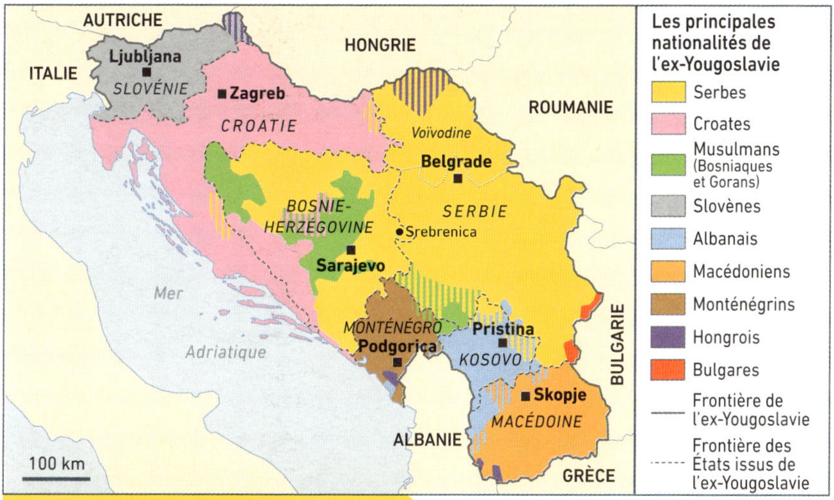


**Une mosaïque de peuples**

Créée en décembre 1918, la Yougoslavie est une imbrication de nationalités, de langues et de religions artificiellement unies d'abord par une monarchie, puis dans le cadre d'une république fédérale sous l'autorité du communiste Josip Broz, dit Tito (▶ p. 149). La mort de ce dernier en 1980 sonne le glas de cet assemblage hétéroclite.

**Un génocide**

Le massacre de Srebrenica est considéré comme le pire crime commis en Europe depuis la fin de la Seconde Guerre mondiale. Qualifié de génocide par le Tribunal pénal international pour l'ex-Yougoslavie et la Cour pénale internationale, il est commémoré chaque année le 11 juillet, ici en 2010.

## La question du Kosovo

Les accords de Dayton ne ramènent pas totalement le calme dans l'ex-Yougoslavie. Le Kosovo, province serbe autonome mais peuplée à 90 % d'Albanais musulmans, s'insurge en 1997, provoquant une violente répression ordonnée par le président serbe Slobodan Milošević. À la suite d'une intervention militaire de l'OTAN de mars à juin 1999, le Kosovo passe sous tutelle de l'Organisation des Nations unies (ONU). Une force de l'OTAN, la KFOR, s'y maintient pour garantir l'ordre.
En février 2008, les Albanais du Kosovo proclament une indépendance controversée, la Russie et la Chine la déclarant illégale au Conseil de sécurité de l'ONU. Encore actuellement, la région demeure extrêmement troublée.

5 juillet 1996

# Deux chercheurs écossais réussissent le premier clonage

**Le clonage d'un mammifère, la brebis Dolly, démontre la faisabilité, alors discutée, de cette technique. Il pose aussi une multitude de questions dans la mesure où il ouvre la possibilité d'un clonage humain.**

## Une première scientifique

Au cours du printemps 1996, au Roslin Institute d'Édimbourg, deux chercheurs en génie génétique, Ian Wilmut et Keith Campbell, réussissent une extraordinaire manipulation.

Ayant prélevé sur une brebis adulte des cellules mammaires, ils en extraient les noyaux porteurs des informations génétiques. Puis ils réinsèrent ces derniers dans les ovules énucléés d'une seconde brebis, permettant ainsi de reproduire un être au génome identique. Des embryons sont issus des cellules-œufs ainsi créées, et c'est de l'un d'eux que naît, le 5 juillet 1996, une brebis clonée nommée Dolly.



## Les perspectives du clonage

Les perspectives ouvertes par cette prouesse sont vertigineuses. Le clonage animal devrait permettre de produire en masse des clones producteurs de protéines ou de médicaments, de créer des animaux de laboratoire porteurs des mêmes particularités génétiques, et même de fournir à la médecine des organes d'animaux transgénétiques transplantables à l'homme.

## Vers un clonage humain ?

Si l'opération est réalisable sur un mouton, elle devient envisageable sur l'homme. Mais des problèmes éthiques se posent alors. Peut-on en effet créer artificiellement des embryons humains et les considérer comme des objets, sans porter atteinte à l'idée de personne humaine ? Les objections viennent tant des autorités religieuses que d'une morale laïque qui impose de traiter l'humain comme une fin et non comme un moyen.

Alors que des rumeurs venant de Corée du Sud font état d'un projet de clonage d'un bébé et qu'un chercheur italien affirme – sans preuve – en 2003 avoir implanté des embryons clonés sur trois femmes, l'Assemblée générale des Nations unies interdit le clonage humain le 8 mars 2005.

**1996** Premier clonage réussi

1992 1993 1994 1995 1996 1997 1998 1999 2000 2001 2002

1991-1995 Guerre en Yougoslavie

Depuis 1992 Approfondissement et élargissement de la construction européenne

**Ian Wilmut et Dolly, en 2003**

Ian Wilmut (né en 1944) a orienté ses recherches vers l'étude des cellules souches. Il dirige aujourd'hui le centre de médecine régénératrice du Medical Research Council d'Édimbourg. Keith Campbell (1954-2012) a, de son côté, approfondi la connaissance du clonage animal à l'Université de Nottingham.



*« La notion de progrès doit comporter autocritique et réflexivité. »*

Edgar Morin, *Science avec conscience*, 1982.

## La question des cellules souches

Les études sur l'embryon ont révélé l'existence des cellules souches, apparaissant sitôt la conception et pouvant se répliquer indéfiniment. Recueillies et réimplantées dans un organisme, elles permettent de régénérer les tissus, voire de recréer des organes.

L'utilisation en médecine de cellules souches embryonnaires humaines ouvrent d'immenses perspectives, mais posent les mêmes problèmes éthiques que le clonage humain puisque le prélèvement suppose la destruction d'embryons.

En France, la loi permet actuellement de traiter des embryons surnuméraires produits dans le cas de procréation médicalement assistée (PMA), mais des entreprises de clonage aux fins thérapeutiques pourraient aboutir à la fabrication de cellules souches en grand nombre.

1er juillet 1997

# Les Britanniques rétrocèdent Hong Kong à la Chine

**Une cérémonie solennelle, en présence du prince de Galles, célèbre – après 155 ans de présence britannique – le retour de Hong Kong à la Chine, sous le statut de « région administrative spéciale ».**

## Une vieille colonie britannique

En 1842, au terme de la guerre dite de l'opium, le Royaume-Uni s'était fait attribuer par l'empereur de Chine l'îlot quasi inhabité de Hong Kong. Situé à l'embouchure de la rivière des Perles, en aval de Canton, capitale du riche Guangdong, l'endroit offrait un intérêt tant stratégique que commercial.

Les Anglais y créent un port et, profitant de l'affaiblissement de la Chine, étendent leur colonie en 1860 en y adjoignant Kowloon, sur la terre ferme. En 1898, ils y ajoutent la location pour 99 ans des Nouveaux Territoires, l'ensemble représentant un peu plus de 1 000 kilomètres carrés.



## Le retour à la Chine

Dans la perspective de la fin de ce bail, des négociations débutent entre Londres et Pékin. Très vite, il apparaît que seule une rétrocession globale de la colonie est envisageable, compte tenu de la densité urbaine du territoire.

> « *Un pays, deux systèmes.* »
>
> Deng Xiaoping, déclaration conjointe sino-britannique, 19 décembre 1984.

Le 19 décembre 1984, Margaret Thatcher et Deng Xiaoping signent la déclaration conjointe sino-britannique qui prévoit un retour de Hong Kong à la République populaire de Chine (RPC) au 1er juillet 1997.

## Un statut spécifique

Suivant l'accord de 1984, Hong Kong n'est pas directement rattachée à la RPC : elle obtient un statut d'autonomie qui y maintient le droit britannique et les règles économiques libérales. « Région administrative spéciale », elle bénéficie d'une Constitution, la *Basic Law*, et s'autogouverne par l'intermédiaire d'un conseil législatif de 60 membres élus, lequel désigne un chef de l'exécutif.

Ce statut spécial fait de Hong Kong un ilôt de démocratie et de liberté au sein de la Chine continentale.

**1997** Rétrocession de Hong Kong à la Chine

1992 1993 1994 1995 1996 1997 1998 1999 2000 2001 2002

**1991-1995** Guerre en Yougoslavie

**Depuis 1992** Approfondissement et élargissement de la construction européenne

**La cérémonie du 1er juillet 1997**
La présence conjointe des drapeaux britannique et chinois ne doit pas occulter le fait que l'ex-colonie n'est pas intégrée à la RPC.

**Une porte entre la Chine et le monde**
Sous domination britannique, Hong Kong connaît une très grande prospérité, d'abord grâce à son activité portuaire, puis par son rôle de place financière que favorise une fiscalité très attractive. Après la révolution communiste de 1949 (► p. 188), le régime de Mao Zedong l'utilise comme porte sur le monde permettant des rapports commerciaux ou financiers discrets, 47 % des échanges de Hong Kong se faisant avec la Chine.



## Quel avenir pour Hong Kong ?

En 1997, de nombreuses inquiétudes s'élèvent quant au respect par la Chine du statut spécial de Hong Kong. Force est de constater que ces craintes n'ont pas disparu aujourd'hui. Les tensions avec Pékin sont fréquentes tant sur le plan des libertés fondamentales que sur celui de l'autonomie politique de l'ancienne colonie : les immenses manifestations qui ont eu lieu à l'automne 2014 à l'initiative des forces démocrates hongkongaises en sont le reflet. Les craintes se nourrissent aussi de la récente intransigeance chinoise face à ses voisins (Japon, Vietnam, Philippines), laquelle semble annoncer une politique de puissance (► p. 407) visant à réunifier l'ancien espace impérial de Pékin.

Juillet 1997

# Une crise financière fragilise le Sud-Est asiatique

**Partie de Thaïlande à la suite de l'éclatement d'une bulle spéculative, une crise financière balaie les pays émergents du Sud-Est asiatique. Déstabilisant l'ensemble de l'économie, elle provoque de graves troubles sociaux.**

## Des excès spéculatifs

En Thaïlande, le rapide développement d'industries de sous-traitance depuis les années 1980 et une croissance annuelle de 9 % au cours de la décennie 1990 ont favorisé une intense spéculation, notamment immobilière, cause d'un surendettement important. L'éclatement de cette bulle, début 1997, provoque la chute de la bourse de Bangkok et le retrait massif des capitaux étrangers.

Pour y faire face, les autorités thaïlandaises décident, le 2 juillet 1997, de laisser flotter leur monnaie, le bath, mettant ainsi fin au système de change fixe en Asie du Sud-Est. La brutale dévaluation qui s'ensuit entraîne une cascade de faillites bancaires, le poids de la dette privée contractée pour une large part en devises étrangères augmentant mécaniquement, et se répercute très vite à l'ensemble de la région.



## La contagion de la crise

En quelques semaines, la crise atteint l'Indonésie, la Malaisie, les Philippines et les micro-États aux activités essentiellement bancaires tels Hong Kong et Singapour. En l'espace de six mois, 600 milliards de dollars sont perdus sur les marchés financiers mondiaux.

Au début de l'année 1998, l'économie réelle est à son tour frappée, du fait d'un accès restreint au crédit. Les entreprises sont confrontées à de graves difficultés et procèdent à des licenciements de masse. Ceux-ci provoquent une chute du niveau de vie, aux conséquences humaines et sociales dramatiques : augmentation de la pauvreté, hausse de la prostitution, recrudescence des suicides, émeutes en Indonésie.

## Une intervention internationale controversée

Dès le début de la crise, les pays asiatiques font appel au Fonds monétaire international (FMI) et à la Banque mondiale. Ceux-ci conditionnent leurs aides à l'adoption d'une politique d'austérité monétaire et budgétaire, et à la mise en place d'importantes réformes structurelles.

Or certaines voix s'élèvent pour critiquer ces mesures inefficaces à endiguer la crise et même jugées responsables de son aggravation du fait de leur coût social, contribuant ainsi à faire émerger une critique radicale du néolibéralisme (▶ p. 352).

**Les émeutes à Jakarta**

**Accompagnées de pillages et de manifestations xénophobes, les violences en Indonésie font plus de 1 200 morts en deux jours (13-14 mai 1998).**

## « Dragons » et « Tigres »

Entre 1970 et 1980, plusieurs pays du Sud-Est asiatique (Corée du Sud, Taïwan, Singapour, Hong Kong) prennent modèle sur le Japon pour assurer leur développement économique. Sur la base d'une forte épargne privée, d'une main-d'œuvre bien formée et d'une fiscalité attractive pour les capitaux étrangers, ils développent un secteur industriel de pointe (électronique, automobile). Leur niveau de vie augmente très vite, égalant bientôt celui de l'Union européenne. On les surnomme les « Dragons ».

Ils sont suivis dans la décennie suivante par les « Tigres » (Thaïlande, Malaisie, Indonésie, Vietnam, Philippines), plus centrés sur l'industrie de sous-traitance très compétitive du fait du faible coût de la main-d'œuvre. Les « Tigres » sont les plus touchés par la crise de 1997-1998.

## La crise en Indonésie

L'Indonésie est l'un des pays asiatiques les plus déstabilisés par la crise financière. En moins d'un an, la valeur de la monnaie est divisée par trois. Les prix des produits alimentaires s'envolent – le prix du riz augmente de 230 % –, alors que les salaires ne progressent au mieux que de 50 %. Le chômage touche 20 % de la population active. En mai 1998, de violentes émeutes entraînent la chute du président Suharto. Depuis, malgré un réel effort de démocratisation, le pays a du mal à retrouver son équilibre, menacé aujourd'hui par la montée de l'islamisme radical.

*« Les économies performantes ne sont pas non plus à l'abri des paniques bancaires. »*

Paul Krugman, prix Nobel d'économie 2008, 16 avril 1998.



2005 | 2006 | 2007 | 2008 | 2009 | 2010 | 2011 | 2012 | 2013 | 2014 | 2015

3-2011 Guerre en Irak

Depuis 2011 Guerre civile en Irak

Depuis 2008 Mise en place d'une gouvernance économique mondiale

17 juillet 1998

# L'ONU crée une Cour pénale internationale

**Proposé à l'initiative de l'Assemblée générale des Nations unies, le statut de Rome crée à La Haye, aux Pays-Bas, une cour internationale de justice chargée de juger les auteurs de génocide, de crime de guerre et de crime contre l'humanité.**

## Les premières juridictions internationales

L'idée d'une cour internationale de justice prend forme, après la Seconde Guerre mondiale, quand sont institués les tribunaux militaires de Nuremberg (août 1945) et de Tokyo (janvier 1946) pour juger les responsables allemands et japonais de crimes contre l'humanité (► p. 170).

Il faut cependant attendre 1993 et 1994 pour que, face aux atrocités commises au Rwanda et en ex-Yougoslavie et (► p. 328 et 336), soient constitués, à la demande du Conseil de sécurité de l'Organisation des Nations unies (ONU), des tribunaux pénaux internationaux (TPI) pour juger ces deux cas.

## La création de la Cour pénale internationale



Les TPI ont montré leurs limites : tribunaux *ad hoc*, ils sont par définition provisoires. Leur procédure, de nature accusatoire à la manière anglo-saxonne, est très lente, sans instruction préalable. L'ONU décide donc d'établir une institution permanente aux compétences universelles, la Cour pénale internationale (CPI).

Le 17 juillet 1998, 120 des 193 États membres de l'ONU signent le statut de Rome, mais les ratifications nécessaires à son entrée en vigueur tardent. La Chine et l'Inde en contestent toujours le principe, ainsi que l'ensemble des pays arabes (sauf la Jordanie et la Tunisie). La Russie et les États-Unis, pourtant signataires, n'ont toujours pas ratifié le texte.

## Une institution qui fonctionne

La CPI se met enfin en place le 1er juillet 2002, le quorum indispensable des 60 ratifications ayant été atteint. Suivant le statut de Rome, la Cour exerce sa compétence à l'égard des crimes de génocide, des crimes contre l'humanité et des crimes de guerre ; elle n'agit que si l'accusé n'est pas déjà poursuivi dans son pays.

La CPI est dotée de chambres composées de magistrats élus par les États et chargées de juger les prévenus. Un procureur, dont la mission est d'enquêter, est nommé pour neuf ans par les représentants des États. Le 14 mars 2012, le premier verdict tombe : Thomas Lubanga, accusé de l'enrôlement d'enfants-soldats en République démocratique du Congo, est condamné à 14 ans de prison.

## Les tribunaux pénaux internationaux

| | |
|---|---|
| **22 février 1993** | Création du Tribunal pénal international pour l'ex-Yougoslavie (TPIY) après les exactions en Bosnie-Herzégovine. 161 personnes y ont été mises en accusation. |
| **8 novembre 1994** | Création du Tribunal pénal international pour le Rwanda (TPIR), après le génocide perpétré entre avril et juillet 1994. 93 personnes y ont été mises en accusation. |
| **16 janvier 2002** | Création du Tribunal spécial pour la Sierra Leone (TSSL), chargé de juger les crimes commis durant la guerre civile (1991-2002). 13 personnes y ont été mises en accusation. |
| **1er mars 2009** | Création du Tribunal spécial des Nations unies pour le Liban, chargé de poursuivre les responsables de l'attentat du 24 février 2005 à Beyrouth qui a fait 22 morts dont l'ancien Premier ministre libanais Rafic Hariri. 4 personnes y ont été mises en accusation. |

« *En qualité de Procureur de la CPI, j'ai pour mission des enquêtes et des poursuites à l'encontre des responsables de génocide, de crime contre l'humanité et de crime de guerre.* »

Fatou Bensouda, procureur de la CPI, 12 février 2014.

**Des magistrats venus du monde entier**

**Les représentants du procureur à l'ouverture du procès du Congolais Jean-Pierre Bemba, à la Cour pénale internationale (CPI) de La Haye, le 22 novembre 2010.**

2005 | 2006 | 2007 | 2008 | 2009 | 2010 | 2011 | 2012 | 2013 | 2014 | 2015

03-2011 Guerre en Irak

Depuis 2011 Guerre civile en Irak

Depuis 2008 Mise en place d'une gouvernance économique mondiale

27 octobre 1998

# Gerhard Schröder est investi chancelier d'Allemagne

**À la suite de la victoire électorale de la coalition réunissant les sociaux-démocrates et les écologistes, l'arrivée à la chancellerie de Gerhard Schröder prélude à un profond remaniement doctrinal du socialisme allemand.**

## Des difficultés économiques

Au cours de son premier mandat, Gerhard Schröder doit faire face à une situation économique et sociale dégradée, liée notamment au coût colossal de la réunification de l'Allemagne (► p. 314). La politique menée par son gouvernement, qui entreprend notamment de réformer la fiscalité et les retraites, ne permet pas de relancer l'économie et de faire baisser le chômage.

## Un socialisme à recettes libérales

Réélu de justesse en 2002, Schröder engage alors une série de réformes, baptisée « Agenda 2010 », visant à transformer en profondeur l'État-providence et à libéraliser le marché du travail, à contre-courant de la tradition socialiste.

Ainsi les conditions d'attribution des indemnités chômage sont durcies : fusionnées avec les allocations sociales, versées pour une durée réduite à 12 mois contre 32, elles obligent les chômeurs à accepter tout travail qui leur est proposé, y compris des « mini-jobs » à moins de 400 euros par mois. L'âge de la retraite est porté à 65 ans (67 ans prévus en 2017). Les prestations sociales sont diminuées, compensées en partie par une baisse des impôts.

> *« Un marché aussi ouvert que possible est la condition préalable à une économie performante et une économie performante est la condition préalable au financement de la Sécurité sociale. »*
>
> Gerhard Schröder, débat au Bundestag, octobre 2002.

## Quels résultats ?

Dans le contexte d'une reprise de la croissance mondiale, l'économie allemande se redresse bientôt au point de devenir la plus performante de l'Union européenne. Les exportations bondissent et le chômage diminue fortement. Cependant se développent en parallèle le travail à temps partiel et l'intérim qui fragilisent de nombreux travailleurs, aux marges de la pauvreté.

Sur le plan politique, Schröder doit faire face à l'opposition des syndicats et de l'aile gauche de son propre parti, le SPD, laquelle finit par faire sécession sous la forme du mouvement *Die Linke* (La Gauche). En 2005, Schröder perd les élections, laissant la place à la chrétienne-démocrate Angela Merkel.

**Gerhard Schröder au congrès du SPD, en avril 1997**

### Tony Blair et la « troisième voie »

Chef du Parti travailliste à partir de 1994 et Premier ministre du Royaume-Uni de 1997 à 2007, Tony Blair considère que la mondialisation, la disqualification du marxisme après l'implosion de l'Union soviétique et la pression des options libérales obligent la social-démocratie à inventer de nouvelles tactiques pour maintenir une politique sociale tenant compte des réalités économiques au sein d'une économie de marché concurrentielle. Il promeut ainsi une « troisième voie », ni socialiste, ni ultralibérale, que théorise le sociologue britannique Anthony Giddens.

### Une controverse idéologique

Au début des années 2000, l'orientation sociale-libérale de Tony Blair et de Gerhard Schröder est vivement contestée par les socialistes restés fidèles à la ligne traditionnelle. C'est le cas en particulier en France où, cependant, un courant favorable au social-libéralisme se dégage au sein du parti socialiste (PS) derrière Dominique Strauss-Kahn. En 2014, le président socialiste François Hollande et son Premier ministre Manuel Valls s'y rallient *de facto* sans aller jusqu'à des réformes aussi radicales que celles de Schröder. Le débat est loin d'être clos et il n'est pas excessif de parler de fracture dans le socialisme européen.

# La mondialisation

**Le terme « mondialisation » (en anglais *globalization*) définit le processus qui conduit, à la fin du xx$^{e}$ siècle, à constituer un marché planétaire sur la base du libre-échange et de la libre concurrence prônés par l'économie néolibérale.**

**Une rue à New Dehli en Inde**
Symboles de ce « village planétaire » qu'est devenu le monde, selon l'expression du théoricien des médias Mashall McLuhan, les publicités pour les grandes marques internationales se retrouvent aux quatre coins du globe.

## Un réaménagement économique du monde

### La rencontre du progrès technologique et de circonstances historiques

Dans les deux dernières décennies du xx$^{e}$ siècle, l'émergence des nouvelles technologies de l'information et de la communication (NTIC) (► p. 355), le développement des sociétés multinationales, la convergence des marchés et la standardisation des produits conduisent à l'établissement d'un système économique global.



Cette mutation a été accélérée par le triomphe dans les années 1980 de théories néolibérales (► p. 286) – prônant la libre circulation des capitaux, l'interdépendance des économies et une déréglementation généralisée – mais aussi par l'échec du communisme que concrétise l'effondrement de l'Union soviétique en 1991 (► p. 316).

### Des firmes transnationales

La montée en puissance des NTIC participe à l'accélération des échanges de biens, d'informations et de capitaux, à l'origine de la globalisation économique et financière. Ces flux sont surtout générés par les firmes transnationales (FTN) : 80 000 d'entre elles créent ainsi aujourd'hui plus du quart du produit intérieur brut (PIB) mondial et réalisent les deux tiers du commerce mondial.

Difficilement contrôlables par les États, ces entreprises globalisées profitent de l'ouverture des frontières pour délocaliser les industries ou les services vers les pays rendus attractifs par leur fiscalité et le faible coût de leur main-d'œuvre.

### De nouvelles puissances

Dans la compétition mondiale qui se met en place, on observe un déplacement du centre de gravité économique, qui annonce le recul des pays occidentaux et leur futur dépassement. Les « pays émergents » s'intègrent dans l'économie mondialisée, et ce grâce à des atouts très différents : une industrie tournée vers la conquête des marchés extérieurs pour la Chine (► p. 404), une agriculture fortement exportatrice pour le Brésil,

la sous-traitance de services pour l'Inde ou l'exploitation de la rente énergétique pour la Russie. Aujourd'hui, ces quatre économies et celle de l'Afrique du Sud représentent près de 30 % du PIB mondial, malgré leur ralentissement depuis 2011.

### Qu'est-ce qu'un « pays émergent » ?

Il s'agit d'États qui connaissent depuis deux ou trois décennies une croissance forte et rapide. Le classement des pays émergents reste fluctuant et sujet à controverses. En 2000, on parlait des BRIC (Brésil, Russie, Inde, Chine), auxquels on a joint après 2010 l'Afrique du Sud (BRICS), le Mexique, la Turquie ou encore l'Indonésie.



**Croissance comparée des pays développés et des pays émergents**

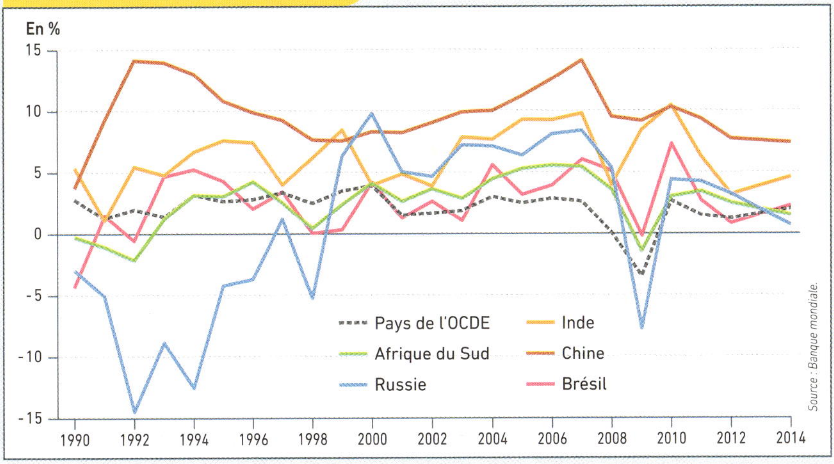

# Les effets de la mondialisation

## Sortir le monde de la pauvreté

À l'instar des pays émergents, la mondialisation contribue à sortir de nombreux territoires du sous-développement en favorisant le transfert d'entreprises et de technologies. Aujourd'hui les pays du Sud créent ainsi plus de richesses que ceux du Nord. Même les zones les plus en marge participent de ce mouvement : ainsi la croissance en Afrique a été de près de 5 % au cours des années 2000.

Dès lors, ce sont d'importantes fractions de leur population qui peuvent s'arracher à la grande pauvreté tandis que l'on assiste à l'émergence de classes moyennes consommatrices.

## Le creusement des inégalités

Dans ce réaménagement du monde, l'Europe occidentale et les États-Unis tendent à se désindustrialiser et connaissent une forte augmentation du chômage dès les années 1980. Depuis, les écarts de richesse au sein de leur population n'ont cessé d'augmenter.

Or ce phénomène paraît consubstantiel à la mondialisation : partout sur la planète, les inégalités se renforcent entre catégories sociales, entre régions, entre villes et campagnes.



## Les enjeux environnementaux

L'accession d'une part croissante de l'humanité à la société de consommation a mis en lumière les problèmes de pollution, de surexploitation des ressources naturelles et de réchauffement climatique (► p. 400). Symbole du prix de ce développement, la Chine est aujourd'hui le premier émetteur mondial en volume de gaz à effet de serre.

Ces enjeux environnementaux posent avec acuité la nécessité d'une prise de conscience à une échelle désormais globale.

**Le Forum de Davos, le 24 janvier 2015**

Créé en 1971, le Forum économique mondial organise chaque année une réunion à Davos, en Suisse. Celle-ci rassemble les principaux décideurs économiques et politiques de la planète (ici l'ancien vice-président américain Al Gore) qui échangent à cette occasion sur l'actualité et les problèmes du monde.

**Militants de l'Association pour la taxation des transactions financières et pour l'action citoyenne (ATTAC) défilant le 10 novembre 2001 à Paris**
Fondée en France en 1998, ATTAC est l'une des principales organisations altermondialistes (▶ p. 353), présente dans 40 pays.



## Joseph Stiglitz (né en 1943), critique raisonné de la mondialisation

Né en 1943, professeur à l'université Columbia de New York, prix Nobel d'économie en 2001, Stiglitz remet en cause les théories néolibérales. En 2000, il quitte avec éclat la vice-présidence de la Banque mondiale et conteste la rigidité des mesures prônées par le Fonds monétaire international (FMI). Favorable à un encadrement de l'activité financière mondialisée, dénonçant « le fanatisme des marchés », il prédit dès 2006 la crise qui éclate en 2008 (▶ p. 366), et qu'il analyse en 2010 dans *Le Triomphe de la cupidité*. Il reste une autorité pour tous les partisans d'une mondialisation maîtrisée.

## Des territoires en marge de la mondialisation

Certains pays cumulent les signes du mal développement : pauvreté, malnutrition, analphabétisme, instabilité politique, faiblesse du secteur industriel, etc. C'est le cas de l'Asie centrale et de l'Afrique subsaharienne, en particulier lorsque les États n'ont pas d'ouverture maritime. Ainsi l'on comptait en 2013 dans cette dernière région 33 des pays les moins avancés (PMA)... sur 48 dans le monde. Au Burundi ou au Libéria, la part de la population dont le revenu est inférieur au seuil de pauvreté dépasse les 80 %.

30 nov.-3 déc. 1999

# Une forte contestation perturbe le sommet de l'OMC à Seattle

**L'ampleur des manifestations et l'impact des déclarations affirmant qu'« un autre monde est possible » connaissent un retentissement planétaire : la mondialisation y apparaît plus contestée que jamais.**

## « Sommet » et « contre-sommet » à Seattle

La troisième conférence ministérielle de l'Organisation mondiale du commerce (OMC) doit se tenir à Seattle, aux États-Unis, du 30 novembre au 3 décembre 1999 : elle vise à lancer un nouveau cycle de négociations sur la libéralisation des échanges.

Les opposants à la mondialisation néolibérale (► p. 348), qui voient en l'OMC son instrument, décident d'organiser parallèlement de grandes manifestations. Tandis que les délégués officiels se réunissent et débattent, des mouvements souvent improvisés bloquent les rues de la ville, multiplient les actions spectaculaires et les déclarations. Inexpérimentée, la police de Seattle intervient violemment : de nombreux manifestants sont blessés et 600 sont arrêtés.



## Contre la « marchandisation de la société »

Les protestataires, venus du monde entier, sont très divers : organisations non gouvernementales (ONG), écologistes, mouvements anticapitalistes d'extrême gauche (► p. 351), syndicalistes, notamment agricoles qui protestent à la fois contre les méthodes d'agriculture intensive prônées par l'OMC et contre le libre-échange qui ruine les agricultures traditionnelles au profit des pays riches.

Sans nécessairement s'opposer à l'économie de marché, les manifestants refusent la « marchandisation de la société », appellent à la solidarité et dénoncent dans l'OMC une organisation exclusivement favorable aux milieux d'affaires des pays riches, au détriment des salariés et des pays pauvres.

## L'échec du sommet

Sous la pression de ce mouvement altermondialiste qui acquiert là une très large audience, le sommet de l'OMC se conclut par un échec. Les délégués de ses 135 membres ne sont pas parvenus à surmonter les multiples désaccords qui opposent entre eux, notamment, Américains, Européens, pays du Sud autour de sujets aussi fondamentaux que la concurrence, les normes sociales ou les subventions agricoles.

**Face à face dans les rues de Seattle, le 29 novembre 1999**
« OMC, va en enfer » : les manifestants, décidés, parviennent à contrer efficacement le sommet de l'Organisation mondiale du commerce.

## Qu'est-ce que l'OMC ?

Créée en 1995 et basée à Genève (► p. 182), l'Organisation mondiale du commerce (OMC) est un organisme international chargé de coordonner le commerce mondial dans le sens du libre-échange et d'aménager la concurrence. En 2014, elle regroupe 160 pays. C'est en son sein que se déroulent les grands cycles de négociations commerciales internationales – depuis 2001 c'est celui dit de Doha – aboutissant à des accords qui s'appliquent à ses membres. En cas de non-respect de ceux-ci ou de litiges, l'OMC peut être saisie par l'intermédiaire de son organe de règlement des différents (ORD).

## L'altermondialisme : état d'esprit ou mouvement ?

Né progressivement au tournant des années 1980 et 1990, l'altermondialisme réclame une mondialisation encadrée et régulée. Disparate dans sa composition, il se reconnaît à des idées communes : lutte contre la surexploitation des ressources, protection de l'environnement, respect des droits humains, justice économique et sociale, promotion de la démocratie.
Après la forte médiatisation de ses manifestations à Seattle, l'altermondialisme organise le premier Forum social mondial en 2001 à Porto Alegre (Brésil). En France, le principal mouvement est l'Association pour la taxation des transactions financières – dite taxe Tobin – et l'action citoyenne (ATTAC), également présente dans 40 pays (► p. 351).
L'un des prolongements les plus concrets de l'esprit altermondialiste a été le développement du « commerce équitable », qui veut introduire plus de justice dans les rapports commerciaux internationaux.



04 | 2005 | 2006 | 2007 | 2008 | 2009 | 2010 | 2011 | 2012 | 2013 | 2014 | 2015

2003-2011 Guerre en Irak
Depuis 2011 Guerre civile en Irak
Depuis 2008 Mise en place d'une gouvernance économique mondiale

2000

# La « bulle Internet » éclate

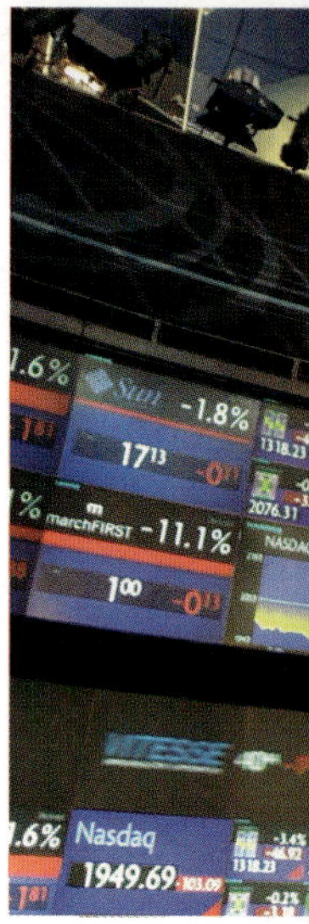


**Après dix ans d'euphorie boursière ayant entraîné un emballement spéculatif, une avalanche de faillites affecte au début de l'année 2000 le secteur né de l'essor de l'informatique et du développement d'Internet.**

## L'irruption d'Internet

Au début des années 1990, la mise au point et le développement d'Internet ouvrent d'immenses perspectives sur le plan de la communication, mais aussi dans le domaine du commerce électronique.

Ces nouvelles technologies de l'information et de la communication (NTIC), aux constantes innovations et aux progrès fulgurants, stimulent la créativité et l'audace de jeunes chercheurs et techniciens. Aux États-Unis comme en Europe, les *start-up* se multiplient.

## Un emportement spéculatif



Cette rapide expansion, la promesse de profits importants et le souci de ne pas laisser passer une nouveauté décisive poussent les investisseurs financiers à s'engager, suscitant un déferlement de capitaux. Le marché boursier électronique, le NASDAQ, connaît une croissance spectaculaire : en 1995, par exemple, la valeur d'une action de la *start-up* Netscape passe en une journée de 28 à 75 dollars !

Parallèlement, de grandes entreprises, sans rapport direct avec l'électronique, se ruent vers ces technologies nouvelles. En France, la très ancienne Compagnie générale des eaux, devenue Vivendi, s'engage massivement dans les télécommunications, au détriment de ses activités traditionnelles.

## Une déroute prévisible

En mars 2000, une remontée des taux d'intérêt, jusqu'alors bas, fait s'écrouler brutalement cette pyramide de crédits. En quelques semaines, se multiplient les dépréciations d'actifs – jusqu'à 100 milliards de dollars pour Time Warner du fait de sa fusion avec AOL –, et les faillites parfois associées à des scandales financiers – comme pour la société Worldcom à la suite de manipulations comptables pour gonfler ses revenus. Des dizaines de milliers d'actionnaires sont ruinés. La récession s'étend bientôt à l'économie, provoquant la destruction de centaines de milliers d'emplois.

Le modèle de la net-économie, qui consomme des capitaux énormes pour des recettes limitées, est alors remis en cause.

**2000** Éclatement de la « bulle Internet »

1992 1993 1994 1995 1996 1997 1998 1999 2000 2001 2002 20

1991-1995 Guerre en Yougoslavie

Depuis 1992 Approfondissement et élargissement de la construction européenne

La salle des marchés de la National Association of Securities Dealers Automated Quotations, le NASDAQ, à Times Square (New York)

## Internet : une troisième révolution industrielle ?

L'idée de créer un réseau informatique interconnecté est née avec l'ordinateur. Dès les années 1960, des recherches sont conduites aux États-Unis avec l'appui des autorités militaires. En 1969, un premier réseau entre quatre ordinateurs est créé et en 1972, le premier courrier électronique est envoyé.

Le système s'organise progressivement : en 1983, le mot Internet apparaît et en 1993, le *World Wide Web* (www) est constitué en tant qu'ensemble de pages (la « Toile ») auquel tout utilisateur peut accéder *via* un navigateur et un protocole standardisé.

La croissance du réseau est alors phénoménale, passant d'un million d'ordinateurs connectés en 1993 à 36 millions en 1996 et 377 millions en 2000. Une telle expansion et ses multiples développements amènent à parler d'une troisième révolution industrielle.



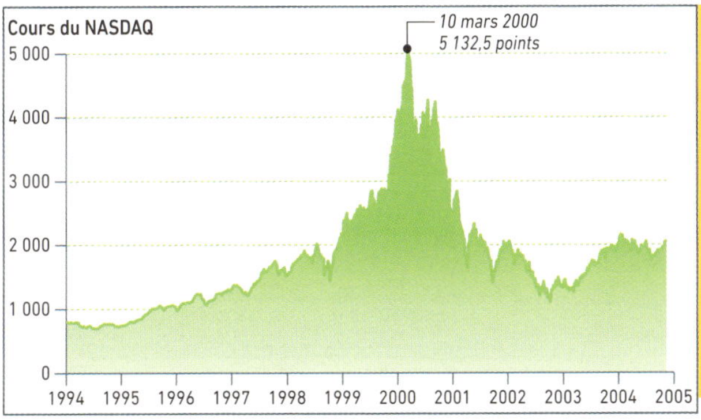


**L'évolution de l'indice IXIC du NASDAQ (1994-2004)**

L'indice IXIC du marché électronique, le NASDAQ, a quintuplé en cinq ans, passant de 1 000 points en 1995 à plus de 5 000 en 2000. Après le krach du secteur, ces profits disparaissent : à la fin de l'année 2002, l'indice est à peine supérieur à 1 000 points.

04 | 2005 | 2006 | 2007 | 2008 | 2009 | 2010 | 2011 | 2012 | 2013 | 2014 | 2015

003-2011 Guerre en Irak

Depuis 2011 Guerre civile en Irak

Depuis 2008 Mise en place d'une gouvernance économique mondiale

11 septembre 2001

# Les attentats-suicides du World Trade Center frappent New York

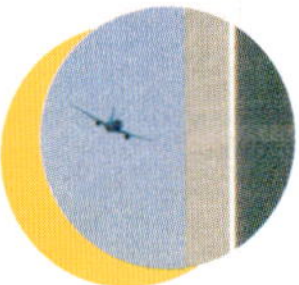

**En cette matinée du 11 septembre 2001, le monde stupéfait découvre en direct sur les écrans de télévision la plus considérable entreprise terroriste de l'histoire. Celle-ci cause la mort de 2 977 personnes.**

## Les États-Unis attaqués

En à peine plus d'une heure ce 11 septembre 2001, les États-Unis sont confrontés à l'impensable. À 8h46, un avion de ligne percute la tour nord du World Trade Center à New York, avant qu'un deuxième appareil, 17 minutes plus tard, frappe la tour sud. À 9h37, un troisième avion s'abat sur le Pentagone à Washington tandis qu'une demi-heure après, un quatrième appareil s'écrase dans une forêt de Pennsylvanie.

Les dégâts sont gigantesques. À New York, l'effondrement des tours jumelles fait 2 753 victimes parmi les 17 400 personnes alors présentes dans les bureaux, mais également parmi les pompiers et les policiers venus les secourir.



## Une opération d'Al-Qaïda

Bien qu'aucune revendication n'ait été immédiatement formulée, l'enquête permet d'identifier les 19 pirates de l'air ayant détourné les avions. Majoritairement saoudiens et résidant aux États-Unis, ils ont des liens avec l'organisation islamiste Al-Qaïda. Le 13 décembre, son chef Oussama Ben Laden se déclare à l'origine de l'opération qui a frappé le « Grand Satan », « ennemi de l'islam ».

## Les conséquences immédiates

L'émotion mondiale est considérable. Le 17 octobre 2001, les Nations unies qualifient les attentats de crime contre l'humanité. Ceux-ci constituent la plus grave attaque terroriste commise aux États-Unis et traumatisent profondément les Américains.

> *« Nous sommes tous Américains. »*
>
> Jean-Marie Colombani, *Le Monde*, 13 septembre 2001.

Le président George W. Bush décide d'une riposte militaire et engage, courant octobre, l'armée américaine en Afghanistan, base d'Al-Qaïda (► p. 361). Le 26 octobre, le Congrès vote le *Patriot Act*, législation antiterroriste d'exception qui permet, entre autres, aux services de sécurité d'accéder librement aux données informatiques des particuliers et des entreprises (► p. 396).

Attentats-suicides du World Trade Center **2001**

1992 | 1993 | 1994 | 1995 | 1996 | 1997 | 1998 | 1999 | 2000 | 2001 | 2002 | 20

**1991-1995 Guerre en Yougoslavie**

**Depuis 1992 Approfondissement et élargissement de la construction européenne**

**Les *Twins Towers* à New York, après le second impact**
Le crash du deuxième appareil contre la tour sud du World Trade Center fait prendre conscience qu'il ne s'agit pas d'un accident, mais d'un attentat.

## Al-Qaïda

L'organisation islamiste Al-Qaïda (« La base ») est née dans les années 1980 en Afghanistan pour combattre les armées soviétiques qui occupent alors le pays (► p. 292). Dans le cadre de la guerre froide, elle bénéficie de l'aide de la Central Intelligence Agency (CIA) américaine.

En novembre 1989, son chef, Abdullah Azzam, est assassiné et la direction du mouvement passe à Oussama Ben Laden. Issu d'une grande famille saoudienne, celui-ci est un tenant du fondamentalisme wahhabite. Il rompt avec la monarchie saoudienne qu'il accuse de s'être alliée aux « infidèles » lors de la première guerre du Golfe en 1991 (► p. 318). Ben Laden oriente alors le mouvement dans le sens du djihad contre les États occidentaux, nouveaux « croisés » dirigés par les États-Unis. En 1996, il fait de l'Afghanistan, tombée aux mains des talibans (► p. 403), la base d'Al-Qaïda. Organisée à la manière d'un réseau ayant des relais en Irak, au Yémen et en Afrique du Nord, l'organisation pratique le terrorisme à une large échelle, multipliant les attentats après ceux du 11 septembre, comme à Madrid en 2004 et à Londres en 2005.

)4 | 2005 | 2006 | 2007 | 2008 | 2009 | 2010 | 2011 | 2012 | 2013 | 2014 | 2015

)003-2011 Guerre en Irak

Depuis 2011 Guerre civile en Irak

Depuis 2008 Mise en place d'une gouvernance économique mondiale

27 octobre 2002

# Lula da Silva est élu président du Brésil

**Dans un pays où les écarts sociaux sont énormes et la situation économique très dégradée – entre inflation et explosion de la dette publique –, l'arrivée au pouvoir de la gauche, pour la première fois depuis 38 ans, suscite de nombreux espoirs.**

## Du syndicalisme à la politique

Né en 1945 dans une famille pauvre du Nordeste brésilien, Luiz Inàcio Lula da Silva travaille dès l'âge de 14 ans dans la métallurgie. Engagé dans le syndicat de sa branche professionnelle, il en devient le président en 1975. Plusieurs fois arrêté, il connaît la prison.

La chute de la dictature militaire en 1985 (► p. 226) lui permet de passer à l'action politique. Fondateur du Parti des travailleurs qui prône la lutte contre les inégalités sociales et un socialisme respectant la démocratie et la liberté d'expression, « Lula », comme on le surnomme, échoue trois fois à l'élection présidentielle avant de l'emporter en 2002 avec 60 % de suffrages au second tour.

*« Donnez-moi une chance en tant que président et je ferai en quatre ans ce que l'élite n'a pas fait en quarante. »*

Lula da Silva, discours de campagne, septembre 2002.

## Une présidence sociale

Après une première phase d'austérité pour rétablir la situation financière et la confiance des partenaires économiques, Lula, profitant d'une conjoncture économique favorable, engage de nombreuses réformes sociales.

Afin de lutter contre la pauvreté, il institue la *Bolsa Família* qui octroie une aide mensuelle aux familles les plus pauvres à condition qu'elles scolarisent et vaccinent leurs enfants. Le salaire minimum est également fortement augmenté : + 74 % entre 2003 et 2010.

## Une forte popularité

Les résultats de cette politique sont spectaculaires : en dix ans, 43 millions de Brésiliens sortent de la misère, la malnutrition et le travail des enfants baissent, le chômage décroît et la consommation intérieure augmente, ce qui dope la croissance, faisant du Brésil l'un des grands pays émergents (► p. 348).

Bénéficiant d'une très forte popularité, Lula est réélu sans difficulté en 2006. Si le pays connaît ensuite avec la crise mondiale de nouvelles difficultés économiques et sociales, le Parti des travailleurs conserve le pouvoir avec l'élection en 2011 de Dilma Rousseff.

**Le Brésil, une grande puissance**

**En quelques années, le Brésil devient la septième puissance économique du monde, fondée sur une agriculture performante et une industrie de transformation moderne. Le pays bénéficie également de secteurs de pointe, à l'image du constructeur aéronautique Embraer, troisième avionneur mondial.**

## Hugo Chávez (1954-2013) et le mouvement bolivarien

En 1983 au Venezuela, le colonel Chávez crée un parti politique qui se déclare « bolivarien », par référence à Simon Bolivar, principal chef de l'insurrection qui libéra au XIX^e siècle l'Amérique latine de la tutelle espagnole. À cette influence s'ajoute celles de théoriciens marxistes sud-américains et de la révolution cubaine, dont Chávez se reconnaît proche. Élu président le 6 décembre 1998, il met en place une politique sociale redistributive en faveur des plus pauvres et s'en prend frontalement aux intérêts nord-américains. Il lui est pourtant vite reproché de dilapider les revenus du pétrole, dont le Venezuela est l'un des plus grands producteurs mondiaux, et qui auraient pu financer les bases d'un développement futur. La personnalisation du pouvoir, la mainmise sur les médias, l'impuissance devant la corruption et l'insécurité achèvent de décrédibiliser la « révolution bolivarienne ». Atteint d'un cancer, Chávez meurt le 5 mars 2013, laissant un pays profondément divisé et à l'avenir incertain.

## Evo Morales (né en 1959), le président amérindien

Élu président de la Bolivie en 2005, Morales, un ancien syndicaliste d'origine amérindienne, défenseur du patrimoine culturel indigène, engage une politique sociale et s'oppose aux États-Unis, présents en Bolivie au nom de la lutte contre la production de cocaïne. Il s'assure par ailleurs le contrôle des ressources pétrolières et gazières du pays. Réélu en décembre 2009, puis en octobre 2014, il a été en 2010 le promoteur d'une Conférence mondiale des peuples contre le changement climatique.



04 | 2005 | 2006 | 2007 | 2008 | 2009 | 2010 | 2011 | 2012 | 2013 | 2014 | 2015

003-2011 Guerre en Irak

Depuis 2011 Guerre civile en Irak

Depuis 2008 Mise en place d'une gouvernance économique mondiale

20 mars **2003**

# Les États-Unis lancent l'opération *Liberté en Irak*

**Le 20 mars 2003, cinq divisions américaines appuyées par des forces britanniques pénètrent en Irak, provoquant, après deux semaines de combat, la chute du dictateur Saddam Hussein.**

## Des motivations ambiguës

Si officiellement l'intervention américaine vise à installer une vraie démocratie en Irak, le contentieux date de la guerre du Golfe de 1991 (► p. 318) que le président George W. Bush juge inachevée puisqu'elle a laissé Saddam Hussein au pouvoir.

Surtout, cette opération s'inscrit dans le cadre de la riposte aux attentats du 11 septembre 2001 (► p. 356). Elle met en œuvre la nouvelle stratégie américaine de sécurité : la guerre « préventive », justifiée ici par le fait que l'Irak détiendrait des armes de destruction massive, chimiques, biologiques, peut-être même nucléaires.

## Une opération contestée

Mais les « preuves » présentées devant le Conseil de sécurité de l'Organisation des Nations unies (ONU) – qui a voté en novembre 2002 une résolution de désarmement de l'Irak –, ne font pas l'unanimité.

Si le Royaume-Uni, l'Espagne et plusieurs pays d'Europe de l'Est accordent leur soutien à Washington, l'Allemagne et la France le lui refusent. À la différence de 1991, les États-Unis et la coalition qu'ils ont constituée s'engagent alors en Irak sans l'aval de l'ONU.

## Un résultat désastreux

L'opération militaire, très vite conduite, permet à Bush d'affirmer le 1er mai 2003 que la « mission [est] accomplie ». La suite s'avère néanmoins très difficile. La chute de Saddam Hussein – jugé puis pendu le 30 décembre 2006 – entraîne la dislocation de l'État irakien : le parti Baas au pouvoir jusque-là est interdit, l'armée régulière démantelée. La présence américaine provoque le réveil des antagonismes religieux entre sunnites et chiites (► p. 409) et plonge le pays dans la guerre civile.

L'absence d'armes de destruction massive oblige l'administration américaine à reconnaître le mensonge d'État ayant justifié l'intervention militaire. Dépassés, les Américains évacuent l'Irak en 2011. Leur présence a causé la mort de près de 5 500 de leurs soldats et coûté plusieurs milliers de milliards de dollars. Du côté irakien, les pertes sont difficiles à chiffrer – de 150 000 à plus de 650 000 – tant règne le chaos dans lequel s'engouffrent les formes les plus extrémistes de l'islamisme radical, en particulier Al-Qaïda (► p. 357) et l'État islamique (► p. 381 et 408).

**Déboulonnage de la statue de Saddam Hussein à Bagdad, le 9 avril 2003**
La rapide victoire militaire américaine laisse place au chaos politique.

> *« Les États-Unis d'Amérique ont l'autorité souveraine d'utiliser la force afin de garantir leur propre sûreté nationale. »*

Discours de George W. Bush à la nation, 17 mars 2003.

## La guerre en Afghanistan

En réponse immédiate aux attentats du 11 septembre 2001, les États-Unis interviennent en Afghanistan. Le pays est alors aux mains d'extrémistes religieux, les talibans (► p. 403), et abrite les dirigeants de l'organisation Al-Qaïda (► p. 357).
L'offensive américaine, menée d'octobre à décembre 2001 et appuyée par les alliés de l'Organisation du traité de l'Atlantique nord (OTAN), provoque la chute du régime taliban. Dans un pays à la géographie contraignante, les talibans vaincus organisent la guérilla. Si les forces de l'OTAN obtiennent des succès tactiques, aucune stratégie précise ne se dégage.
Après 2010, la tendance est à l'évacuation progressive des troupes au sol, remplacées par des contingents afghans, et l'usage massif de drones. Aujourd'hui, le conflit se poursuit sous une forme larvée, sans issue apparente.

**Divisions ethniques et religieuses en Irak**

04 | 2005 | 2006 | 2007 | 2008 | 2009 | 2010 | 2011 | 2012 | 2013 | 2014 | 2015

2003-2011 Guerre en Irak

Depuis 2011 Guerre civile en Irak

Depuis 2008 Mise en place d'une gouvernance économique mondiale

11 novembre 2004

# Yasser Arafat décède à l'hôpital Percy de Clamart

**La disparition, à 75 ans, de celui qui fut pendant plus de trente ans le leader de la cause palestinienne, modifie l'équilibre des forces au sein du mouvement palestinien.**

## Une mort mystérieuse

Admis fin octobre 2004 à l'hôpital d'instruction des armées de Clamart, en France, pour des douleurs abdominales, Yasser Arafat décède le 11 novembre 2014. Des rumeurs évoquent un empoisonnement au polonium attribué, selon l'opinion, aux Israéliens ou à des factions palestiniennes rivales. L'autopsie réalisée par des experts internationaux après exhumation de la dépouille en 2012, ainsi que celle effectuée par des experts français en 2015, ne permettent pas de lever le voile sur les causes du décès.

## Une personnalité controversée

Chef historique de l'Organisation de libération de la Palestine (OLP) après la guerre des Six Jours de 1967 (► p. 232), Arafat jouit d'une très grande popularité auprès des Palestiniens. Ayant renoncé officiellement au terrorisme en 1988, promoteur des accords d'Oslo en 1993 (► p. 284), il reçoit – avec les Israéliens Yitzhak Rabin et Shimon Peres – le prix Nobel de la paix en 1994. L'année suivante, Arafat devient le premier président de l'Autorité palestinienne.



Cependant, sa gestion, entachée de corruption, de clientélisme et de soupçons d'enrichissement personnel, est critiquée. Sur le plan diplomatique, il donne l'impression au début des années 2000 de saboter le processus de paix, rendu d'autant plus difficile qu'en face à lui, la droite parvenue au pouvoir en Israël est bien plus intransigeante.

## Le reclus de Ramallah

Quand éclate, à l'automne 2000, la seconde Intifada, le gouvernement israélien en rend Arafat responsable. Encerclé par l'armée israélienne, pratiquement prisonnier dans sa résidence officielle de Ramallah, il perd alors tout moyen d'action. Tentant néanmoins de conserver le contrôle de l'Autorité palestinienne, il s'oppose à son Premier ministre Mahmoud Abbas et joue des rivalités entre les dirigeants du mouvement palestinien. Cette tactique aboutit à de profondes divisions dont ne tardent pas de profiter les courants radicaux du Jihad islamique palestinien et du Hamas, issu de l'Association des Frères musulmans (► p. 376).

Arafat décédé, ceux-ci s'installent dans la bande de Gaza tandis qu'Abbas garde le contrôle de la Cisjordanie, provoquant ainsi une scission des Territoires palestiniens.

**Les funérailles de Yasser Arafat, le 12 novembre 2004**
La cérémonie funèbre a lieu au Caire, puis le corps d'Arafat est transporté par hélicoptère à Ramallah où l'attend une foule immense.

## La seconde Intifada

Le terme « Intifada » (« soulèvement », en arabe) désigne les mouvements de contestation et de rébellion des Palestiniens des territoires occupés contre Israël.
La première Intifada a duré 6 ans, de décembre 1987 jusqu'aux accords d'Oslo de 1993.
La seconde Intifada éclate fin septembre 2000, à la suite de l'enlisement des pourparlers de paix et de la visite provocatrice du leader de la droite israélienne Ariel Sharon sur l'esplanade des Mosquées à Jérusalem. Très violente – 125 morts en deux semaines –, elle dure jusqu'au décès d'Arafat et se poursuit ensuite de façon larvée. Elle motive la construction en 2002 par Israël de la « barrière de séparation », un mur de 700 kilomètres isolant la Cisjordanie.

*« Je viens à vous avec un rameau d'olivier dans la main gauche et une mitraillette dans la main droite. Ne faites pas tomber le rameau d'olivier. »*

Yasser Arafat, discours à l'ONU, 13 novembre 1974.



## La question palestinienne depuis 1967

| | |
|---|---|
| **1967** | Résolution 242 de l'ONU prévoyant le retrait d'Israël des territoires occupés après la guerre des Six Jours. |
| **1978** | Accords de Camp David posant le principe de négociations sur le statut de la bande de Gaza et de la Cisjordanie. |
| **1993** | Accords d'Oslo et reconnaissance mutuelle d'Israël et de l'OLP. |
| **2003** | Initiative de Genève qui dresse une « feuille de route » pour la paix, prévoyant la création d'un État palestinien d'ici à 2005. |
| **2005** | Retrait de l'armée israélienne de la bande de Gaza. |
| **2006** | Reprise des offensives de l'armée israélienne dans la bande de Gaza. |

**04** Décès de Yasser Arafat

04 2005 2006 2007 2008 2009 2010 2011 2012 2013 2014 2015

2003-2011 Guerre en Irak

Depuis 2011 Guerre civile en Irak

Depuis 2008 Mise en place d'une gouvernance économique mondiale

13 décembre 2007

# Le traité de Lisbonne modifie les institutions européennes

**Après l'échec en 2005 du projet de Constitution, le traité de Lisbonne vise à relancer le processus européen en créant un nouveau cadre institutionnel pour l'Union européenne.**

## Remplacer le Traité constitutionnel

L'élargissement de l'Union européenne (UE), passée de 15 à 25 membres (► p. 207) depuis le traité de Nice de 2001, appelait une réorganisation des institutions communautaires. Tel était l'objectif du Traité établissant une Constitution pour l'Europe (TCE) signé le 29 octobre 2004 à Rome mais rejeté lors des référendums français et néerlandais les 29 mai et 1er juin 2005.

Au cours de l'année 2007, une commission intergouvernementale regroupant les 27 États de l'UE propose un nouveau texte. Celui-ci est signé à Lisbonne le 13 décembre par les chefs d'État ou de gouvernement.



## Une ratification difficile

L'Irlande est le seul pays, pour des raisons constitutionnelles, à organiser un référendum afin de ratifier le traité. Rejeté une première fois le 12 juin 2008, il est finalement adopté le 2 octobre 2009.

Ailleurs, le principe du référendum en vue de la ratification est écarté au bénéfice du vote parlementaire. Cependant, des réticences se manifestent dans plusieurs pays, notamment en République tchèque où le président Václav Klaus, notoirement eurosceptique, attend le 3 novembre 2009 pour promulguer le texte approuvé par son parlement. Finalement ratifié partout, le traité de Lisbonne entre en vigueur le 1er décembre 2009.

## Un traité « modificatif »

Reprenant en le simplifiant l'essentiel du TCE, le traité modifie plus qu'il n'innove. Il augmente nettement les pouvoirs du Parlement européen : désormais, celui-ci approuve la composition de la Commission européenne et élit son président, sur proposition du Conseil européen. Au sein de ce dernier est créé un poste de président, sorte de « président de l'Europe » élu par les chefs d'État et de gouvernement, ainsi que celui de haut représentant de l'Union pour les Affaires étrangères et la politique de sécurité. Le Belge Herman Van Rompuy et la Britannique Catherine Ashton en sont les premiers titulaires.

**Les chefs d'État et de gouvernement réunis à Lisbonne, le 13 décembre 2007**

## L'euroscepticisme

Si le traité de Lisbonne relance le processus européen bloqué par l'échec du Traité établissant une Constitution pour l'Europe (TCE) de 2005, il est aussi le révélateur d'un scepticisme grandissant au sein des nations de l'Union, à l'égard du projet européen lui-même. Les peuples reprochent à l'Europe son manque de démocratie, son caractère technocratique, le poids de sa bureaucratie, toutes choses qui éloignent le citoyen de l'entreprise d'union. Ainsi en France, lors de la procédure de ratification du traité de Lisbonne, le président Nicolas Sarkozy, l'un des promoteurs du texte, se heurte à une vive campagne à gauche et à l'extrême droite en faveur d'un référendum. À cela s'ajoute, avec la crise économique, le retour des nationalismes et des replis sur les intérêts particuliers de chaque État.

*« Le traité de Lisbonne n'est qu'une étape sur un parcours qui a commencé le 9 mai 1950. »*

Jean-Louis Quermonne, professeur de droit public, le 4 février 2010 à la Maison de l'Europe à Paris.



## L'Union européenne en chiffres

- Un territoire de plus de 4 millions de kilomètres carrés.
- Une population de 507 millions d'habitants en 2014 (derrière la Chine et l'Inde).
- Un produit intérieur brut (PIB) en 2014 de 17 955 milliards de dollars (devant les États-Unis).
- La première économie du monde.
- 40 % de l'ensemble des échanges mondiaux.
- 42 % des investissements financiers dans le monde.

**2007** Traité de Lisbonne

04 | 2005 | 2006 | 2007 | 2008 | 2009 | 2010 | 2011 | 2012 | 2013 | 2014 | 2015

003-2011 Guerre en Irak

Depuis 2011 Guerre civile en Irak

Depuis 2008 Mise en place d'une gouvernance économique mondiale

15 septembre 2008

# La banque américaine Lehman Brothers fait faillite

**La faillite de Lehman Brothers, quatrième banque d'affaires et d'investissement des États-Unis, marque un tournant dans la crise financière qui s'étend au monde en quelques semaines.**

## La crise des *subprimes*

Au début des années 2000, afin de soutenir l'économie, la banque centrale américaine, la Fed, mène une politique monétaire très souple, avec des taux d'intérêt exceptionnellement bas (jusqu'à 1 %). Ceux-ci favorisent l'octroi généreux par les banques de prêts à taux variables et de crédits hypothécaires risqués (*subprimes*) à des ménages modestes et basés sur la valeur de leur bien immobilier.

En 2007, la décision de la Fed de relever son taux directeur et le repli du marché immobilier font s'effondrer ce système. Nombre d'emprunteurs modestes, ne pouvant dès lors plus assumer leurs remboursements, voient leur bien saisi par les banques. Or dans un marché très déprimé par cette offre soudainement amplifiée, les établissements de crédit ne parviennent pas à retrouver leur mise : les défauts de paiement et les faillites se multiplient.



## La crise financière

Cette crise du crédit se diffuse ensuite au système financier par le biais de la titrisation qui consiste à transformer les prêts bancaires en obligations qui s'échangent sur les marchés de capitaux. Dès lors, des titres mêlant créances insolvables des *subprimes* et obligations solides sont émis et diffusés. Ces crédits « toxiques », véritables pertes sèches, déstabilisent le système bancaire américain.

Après avoir secouru de nombreux établissements, l'État fédéral refuse, en septembre 2008, son soutien à Lehman Brothers. La faillite brutale de cette institution prestigieuse, créée en 1850, est un choc pour les marchés qui prennent conscience que nul n'est à l'abri de la crise.

## La crise mondiale

Le « lâchage » de Lehman Brothers par l'État provoque une panique boursière et, du fait de la mondialisation, une rapide contagion de la crise à tous les marchés financiers.

Surtout, l'économie réelle est bientôt affectée. Le crédit se renchérit et se fait plus rare. Tous les secteurs d'activité sont touchés, ce qui a des conséquences plus générales sur l'investissement, la consommation et la croissance. À la fin de l'année 2008, la plupart des grandes économies mondiales entrent en récession.

**Une maison vendue aux enchères à Pasadena, en Californie**

Les effets de la crise financière aux États-Unis se font brutalement sentir sur le taux de chômage dans le pays : de 4,6 % en 2007, celui-ci va bondir et plus que doubler pour atteindre 9,6 % en 2010.

*« Ce que la chute du mur de Berlin a été au communisme, le 15 septembre 2008, jour où Lehman Brothers s'est effondré, l'a peut-être été du fanatisme du marché. »*

Joseph Stiglitz, prix Nobel d'économie, *Freefall: America, Free Markets, and the Sinking of the World Economy*, 2010.



## Les réponses à la crise

La découverte de la diffusion des « crédits toxiques » et l'ampleur des pertes financières conduisent les États-Unis, l'Union européenne puis le G20 (▶ p. 370) à mettre en place des mesures de sauvetage mais aussi d'encadrement de leurs secteurs bancaires dès octobre 2008. Des plans de relance économique sont également bientôt adoptés par de nombreux pays ; les sommes engagées se chiffrent en centaines de milliards de dollars. Mais la crise de confiance a gagné les ménages et les investisseurs, cassant la croissance et provoquant la récession. Des pays aux finances fragiles et déjà fortement endettés sont brutalement touchés et contraints à des politiques drastiques d'austérité (Grèce, Espagne, Portugal). La crise financière devient une crise économique qui remet en question les postulats néolibéraux de l'autorégulation des marchés (▶ p. 348).

**2008** Faillite de Lehman Brothers

4 | 2005 | 2006 | 2007 | 2008 | 2009 | 2010 | 2011 | 2012 | 2013 | 2014 | 2015

03-2011 Guerre en Irak

Depuis 2011 Guerre civile en Irak

Depuis 2008 Mise en place d'une gouvernance économique mondiale

4 novembre 2008

# Barack Obama devient le premier président métis des États-Unis

YES WE CAN

**La victoire du candidat démocrate Barack Obama, à l'élection présidentielle américaine de 2008, est saluée par la communauté noire et, au-delà, comme un tournant de l'histoire américaine.**

## Une élection hautement symbolique

Sénateur de l'État d'Illinois depuis 2004, Barack Obama a été désigné candidat à l'élection présidentielle par le Parti démocrate. En novembre 2008, il remporte l'élection avec 53 % des voix et devient le premier président non blanc des États-Unis.

À la différence de son épouse, Obama, fils d'un Kényan noir et d'une Américaine blanche, n'est pas à proprement parler un Afro-Américain. En ce sens, il n'est pas porteur de la mémoire de l'esclavage et de la discrimination subie par la communauté noire américaine. Son élection a néanmoins une forte valeur symbolique.

## Un héritage difficile



Obama hérite du républicain George W. Bush une situation périlleuse au plan international et dégradée au plan intérieur. Le nouveau président veut promouvoir une approche plus multilatérale des relations internationales. La mise en œuvre de cette politique lui vaut, dès octobre 2009, le prix Nobel de la paix. En 2011, il annonce le retrait des troupes américaines d'Irak (► p. 360).

Face à la crise financière de 2008 et à ses conséquences désastreuses sur l'économie et la société américaines (► p. 366), Obama entreprend à la fois un plan de relance économique et une régulation des activités bancaires. Surtout il met en place, à partir de mars 2010, et malgré l'obstruction républicaine au Congrès, un dispositif de protection sociale sans précédent aux États-Unis (l'*Obamacare*).

## La poursuite de la lutte contre le terrorisme

La lutte contre le terrorisme islamique demeure une priorité : le 1er mai 2011, un commando américain tue Oussama Ben Laden, principal dirigeant d'Al-Qaïda (► p. 380). Des attaques ciblées, par drones, visent par ailleurs des chefs talibans (► p. 403). Ces succès expliquent en partie la réélection d'Obama en novembre 2012.

Cependant, face au déchaînement de violence au Proche-Orient, l'opinion le perçoit hésitant et sa popularité en souffre. Répondant alors en 2014 aux exactions de l'État islamique (► p. 381), il s'engage à nouveau en ordonnant des frappes aériennes et en constituant une coalition internationale (► p. 408).

**L'investiture de Barack Obama à Washington, le 20 janvier 2009**

Devant plus de deux millions de personnes qui se pressent devant le Capitole, Barack Obama prête serment. Symboliquement, il utilise la Bible qui avait servi lors de l'investiture en 1861 d'Abraham Lincoln, le président qui a aboli l'esclavage.

*« Un pays ne peut prospérer longtemps en ne favorisant que les plus prospères. »*

Barack Obama, discours d'investiture, 20 janvier 2009.



## Le réveil de la droite radicale américaine

L'élection de Barack Obama radicalise l'opposition républicaine. À sa droite, le Tea Party – en référence à un épisode de la rébellion des colons américains contre l'Angleterre en 1773 – s'oppose aux mesures économiques du président démocrate et, surtout, à sa politique sociale, jugée gaspilleuse de l'argent public et génératrice d'impôts. Né en 2009, le mouvement s'amplifie avec pour slogan : « Moins de taxes ! Moins de gouvernement ! » Puritain, le Tea Party combat l'avortement et l'union de personnes du même sexe. Bien qu'assez disparate, il contribue à tirer le Parti républicain très à droite et facilite ainsi indirectement la réélection d'Obama en 2012.

**Affiche de la campagne 2008 de Barack Obama réalisée par l'artiste américain Shepard Fairey**

**2008** Barack Obama, président des États-Unis

4 | 2005 | 2006 | 2007 | 2008 | 2009 | 2010 | 2011 | 2012 | 2013 | 2014 | 2015

03-2011 Guerre en Irak

Depuis 2011 Guerre civile en Irak

Depuis 2008 Mise en place d'une gouvernance économique mondiale

15 novembre 2008

# Le G20 se réunit pour trouver des solutions à la crise financière

**Groupe de nature technique composé de 19 pays et de l'Union européenne (UE), le G20 devient un lieu de concertation mondiale le 15 novembre 2008, lors de la réunion à Washington des chefs d'État et de gouvernement.**

## Du G5 au G20

En 1974, à la suite du choc pétrolier (▶ p. 262), un premier forum de discussion et de partenariat économique avait regroupé les États-Unis, le Japon, la France, le Royaume-Uni et la République fédérale d'Allemagne : le G5. Élargi l'année suivante à l'Italie et en 1976 au Canada, le groupe devient le G7 avant que la Russie le rejoigne en 1998, formant le G8 et associant ainsi les pays les plus puissants de la planète.

À la fin des années 1990, tandis que les « pays émergents » prennent une part grandissante à la croissance du produit intérieur brut (PIB) mondial (▶ p. 348), certains plaident pour constituer, parallèlement au G8, une instance plus large. Le 25 septembre 1999, le G20 est créé, associant onze pays émergents au groupe des huit et à l'UE.



## D'une réunion technique à une instance internationale

Plus techniques que politiques, les réunions du G20 concernent les ministres des Finances et les gouverneurs des banques centrales.

En 2008, la crise financière entraîne un réexamen de la place du G20. À l'appel du président français Nicolas Sarkozy et du Premier ministre britannique Gordon Brown, les chefs d'État et de gouvernement des vingt pays avancés et émergents se retrouvent à Washington en novembre et se mettent d'accord sur un plan de soutien au système financier et à l'économie. Le G20 endosse ainsi un nouveau rôle, bien qu'informel, dans la gouvernance mondiale.

## La contestation du G20

Au cours de ses dix sommets entre 2008 et 2015, des questions essentielles sont abordées : régulation des marchés financiers, lutte contre les paradis fiscaux, accroissement des ressources du Fonds monétaire international (FMI) et de la Banque mondiale ; l'objectif est de favoriser une « croissance forte, durable et équilibrée ».

Cependant le G20 est contesté par les organisations hostiles à la mondialisation libérale (▶ p. 353). En 2011, lors du forum social mondial tenu à Dakar, ces dernières dénoncent une instance autoproclamée entretenant la dictature des marchés financiers.

**Les participants au G20 de Washington, le 15 novembre 2008**



*« La transformation du G8 en G20 sert à responsabiliser les pays émergents. »*

Nicolas Jabko, professeur à Johns Hopkins University (Baltimore) et membre du Centre de recherches internationales (CERI), septembre 2009.

## Le problème de la dette publique

Depuis les années 1980, la dette publique s'est considérablement accrue dans la plupart des pays développés : 242 % du produit intérieur brut (PIB) au Japon, 133 % en Italie, 107 % aux États-Unis, 95 % en France. Cet endettement vient compenser les déficits dus aux crises qui se sont succédé depuis le choc pétrolier de 1973 (► p. 262). Le traitement de la dette divise les économistes entre ceux qui prônent d'une sévère rigueur budgétaire et ceux qui redoutent qu'une telle mesure accroisse la paupérisation et interdise de fait tout espoir de reprise de la croissance. Seul un consensus à l'échelle mondiale peut apporter une solution, à l'image des accords de Bretton Woods qui, en juillet 1944, réorganisèrent le système financier international à l'issue de la Seconde Guerre mondiale. La création de l'Organisation mondiale du commerce (OMC) en avril 1994 va dans ce sens, mais il reste beaucoup à faire pour dépasser les égoïsmes nationaux et les divergences d'intérêts.

**2008** Première réunion du G20

4 | 2005 | 2006 | 2007 | 2008 | 2009 | 2010 | 2011 | 2012 | 2013 | 2014 | 2015

03-2011 Guerre en Irak

Depuis 2011 Guerre civile en Irak

Depuis 2008 Mise en place d'une gouvernance économique mondiale

25 décembre 2009

# Le film *Three Idiots*, produit par Bollywood, est un succès mondial

**Le succès international de la comédie *Three Idiots*, qui remporte de nombreuses distinctions, confirme la vitalité du cinéma indien et donne aux studios de Bombay, surnommés « Bollywood », une audience mondiale.**

## Un long passé cinématographique

Implantée dès la première moitié du xxe siècle, l'industrie cinématographique indienne est restée longtemps marquée par des stéréotypes nationaux aux thèmes précis : longs mélodrames, romances ponctuées de séquences musicales et de danses, sujets tirés des grands récits mythologiques hindous comme le Mahâbhârata ou le Ramayana.

## Entre tradition et modernité



Sans se départir de ses particularismes – il existe ainsi des studios produisant en langues régionales, telugu ou tamoule par exemple –, le cinéma indien s'ouvre, à partir des années 1990, à des genres plus diversifiés : la comédie musicale, les sujets de société ou le film d'action. Il s'agit à la fois de faire rêver le spectateur et de montrer la réussite économique du pays.

Dans la comédie *Three Idiots*, réalisée par Rajkumar Hirani en langue hindi et sortie sur les écrans fin 2009, deux amis partent à la recherche d'un camarade de jeunesse. Entrecoupée d'épisodes musicaux, cette aventure burlesque tisse en toile de fond une réflexion sur la nature de l'amitié.

## Une audience mondiale

Bénéficiant déjà d'un énorme marché national de plus d'un milliard de spectateurs potentiels, *Three Idiots* en franchit les limites : projeté dans le monde entier, le film rapporte 86 millions de dollars, ce qui en fait de loin le plus gros succès de Bollywood.

Au premier rang mondial pour la production de films – en moyenne 1 200 par an – et pour le nombre d'entrées – près de 3,3 milliards de tickets vendus chaque année –, le cinéma indien symbolise une mondialisation indépendante de la culture de masse occidentale et du cinéma américain.

1992 1993 1994 1995 1996 1997 1998 1999 2000 2001 2002

1991-1995 Guerre en Yougoslavie

Depuis 1992 Approfondissement et élargissement de la construction européenne

Affiche anglaise de *Three Idiots*, 2009

« *La force du cinéma indien, sans bouleverser l'ordre international, altère une vision trop uniforme du paysage cinématographique mondial.* »

Camille Deprez, *Bollywood : cinéma et mondialisation*, 2010.

## La puissance indienne aujourd'hui

Considérée depuis la décolonisation (► p. 180) comme la plus grande démocratie du monde, l'Inde paraît avoir un avenir prometteur. Le dynamisme du secteur privé, l'abondance d'une main-d'œuvre qualifiée, la qualité des universités sont autant d'atouts qui lui permettent de créer son propre modèle de croissance.

Des freins demeurent cependant, qui tiennent à la nature de la société et à l'histoire : le poids des traditions et la persistance du système de castes ; l'importance des inégalités, qui condamne près d'un tiers de la population à vivre dans une grande pauvreté ; l'analphabétisme, qui concerne plus du quart des Indiens ; l'exode rural qui gonfle parfois dangereusement les populations urbaines. L'Inde doit également faire face à la tentation du nationalisme religieux, comme en témoigne l'élection en 2014 de Narendra Modi au poste de Premier ministre.

Immeubles modernes et bidonvilles se côtoient à Mumbai

**2009** Rajkumar Hirani, *Three Idiots*

| 04 | 2005 | 2006 | 2007 | 2008 | 2009 | 2010 | 2011 | 2012 | 2013 | 2014 | 2015 |
|---|---|---|---|---|---|---|---|---|---|---|---|

003-2011 Guerre en Irak

Depuis 2011 Guerre civile en Irak

Depuis 2008 Mise en place d'une gouvernance économique mondiale

2011-2014

# Les révolutions arabes

**Après avoir subi pendant des décennies des régimes autoritaires et clientélistes, les populations arabes exigent plus de démocratie et un meilleur partage des richesses. Partie de Tunisie en janvier 2011, la vague de contestation se propage avant de déboucher en Syrie sur une terrible guerre civile.**

## Les « printemps arabes »

### La Tunisie, épicentre de la révolution



Le 17 décembre 2010, à Sidi Bouzid, petite ville de l'intérieur de la Tunisie, un jeune vendeur ambulant harcelé par la police s'immole par le feu. Son décès suscite une vague d'émotion qui se transforme en manifestations massives contre les forces de l'ordre. En janvier 2011, le mouvement gagne la capitale, Tunis, et prend pour cible le gouvernement.

Le pays est alors dirigé par le président Zine el-Abidine Ben Ali : ayant écarté en 1987 Habib Bourguiba, fondateur de la République tunisienne (► p. 199), il a durci le régime et gouverne en dictateur. Mis en cause, vite débordé, Ben Ali s'enfuit en Arabie saoudite le 14 janvier, tandis que se constitue un gouvernement provisoire, en attendant des élections promises pour octobre. Surtout, les événements de Tunis retentissent dans le monde arabe.

**Le monde arabe en 2010**

En 2010, le monde arabe apparaît politiquement stable, mais la démocratie n'y est nulle part appliquée, sauf au Liban. À côté de monarchies traditionnelles autoritaires (Maroc, Jordanie, Arabie saoudite, Émirats du Golfe), les régimes républicains, nés de la décolonisation au milieu du XX<sup>e</sup> siècle (► p. 198), ont été transformés par des coups d'État en dictatures militaro-policières, souvent incarnées par des présidents à vie (Tunisie, Libye, Égypte, Syrie, Yémen). Une oligarchie clientéliste liée au pouvoir y met l'économie en coupe réglée au point que l'on a pu parler de « kleptocratie » (gouvernement des voleurs). La communauté internationale s'accommode de cette situation, garante de l'ordre face à l'islamisme radical (► p. 381) et aux menaces terroristes.

**La foule des manifestants place Tahrir au Caire, le 18 février 2011**

Les « printemps arabes » constituent une réaction spontanée des sociétés civiles formées de jeunes instruits, urbains et ouverts sur le monde, confrontées à des pouvoirs politiques sclérosés et en proie aux difficultés économiques et sociales (absence de débouchés, explosion du chômage, paupérisation des classes moyennes).

## Le mouvement gagne l'Égypte...



Le 25 janvier, des milliers de manifestants envahissent la vaste place Tahrir au Caire, exigeant le départ du président Hosni Moubarak, au pouvoir depuis 1981 avec le soutien de l'armée. L'agitation tournant à l'insurrection, ce dernier démissionne le 11 février avant d'être arrêté et inculpé. Alors que le Parlement est dissout, une commission de réforme constitutionnelle est instituée.

## ... puis la péninsule Arabique, la Libye et la Syrie

À Bahreïn, la dynastie royale menacée fait appel à l'Arabie saoudite, qui envoie en mars son armée rétablir l'ordre. Au Yémen, le président Ali Abdallah Saleh, au pouvoir depuis 32 ans, fait face à une agitation croissante : blessé dans un attentat en juin, il se retire en février 2012.

> « *Le printemps arabe a déclenché un immense espoir et une grande espérance [...]. Il y a encore beaucoup à faire pour instaurer la démocratie.* »
>
> Tahar Ben Jelloun, *Par le Feu*, Gallimard, 2011.

En Libye, le dictateur Mouammar Kadhafi, en place depuis 1969, réprime violemment la contestation populaire née à Benghazi en février 2011. Face à ces exactions, la France et le Royaume-Uni obtiennent, le 19 mars, un mandat du Conseil de sécurité des Nations unies pour lancer une offensive aérienne avec l'appui de l'Organisation du traité de l'Atlantique nord (OTAN). Déchu en août, traqué, le dictateur est finalement mis à mort par les insurgés le 20 octobre.

En Syrie, en mars 2011, la contestation de la dictature de Bachar Al-Assad qui a succédé en 2000 à son père Hafez (à la tête du pays depuis 1970) se heurte à une violente répression qui dégénère à partir de juillet en guerre civile.

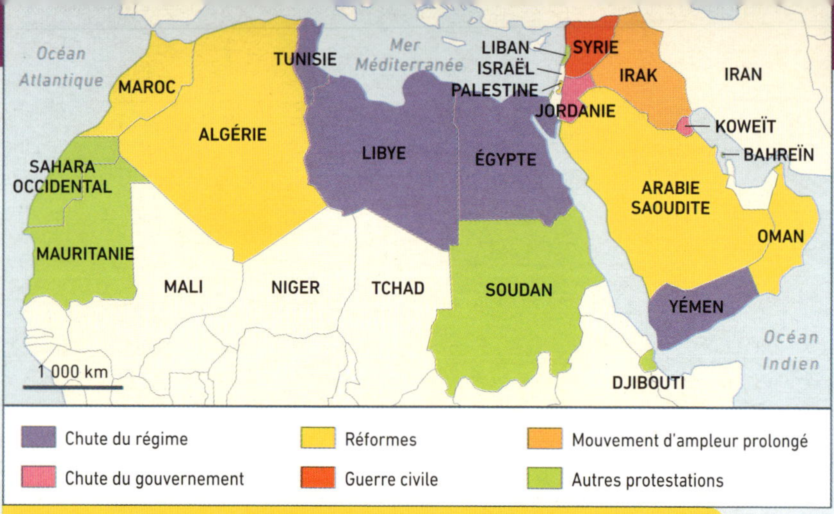


**Des printemps arabes 2.0**

**Entre 2010 et 2012, le monde arabe dans son ensemble est ébranlé, à des degrés divers, par une vague contestataire. Celle-ci est largement relayée et amplifiée par Internet et les réseaux sociaux qui offrent à ces mouvements un canal de circulation de l'information et d'organisation des rassemblements, rapide et difficilement contrôlable par les autorités.**

# Des lendemains qui déchantent



## La poussée de l'islam politique

En Tunisie, en Égypte et en Libye, des élections libres sont organisées par les gouvernements de transition. Celles-ci voient, à Tunis et au Caire en particulier, la poussée de partis islamistes, traduisant l'influence de l'islam politique qui englobe aussi bien des courants réformistes et modérés que des partis conservateurs ou radicaux. Ce résultat peut s'expliquer par le poids du vote des masses rurales, pieuses et conservatrices, l'existence d'organisations religieuses caritatives tolérées – dont la plus puissante et la mieux structurée est la confrérie des Frères musulmans – ainsi que l'instrumentalisation de revendications nationalistes, contre les ingérences étrangères.

**Les Frères musulmans**

Créée en 1928 par l'instituteur Hassan Al-Banna, la confrérie des Frères musulmans, organisation islamiste d'obédience sunnite (► p. 409), veut mettre fin à la présence britannique et réislamiser l'Égypte. Interdite en 1948, ses membres sont persécutés sous la présidence de Gamal Abdel Nasser (► p. 204). Elle est à nouveau autorisée en 1984. Politiquement, la confrérie pose que tout pouvoir émane de Dieu et cherche à instaurer une théocratie régie par la loi coranique (la *charia*). Sa devise énonce : « Dieu est notre but, le Prophète notre chef, le Coran notre Constitution, le djihad notre voie. »

## En Tunisie, Ennahdha doit s'incliner

Lors de l'élection constituante du 23 octobre 2011, le parti islamiste Ennahdha obtient la majorité. Très vite, de vives tensions éclatent au sein de la société civile, où s'exprime un important courant moderniste et laïque.

Après l'assassinat à Tunis, en février et juillet 2013, de deux élus représentatifs de ce courant, la rue gronde de nouveau, cette fois contre la dérive du pouvoir islamiste. Au Parlement, une majorité s'établit pour rédiger une Constitution. Votée le 26 janvier 2014, elle proclame le caractère laïc de l'État, l'égalité en droit ainsi que le principe de la parité entre hommes et femmes.

## En Égypte, les Frères musulmans restent un an au pouvoir

Émanation des Frères musulmans, le parti égyptien Liberté et justice gagne les élections de l'hiver 2011-2012. Le 17 juin 2012, son candidat, Mohamed Morsi, est démocratiquement élu à la présidence. La nouvelle Constitution, approuvée par référendum, est fortement inspirée de principes religieux.

Au printemps 2013 cependant, des millions d'Égyptiens descendent dans la rue pour dénoncer la dérive autoritaire du pouvoir et demander la démission de Morsi. Les violences font des dizaines de morts. Le 3 juillet, un coup de force militaire dirigé par le général Abdel Fattah Al-Sissi destitue Morsi. Ce dernier est emprisonné – jugé puis condamné à mort en 2015 –, la Constitution suspendue et la confrérie interdite. Al-Sissi est élu président le 28 mai 2014.

De manière très différente, les lendemains de révolution en Tunisie et en Égypte révèlent, au terme de brèves expériences de gouvernement, un rejet de l'islam politique, essentiellement par les classes moyennes urbaines.



### Le drame syrien

L'opposition au régime dictatorial de Bachar Al-Assad vient des milieux démocrates et libéraux qui, face à la violence du pouvoir, constituent une Armée syrienne libre (ASL) en juillet 2011. Mais celle-ci est rapidement débordée par des mouvements à caractère communautaire où dominent les fondamentalistes sunnites, filiales d'Al-Qaïda (► p. 357) – dont le Front Al-Nosra –, ou des djihadistes plus radicaux à l'origine de l'organisation État islamique – Daech selon l'acronyme arabe (► p. 381). De son côté, Al-Assad reçoit l'appui de l'Iran et de milices chiites tel le Hezbollah libanais. Le conflit syrien apparaît ainsi comme le creuset de l'antagonisme grandissant entre sunnisme et chiisme au Moyen-Orient (► p. 409).

Entre 2012 et 2014, le conflit syrien rallie des djihadistes venus de toute part, y compris d'Europe ; la rébellion laïque est marginalisée.

D'une extrême violence, ce conflit a fait, à la fin 2014 selon l'Observatoire syrien des droits de l'homme, 220 000 morts et déplacé 7 millions de personnes. L'ONU est paralysée par les vetos russe et chinois, ces deux puissances étant opposées à toute ingérence dans les affaires intérieures d'un État souverain.

**Patrouille de l'armée syrienne à Qusair, en juin 2013**

**L'aviation gouvernementale a procédé à des bombardements massifs, détruisant les villes rebelles, comme ici dans la région de Homs dans l'ouest du pays, ou encore à Alep.**

11 mars 2011

# Un tsunami déclenche un accident nucléaire à Fukushima

**À la suite d'un violent séisme de magnitude 9 dans l'océan Pacifique, à 130 kilomètres des côtes du Japon, un tsunami frappe le nord-est de l'archipel et dévaste la centrale nucléaire de Fukushima.**

## Les conséquences du séisme du 11 mars

La centrale de Fukushima Daiichi est située sur la côte du Pacifique, à 230 kilomètres au nord de Tokyo. Au moment du séisme, les réacteurs s'arrêtent automatiquement et, pour assurer leur refroidissement, des groupes électrogènes prennent le relais de l'alimentation électrique défaillante.

51 minutes après la secousse, une vague de 30 mètres frappe la côte, inondant la plaine et noyant les groupes électrogènes de la centrale. Non refroidis, les cœurs de trois des quatre réacteurs commencent à fondre, entraînant des rejets radioactifs qui deviennent massifs quand, du 12 au 15 mars, les enceintes de protection explosent l'une après l'autre.



## Un désastre mal maîtrisé ?

L'importance de l'accident – classé niveau 7, le maximum dans le domaine nucléaire – prend au dépourvu tant les gestionnaires de la centrale que les autorités publiques. Si la direction des vents, vers le Pacifique, épargne à Tokyo et ses 13 millions d'habitants le risque d'une pollution atmosphérique massive, toute la région agricole autour de Fukushima est contaminée. Le rejet de l'eau de mer, pompée afin de refroidir les réacteurs en fusion, entraîne une élévation de la radioactivité marine en bordure des côtes, jusqu'à 1 850 fois la normale.

200 000 personnes doivent abandonner leurs maisons, leurs fermes, leurs animaux domestiques sans savoir s'il existe un espoir de retour. La consommation du poisson est interdite.

## Un avenir incertain

En juin 2013, 150 000 personnes sont toujours déplacées. En 2014, les autorités japonaises évaluent à 40 ans minimum le temps nécessaire pour démanteler la centrale. Le coût global, colossal, reste indéterminé. Plus largement, l'accident de Fukushima pose la question du risque lié au nucléaire et de son maintien dans la fourniture de l'énergie, tant au Japon que dans le reste du monde.

**Un jardin d'enfants à 50 kilomètres de la centrale nucléaire de Fukushima Daiichi, en février 2013**

Malgré les risques de santé importants que fait courir l'exposition des enfants aux radiations, le gouvernement japonais a rapidement permis la réouverture des établissements scolaires dans la préfecture de Fukushima, en dépit des mesures élevées de la radioactivité.

*« Ce fut un désastre profondément causé par l'homme et qui aurait pu et aurait dû être prévu et prévenu. »*

Rapport officiel de la commission d'enquête indépendante sur l'accident nucléaire de Fukushima, Diète nationale du Japon, 2012.



## Quel modèle énergétique ?

Entre 1973 et 2013, la consommation d'énergie n'a cessé de croître dans le monde, du fait du développement économique et de l'augmentation de la population (► p. 384).

L'essentiel provient toujours de ressources fossiles non renouvelables (pétrole, gaz, charbon), qui vont s'épuiser dans moins d'un siècle et émettent des gaz à effet de serre préjudiciables au climat. L'extraction de pétrole ou de gaz de schiste, récemment développée en Amérique du Nord, est une solution coûteuse tant sur le plan technique qu'environnemental. L'énergie nucléaire comporte quant à elle des risques dus à la radioactivité, qui perdure pendant de très nombreuses années, en cas d'accidents (Tchernobyl ► p. 308, Fukushima) mais aussi liée à des stocks de déchets difficiles à gérer. D'autre part, elle dépend aussi d'une source non renouvelable : l'uranium. Une indispensable transition énergétique doit être mise en place, basée sur l'utilisation d'énergies renouvelables (biomasse, solaire, géothermie, éolien) et des modèles de consommation plus économes.

**2011** Accident nucléaire de Fukushima

4 | 2005 | 2006 | 2007 | 2008 | 2009 | 2010 | 2011 | 2012 | 2013 | 2014 | 2015

03-2011 Guerre en Irak

Depuis 2011 Guerre civile en Irak

Depuis 2008 Mise en place d'une gouvernance économique mondiale

2 mai 2011

# Oussama Ben Laden est tué lors d'une opération commando américaine

**Tenu par Washington comme le principal responsable des attentats du 11 septembre 2001, le chef de l'organisation Al-Qaïda, Oussama Ben Laden, est éliminé lors d'un raid des forces spéciales américaines dans le nord du Pakistan.**

## Une préparation minutieuse

L'opération *Neptune's Spear* (« Trident de Neptune ») a été soigneusement préparée après que des renseignements précis ont localisé Oussama Ben Laden (► p. 357) dans la petite ville de Bilal, à 50 kilomètres au nord de la capitale pakistanaise. Menée sous l'autorité de la Central Intelligence Agency (CIA) par deux hélicoptères de combat emportant une vingtaine d'hommes, l'opération commando est suivie en direct par le président Barack Obama depuis la Maison-Blanche.



## Une opération minutée

En dépit de l'accident à l'atterrissage de l'un des hélicoptères, deux groupes sont déposés dans l'enceinte fortifiée de la villa que Ben Laden occupe. Au cours de l'engagement qui suit, le chef d'Al-Qaïda est tué d'une balle dans la tête et trois de ses proches sont abattus. Une importante quantité de documents est saisie. Le commando américain se retire sans perte.

Transporté sur un porte-avions qui croise au large des côtes pakistanaises, le corps de Ben Laden est immergé en mer d'Arabie.

> « *Les Américains n'avaient pas choisi ce combat. Justice est faite.* »
>
> Barack Obama, 2 mai 2011.

## L'après Ben Laden

L'élimination du chef d'Al-Qaïda ne met pas fin au djihadisme, forme violente de l'islamisme radical sunnite en guerre contre tout ce qui s'oppose à sa doctrine.

À présent dirigée par l'Égyptien Ayman Al-Zawahiri, moins charismatique que Ben Laden, Al-Qaïda se déconcentre en attribuant son label à des groupes régionaux qui lui font allégeance : Al-Qaïda au Maghreb islamique (AQMI) qui opère au Sahel et en Algérie, le Front Al-Nosra en Syrie, des groupes armés en Somalie et aux Philippines. Mais son influence décroît avec l'apparition de mouvements encore plus radicaux, tel l'État islamique issu de la guerre en Syrie (► p. 374).

**Barack Obama et l'équipe de la sécurité nationale suivent en direct l'opération depuis la salle de crise *(The Situation Room)* de la Maison-Blanche, le 1er mai 2011**

Photographie de Pete Souza, photographe officiel de la Maison-Blanche.

« *Il est de plus en plus clair que l'opération était un assassinat prémédité, en complète violation de multiples règles élémentaires du droit international.* »

Noam Chomsky, déclaration au magazine américain *Guernica*, 6 mai 2011.



## L'organisation État islamique

Né en Syrie en 2006 aux côtés d'Al-Qaïda, avant de rompre avec cette dernière en 2013, l'organisation État islamique en Irak et au Levant, puis État islamique (EI) ou Daech en arabe, est aujourd'hui la forme la plus radicale du djihadisme. S'étant emparé début juin 2014 de Mossoul, dans le nord de l'Irak, et ayant mis la main sur un important armement et d'énormes dépôts bancaires, l'EI s'est assuré une base territoriale et la maîtrise de champs pétrolifères. Le 29 juin 2014, il a restauré le califat en la personne de son chef, Abou Bakr Al-Baghdadi. Appliquant la *charia* avec une extrême violence, persécutant les « mécréants » – notamment la communauté de confession yézidie située dans le Kurdistan irakien –, décapitant ses prisonniers, l'EI a été dénoncée par de hautes autorités islamiques. En Algérie, en Libye, au Pakistan, des mouvements djihadistes ont cependant quitté Al-Qaïda pour soutenir Daech.

**2011** Mort d'Oussama Ben Laden

4 | 2005 | 2006 | 2007 | 2008 | 2009 | 2010 | 2011 | 2012 | 2013 | 2014 | 2015

03-2011 Guerre en Irak

Depuis 2011 Guerre civile en Irak

Depuis 2008 Mise en place d'une gouvernance économique mondiale

9 juillet 2011

# Le Soudan du Sud proclame son indépendance

**À la suite d'un référendum en janvier 2011, le Soudan du Sud proclame son indépendance, devenant ainsi le 193e État membre de l'Organisation des Nations unies et le 54e de l'Union africaine.**

## Le Soudan, un pays divisé

Vaste région de plateaux au sud de l'Égypte, le Soudan a été constitué artificiellement par la colonisation au XIXe siècle. Indépendant en 1956, il a aussitôt révélé sa fragilité : le Nord, avec la capitale Khartoum, se trouvant peuplé de musulmans majoritaires tandis que le Sud, autour de Juba, l'était en majorité de chrétiens et d'animistes. Le gouvernement n'ayant pas tenu sa promesse d'autonomie pour le Sud, une première guerre civile a divisé le pays jusqu'en 1972.

## L'imbrication des enjeux

L'islamisation progressive du pays organisée par le Nord à partir du début des années 1980, et en particulier depuis 1989 et le coup d'État d'Omar el-Béchir, entraînent à nouveau le soulèvement du Sud.



Khartoum bénéficie dans un premier temps du soutien des grandes puissances, dont la Chine, préoccupées de sécuriser l'exploitation des gisements pétroliers découverts dans le sud. Cependant, à partir de 2003, la médiatisation du conflit au Darfour entraîne la mise au ban de la communauté internationale d'el-Béchir.

Dans ce contexte, un premier accord de paix est signé à Naivasha au Kenya en janvier 2005 : mettant fin à un conflit qui a fait plus de 2 millions de morts et 4 millions de déplacés, il accorde une large autonomie au Sud. En janvier 2011, la population sud-soudanaise vote à 98,8 % pour la sécession, reconnue officiellement le 9 juillet 2011.

## Les défis futurs

Bien que le nouvel État dispose de réserves pétrolières importantes, il reste en réalité dépendant du Soudan où se trouvent les raffineries et les oléoducs indispensables à l'exportation du brut. De plus, le pays manque cruellement d'infrastructures et doit faire face à de graves problèmes de développement (pauvreté, analphabétisme, absence d'élites, etc.).

Enfin, l'indépendance n'apporte pas la paix. En juillet 2013, un conflit entre le président et le vice-président sud-soudanais entraîne une guerre civile, reflet des antagonismes interethniques entre Dinkas et Nuers. Malgré une tentative d'accord en mai 2014, le désordre s'étend, accompagné d'atrocités réciproques qui font des milliers de morts et causent l'exode de près de 2 millions de réfugiés.

**Des réfugiés au Soudan du Sud**

La confusion au Soudan du Sud est symptomatique de la situation de l'Afrique centrale et orientale, où oppositions ethniques, guerres de religion et enjeux économiques attirant des convoitises étrangères soulignent l'impuissance des États et l'arbitraire des frontières héritées du système colonial.

*« Déposez les armes et rentrez à la maison ! »*

Salva Kiir, président du Soudan du Sud, 15 décembre 2013.

## Les conflits en Afrique subsaharienne depuis 1990 (hors Soudan)

| | |
|---|---|
| **1990-1997** | Guerre civile au Libéria. |
| **1991-2001** | Guerre civile en Sierra Leone. |
| **1993-2002** | Actions de milices rebelles en Ouganda. |
| **1993-2005** | Violences ethniques au Burundi. |
| **1994** | Guerre civile au Rwanda ; génocide des Tutsis. |
| **1996-2005** | Sécessions et guerres civiles en République démocratique du Congo. |
| **1998-2000** | Guerre entre l'Éthiopie et l'Érythrée. |
| **2000-2007** | Guerre ethnico-religieuse en Côte d'Ivoire. |
| **2001-2004** | Guerres ethnico-religieuses au Nigeria. |
| **2004-2007 /2013** | Guerre civile en République centrafricaine. |
| **2006** | Prise du pouvoir par les islamistes en Somalie, après une guerre civile. |
| **2012-2013** | Invasion djihadiste au Mali. |

Les Nations unies estiment que l'ensemble des conflits africains a fait environ 9 millions de morts en 30 ans.

## La question du Darfour

L'indépendance du Soudan du Sud est loin de régler tous les problèmes de la région. Depuis plus de 10 ans, le Darfour, dans l'ouest du Soudan, est en état de rébellion. Le président soudanais Omar el-Béchir joue de l'antagonisme séculaire entre tribus « arabes » et tribus « noires ». En 2009, à la suite des raids sanglants des cavaliers arabes (*janjawid*) contre la population du Darfour, il est inculpé de crime contre l'humanité par la Cour pénale internationale (CPI) (► p. 344). On estime le nombre de victimes du conflit à près de 300 000.
L'existence de ressources naturelles – pétrole découvert en 1978 au Soudan du Sud, uranium et cuivre au Darfour –, et l'action souterraine d'intérêts étrangers qui en découle, exacerbent aussi les conflits de cette région du monde.



**2011** Indépendance du Soudan du Sud

4 | 2005 | 2006 | 2007 | 2008 | 2009 | 2010 | 2011 | 2012 | 2013 | 2014 | 2015

)03-2011 Guerre en Irak

Depuis 2011 Guerre civile en Irak

Depuis 2008 Mise en place d'une gouvernance économique mondiale

31 octobre 2011

# Sept milliards d'humains peuplent désormais la Terre

**En 2011, la population mondiale dépasse le seuil des 7 milliards d'êtres humains. Depuis 1900, elle a quadruplé, progressant au rythme de 75 millions de personnes chaque année.**

## Une croissance démographique sans précédent

Au cours du XXe siècle, les progrès de la médecine, le développement économique, l'extension des échanges ont fait reculer épidémies et famines : les taux de mortalité ont régressé mais, dans toute une partie du monde, la fécondité s'est maintenue à un niveau élevé. Ce phénomène s'est traduit, à l'échelle planétaire, par une véritable explosion démographique. Ainsi, l'Égypte a vu sa population passer de 10 millions à 80 millions d'habitants entre 1900 et 1998, et le Pakistan de 45 millions à 177 millions entre 1950 et 1998.

## La nécessaire baisse de la fécondité

Il y a transition démographique quand, après une première phase de baisse de la mortalité, la natalité diminue du fait de l'élévation du niveau de vie et des progrès de l'instruction. Ce phénomène, à l'œuvre depuis le XIXe siècle dans les pays développés, est amorcé dans les pays en développement après 1945. Mais le volontarisme politique des États – contrôle autoritaire des naissances en Chine, campagnes de stérilisation volontaire en Inde – se heurtent souvent à des résistances culturelles ou religieuses.



## Un défi pour le XXIe siècle

Les projections pour 2050 avancent un chiffre supérieur à 9 milliards d'humains sur Terre, avec des contrastes très marqués. À la stagnation des populations des pays anciennement développés ou de Chine s'opposeront les 1,7 milliard d'habitants attendus en Inde ou la poursuite d'une progression à des rythmes très rapides en Afrique.

De tels niveaux de peuplement vont entraîner une pression croissante sur l'environnement et de nombreux problèmes : insuffisance des ressources en eau, réduction des terres cultivables et pénuries alimentaires, déforestation, pollutions diverses, dommages irréversibles causés à la biodiversité, mouvements de population générateurs de conflits.

*« Trois bombes menacent le monde. La bombe atomique qui vient d'exploser. La bombe de l'information qui explosera vers la fin du siècle. La bombe démographique qui explosera au siècle prochain et qui sera la plus terrible. »*

Albert Einstein, 1946.

1992 1993 1994 1995 1996 1997 1998 1999 2000 2001 2002 2

1991-1995 Guerre en Yougoslavie

Depuis 1992 Approfondissement et élargissement de la construction européenne

### Le marché d'Oshodi à Lagos au Nigeria

**Entre 1960 et 2014, la population de ce grand État d'Afrique de l'Ouest est passée de 45 millions à 173 millions d'habitants. Si le taux de fécondité de 5,7 enfants par femme se maintient, la population sera de 440 millions d'habitants en 2050… et de 914 millions en 2100.**

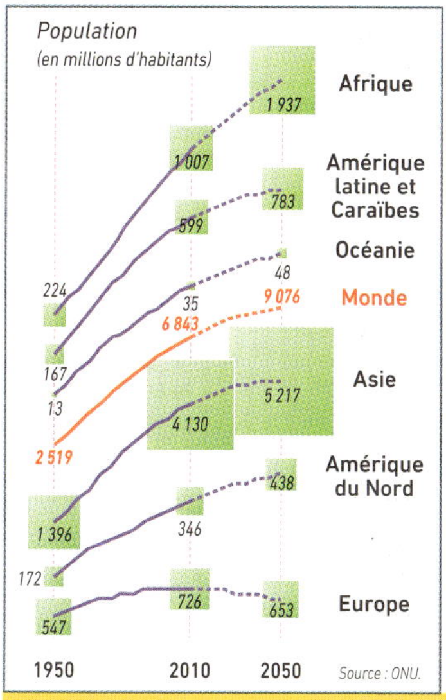


**L'évolution de la population mondiale**

## La Tunisie et la planification familiale

Dès l'indépendance de la Tunisie en 1956 (► p. 199), le président Habib Bourguiba fait promulguer un code du statut personnel qui émancipe la femme tunisienne. L'égalité des sexes est proclamée, la polygamie interdite, ainsi que le mariage précoce ou contraint par l'autorité paternelle. Parallèlement, un énorme effort de scolarisation est entrepris, mettant sur un même plan garçons et filles. Un vaste programme de planification familiale est mis en place, avec campagnes d'information et encouragement à la contraception. En 1973, les Tunisiennes obtiennent le droit à l'avortement.

Alors que le nombre d'enfants par femme dépassait les 7 en 1966, il tombe à 2 en 2000. La réussite de la Tunisie dans ce domaine, produit d'une volonté politique soutenue, apparaît exemplaire dans le monde arabo-musulman.



**2011** Sept milliards d'humains sur Terre

2005 2006 2007 2008 2009 2010 2011 2012 2013 2014 2015

**3-2011 Guerre en Irak**

**Depuis 2011 Guerre civile en Irak**

**Depuis 2008 Mise en place d'une gouvernance économique mondiale**

4 juillet 2012

# La découverte du boson de Higgs révolutionne le monde de la recherche

**La découverte du boson de Higgs dans l'accélérateur de particules du CERN de Genève ouvre la voie vers la compréhension de la formation de la matière et de la constitution de l'univers.**

## Une découverte retentissante

« Je pense qu'on l'a ! » La brève communication de Rolf-Dieter Heuer, directeur du Conseil européen – aujourd'hui Organisation européenne – pour la recherche nucléaire (CERN), le 4 juillet 2012, déchaîne l'enthousiasme de la communauté scientifique. La quête de cette particule hypothétique, le boson de Higgs, a été une aventure. La physicienne Sandrine Laplace la compare à la recherche de quelques notes fugitives dans quarante ans d'enregistrements musicaux.

*« Cela fait quarante ans que nous recherchions cette particule. Nous ne réalisons sûrement pas encore complètement ce que signifie cette découverte, mais c'est peut-être l'un des événements les plus importants des dernières décennies en recherche. »*

Rolf-Dieter Heuer, 19 novembre 2013.



## Le CERN, une réussite européenne

Cette réussite est aussi celle du CERN, l'une des plus brillantes réalisations de la coopération européenne. Officiellement fondé en 1954, associant alors douze États, le CERN va construire une série d'accélérateurs de particules de plus en plus importants, longs tunnels circulaires souterrains, installés à proximité de Genève, de part et d'autre de la frontière franco-suisse. Des particules élémentaires, lancées par l'action d'énormes aimants à des vitesses proches de celle de la lumière, y entrent en collision, révélant de nouvelles particules.

## De grandes perspectives scientifiques

La recherche au CERN permet une cascade de découvertes et la mise au point d'infrastructures scientifiques reconnues : c'est pour ses travaux au sein de l'Organisation que le Français Georges Charpak a reçu le prix Nobel de physique.

De 1981 à 1989, des travaux sont entrepris en vue de la construction du plus grand accélérateur de particules au monde, doté d'un anneau de 27 kilomètres de circonférence ; 8,9 milliards d'euros y sont investis. Une nouvelle extension de l'anneau en 2008 donne naissance au *Large Hadron Collider* (LHC) – ou grand collisionneur de hadrons en français – qui permet la découverte du boson de Higgs en 2012.

Vue aérienne du site de l'Organisation européenne pour la recherche nucléaire (CERN) avec le tracé, en photomontage, de l'anneau souterrain

## Peter Ware Higgs et son boson

■ Physicien britannique né en 1929, professeur à l'université d'Édimbourg, Higgs, en collaboration avec une équipe de chercheurs, formule en 1964 l'hypothèse de l'existence d'une particule élémentaire capable de donner une masse à d'autres particules, créant ainsi de la matière. Ce que l'on appelle alors communément le boson de Higgs apparaît ainsi comme une clé de voûte de la théorie de la constitution de l'univers, et sa découverte expérimentale en 2012 constitue une étape d'une exceptionnelle portée. Higgs reçoit en 2013 le prix Nobel de physique, avec le Belge François Englert. ■

## La recherche en Europe

La coopération européenne scientifique et technologique concerne aujourd'hui différents domaines.
Mis au point par l'Agence spatiale européenne (ESA), les lanceurs *Ariane* ont mis en orbite deux observatoires spatiaux, *Herschel* et *Planck*, qui ont cartographié entre 2009 et 2013 les confins de l'univers et décelé les ultimes traces de ses origines, Gaïa, qui doit approfondir la connaissance de notre galaxie. Quant à la sonde *Rosetta*, après un voyage de dix ans, elle s'est mise en 2014 en orbite autour d'une comète, surnommée « Tchouri », sur laquelle elle a posé une sonde.
Dans un autre domaine, le projet de réacteur thermonucléaire expérimental international (ITER), implanté à Cadarache dans le sud de la France et qui groupe 35 pays, est une initiative européenne.
Enfin, prévu par le traité de Lisbonne de 2007 (► p. 364), l'Espace européen de la recherche (EER) vise à une coordination renforcée entre les pays de l'Union et un meilleur financement de la recherche fondamentale européenne.



Découverte du boson de Higgs **2012**

2005 2006 2007 2008 2009 2010 2011 2012 2013 2014 2015

3-2011 Guerre en Irak

Depuis 2011 Guerre civile en Irak

Depuis 2008 Mise en place d'une gouvernance économique mondiale

6 août 2012

# Le *rover* Curiosity se pose sur Mars

**Lancé par l'Agence américaine aéronautique et spatiale, la NASA, dans le cadre du projet *Mars Science Laboratory* (MSL), la sonde mobile automotrice *Curiosity* est un engin particulièrement sophistiqué, produit d'une coopération internationale.**

## Un exploit technologique

Tant dans sa conception que dans sa mise en œuvre, *Curiosity* est un exploit. Le programme prévoit en effet de poser avec une grande précision, à 55 millions de kilomètres de la Terre et sur un terrain inconnu et difficile, un engin de 900 kilogrammes arrivant à grande vitesse. Il implique donc la mise au point d'un dispositif complexe permettant un atterrissage en douceur. Une fois posé, l'autonomie et la capacité de déplacement de l'appareil doivent être assurées en vue de l'exécution de ses multiples missions.

Après un voyage spatial de plus de huit mois, le 6 août 2012 se déroule l'atterrissage, d'abord freiné par des parachutes puis par un système de rétrofusées, éjecté une fois *Curiosity* posé sur le sol martien.



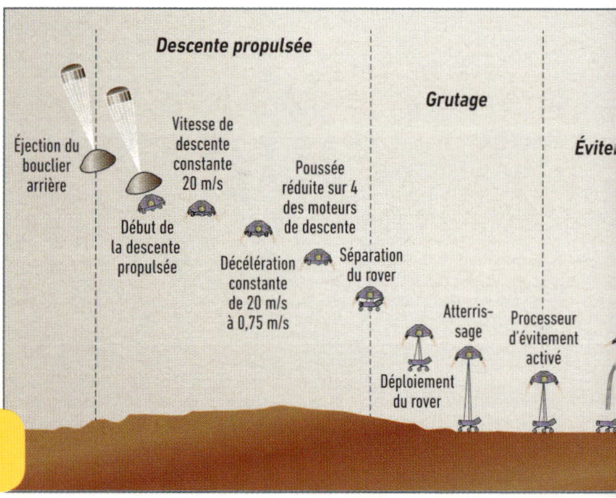


**L'atterrissage de *Curiosity* sur Mars**

## Une mission réussie

Équipé d'une dizaine d'instruments scientifiques, dont un bras télécommandé de plus de deux mètres, un laboratoire automatique d'analyse des échantillons et une station météorologique, *Curiosity* a pour mission d'étudier, pendant 22 mois, le climat et la géologie de Mars, de rechercher des traces de vie sur la planète et de préparer de futures expéditions, peut-être habitées.

À l'été 2014, le *rover* a parcouru presque huit kilomètres, recueilli et analysé une masse d'échantillons dont l'étude sur Terre va demander des années de travail. La connaissance de Mars en est d'ores et déjà considérablement accrue.

**_Curiosity_ sur Mars**
Équipé de 75 kilogrammes de matériel scientifique, *Curiosity* est le fruit d'une coopération internationale. La France, la Russie et le Canada ont contribué à son appareillage.



## L'espace au XXIe siècle

À la course à l'exploit sur fond de rivalités nationales qui caractérisait le XXe siècle (► p. 241) a succédé une recherche scientifique associant les puissances spatiales. Depuis deux décennies, les programmes dans le domaine se sont diversifiés. Après la Russie, les États-Unis et l'Europe, d'autres pays, tels la Chine, l'Inde et le Japon, s'y sont engagés.
Cette coopération a permis de placer en orbite une station spatiale internationale habitée (ISS), construite à partir de 1998. Des télescopes spatiaux (*Hubble* dès 1990, *Herschel* et *Planck* en 2009) ont conduit à une connaissance approfondie de l'univers. Dans les années 2000, l'exploration du système solaire par des engins-robots s'est accélérée : sonde européenne *Huyghens* posée en 2005 sur Titan (l'un des satellites de Saturne), programme *Curiosity* sur Mars en 2012, sonde européenne *Rosetta* déposant un module sur la comète « Tchouri » en 2014, sonde américaine *New Horizons* survolant Pluton en juillet 2015.

## L'exploration de Mars

| | |
|---|---|
| **1971** | Échec des *rovers* soviétiques *Prop-M*. |
| **1997** | Le petit *rover* américain *Sojourner* (10 kilogrammes) se pose sur Mars mais fonctionne moins de trois mois. |
| **2003** | Échec du *rover* européen *Beagle 2*. |
| **2003** | Deux *rovers* américains de 185 kilogrammes, *Spirit* et *Opportunity*, remplissent avec succès leurs missions. En 2014, *Opportunity* fonctionne toujours, ayant parcouru 39 kilomètres. |

*Curiosity* sur Mars **2012**

**2005 2006 2007 2008 2009 2010 2011 2012 2013 2014 2015**

**03-2011 Guerre en Irak**

**Depuis 2011 Guerre civile en Irak**

**Depuis 2008 Mise en place d'une gouvernance économique mondiale**

Depuis 1991

# De la chute de l'URSS à la Russie de Poutine

**La dernière décennie du xxe siècle voit la Fédération de Russie, née des décombres de l'Union soviétique, sombrer dans une crise protéiforme. Le nouveau pouvoir dirigé par Vladimir Poutine à partir de 1999 se pose alors en recours.**



## 1991-2000 • La liquidation de l'héritage soviétique

### Une transition difficile

La dissolution de l'Union des républiques socialistes soviétiques (URSS), le 26 décembre 1991 (► p. 316), entraîne une rupture radicale avec le passé soviétique. Sous l'impulsion de son nouveau président élu, Boris Eltsine, la Fédération de Russie s'essaie alors à la démocratie représentative.

À l'économie administrée et aux monopoles d'État succède un retour brutal aux mécanismes du marché, conduit selon les principes libéraux. En deux ans, entre 1992 et 1994, la moitié des entreprises d'État sont privatisées, souvent au profit d'anciens directeurs de l'époque communiste. En s'emparant des biens publics, ceux-ci se constituent des fortunes colossales : cette nouvelle classe d'oligarques domine l'économie russe.

**Boris Eltsine (1931-2007)**

Ancien apparatchik communiste ayant pris ses distances avec le parti communiste dès 1987, Eltsine joue un rôle majeur dans le processus de dislocation de l'URSS en 1991. Premier président de la Fédération de Russie, élu démocratiquement le 12 juin, il prend prétexte d'une tentative de putsch en août pour dissoudre le Parti communiste le 6 novembre et mettre fin au régime soviétique. Réélu en 1996, son action réformatrice est contrecarrée par une série de crises et une corruption endémique. Il démissionne du pouvoir le 31 décembre 1999.

**Le centre d'affaires international de Moscou**
Symbole du retour du pays à l'économie capitaliste, la capitale russe est en plein développement, de même que Saint-Pétersbourg ou certaines régions riches en hydrocarbures. Mais ces poches de richesse cachent mal l'état de délabrement de la Russie au tournant du XXe siècle.



L'État, hier tout-puissant, se délite. Même l'armée, jusqu'alors vitrine de la puissance soviétique, est à l'abandon et s'enlise dans le conflit qui l'oppose à la rébellion tchétchène (► p. 332).

## Un pays en crise

En huit ans, le produit intérieur brut (PIB) de la Russie chute de moitié. Le pays traverse une grave crise sociale et morale. Le passage au libéralisme creuse les écarts entre une minorité qui s'enrichit et la majorité de la population qui se paupérise, et déstructure la société, comme en témoignent les progrès de l'alcoolisme et la hausse du taux de mortalité. La crise financière de 1998 (► p. 342) voit le rouble s'effondrer ; le pays est alors en défaut de paiement.

Pour les Russes, le sentiment d'humiliation nationale est fort : l'éclatement de l'URSS a mis fin à un empire qui était devenu après 1945 la deuxième puissance mondiale. D'autant que les pays jadis dans l'orbite soviétique font le choix de l'Ouest en adhérant à partir de 1999 à l'Organisation du traité de l'Atlantique nord (OTAN), et bientôt à l'Union européenne (UE) (► p. 207).

En août 1999, dans un climat politique de plus en plus tendu, Eltsine, malade et contesté, appelle à la tête du gouvernement une personnalité peu connue, Vladimir Poutine. Le 31 décembre 1999, Eltsine démissionne de son poste et, après trois mois d'intérim, Poutine est élu président de la Fédération de Russie, le 26 mars 2000.

# Depuis 2000 • La Russie de Vladimir Poutine

## Le retour de l'État

Poutine entreprend de restaurer l'autorité de l'État qu'il comprend, selon une conception mêlant tradition tsariste et héritage soviétique, comme un pouvoir fort, personnalisé, reposant sur un consensus de la société et un contrôle de l'information. En 2001, il se dote d'une base politique avec la création du parti Russie unie, dont le chef du gouvernement, Dimitri Medvedev, est issu. Soucieux de redresser l'économie, il ménage les oligarques dans la mesure où ceux-ci ne s'opposent pas politiquement à lui et acceptent le retour de l'État dans le capital des entreprises.

### Vladimir Poutine (né en 1952)

Poutine entre jeune au KGB, le service de renseignement de l'Union soviétique. Officier, il est détaché de 1985 à 1990 en Allemagne de l'Est. Après la chute du communisme (▶ p. 316), il fait carrière dans l'administration municipale de Saint-Pétersbourg avant de rejoindre à Moscou l'entourage de Boris Eltsine qui le nomme en 1998 directeur du Service fédéral de sécurité (FSB), successeur du KGB.
Autoritaire, conservateur et nationaliste, Poutine veut rendre à la Russie sa place de grande puissance. Nostalgique du régime soviétique, il entend aussi se rattacher aux grands tsars qui, du XVI$^{e}$ au XIX$^{e}$ siècle, ont fait la grandeur russe. Ainsi dès son arrivée au pouvoir, l'hymne soviétique est rétabli tandis que l'aigle à deux têtes de l'Empire redevient l'emblème de l'État.



## Une reprise en main politique et économique

**Les Jeux olympiques d'hiver de Sotchi, en 2014**

Somptueusement organisés à Sotchi, au bord de la mer Noire, les Jeux participent d'une politique coordonnée par le Kremlin visant à réveiller la fierté nationale russe. Dans le même but, le pouvoir peut compter sur le soutien d'une Église orthodoxe en pleine renaissance.

La remise en ordre de l'administration et la réforme fiscale coïncident avec un redressement économique facilité par les cours élevés du pétrole, du gaz et des matières premières, dont la Russie est l'un des premiers pays exportateurs au monde. Durant les années 2000, avec un taux de croissance autour de 7 %, la Russie s'intègre au groupe des « pays émergents » (▶ p. 348). En 2012, elle adhère à l'Organisation mondiale du commerce (OMC) (▶ p. 353).

Poutine s'assure aussi du soutien de l'armée, redevenue une priorité et rééquipée. Réélu en 2004, mais ne pouvant pas constitutionnellement se représenter en 2008, il fait élire son Premier ministre Medvedev et le remplace pendant les quatre années de son mandat comme chef du gouvernement. L'élection présidentielle de 2012 le ramène à la tête de l'État.

## La restriction des libertés publiques

Depuis l'arrivée au pouvoir de Poutine, le régime s'est progressivement durci, ne tolérant pas la contestation : la liberté d'expression est ainsi fortement limitée, et le recours à la répression policière largement utilisé. Des opposants sont mystérieusement assassinés, comme la journaliste Anna Politkovskaïa en 2006. Des procès sont intentés aux oligarques qui ne se soumettent pas ; certains sont emprisonnés, à l'instar de l'ancien magnat du pétrole Mikhaïl Khodorkovski entre 2004 et 2013. Les médias sont, quant à eux, progressivement muselés par des contraintes administratives. Le régime poutinien retrouve le style autoritaire qui a caractérisé depuis des siècles le pouvoir en Russie.

**Une barricade tenue par des partisans pro-russes à Donetsk, en avril 2014**
Vladimir Poutine ranime, par ses initiatives de politique étrangère, et notamment son rôle dans la crise ukrainienne, une hostilité de principe à l'Occident rappelant la guerre froide.



### Une politique étrangère offensive

L'une des priorités de Vladimir Poutine est de reconstituer une zone d'influence sous hégémonie russe, usant pour ce faire de pressions économiques, politiques et même militaires.
Dès 1999, Poutine prend prétexte d'attentats terroristes pour relancer la guerre en Tchétchénie (▶ p. 332) où Moscou impose par la force des dirigeants fantoches. En 2008, il intervient en Géorgie, soutenant des sécessions locales qui démembrent le pays. En 2014, confronté à un soulèvement qui chasse le président ukrainien proche de Moscou, Poutine décide d'annexer la Crimée après l'organisation d'un « référendum » et soutient une insurrection pro-russe dans l'est du pays.
À la suite de ces événements, l'Union européenne (UE) et les États-Unis mettent en place des sanctions économiques contre la Russie (restrictions d'exportations, blocage d'avoirs). Fin 2014, 130 milliards de dollars d'investissements étrangers se sont déjà retirés du pays. Jointes à la chute du prix des hydrocarbures, ces mesures ébranlent l'économie nationale, relancent l'inflation et menacent à terme le niveau de vie des Russes.

13 mars 2013

# Un pape sud-américain est élu

**La renonciation, le 11 février 2013, du pape Benoît XVI provoque une immense surprise. Un mois plus tard, le conclave* élit un prélat argentin, le cardinal Jorge Mario Bergoglio, qui prend le nom de François.**

## Un geste rarissime

Benoît XVI et François au Vatican, le 23 décembre 2013

Si l'on excepte Grégoire XII, contraint au retrait en 1415 par le concile de Constance, la dernière renonciation pontificale remonte à 1294 et Célestin V.

Selon ses propres dires, Benoît XVI s'est retiré pour cause de fatigue et d'incapacité à assurer sa charge à son âge – 86 ans en 2013. D'origine allemande, plutôt conservateur et plus intellectuel que politique, il avait succédé en 2005 à Jean-Paul II (► p. 311), dont le pontificat avait été l'un des plus longs de l'histoire et dont le prestige international était considérable. Cette renonciation fait l'effet d'un coup de tonnerre dans un contexte de crise de l'Église catholique, marquée par la dénonciation publique de scandales financiers et sexuels.



## Un pontificat d'un style nouveau

Son successeur, François, apparaît d'emblée bien différent. Issu de l'ordre des jésuites, originaire d'Amérique latine, il est le premier pape non européen depuis le VIIIe siècle. Sa désignation souligne le glissement du centre de gravité du catholicisme vers l'hémisphère sud.

Par le choix de son nom, se référant à saint François d'Assise (vers 1182-1226) qui avait fait vœu de pauvreté, le nouveau souverain pontife manifeste son engagement pour les déshérités et la paix. Il le confirme lors de ses premières déclarations publiques, affichant une grande modestie et renonçant aux pompes protocolaires du Vatican.

Le pape François entreprend aussitôt une profonde réorganisation de la Curie romaine, qui semble annoncer de futures réorientations.

* Assemblée des cardinaux réunis pour désigner un pape.

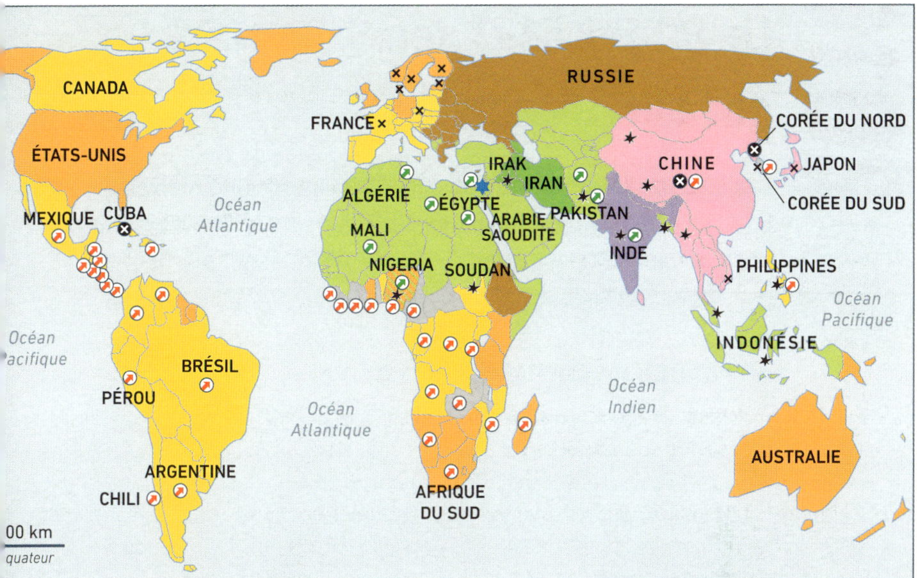


gion majoritaire pratiquée (par pays)

- Catholicisme
- Protestantisme
- Orthodoxie

Christianisme

- Bouddhisme, confucianisme, taoïsme, shintoïsme
- Hindouisme
- Judaïsme
- Sunnisme
- Chiisme

Islam

- Anismime associé au christianisme ou à l'islam

Dynamiques régionales

- Poussée des Églises évangéliques
- Montée de l'islamisme
- Conflits religieux
- Régime d'athéisme officiel
- Les dix plus fort taux d'athéisme

**Les dynamiques religieuses dans le monde**



*« Comme je voudrais une Église pauvre, et pour les pauvres. »*

Pape François, audience aux journalistes, 16 mars 2013.

## La mutation de l'Église catholique

Avec 1,228 milliard de fidèles, l'Église catholique romaine semble faire preuve d'une grande vitalité. Si son influence recule sensiblement en Europe, elle progresse de façon spectaculaire dans les pays en développement d'Afrique ou d'Amérique latine.

Cette évolution influe aujourd'hui sur les débats qui agitent l'Église catholique, entre maintien des traditions et ouverture à la modernité. D'autant que dans ces mêmes pays, sa prépondérance pourrait être remise en question. L'évangélisme protestant, dont la simplicité dogmatique et la spontanéité des pratiques séduisent les populations pauvres, s'étend au détriment des autres confessions chrétiennes.

La vigueur des propos du pape François critiquant les pratiques de la Curie et la nomination, en janvier 2015, de 20 cardinaux « originaires de tous les continents » montrent que l'Église catholique est à un tournant de son histoire.

Élection du pape François **2013**

4 | 2005 | 2006 | 2007 | 2008 | 2009 | 2010 | 2011 | 2012 | 2013 | 2014 | 2015

03-2011 Guerre en Irak

Depuis 2011 Guerre civile en Irak

Depuis 2008 Mise en place d'une gouvernance économique mondiale

6 juin 2013

# Le scandale des écoutes de la NSA éclate

**À la suite de fuites organisées par l'informaticien américain Edward Snowden, les journaux *The Guardian* et *The Washington Post* révèlent un programme mondial d'espionnage organisé à partir des États-Unis par la National Security Agency (NSA).**

## Un réseau de surveillance mondial

Esquissé après les attentats du 11 septembre 2001 (► p. 356), le programme *PRISM* est mis en place par l'administration de George W. Bush en 2007. Il permet de surveiller – avec l'accord des sociétés de télécommunication et sans mandat judiciaire – les appels téléphoniques, les courriers électroniques, les consultations d'Internet de tout citoyen américain, tant aux États-Unis que dans le reste du monde.

## Des abus évidents

La National Security Agency (NSA) américaine qui gère *PRISM* a ainsi eu accès secrètement aux données personnelles de centaines de millions de personnes. Surtout, elle a espionné des instances internationales, tels le Fonds monétaire international (FMI), la Banque mondiale ou la Commission européenne, recueillant des informations d'ordre diplomatique et économique sans relation avec la lutte antiterroriste.

À partir de juin 2013, les révélations dans la presse internationale se multiplient, mettant au jour l'ampleur de l'espionnage organisé par les États-Unis. En octobre, *The Guardian* dévoile la mise sur écoute par la NSA de 35 personnalités politiques de premier plan – dont la chancelière allemande Angela Merkel et la présidente brésilienne Dilma Rousseff.

## Un scandale international

Le scandale est immense, tant dans les opinions publiques qu'au niveau des gouvernements qui adressent des protestations officielles à Washington. En Allemagne, les autorités expulsent le responsable américain des services secrets.

Devant la réprobation de ses alliés et les retombées économiques négatives – des sociétés américaines sont boycottées, IBM perd en quelques mois 22 % de son marché chinois –, Barack Obama annonce en mars 2014 une réforme des prérogatives de la NSA. Les écoutes ne pourront désormais être opérées qu'avec la permission justifiée d'un juge ; mais ces promesses peinent à dissiper le climat de défiance apparu à l'égard des États-Unis.

**Manifestation de soutien à Edward Snowden devant l'ambassade des États-Unis à Kiev, en Ukraine en juin 2013**

De très nombreux soutiens à Edward Snowden se sont manifestés dans le monde entier. En France, une pétition a circulé en 2014 pour demander que lui soit accordé l'asile politique.

*« N'importe quel analyste, à tout moment, peut cibler n'importe qui, n'importe quel canal, n'importe où. »*

Edward Snowden, 6 juin 2013.

## « Big Brother vous regarde ! »

Le scandale causé par les écoutes de la NSA a ravivé la crainte de l'établissement d'une société sous surveillance, à l'image de celle décrite en 1949 par l'écrivain britannique George Orwell dans son roman *1984*. Aux possibilités de l'informatique s'ajoute aujourd'hui le rôle des réseaux sociaux (Facebook, Twitter), auxquels les gens confient leurs données personnelles. En 2014, Facebook a ainsi été convaincu de collaboration avec la CIA. Ces pratiques font naître de nombreux débats sur les conditions de recueil et d'utilisation de ces *big data* ou un hypothétique « droit à l'oubli » numérique. Sont également questionnées les pratiques des géants du secteur (Google, Apple, Facebook, Amazon, ou GAFA) et l'architecture même du système, administré par l'Internet Corporation for Assigned Names and Numbers (ICANN) de droit américain.

## Edward Snowden (né en 1983)

Informaticien américain, c'est en tant qu'administrateur système pour la NSA que Snowden prend connaissance du programme de surveillance organisé par les États-Unis.

Inculpé d'espionnage après ses révélations, il se réfugie d'abord à Hong Kong, puis à Moscou où il obtient en 2014 le droit de résidence pour trois ans. Considéré comme un traître par les autorités américaines et risquant pour cela trente ans de prison dans son pays, il est perçu comme un lanceur d'alerte héroïque par ses nombreux soutiens de par le monde.



Scandale des écoutes de la NSA **2013**

04 | 2005 | 2006 | 2007 | 2008 | 2009 | 2010 | 2011 | 2012 | 2013 | 2014 | 2015

2003-2011 Guerre en Irak

Depuis 2011 Guerre civile en Irak

Depuis 2008 Mise en place d'une gouvernance économique mondiale

18 décembre 2013

# Un chirurgien implante pour la première fois un cœur totalement artificiel

**Avec l'autorisation de l'Agence nationale de sécurité du médicament, un cœur artificiel est implanté sur un homme atteint d'insuffisance cardiaque, à l'hôpital européen Georges-Pompidou de Paris. Le patient ainsi appareillé va vivre 74 jours.**

## Le traitement des insuffisances cardiaques

Pour la première fois, en décembre 1967 au Cap, le chirurgien sud-africain Christiaan Barnard remplace le cœur malade d'un patient par un organe sain prélevé sur un donneur. Ce premier greffé du cœur décède 18 jours après l'opération.

Si d'importants progrès sont réalisés ensuite, permettant aux patients de survivre à la transplantation – au prix de traitements lourds et astreignants –, les complications sont cependant nombreuses : aux risques d'infections s'ajoute surtout celui du rejet du greffon par le système immunitaire du malade.



## Le cœur artificiel

Les premières recherches sur les cœurs mécaniques sont menées aux États-Unis dans les années 1970. Les expérimentations sur des animaux semblent prometteuses tandis que des cœurs artificiels provisoires sont implantés sur des patients en attente de transplantation cardiaque.

Au sein de la société Carmat, qu'il crée en 2008, le professeur Alain Carpentier met au point un prototype miniaturisé composé de matériaux produits à partir de tissus animaux, biocompatibles avec l'organisme humain, et géré par un système électronique complexe. C'est ce cœur totalement artificiel qui est implanté le 18 décembre 2013 à un patient âgé de 76 ans dont le pronostic vital est engagé à court terme.

## Des perspectives d'avenir

L'opération est une réussite, même si le malade décède le 2 mars 2014, sans doute victime du dysfonctionnement de l'un des composants électroniques. Les spécialistes de Carmat ne se découragent pas. Corrigeant les défauts ainsi révélés, une deuxième implantation est réalisée en août 2014 sur un patient également à un stade terminal et qui survit neuf mois avec son cœur artificiel. Une troisième opération a lieu en avril 2015.

Les perspectives ainsi ouvertes sont énormes : on estime qu'en Occident 20 millions de personnes souffrent d'insuffisance cardiaque.

1992 1993 1994 1995 1996 1997 1998 1999 2000 2001 2002 20

1991-1995 Guerre en Yougoslavie

Depuis 1992 Approfondissement et élargissement de la construction européenne

**Le professeur Alain Carpentier et le prototype du premier cœur artificiel, en 2008**

## Dépasser l'humain ?

Poussant plus loin encore les possibilités de la science, certains futurologues envisagent un transhumanisme. L'informatique, les biotechnologies, l'intelligence artificielle permettraient une amélioration de l'espèce humaine. La science-fiction s'est emparée du thème, imaginant des individus interconnectés, aux capacités accrues par l'insertion d'une puce électronique dans le cerveau.

*« Le vrai succès, c'est bien sûr la vie, mais surtout le retour à la vie normale, l'activité physique et la vie affective. »*

Pr. Alain Carpentier, *Journal du Dimanche*, 22 décembre 2013.



## La médecine réparatrice

Dès l'Antiquité, la médecine cherche à remédier aux mutilations par la mise en place d'un appareillage artificiel (jambes de bois, crochets, dentiers). Au XX$^{e}$ siècle, cette médecine réparatrice accomplit d'énormes progrès. De nouveaux matériaux généralisent l'emploi de prothèses osseuses, comme celles de la hanche ou du genou, tandis que l'électronique ouvre l'ère des prothèses organiques : stimulateur cardiaque puis cœur artificiel, membres « bioniques » copiant les mécanismes naturels.

Les transplantations d'organes deviennent quant à elles courantes. Longtemps difficiles, les greffes organiques bénéficient après 1980 de la découverte des agents immunosuppresseurs, telle la ciclosporine, prévenant le rejet des greffons.

Depuis les années 2000, les travaux sur les cellules souches (► p. 339), capables de générer des cellules différenciées et de reconstituer ainsi des organes, ouvrent des perspectives vertigineuses de possibles régénérations.

Implantation du premier cœur totalement artificiel **2013**

04 | 2005 | 2006 | 2007 | 2008 | 2009 | 2010 | 2011 | 2012 | 2013 | 2014 | 2015

003-2011 Guerre en Irak

Depuis 2011 Guerre civile en Irak

Depuis 2008 Mise en place d'une gouvernance économique mondiale

31 mars **2014**

# Le GIEC alerte sur les impacts du réchauffement climatique

**Dans son cinquième rapport d'évaluation sur les « changements climatiques 2014 », le Groupe d'experts intergouvernemental sur l'évolution du climat (GIEC) met en évidence la vulnérabilité des sociétés humaines face aux changements climatiques.**

## Un observateur scientifique

Le GIEC a été créé en 1988 par l'ONU afin de fournir des informations scientifiques concernant les changements climatiques. Depuis sa fondation, il a publié cinq rapports d'évaluation fondés sur les travaux de chercheurs du monde entier. En 2007, le GIEC a reçu le prix Nobel de la paix.

## La responsabilité humaine

En 2014, tout en reconnaissant que le réchauffement climatique s'inscrit dans un cycle comme la Terre en a connu plusieurs, le GIEC estime que le lien entre ce phénomène et l'activité humaine est « extrêmement probable » (95 % de chances). En cause : l'augmentation rapide de la teneur dans l'atmosphère de gaz à effet de serre (GES) – le principal étant le $CO_2$ –, due à la combustion, depuis les débuts de l'ère industrielle, de quantités croissantes d'énergie fossile tels le charbon et le pétrole.

*« Vu le réchauffement considérable dû à l'augmentation des émissions de gaz à effet de serre, les risques vont être difficiles à gérer et même des investissements importants et soutenus dans l'adaptation auront leurs limites. »*

Chris Field, coordonnateur du rapport du GIEC, 2014.

Certains chercheurs, dits « climatosceptiques », remettent en cause ce lien, provoquant de vifs débats au sein de la communauté scientifique.

## Un avenir préoccupant

Selon le GIEC, d'ici à 2100, la température moyenne devrait connaître une élévation supérieure à 2 degrés, le niveau des mers s'élever de 29 à 82 centimètres, menaçant ainsi 600 à 700 millions de personnes, et les événements climatiques extrêmes (sécheresses, vagues de chaleur, ouragans, pluies violentes) se multiplier.

Les impacts socio-économiques de ces changements climatiques sont potentiellement dramatiques : rendements agricoles en baisse, sécurité alimentaire plus fragile, déplacements de populations massifs, tensions communautaires, augmentation de la pauvreté, risque accru de conflits et de guerres civiles, en particulier dans les pays en développement. En avril 2014, le GIEC complète son rapport par un appel à tous les décideurs de la planète à agir sans plus attendre.

**La ville de Tacloban aux Philippines, deux semaines après le passage du typhon Haiyan, en novembre 2013**

Aux Philippines en novembre 2013, au Vanuatu en mars 2015, les vents ont soufflé à plus de 300 km/h, faisant de nombreuses victimes et d'importants dégâts matériels.

## Les réponses internationales

Afin de lutter contre le réchauffement climatique, une Convention-cadre des Nations unies sur les changements climatiques (CCNUCC) est entrée en vigueur en 1994 : comptant 196 pays, elle est structurée autour de réunions internationales annuelles, dites conférences des parties (COP).

En 1997, lors de la troisième COP, est signé le protocole de Kyoto : entré en vigueur en 2005, il visait à réduire d'ici 2012 les émissions de gaz à effet de serre (GES) des pays industrialisés d'au moins 5 % par rapport au niveau de 1990. Si le bilan de Kyoto est globalement positif, une telle réduction est cependant considérée aujourd'hui comme insuffisante.

Depuis la COP de Copenhague en 2009, les « pays émergents » (▶ p. 348) interviennent également dans le processus de construction des politiques climatiques. À la COP de Doha de 2012, le protocole de Kyoto a été prorogé jusqu'en 2020, mais l'accord est affaibli par le retrait de la Russie, du Japon et du Canada : les signataires ne représentent plus que 15 % des émissions mondiales de GES.



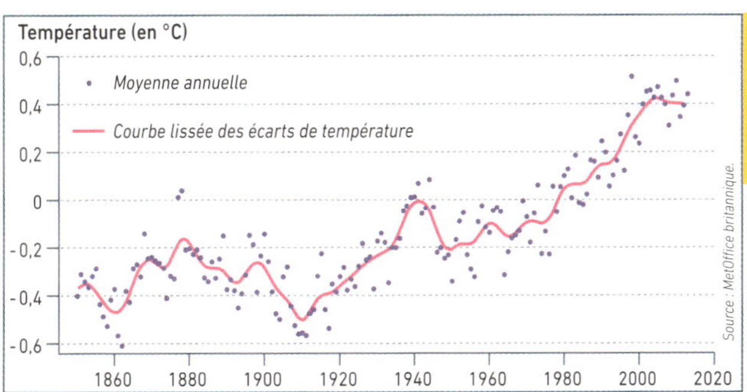


**Les écarts des températures globales moyennes de surface par rapport à la moyenne 1961-1990**

Alerte du GIEC sur le climat **2014**

04 | 2005 | 2006 | 2007 | 2008 | 2009 | 2010 | 2011 | 2012 | 2013 | 2014 | 2015

003-2011 Guerre en Irak

Depuis 2011 Guerre civile en Irak

Depuis 2008 Mise en place d'une gouvernance économique mondiale

**10 octobre 2014**

# Le prix Nobel de la paix est attribué à Malala Yousafzaï

**Fait sans précédent, une jeune fille pakistanaise de 17 ans est honorée, conjointement à l'Indien Kailash Satyarthi, de l'une des plus prestigieuses distinctions au monde.**

## Un témoin contre les talibans

Née en 1997 au Pakistan, près de la frontière afghane, Malala Yousafzaï assiste dès son enfance aux exactions des talibans, islamistes fanatiques qui, hostiles à l'instruction des femmes, n'hésitent pas à incendier les écoles de filles. À 11 ans, avec l'aide de son père, elle commence à tenir un blog, hébergé sur le site de la BBC, pour témoigner contre ces actes.

Le 9 octobre 2012, les talibans tentent de l'assassiner à la sortie de l'école. Très gravement blessée à la tête, elle est transportée en Angleterre où une série d'opérations lui sauve la vie.

> « *Je te conseille de rentrer à la maison, d'épouser la culture islamique, de joindre une école coranique pour femmes, d'étudier et de te pencher sur le livre d'Allah.* »
>
> Adnan Rashid, commandant du Mouvement des talibans du Pakistan (*Tehrik-e-Taliban Pakistan*, TTP), 17 juillet 2013.



## Une reconnaissance internationale

Son histoire et son courage émeuvent l'Occident. Le 12 juillet 2013, trois jours avant ses 16 ans, Malala prononce devant l'Assemblée générale de l'Organisation des Nations unies (ONU), à New York, un vibrant discours sur le droit à l'éducation, spécialement celui des filles. Le président Barack Obama la reçoit. En novembre 2013, le Parlement européen lui attribue le prix Sakharov.

Devenue une icône mondiale, elle est contestée dans son pays où les talibans continuent à la menacer de mort. Elle répond par un livre au titre programme : *Moi, Malala, je lutte pour l'éducation et je résiste aux talibans*, sorti simultanément dans 21 pays.

## Un double prix pour le droit à l'éducation

Le 10 octobre 2014, alors qu'elle est en classe à Birmingham en Angleterre, Malala apprend que le prix Nobel lui est attribué, faisant d'elle la plus jeune récipendiaire de la célèbre récompense.

Symbole de la reconnaissance du combat pour l'accès à l'éducation, elle est associée à un autre militant du droit des enfants, Kailash Satyarthi, qui a créé en Inde le Mouvement pour sauver l'enfance, afin de lutter contre le travail forcé des plus jeunes.

**Malala Yousafzaï et Kailash Satyarthi recevant leur prix Nobel à Stockholm, le 10 décembre 2014**

En juillet 2013, devant l'Assemblée générale des Nations unies, la jeune fille déclarait : « Nos livres et nos crayons sont nos armes les plus puissantes » face aux talibans.

## Un geste en faveur de l'émancipation des femmes

En reconnaissant l'importance du combat de Malala Yousafzaï, le comité Nobel promeut l'instruction des filles, spécialement dans le monde musulman. De fait, en Afghanistan et dans la partie nord du Pakistan, plus de 80 % des femmes de plus de 15 ans sont analphabètes. En Afrique subsaharienne, la conjonction de facteurs culturels et religieux maintient ces dernières dans une situation de subordination, dont témoigne là encore l'analphabétisme – 50 % des femmes contre 32 % des hommes. L'existence de mouvements djihadistes aggrave la discrimination. Au Nigeria, la secte Boko Haram s'oppose ainsi à l'instruction des filles, organisant des expéditions punitives contre les établissements d'enseignement.

## Les talibans

« Taliban », issu d'un mot arabe signifiant « étudiant », désigne à partir de 1994 les membres de mouvements islamistes extrémistes armés au Pakistan et surtout en Afghanistan où ils s'emparent du pouvoir en 1995.
Protecteurs d'Al-Qaïda (▸ p. 357), les talibans sont chassés de Kaboul par l'intervention occidentale de 2001 (▸ p. 361).
Repliés dans les « zones tribales » frontalières du Pakistan d'où ils mènent une guérilla intense, ils créent en 2007 le mouvement Tehrik-e-Taliban Pakistan (TTP) qui impose la pratique d'un islam fondamentaliste, rigoriste et oppressif à l'égard des femmes, strictement voilées et interdites d'instruction. Toute opposition est punie de mort.
Loin d'être affaibli par l'intervention de l'armée pakistanaise à partir de 2008, le mouvement taliban reprend l'initiative en Afghanistan après le départ des forces étrangères en 2014. Plus actif que jamais, il entretient l'insécurité au Pakistan où il bénéficie d'appuis occultes jusque dans les milieux dirigeants.



Malala Yousafzaï, prix Nobel de la paix **2014**

04 | 2005 | 2006 | 2007 | 2008 | 2009 | 2010 | 2011 | 2012 | 2013 | 2014 | 2015

003-2011 Guerre en Irak

Depuis 2011 Guerre civile en Irak

Depuis 2008 Mise en place d'une gouvernance économique mondiale

# La puissance chinoise

**Depuis 1978, la Chine a opéré un virage économique vers le capitalisme sous le strict contrôle de l'État centralisé autoritaire et des instances dirigeantes du parti communiste. Cette politique est à l'origine d'une forte croissance qui a permis au pays de devenir la première puissance économique du monde.**

## Et la Chine s'éveilla

### « L'atelier du monde »

Disposant d'une main-d'œuvre de plus de 800 millions d'actifs, souvent originaire des campagnes, peu exigeante et disciplinée, la Chine a connu dès les années 1990 un rapide développement d'industries de transformation d'une grande compétitivité qui ont fait du pays « l'atelier du monde ».



Ces trente dernières années, la population active a augmenté de 68 %, soit 375 millions de personnes. La surabondance de cette main-d'œuvre, désormais urbaine, aux faibles coûts salariaux a favorisé la croissance autant que les gains de productivité au sein des entreprises manufacturières chinoises exportatrices.

### Priorité aux exportations

Dans les années 1980, la conjonction entre la modicité des salaires, un taux de change favorable, des avantages fiscaux et l'absence de contestation sociale attire les investissements étrangers, et de nombreuses entreprises occidentales délocalisent en Chine leurs usines de montage.

#### Le nationalisme chinois

La référence au marxisme et au projet révolutionnaire devenant de plus en plus inconciliable avec les transformations économiques et sociales, l'idéologie du Parti communiste chinois prend des accents nationalistes. Le régime exploite ainsi, sur le plan politique, les rétrocessions de Hong Kong en 1997 (► p. 340) et de Macao (ancienne colonie portugaise) en 1999. Les Jeux olympiques de Pékin en 2008 et l'Exposition universelle de Shanghai en 2010 sont des occasions de présenter le visage d'un pays puissant et en voie de modernisation rapide.

**Une chaîne de montage à Shenzhen, en 2008**
Premier exportateur de produits de hautes technologies, la Chine s'est spécialisée dans l'assemblage de produits semi-finis et de composants importés des pays développés d'Asie et réexportés ensuite.

Aujourd'hui, les 10 premières firmes transnationales chinoises sont des entreprises d'État, comme China Mobile et PetroChina. Elles coexistent avec quelques groupes privés récents (Lenovo, Huawei) assujettis aux normes de production et aux autorisations d'ouverture.



Les exportations chinoises se diversifient progressivement, le textile n'en représentant plus que 16 % en 2010, loin derrière les biens électriques (électroménager) et électroniques (ordinateurs, téléphones portables).

## Un acteur économique de premier plan

Depuis 1978, le fort taux de croissance du pays a permis de décupler le produit intérieur brut (PIB). Les excédents commerciaux considérables réalisés par la Chine grâce à ses exportations alimentent d'énormes réserves de change : près de 4000 milliards de dollars au début des années 2010.

S'imposant rapidement comme un partenaire et un concurrent économique d'envergure, Pékin adhère à l'Organisation mondiale du commerce (OMC) en 2001. Elle entreprend dès lors une politique d'investissements massifs en Afrique, centrée sur le développement industriel et les infrastructures de transport.

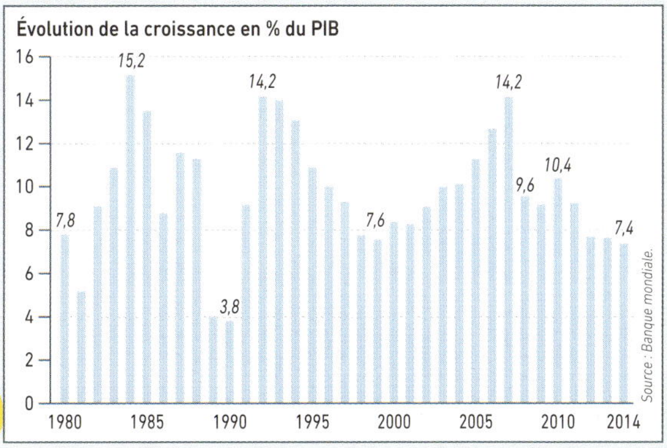


**La croissance chinoise depuis 1980**

# Limites et perspectives d'une puissance

## Une perte de compétitivité

Conséquence de la crise mondiale depuis 2008 (▶ p. 366), le taux de croissance chinois diminue – passant de 10,4 % en 2010 à 7,4 % en 2014 – alors que le coût du travail augmente. En effet, souhaitant compenser la baisse des exportations – près de 20 % en 4 ans – par une stimulation de la demande intérieure, les dirigeants chinois ont favorisé la hausse des salaires, perdant par là même en compétitivité. Hu Jintao, au pouvoir de 2003 à 2013, initie ainsi une politique sociale (éducation, accès aux soins de santé, salaire minimum dans le secteur formel) afin de développer le marché domestique chinois et appuyer les rattrapages technologique et territorial.

Dès lors, des entreprises industrielles délocalisent vers l'Asie du Sud-Est et l'Afrique, où les salaires sont plus bas.

## Une société inégalitaire

Depuis la libéralisation économique, les écarts sociaux n'ont cessé de se creuser : 1 % de la population détient 35 % de la richesse du pays quand les 25 % les plus pauvres n'en contrôlent que 1 %. Le PIB par habitant – qui rend compte tant de la productivité réelle que du niveau de vie de la population – était en 2013 de 6 900 dollars en Chine, contre 53 000 dollars aux États-Unis, ce qui place Pékin au 81e rang mondial…



Cependant, une classe moyenne fait son apparition et représente aujourd'hui près d'un quart de la population et la moitié des urbains.

## Corruption et évasion fiscale

En marge d'un fonctionnement économique régulé par l'État, une « finance de l'ombre » à laquelle participent des personnalités et des cadres du Parti communiste chinois (PCC) détourne une partie de la richesse produite vers des paradis fiscaux. Au pouvoir depuis 2013, le gouvernement de Xi Jinping a entrepris une spectaculaire campagne contre la corruption qui semble avoir surtout permis de renforcer le pouvoir de Xi en purgeant le PCC de compétiteurs possibles.

**Une centrale à charbon à Yutian**

La Chine est le premier consommateur d'énergie et le premier émetteur, en volume, de gaz à effet de serre au monde. La pollution des sols et de l'atmosphère est préoccupante dans des mégalopoles qui, comme Pékin ou Chongking, dépassent les 20 millions d'habitants.

**Une puissance régionale aux ambitions mondiales**

**Pékin entend réaffirmer sa souveraineté sur les îles de la mer de Chine méridionale (Spratleys, Paracels) et sécuriser ses approvisionnements en matières premières. Cette politique implique aussi de contrôler les mers et les détroits entre le continent africain, le golfe Persique et son propre territoire. La « stratégie du collier de perles » a l'ambition de servir cette diplomatie.**



## Quel avenir démographique ?

La question démographique est une menace à retardement. Pour limiter une croissance de la population dont le taux de fécondité était en 1970 de 5,75 enfants par femme, le gouvernement a institué en 1979 la politique de l'enfant unique. Appliquée très brutalement, elle a entraîné une décélération de la natalité à laquelle s'est ajouté un déséquilibre des sexes, les couples privilégiant la naissance d'un garçon. Il en résulte aujourd'hui une diminution du nombre des actifs qui devrait se répercuter au moins jusqu'en 2030 et qui pourrait affecter la croissance économique.

### Un régime répressif

La Chine, où l'État et un parti unique – le Parti communiste chinois (PCC) – se confondent en une seule instance de pouvoir, reste un régime totalitaire peu soucieux des droits de l'homme. Au sein du PCC, qui compte plus de 80 millions de membres, aucun débat n'est toléré. La liberté d'expression est très restreinte, les dissidents poursuivis et emprisonnés – dont le prix Nobel de la paix Liu Xiaobo, incarcéré depuis 2008. La soi-disant campagne contre la corruption de Xi Jinping a encore aggravé la pression : interdictions d'organisations non gouvernementales (ONG), censure d'Internet et des réseaux sociaux, détentions extra-judiciaires. Plus de 1 000 camps de travail (*laogai*) abriteraient aujourd'hui entre 2 et 6 millions de prisonniers.

27 janvier 2015

# L'organisation État islamique est chassée de Kobané

**La reprise de la ville syrienne de Kobané, à la frontière turque, attaquée par les djihadistes depuis juillet 2014, atteste l'efficacité de la coopération entre les combattants kurdes au sol et les frappes aériennes de la coalition internationale.**

## La montée en puissance de l'organisation État islamique

Dans le cadre de la guerre civile en Syrie (► p. 377), l'État islamique (EI) – Daech selon l'acronyme arabe – apparaît dès 2012 comme l'organisation sunnite djihadiste la plus radicale combattant le régime de Damas (► p. 381). Basée à Rakka, sur l'Euphrate, l'EI opère également dans le nord de l'Irak. En juin 2014, après une offensive-éclair sur Mossoul qui la dote d'un important matériel pris aux forces irakiennes, Daech lance l'offensive sur Kobané, au nord du pays, le 2 juillet.

## L'enjeu kurde

Située dans une région majoritairement peuplée de Kurdes, Kobané est une position clé contrôlant le passage vers la Turquie. Elle est défendue par les Unités de protection du peuple (YPG), organisation kurde opposée à Bachar Al-Assad et revendiquant le contrôle du Kurdistan syrien.

L'appui qu'apporte aux YPG le Parti des travailleurs du Kurdistan (PKK) de Turquie, en lutte contre l'État turc, conduit Ankara, pourtant hostile à Daech, à faire preuve d'attentisme face à la bataille qui s'engage.



## L'intervention aérienne internationale

En août, alors que l'EI multiplie massacres et exactions, une coalition menée par les États-Unis regroupe 22 pays dont la France, l'Australie, le Canada, l'Arabie saoudite, la Jordanie et les États du Golfe.

Elle multiplie les frappes aériennes à partir de septembre et paralyse les mouvements des djihadistes. Cette intervention permet aux miliciens kurdes de reprendre le contrôle de Kobané début 2015, infligeant à Daech son premier échec.

## La nouvelle stratégie de Daech

Tout en poursuivant ses opérations en Syrie – où elle s'empare de la ville de Palmyre en mai 2015 – et en Irak, l'EI cherche à élargir son influence. En Libye, elle profite du chaos politique pour créer un État parallèle. Au Nigeria, elle s'allie à la secte Boko Haram. Par sa maîtrise d'Internet et des réseaux sociaux, Daech devient le plus puissant vecteur du terrorisme islamiste dans le monde.

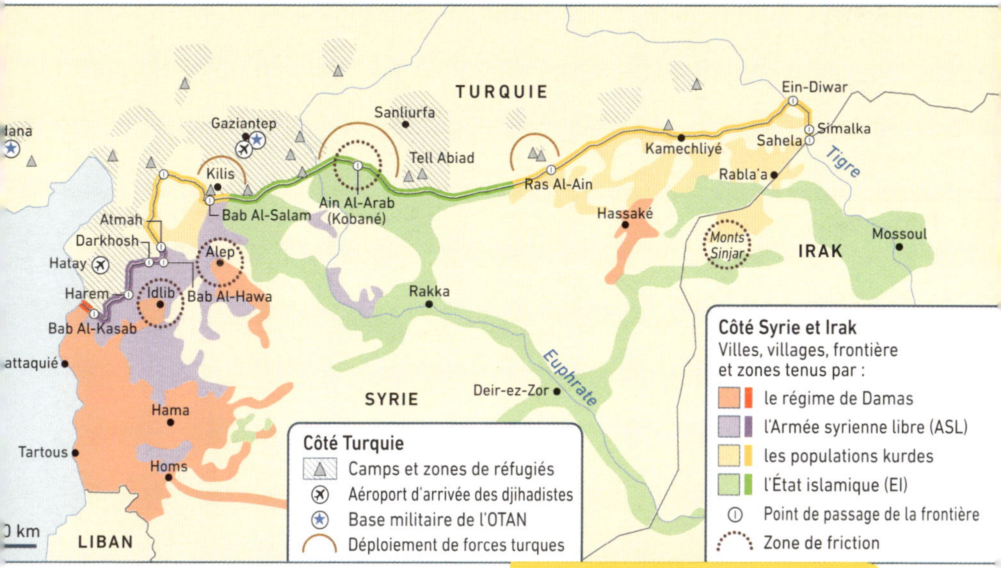


**La situation en Syrie, début 2015**

## Le conflit sunnites-chiites

Née au VIIe siècle de querelles autour de la succession du prophète Mahomet, la différence entre sunnisme et chiisme a tourné au différend théologique et à une disparité de sensibilités religieuses. Cette fracture originelle s'est superposée à une rivalité millénaire entre Perses et Arabes sémites. Au XVIIe siècle, le chiisme est devenu la religion d'État de l'Iran qui s'est alors institué protecteur des Arabes chiites d'Irak, de Syrie, du Liban et du Golfe. Devant la montée en puissance d'un Iran devenu République islamique (► p. 280), les États sunnites d'Orient ont fait bloc autour de l'Arabie saoudite et l'Égypte, réanimant l'antagonisme religieux à l'intérieur du conflit d'influence visant à s'assurer l'hégémonie au Moyen-Orient.
La guerre civile en Syrie (► p. 377) et le développement des mouvements djihadistes sunnites tels Al-Qaïda (► p. 357) et Daech (► p. 381), en sont de terribles manifestations.

**Les forces féminines des Unités de protection du peuple (YPG)**
Face aux fanatiques qui subordonnent et infériorisent les femmes, les combattants kurdes musulmans les considèrent en égales jusqu'à les admettre dans leurs rangs.

Défaite de l'organisation État islamique à Kobané **2015**

04 | 2005 | 2006 | 2007 | 2008 | 2009 | 2010 | 2011 | 2012 | 2013 | 2014 | 2015

2003-2011 Guerre en Irak

Depuis 2011 Guerre civile en Irak

Depuis 2008 Mise en place d'une gouvernance économique mondiale

# Chronologie détaillée

# Index des lieux, des notions et des personnages

## 1914

**28 juin 1914** p. 16
**L'archiduc François-Ferdinand est assassiné à Sarajevo**

**23 juillet 1914** : L'Autriche-Hongrie adresse un ultimatum à la Serbie

**28 juillet 1914** : L'Autriche-Hongrie déclare la guerre à la Serbie

**30 juillet 1914** : Mobilisation générale de la Russie, alliée de la Serbie

**31 juillet 1914** : Assassinat de Jean Jaurès à Paris

**1er août 1914** : Mobilisation en France et en Allemagne

**3 août 1914** : L'Allemagne déclare la guerre à la France

**4 août 1914** p. 18
**En France, Raymond Poincaré appelle à l'union sacrée**
Invasion de la Belgique par l'Allemagne
Entrée en guerre de la Grande-Bretagne

**5 août 1914** : L'Autriche-Hongrie déclare la guerre à la Russie

**6 août 1914** : La Serbie déclare la guerre à l'Allemagne

**11 août 1914** : La France déclare la guerre à l'Autriche-Hongrie

**15-23 août 1914** : Bataille des frontières



**16 août 1914** : Prise de Liège par les Allemands

**26 août 1914** : Victoire allemande sur l'armée russe à Tannenberg

**2 septembre 1914** : Les troupes allemandes sont à 25 kilomètres de Paris

**7-9 septembre 1914** : Victoire allemande sur l'armée russe aux Lacs Mazuriques

**6-13 septembre 1914** p. 20
**La bataille de la Marne stoppe l'offensive allemande**

**12 septembre-mi-novembre 1914** : « Course à la mer »

**29 octobre 1914** : Blocus économique de l'Allemagne

**1er novembre 1914** : Entrée en guerre de l'Empire ottoman aux côtés des empires centraux

## 1915

**5 février 1915** : L'Allemagne décrète le blocus des côtes alliées : début de la guerre sous-marine

**22 février 1915** : Destruction de la ville de Reims par les bombardements allemands

**18 mars 1915** p. 22
**Les Britanniques lancent l'expédition des Dardanelles**

**22 avril-25 mai 1915** : Bataille d'Ypres ; première utilisation des gaz de combat

**26 avril 1915** : Conférence de Londres : l'Entente promet des concessions territoriales à l'Italie en échange de son entrée en guerre

**7 mai 1915** p. 24
**Le *Lusitania* sombre au large de l'Irlande**

**23 mai 1915** : Entrée en guerre de l'Italie aux côtés de l'Entente

**1915** p. 26
**Le génocide arménien fait 1,5 million de victimes**

**5-8 septembre 1915** p. 28
**Le manifeste de Zimmerwald somme les prolétaires de cesser la guerre**

**5 octobre 1915** : Entrée en guerre de la Bulgarie au côté des empires centraux

**28 octobre 1915** : Début de l'invasion de la Serbie par les troupes des empires centraux

## 1916

**8-9 janvier 1916** : Évacuation des Dardanelles par les Alliés ; formation de l'armée d'Orient

**27 janvier 1916** : Instauration du service militaire obligatoire en Grande-Bretagne

**21 février 1916** p. 30
**Les Allemands lancent l'offensive sur Verdun**

**24-30 avril 1916** : Conférence de Kienthal

**16 mai 1916** : Accords Sykes-Picot

**31 mai-1er juin 1916** : Bataille du Jutland

**4 juin 1916** : Début de l'offensive Broussilov sur le front russe

**1er juillet-18 novembre 1916** p. 32
**Français et Britanniques engagent toutes leurs forces dans la bataille de la Somme**

**3 août 1916** p. 34
***Le Feu* d'Henri Barbusse paraît sous forme de feuilleton**

**27 août 1916** : Entrée en guerre de la Roumanie au côté des Alliés

**29 août 1916** : Paul von Hindenburg, commandant en chef des armées allemandes, assisté de Erich Ludendorff

**21 novembre 1916** : Mort de l'empereur François-Joseph Ier d'Autriche ; Charles Ier lui succède

**7 décembre 1916** : Lloyd George, Premier ministre en Grande-Bretagne

## 1917

**1917** p. 38
**L'année trouble**

**8 janvier 1917** : Début d'un important mouvement de grèves en France

**31 janvier 1917** : Guerre sous-marine à outrance

**1er mars 1917** : Publication du télégramme de Zimmermann (projet d'alliance entre le Mexique et l'Allemagne contre les États-Unis)

**2 mars 1917** : Abdication du tsar Nicolas II

**6 avril 1917** : Entrée en guerre des États-Unis contre l'Allemagne

**16 avril-24 octobre 1917** : Bataille du Chemin des Dames. Mutineries dans l'armée française.

**28 juin 1917** : Arrivée des premières troupes américaines à Saint Nazaire

**31 juillet-10 novembre 1917** : Bataille de Passchendaele

**1er août 1917** : Note du pape Benoît XV pour rétablir la paix

**Octobre 1917** p. 36
**Les bolcheviks prennent le pouvoir en Russie**
Désastre italien à Caporetto

**31 octobre 1917** : Vittorio Orlando, président du Conseil en Italie

**2 novembre 1917** : Déclaration Balfour prévoyant la création d'un foyer national juif en Palestine

**16 novembre 1917** : Georges Clemenceau, président du Conseil en France

**15 décembre 1917** : Armistice entre la Russie et les empires centraux

## 1918

**8 janvier 1918** p. 42
**Les « quatorze points » de Wilson doivent servir de base à une paix future**

**28 janvier-début février 1918** : Grèves en Allemagne

**3 mars 1918** : Paix de Brest-Litovsk *(Russie-Entente)*

**21 mars 1918** : Les Allemands lancent une série de cinq offensives pour percer le front occidental

**23 mars 1918** : Début des bombardements de Paris par les *Pariser Kanonen*

**26 mars 1918** p. 44
**Ferdinand Foch est nommé généralissime des armées alliées**

**7 mai 1918** : Paix de Bucarest *(Roumanie-empires centraux)*

**17 juillet 1918** : Exécution de la famille impériale par les bolcheviks

**18 juillet 1918** : Deuxième bataille de la Marne

**8 août 1918** : Attaque franco-britannique dans la région de Montdidier, « jour de deuil de l'armée allemande »

**15 septembre 1918** : Offensive alliée en Macédoine

**26-28 septembre 1918** : Offensive alliée généralisée sur le front occidental

**Octobre 1918** : Début de l'épidémie de grippe espagnole

**2 octobre 1918** : Max de Bade, chancelier allemand

**24-29 octobre 1918** p. 46
**Les Italiens battent les Autrichiens à Vittorio Veneto**

**30 octobre 1918** : La Turquie signe l'armistice à Moudros

**3 novembre 1918** : L'Autriche-Hongrie signe l'armistice de Villa-Giusti ; mutineries dans l'armée allemande

**9 novembre 1918** p. 48
**L'empereur d'Allemagne Guillaume II abdique**
Proclamation de la République allemande

**11 novembre 1918** p. 50
**L'armistice est signé à Rethondes**

**12 novembre 1918** : Proclamation de la république en Autriche

Proclamation de la république en Hongrie

**17 novembre 1918** : Les troupes françaises entrent en Alsace-Lorraine

**1918-1920** p. 52
**Une Europe à reconstruire**

## 1919-1920

**5-11 janvier 1919** : Insurrection spartakiste à Berlin

**15 janvier 1919** : Assassinat des deux chefs spartakistes, Rosa Luxemburg et Karl Liebknecht

**18 janvier-28 juin 1919** : Conférence de la paix à Paris

**29 janvier 1919** : Ratification du XVIIIe amendement à la Constitution des États-Unis qui instaure la prohibition

**28 juin 1919** : Traité de Versailles *(Allemagne-Alliés)* ; création de la SDN

**14 juillet 1919** : Défilé de la victoire à Paris sur les Champs-Élysées en présence des troupes alliées

**10 septembre 1919** : Traité de Saint-Germain-en-Laye *(Autriche-Alliés)*

**27 novembre 1919** : Traité de Neuilly *(Bulgarie-Alliés)*

**1er mars 1920** : Miklós Horthy, régent de Hongrie

**8 mars 1920** : Fayçal se fait proclamer roi de Syrie et Abdallah roi d'Irak

**19 mars 1920** : Le Sénat américain refuse de ratifier le traité de Versailles

**10 avril 1920** : Traité de Sèvres *(Empire ottoman-Alliés)*

**19-26 avril 1920** : Accord de San Remo qui établit les mandats britanniques et français au Proche-Orient

**4 juin 1920** : Traité de Trianon *(Hongrie-Alliés)*

**10 août 1920** : Traité de Sèvres (Turquie-Alliés)

**Été 1920** p. 62
**Les bolcheviks fixent vingt et une conditions d'adhésion à la IIIe Internationale**

**1er septembre 1920** : Proclamation de l'État du Liban

**1er au 8 septembre 1920** : Conférence de Bakou

**11 novembre 1920** : Le soldat inconnu est enterré sous l'Arc de Triomphe à Paris

**1920-1929** p. 66
**Les Années folles**

**1920** : Adolf Hitler, chef du NSDAP

## 1921-1924

**1921** : Luigi Pirandello, *Six Personnages en quête d'auteur*

**1921** : Découverte de l'insuline par Frederick Banting et Charles Best

**7 janvier 1921** : Gabriele D'Annunzio évacue Fiume

**24-29 janvier 1921** : Conférence des réparations de Paris

**7-17 mars 1921** : La révolte des marins de Kronstadt est violemment réprimée

**12 mars 1921** : Lénine fait adopter la NEP

**15 mai 1921** : Vote de la loi limitant l'immigration aux États-Unis

**21 juillet 1921** **p. 64**
**La bataille d'Anoual marque le début de la guerre du Rif**

**1922** : James Joyce, *Ulysse*

**10 avril-19 mai 1922** : Conférence monétaire de Gênes ; adoption du Gold Exchange Standard

**3 avril 1922** : Joseph Staline, secrétaire général du Parti communiste de Russie

**16 avril 1922** : Traité de Rapallo *(Allemagne-Russie bolchevique)*

**28 octobre 1922** **p. 70**
**Les Chemises noires de Mussolini marchent sur Rome**



**6 décembre 1922** : Indépendance irlandaise

**30 décembre 1922** : Signature du traité fondant l'Union des républiques socialistes soviétiques (URSS) par la Russie, l'Ukraine, la Biélorussie et la Transcaucasie

**11 janvier 1923** : Occupation de la Ruhr par les troupes franco-belges

**24 juillet 1923** : Traité de Lausanne *(Turquie-Alliés)*

**13 septembre 1923** : Coup d'État de Miguel Primo de Rivera au Portugal

**29 octobre 1923** **p. 72**
**Mustafa Kemal est élu président de la République turque**

**9 novembre 1923** : Tentative de putsch d'Adolf Hitler à Munich

**1924** : André Breton, *Manifeste du surréalisme*

**21 janvier 1924** **p. 74**
**Lénine meurt**

**11 mai 1924** : Victoire du Cartel des gauches en France

**10 juin 1924** : Assassinat du dirigeant socialiste italien Giacomo Matteotti

**24 juillet 1924** : Plan Dawes

## 1925-1928

**1925** : Sergueï Eisenstein, *Le Cuirassé Potemkine*

**28 avril 1925** **p. 76**
**L'Exposition internationale des arts décoratifs et industriels modernes ouvre à Paris**

**5-16 octobre 1925** : Conférence de Locarno

**12 décembre 1925** : Installation en Perse de la dynastie Pahlavi

**1926** : Lois fascistissimes en Italie

**10 décembre 1926** **p. 78**
**Le prix Nobel de la paix est décerné à Aristide Briand et Gustav Stresemann**

**1927** : *The Jazz Singer*, premier film parlant

**20-21 mai 1927** **p. 80**
**Charles Lindbergh traverse l'Atlantique nord**

**22 août 1927** : Exécution des anarchistes Nicola Sacco et Bartolomeo Vanzetti aux États-Unis

**12 novembre 1927** : Exclusion de Léon Trotski du Parti communiste de l'Union soviétique

**1928** : Maurice Ravel, *Boléro*

**1928** : Fondation en Égypte des Frères musulmans

**3 septembre 1928** **p. 82**
**Alexander Fleming découvre la pénicilline**

**27 août 1928** : Pacte Briand-Kellogg proclamant la guerre « hors-la-loi »

**1er octobre 1928** : Lancement du premier plan quinquennal en URSS

**2 octobre 1928** : Création de l'*Opus Dei* en Espagne

## 1929-1932

**11 février 1929** : Accords du Latran

**7 juin 1929** : Plan Young

**1929-1935** **p. 84**
**Du krach de Wall Street à la crise mondiale**

**24 octobre 1929** : Krach de la bourse de Wall Street à New York

**12 mars 1930** **p. 88**
**Gandhi entame la « marche du sel » pour obtenir l'indépendance de l'Inde**

**17 juin 1930** : Adoption du tarif douanier protectionniste Hawley-Smoot par le Congrès américain

**30 juin 1930** : Fin de l'occupation militaire de la Rhénanie

**21 mars 1931** : Annonce du projet d'une union douanière austro-allemande

**14 avril 1931** : Proclamation de la république en Espagne

**6 mai 1931** **p. 90**
**La France organise l'Exposition coloniale internationale**

**11 mai 1931** : Faillite de la *Österreichische Credit-Anstalt* en Autriche

**20 juin 1931** : Moratoire Hoover suspendant le paiement des réparations allemandes et des dettes interalliées

**13 juillet 1931** : Faillite de la *Danat Bank* en Allemagne

**19 septembre 1931** **p. 92**
**Le Japon envahit la Mandchourie**

**21 septembre 1931** : Dévaluation de la livre sterling

**24 octobre 1931** p. 94
**Al Capone est condamné**

**11 décembre 1931** : Adoption par le Parlement anglais du Statut de Westminster

**1932** : Ferdinand Céline, *Voyage au bout de la nuit*

**2 février 1932** : Ouverture de la conférence de la Société des Nations sur le désarmement

**9 mars 1932** : Le Japon crée le Mandchoukouo

**1932-1933** p. 96
**Plus de 3 millions d'Ukrainiens meurent au cours de la grande famine**

**22 septembre 1932** : Fondation du royaume d'Arabie saoudite

**8 novembre 1932** : Franklin D. Roosevelt, président des États-Unis

## 1933

**1933** : Le Corbusier, *La Charte d'Athènes*

**1933-1938** p. 98
**Adolf Hitler instaure une dictature nazie**

**30 janvier 1933** : Adolf Hitler, chancelier d'Allemagne

**27 février 1933** : Incendie du Reichstag à Berlin

**19 mars 1933** : Adoption de la Constitution de l'*Estado Novo* au Portugal

**20 mars 1933** : Ouverture du camp de Dachau en Allemagne

**27 mars 1933** : Le Japon quitte la SDN

**12 juin-27 juillet 1933** : Conférence monétaire et économique internationale de Londres

**Octobre 1933** : L'Allemagne se retire de la conférence sur le désarmement puis de la SDN

**5 décembre 1933** : Le XXI$^{e}$ amendement abolit la prohibition aux États-Unis

## 1934-1935

**6 février 1934** p. 102
**Une violente manifestation à Paris fait trembler la République**

**21 février 1934** : Assassinat d'Augusto Sandino au Nicaragua

**29-30 juin 1934** : Nuit des longs couteaux en Allemagne

**2 août 1934** : Mort du président allemand Paul von Hindenburg

**18 septembre 1934** : Admission de l'URSS à la SDN

**15 octobre 1934-19 octobre 1935** : Longue Marche en Chine

**1$^{er}$ décembre 1934** : Assassinat de Sergueï Kirov en URSS

**1935** : Jean Giraudoux, *La Guerre de Troie n'aura pas lieu*

**1935** : Irène et Frédéric Joliot-Curie reçoivent le Prix Nobel pour la découverte de la radioactivité artificielle

**1935-1939** p. 114
**La marche à la guerre**

**16 mars 1935** : Rétablissement du service militaire obligatoire en Allemagne

**11-14 avril 1935** : Conférence de Stresa réaffirmant le traité de Locarno et l'indépendance de l'Autriche

**2 mai 1935** : Traité franco-soviétique d'assistance mutuelle

**31 août 1935** p. 104
**Le mineur Alekseï Stakhanov extrait 14 fois son quota de charbon**

**15 septembre 1935** : Lois de Nuremberg en Allemagne

**18 novembre 1935** : La SDN prend des sanctions contre l'Italie

## 1936

**1936** p. 106
**Les Fronts populaires remportent les élections législatives en Espagne et en France**

**1936** : John Maynard Keynes, *La Théorie générale de l'emploi, de l'intérêt et de la monnaie*

**1936-1938** : Procès de Moscou

**9 mai 1936** : Victor-Emmanuel III d'Italie est proclamé empereur d'Éthiopie

**Mai-juin 1937** p. 108
**Pablo Picasso peint *Guernica***

**7 juin 1936** : Accords de Matignon en France

**Juin 1936** : Arrivée au pouvoir de la famille Somoza au Nicaragua

**18 juillet 1936** : Coup d'État du général Francisco Franco ; début de la guerre d'Espagne

**25 novembre 1936** : Signature par l'Allemagne et le Japon du pacte anti-Komintern

## 1937-1938

**Août 1937-novembre 1938** p. 110
**La « Grande Terreur » s'abat sur la société soviétique**

**13 février 1937** : Léon Blum annonce une pause dans les réformes

**9 novembre 1937** : Proclamation de l'*Estado Novo* au Brésil

**13 décembre 1937** : Les Japonais s'emparent de Nankin

**21 décembre 1937** p. 112
***Blanche-Neige et les Sept Nains* sort sur grand écran**

**1938** : Jean-Paul Sartre, *La Nausée*

**1938** : André Malraux, *L'Espoir*

**12 mars 1938** : *Anschluss* : annexion de l'Autriche par l'Allemagne

**18 septembre 1938** : Lois raciales fascistes en Italie

**29-30 septembre 1938** : Conférence de Munich

**9-10 novembre 1938** : Nuit de Cristal en Allemagne

## 1939

**1939** : Ernst Jünger, *Sur les falaises de marbre*

**15 mars 1939** : La Bohême-Moravie devient un protectorat du *Reich*

**22 mars 1939** : Adolf Hitler contraint la Lituanie à lui céder Memel

**28 mars 1939** : Chute de Madrid, fin de la guerre civile en Espagne

**7 avril 1939** : L'Italie envahit l'Albanie

**23 août 1939** : Pacte germano-soviétique

**1er septembre 1939** **p. 124**
**La Wehrmacht entre en Pologne**

**3 septembre 1939** : La France et la Grande-Bretagne déclarent la guerre à l'Allemagne

**17 septembre 1939** : L'Armée rouge entre en Pologne

**30 novembre 1939** : Les troupes soviétiques entrent en Finlande

**1939-1945** **p. 138**
**Le génocide des Juifs d'Europe**

**1939** : Début du regroupement des Juifs des pays occupés dans des ghettos

## 1940

**12 mars 1940** : Traité de paix entre l'URSS et la Finlande qui cède la Carélie

**9 avril 1940** : Entrée de la Wehrmacht en Norvège et au Danemark

**15 avril 1940** : Débarquement franco-britannique à Narvick en Norvège

**10 mai 1940** : Offensive allemande en Belgique, aux Pays-Bas et au Luxembourg

**10 mai 1940** **p. 126**
**La bataille de France commence**

**28 mai 1940** : Capitulation de la Belgique

**3 juin 1940** : Évacuation des troupes franco-britanniques de Dunkerque

**10 juin 1940** : L'Italie déclare la guerre à la France

**14 juin 1940** : Les troupes allemandes défilent à Paris ; le gouvernement s'installe à Bordeaux

**17 juin 1940** : Annonce de la demande d'armistice de la France par le maréchal Pétain

**18 juin 1940** : Appel à la résistance par le général de Gaulle sur les ondes de la BBC

**22 juin 1940** : Signature de l'armistice entre la France et l'Allemagne à Rethondes

**3 juillet 1940** : Destruction de la flotte française à Mers-el-Kebir

**10 juillet 1940** : Le maréchal Pétain obtient les pleins-pouvoirs pour rédiger une nouvelle constitution

**30 juillet 1940** **p. 128**
**Adolf Hitler lance la bataille d'Angleterre**

**11 septembre 1940** : Attaque de l'armée italienne contre les forces du Commonwealth en Égypte

**27 septembre 1940** : Signature du pacte tripartite entre l'Allemagne, l'Italie et le Japon

**24 octobre 1940** : Rencontre entre Philippe Pétain et Adolf Hitler à Montoire

**28 octobre 1940** : Entrée des troupes italiennes en Grèce

## 1941

**14 février 1941** : Arrivée de l'Afrika Korps dirigé par Erwin Rommel à Tripoli

**6 avril 1941** : Entrée de la Wehrmacht en Grèce et en Yougoslavie

**13 avril 1941** : Traité de neutralité entre l'URSS et le Japon

**23 avril 1941** : Capitulation de la Grèce

**22 juin 1941** **p. 130**
**L'opération *Barbarossa* marque le début de l'invasion de l'Union soviétique**

Entrée des communistes dans la Résistance

**7 juillet 1941** : Création de la Légion des volontaires français contre le bolchevisme (LVF)

**24 juillet 1941** : Les Japonais occupent toute l'Indochine

**2 août 1941** : Première livraison d'armes américaines à l'URSS

**5 août 1941** **p. 132**
**Le Belge Léon Degrelle crée la légion Wallonie**

**12 août 1941** : Signature de la Charte de l'Atlantique entre Winston Churchill et Franklin D. Roosevelt

**9 septembre 1941** : Début du siège de Leningrad

**24 septembre 1941** : Création du Comité national de la France libre à Londres

**29 septembre 1941** : Massacre de 35 000 Juifs par les *Einsatzgruppen* à Babi Yar en URSS

**5 décembre 1941** : Echec de l'offensive allemande sur Moscou

**7 décembre 1941** **p. 134**
**Les Japonais attaquent la base américaine de Pearl Harbor**

Première exécution massive de Juifs dans des camions à gaz à Chelmno

**8 décembre 1941** : Entrée en guerre des États-Unis

**1941-1945** **p. 156**
**La guerre du Pacifique**

**12 décembre 1941** **p. 136**
**Le maréchal Keitel publie l'ordonnance d'application du décret *Nacht und Nebel***

Débarquement japonais à Guam

**20 décembre 1941** : Débarquement japonais aux Philippines

**25 décembre 1941** : Capitulation des troupes britanniques de Hong Kong

## 1942

**11 janvier 1942** : Débarquement japonais à Bornéo

**15 février 1942** : Capitulation des troupes britanniques de Singapour

**20 janvier 1942** : Conférence de Wannsee : mise en place de la Solution finale

**21 janvier 1942** : Contre-offensive de Erwin Rommel en Afrique du Nord

**28 février 1942** : Débarquement japonais à Java

**7 mars 1942** : Débarquement japonais en Nouvelle-Guinée

**21 mars 1942** **p. 142**
**Le IIIe Reich réquisitionne la main-d'œuvre dans les pays occupés**

**27 mai 1942** : Début de la bataille de Bir Hakeim

**6 juin 1942** : Assassinat de Reinhardt Heydrich par la résistance tchèque

**7 juin 1942** : Défaite des Japonais aux îles Midway

**16-17 juillet 1942** : Rafle du Vel'd'Hiv'à Paris

**7 août 1942** : Débarquement américain à Guadalcanal

**12 septembre 1942** : Offensive allemande contre Stalingrad

**23 octobre 1942** **p. 144**
**Montgomery attaque l'Afrika Korps de Rommel à El-Alamein**

**8 novembre 1942** : Opération *Torch* : débarquement allié en Afrique du Nord

**11 novembre 1942** : La Wehrmacht envahit la zone libre en France

**27 novembre 1942** : Sabordage de la flotte française à Toulon

## 1943

**Janvier 1943** : Instauration du Service du travail obligatoire (STO) dans les territoires occupés

**13 janvier 1943** : Hitler ordonne la « guerre totale »

**14 janvier 1943** : Conférence interalliée de Casablanca

**2 février 1943** **p. 146**
**La 6e armée allemande capitule à Stalingrad**

**12 avril 1943** : Découverte d'un charnier à Katyn par les Allemands

**19 avril 1943** : Soulèvement du ghetto de Varsovie

**12 mai 1943** : Capitulation de l'Afrika Korps en Tunisie

**15 mai 1943** : Création du Conseil national de la Résistance en France

**3 juin 1943** : Le général de Gaulle fonde le Comité français de Libération nationale à Alger

**5 juillet-23 août 1943** : Bataille de Koursk

**8 juillet 1943** : Mort de Jean Moulin lors de son transfert en Allemagne

**10 juillet 1943** : Débarquement allié en Sicile

**25 juillet 1943** **p. 152**
**Benito Mussolini est arrêté sur ordre du Grand Conseil du fascisme**

**8 septembre 1943** : Capitulation de l'Italie

**18 septembre 1943** : Création de la République de Salò par Benito Mussolini

**1er octobre 1943** : Entrée des troupes américaines à Naples

**6 novembre 1943** : Prise de Kiev par l'Armée rouge

**28 novembre-1er décembre 1943** : Conférence interalliée de Téhéran

## 1944

**4 janvier 1944** : Conférence de Brazzaville pour évoquer l'avenir de l'empire colonial français ; début de la bataille du Mont Cassin

**26 mars 1944** : Les Allemands détruisent le maquis du plateau des Glières

**2 avril 1944** : Entrée de l'Armée rouge en Roumanie

**3 juin 1944** : Le Gouvernement provisoire de la République française remplace le CFLN

**6 juin 1944** **p. 154**
**Les Alliés débarquent en Normandie**

**9 juin 1944** : Massacre de 99 civils par la division SS *Das Reich* à Tulle

**10 juin 1944** : Massacre des 642 habitants d'Ouradour-sur-Glane

**13 juin 1944** : Premier bombardement de Londres par des V1

**15 juin 1944** : Débarquement américain dans les îles Mariannes

**20 juillet 1944** : Attentat manqué de Claus von Stauffenberg contre Adolf Hitler

**23 juillet 1944** : Anéantissement du maquis du Vercors par les Allemands ; libération du camp de Majdanek par l'Armée rouge

**1er août 1944** : Soulèvement de la résistance polonaise à Varsovie

**15 août 1944** : Débarquement allié en Provence

**19-25 août 1944** : Libération de Paris

**6 septembre 1944** : Jonction entre les troupes de Tito et l'Armée rouge

**10 septembre 1944** : Jonction à Dijon des armées de Normandie et de Provence

**12 septembre 1944** : Armistice entre l'URSS et la Roumanie

**4 octobre 1944** : Débarquement allié en Grèce

**24 octobre 1944** : Débarquement américain aux Philippines

**23 novembre 1944** : Libération de Strasbourg

**16 décembre 1944** : Contre-offensive allemande dans les Ardennes

## 1945-1946

**27 janvier 1945** : Libération des camps d'Auschwitz-Birkenau par l'Armée rouge

**4-11 février 1945** : Conférence interalliée de Yalta

**13 février 1945** **p. 160**
**Le bombardement de Dresde par les Alliés fait des dizaines de milliers de victimes**
Libération de Budapest par l'Armée rouge

**15 février 1945** : Débarquement américain à Iwo Jima

**7 mars 1945** : L'armée américaine passe le Rhin

**9-10 mars 1945** : Bombardement américain sur Tokyo

**1er avril-13 juin 1945** : Bataille d'Okinawa

**9 avril 1945** : Offensive alliée au nord de l'Italie

**12 avril 1945** : Mort de Franklin D. Roosevelt, Harry Truman président des États-Unis

**25 avril 1945** : Jonction des troupes américaines et soviétiques sur l'Elbe

**26 avril 1945** p. 162
**L'Armée rouge entre dans Berlin**
Retour en France du maréchal Pétain qui se constitue prisonnier

**28 avril 1945** : Exécution de Benito Mussolini par des partisans

**29 avril 1945** : Les Américains découvrent le camp de Dachau

**30 avril 1945** : Suicide d'Adolf Hitler dans son bunker à Berlin

**8 mai 1945** : Capitulation des Allemands ; fin de la guerre en Europe

**5 juin 1945** : Division de l'Allemagne en quatre zones d'occupation

**26 juin 1945** p. 164
**La Charte des Nations unies est adoptée par 50 États**



**26 juillet 1945** p. 166
**L'accord de Potsdam est signé entre les Alliés**

**6 et 9 août 1945** p. 168
**Les Américains larguent deux bombes nucléaires sur Hiroshima et Nagasaki**

**8 août 1945** : L'URSS déclare la guerre au Japon

**2 septembre 1945** : Capitulation du Japon ; fin de la Seconde Guerre mondiale

**20 novembre 1945** : Ouverture du procès de Nuremberg

**Janvier 1946-12 novembre 1948** : Procès de Tokyo

**1er octobre 1946** p. 170
**Le verdict tombe au procès de Nuremberg**

## 1947-1952

**12 mars 1947** p. 178
**La doctrine Truman marque le début de la guerre froide**

**Juin 1947** : Les États-Unis proposent le plan Marshall aux États européens

**3 juin 1947** : Conférence de New Delhi préparant l'indépendance des Indes

**Juillet 1947** : Intervention militaire des Pays-Bas dans les Indes néerlandaises

**14-15 août 1947** p. 180
**L'Inde et le Pakistan deviennent indépendants**

**5 octobre 1947** : Andreï Jdanov expose la politique extérieure de l'Union soviétique

**30 octobre 1947** p. 182
**Les pays développés signent le GATT pour réguler le commerce international**

**29 novembre 1947** : L'Assemblée générale de l'ONU adopte un plan de partage de la Palestine

**1948** : Naissance de la République populaire et démocratique de Corée (Nord), et de la République de Corée (Sud)

**30 janvier 1948** : Assassinat de Gandhi par un extrémiste hindou

**14 mai 1948** p. 184
**David Ben Gourion proclame d'État d'Israël**

**Mai 1948-juillet 1949** : Première guerre israélo-arabe

**Juin 1948** p. 186
**Le blocus de Berlin accélère la division de l'Allemagne**

**1949** : Simone de Beauvoir, *Le Deuxième Sexe*

**Mai 1949** : Création de la République fédérale d'Allemagne (RFA)

**Août 1949** : Reconnaissance de l'indépendance de l'Indonésie par les Pays-Bas

**1er octobre 1949** p. 188
**Mao Zedong déclare la naissance de la République populaire de Chine**

**Octobre 1949** : Création de la République démocratique allemande (RDA)

**Années 1950-1960** p. 190
**L'émergence de la société de consommation**

**1950** : Signature d'un traité d'alliance entre la Chine et l'URSS ; lancement de la réforme agraire en Chine par Mao Zedong

**25 juin 1950** p. 194
**La guerre de Corée commence**

**1951** : Signature d'un pacte de sécurité entre les États-Unis et le Japon

**1951** : Naissance de la Communauté européenne du charbon et de l'acier (CECA)

**1952** : Adoption de la Convention sur les droits politiques de la femme par l'ONU

## 1953-1956

**1953** : Apparition de la télévision couleur

**5 mars 1953** p. 196
**La mort de Staline ouvre la voie à la déstalinisation**

**Juin 1953** : Répression des manifestations ouvrières à Berlin-Est

**27 juillet 1953** : Armistice de Panmunjeom ; fin de la guerre de Corée

**20 août 1953** : Déposition du sultan marocain Mohamed V par la France

**7 septembre 1953** : Nikita Khrouchtchev, premier secrétaire du Parti communiste de l'Union soviétique (PCUS)

**23 décembre 1953** : Exécution de Lavrenti Beria en URSS

**1954** : Organisation du traité de l'Asie du Sud-Est (OTASE)

**1954-1960** p. 198
**La décolonisation en marche**

**1954** : Début des négociations de la France avec le leader tunisien Habib Bourguiba

**1954** : Échec de la CED (Communauté européenne de défense)

**7 mai 1954** : Capitulation des troupes françaises à Diên Biên Phu

**Juillet 1954** : Indépendance de l'Indochine ; création de deux États vietnamiens (Nord-Vietnam et Sud-Vietnam)

**1er novembre 1954** : « Toussaint Rouge » : début de la guerre d'Algérie

**18-24 avril 1955** p. 202
**Un « troisième monde » s'affirme à Bandung**

**1956** : Richard Hamilton devient le précurseur du *pop art*

**Février 1956** : XXe congrès du Parti communiste de l'Union soviétique : début de la déstalinisation

**Mars 1956** : Indépendance du Maroc et de la Tunisie

**Avril 1956** : Envoi du contingent français en Algérie

**23 juin 1956** : Gamal Abdel Nasser, président de l'Égypte

**Juillet 1956** : Rencontre de Tito, Gamal Abdel Nasser et Jawaharlal Nehru à Brioni (Yougoslavie)

**26 juillet 1956** p. 204
**Gamal Abdel Nasser nationalise le canal de Suez**

**Octobre-novembre 1956** : Crise de Suez

**22 novembre-8 décembre 1956** : Jeux olympiques d'été de Melbourne : boycott de l'Égypte, de l'Irak et du Liban contre la présence d'Israël

## 1957-1959

**1957** : Les Tunisiennes obtiennent le droit de vote

**1957** : Censure du roman de Boris Pasternak, *Le Docteur Jivago*

**Mars 1957** : Indépendance du Ghana

**25 mars 1957** p. 206
**La CEE voit le jour à Rome**

**4 octobre 1957** : Mise en orbite du satellite soviétique *Spoutnik 1*

**3 novembre 1957** : Envoi dans l'espace de la chienne Laïka par l'URSS

**13 mai 1958** : Mise en place d'un Comité de salut public à Alger

**29 juillet 1958** : Création de la NASA (États-Unis)

**1958-1961** : Grand Bond en avant en Chine

**1er juin 1958** : Charles de Gaulle, président du Conseil en France

**21 décembre 1958** : Charles de Gaulle, président de la République française

**1959** : Fidel Castro s'empare du pouvoir à Cuba

**16 septembre 1959** : Charles de Gaulle se prononce pour l'autodétermination des Algériens

## 1960-1962

**1960-1974** p. 208
**L'émancipation des femmes dans les sociétés occidentales**

**1960** : Indépendance de 18 colonies d'Afrique

**1960** : Ernesto Che Guevara, *La Guerre de Guérilla*

**13 février 1960** : Explosion de la première bombe A française dans le Sahara

**21 avril 1960** : Brasilia, nouvelle capitale du Brésil

**21 juillet 1960** : Sirimavo Bandaranaike, Premier ministre à Ceylan

**1960-1965** : Guerre civile dans l'ex-Congo belge

**8 janvier 1961** : Référendum sur l'autodétermination de l'Algérie (75 % de « oui »)

**12 avril 1961** : Premier vol habité dans l'espace effectué par le cosmonaute soviétique Youri Gagarine

**22-25 avril 1961** : Tentative de putsch des généraux à Alger

**25 mai 1961** : Lancement par les États-Unis du programme *Apollo*

**1961** : Rupture de l'alliance sino-soviétique

**13 août 1961** p. 212
**La construction du mur de Berlin débute**

**1er au 6 septembre 1961** : Première conférence des non-alignés à Belgrade

**1962** : Alexandre Soljenitsyne, *Une journée d'Ivan Denissovitch*

**3-8 février 1962** : Première traversée transatlantique du paquebot *France*

**18 mars 1962** p. 214
**Les accords d'Évian mettent fin à la guerre d'Algérie**

**3 juillet 1962** : Indépendance de l'Algérie

**5 août 1962** : Mort de Marilyn Monroe

**1962** p. 216
**Andy Warhol réalise la série des *Marilyn***

**17 août 1962** : Peter Fechter est abattu au pied du mur de Berlin

**Octobre 1962** p. 218
**La crise de Cuba fait craindre une troisième guerre mondiale**

## 1963

**1963** : Roy Lichtenstein, *Whaam!*

**1963** : Betty Friedan, *La Femme mystifiée*

**1963** : Ouverture du premier hypermarché en France

**22 janvier 1963** : Signature du traité de l'Élysée entre Charles de Gaulle et Konrad Adenauer

**Juin 1963** : À Berlin-Ouest, John F. Kennedy proclame « *Ich bin ein Berliner* »

**5 août 1963** : Traité de Moscou prévoyant l'interdiction partielle des essais nucléaires

**28 août 1963** p. 220
**Martin Luther King « fait un rêve »**

**Septembre 1963** : Ahmed Ben Bella, président de la République algérienne

**Octobre 1963** p. 222
**Les Beatles conquièrent le monde**

**22 novembre 1963** p. 224
**John Fitzgerald Kennedy est assassiné à Dallas**

## 1964-1967

**1964** : Herbert Marcuse, *L'Homme unidimensionnel*

**1964-1973** : Guerre du Vietnam

**1964-1965** : Tournée mondiale des Beatles

**31 mars 1964** p. 226
**Les militaires déclenchent un coup d'État au Brésil**

**2 juillet 1964** : Interdiction de la ségrégation dans les lieux publics aux États-Unis (*Civil Rights Act)*

**Septembre 1964** : Mouvement étudiant de protestation contre la guerre du Vietnam à l'université de Berkeley (Californie)

**10-24 octobre 1964** : Jeux olympiques d'été de Tokyo : exclusion de l'Afrique du Sud en raison de sa politique d'apartheid

**14 octobre 1964** : Limogeage de Nikita Khrouchtchev ; Martin Luther King, prix Nobel de la paix

**1965** : The Rolling Stones, *I Can't Get No Satisfaction*

**21 février 1965** : Assassinat de Malcolm X

**2 mars 1965** p. 228
**Les États-Unis bombardent le Nord-Vietnam**

**18 mars 1965** : Première sortie dans l'espace effectué par le cosmonaute soviétique Alexeï Leonov

**16 juillet 1965** : Inauguration du tunnel du Mont-Blanc

**6 août 1965** : Suppression des restrictions au droit de vote des Noirs dans les États du Sud des États-Unis (*Voting Rights Act)*

**8 décembre 1965** p. 230
**Le concile Vatican II s'achève**

**1966** : Fondation de la National Organization of Women (NOW)

**1966** : Révolution culturelle en Chine

**2 juin 1966** : Alunissage de la sonde américaine *Surveyor 1*

**1967** : Indira Gandhi, Premier ministre de l'Inde

**1967** : Légalisation de la contraception orale en France et de l'avortement au Royaume-Uni

**29 mars 1967** : Lancement du sous-marin à propulsion nucléaire français *Le Redoutable*

**5-10 juin 1967** p. 232
**Israël remporte la guerre des Six Jours**

**9 octobre 1967** p. 234
**Ernesto Che Guevara est exécuté par l'armée bolivienne**

## 1968-1969

**1968** p. 236
**Un mouvement international de contestation**

**1968** : Alexandre Soljenitsyne, *Le Pavillon des cancéreux*

**Janvier 1968** : Offensive du Têt menée par le Viêt-cong et le Nord-Vietnam au Sud-Vietnam

**4 avril 1968** : Assassinat de Martin Luther King

**Avril 1968** : Occupation par les étudiants de l'université de Columbia (New York)

**Juin 1968** : Assassinat de Robert Kennedy

**1er juillet 1968** : Traité multilatéral sur la non-prolifération des armes nucléaires

**Août 1968** : Écrasement du « Printemps de Prague » par les chars soviétiques

**24 août 1968** : Explosion de la première bombe H française dans l'océan Pacifique

**2 octobre 1968** : Répression policière des manifestations étudiantes à Mexico

**5 octobre 1968** : Répression d'une manifestation pacifique pour les droits civiques à Derry (Irlande)

**Octobre 1968** : Protestation des athlètes afro-américains contre la ségrégation raciale lors des Jeux olympiques d'été de Mexico

**1969** : Naissance de la mondovision, procédé permettant de voir à la télévision des images du monde entier

**1969** : Séparation des Beatles

**1969** : Yasser Arafat dirige l'Organisation de libération de la Palestine (OLP)

**20 juillet 1969** p. 240
**Des hommes marchent sur la Lune**

**Août 1969** : Festival de Woodstock

**1er octobre 1969** p. 242
**Le *Concorde* effectue son premier passage supersonique**

**15 novembre 1969** : Manifestation à Washington contre la guerre du Vietnam

## 1970-1972

**1970** : Jean Baudrillard, *La Société de consommation*

**1970** : Commercialisation du Boeing 747

**28 septembre 1970** : Mort de Gamal Abdel Nasser

**8 octobre 1970** p. 244
**Alexandre Soljenitsyne reçoit le prix Nobel de littérature**

**9 novembre 1970** : Mort de Charles de Gaulle

**1971** : Gustavo Gutiérrez, *Théologie de la libération*

**26 mars 1971** : Naissance du Bangladesh à la place du Pakistan oriental

**Juillet 1971** : Fondation du mouvement Choisir la cause des femmes par Simone de Beauvoir et Gisèle Halimi

**15 août 1971** p. 246
**Richard Nixon met fin au système de Bretton Woods**

**25 octobre 1971** : Admission de la République populaire de Chine au Conseil de sécurité de l'ONU

**18 décembre 1971** : Accords de Washington établissant des parités avec le dollar

**30 janvier 1972** p. 248
**Le *Bloody Sunday* endeuille l'Irlande du Nord**

**Février 1972** : Visite officielle de Richard Nixon en Chine

**24 mars 1972** : Fin de l'autonomie de l'Irlande du Nord décidée par le gouvernement britannique

**26 mai 1972** p. 250
**Richard Nixon et Léonid Brejnev signent les accords SALT I**

**21 juillet 1972** : Attentats de l'Armée républicaine irlandaise (IRA) à Belfast

**5-6 septembre 1972** p. 252
**Des terroristes ensanglantent les Jeux olympiques de Munich**

## 1973-1974

**27 juin 1973** : Coup d'État militaire en Uruguay

**11 septembre 1973** p. 260
**Le général Augusto Pinochet fait un coup d'État au Chili**
Mort de Salvador Allende

**18 septembre 1973** : Admission de la République fédérale d'Allemagne (RFA) et de la République démocratique allemande (RDA) aux Nations unies

**1973-1992** p. 282
**Le Moyen-Orient, foyer de conflits**

**6-24 octobre 1973** : Guerre du Kippour

**16-17 octobre 1973** p. 262
**Le premier choc pétrolier amplifie la crise économique mondiale**

**20 octobre 1973** p. 264
**La reine Élizabeth II inaugure l'opéra de Sydney**

**2 avril 1974** : Mort de Georges Pompidou

**1974-1982** p. 268
**Les transitions démocratiques dans l'Europe méridionale**

**24-25 avril 1974** : Révolution des œillets au Portugal

**6 mai 1974** : Démission de Willy Brandt, chancelier de la RFA

**18 mai 1974** : L'Inde fait exploser une première bombe atomique

**20 juillet 1974** : Intervention turque à Chypre

**23 juillet 1974** : Fin de la dictature des colonels en Grèce

**9 août 1974** p. 266
**Richard Nixon démissionne suite au scandale du Watergate**

**13 novembre 1974** : Premier discours de Yasser Arafat à l'ONU

## 1975-1976

**13 avril 1975** : Déclenchement de la guerre civile libanaise

**17 avril 1975** p. 272
**Les Khmers rouges s'emparent de Phnom Penh**

**30 avril 1975** : Les Vietnamiens du Nord entrent à Saïgon. Fin du retrait américain du Vietnam

**21 mai 1975** : Début du procès de la bande à Baader

**1er août 1975** : Signature de l'Acte final d'Helsinki

**6 novembre 1975** : Début de la « Marche verte » au Sahara occidental

**20 novembre 1975** : Mort du *Caudillo* Francisco Franco en Espagne

**28 novembre 1975** : Début de l'opération *Condor*

**8 janvier 1976** : Décès de Zhou Enlai

**24 mars 1976** : Coup d'État en Argentine ; renversement d'Isabel de Perón

**25 avril 1976** : Adoption au Portugal d'une Constitution qui instaure une démocratie parlementaire

**2 juillet 1976** : Réunification du Vietnam

**3 juillet 1976** : Le roi d'Espagne Juan Carlos nomme Adolfo Suárez Premier ministre

**9 septembre 1976** : Mort de Mao Zedong

**22 septembre 1976** : En France, adoption par Raymond Barre d'un plan d'austérité

**2 novembre 1976** : Jimmy Carter, président des États-Unis

## 1977-1978

**30 avril 1977** : En Argentine, première marche des mères de la place de Mai

**25 mai 1977** p. 274
**Le film *Star Wars* remporte un succès planétaire**

**Juin 1977** : Début de la guerre entre la Somalie et l'Éthiopie

**17 novembre 1977** : Visite officielle d'Anouar el-Sadate en Israël ; discours à la Knesset

**Décembre 1977** : Début de la guerre entre le Cambodge et le Vietnam

**10 décembre 1977** : Remise du prix Nobel de la paix à Amnesty International

**16 mars 1978** p. 276
**Aldo Moro est enlevé par les Brigades rouges à Rome**
Marée noire en Bretagne après le naufrage de l'*Amoco Cadiz*

**Juin 1978** p. 278
**La Coupe du monde de football est organisée par l'Argentine du dictateur Videla**

**25 juillet 1978** : Naissance du premier bébé-éprouvette

**12 août 1978** : Signature du traité de paix et d'amitié entre la Chine et le Japon

**17 septembre 1978** : Accords de Camp David

**18 octobre 1978** : Jean-Paul II devient pape

**6 décembre 1978** : Adoption en Espagne d'une Constitution qui instaure un État régional

## 1979

**16 janvier 1979** : Le Chah d'Iran s'envole pour l'Égypte avec son épouse

**1er février 1979** : Retour à Téhéran de l'ayatollah Khomeiny

**12-13 mars 1979** : Création du Système monétaire européen (SME) et de la European Currency Unit (ECU)

**Mars 1979** : Second choc pétrolier

**1er avril 1979** p. 280
**Une république islamique est instituée en Iran**

**4 mai 1979** p. 286
**Margaret Thatcher devient Premier ministre du Royaume-Uni**

**7-10 juin 1979** : Première élection du Parlement européen au suffrage universel

**18 juin 1979** : Accord SALT II

**15 juillet 1979** p. 288
**Les premières zones économiques spéciales sont créées en Chine**

**19 juillet 1979** p. 290
**Les sandinistes s'emparent du pouvoir au Nicaragua**

**27 août 1979** : Lord Mountbatten est tué dans un attentat de l'IRA

**17 octobre 1979** : Mère Teresa de Calcutta reçoit le prix Nobel de la paix

**4 novembre 1979** : Prise d'otages à l'ambassade des États-Unis à Téhéran

**25 décembre 1979** p. 292
**L'URSS envahit l'Afghanistan**

## 1980-1981

**4 mai 1980** : Mort de Tito

**19 juillet 1980** : Ouverture des Jeux Olympiques d'été de Moscou, qui sont boycottés par 55 pays

**Août 1980** : IBM commercialise le premier ordinateur personnel

**2 août 1980** : Attentat à la gare de Bologne

**31 août 1980** p. 294
**En Pologne, le syndicat Solidarnosc est autorisé**

**1er septembre 1980** : La Chine adopte la politique de l'enfant unique

**22 septembre 1980** : Déclenchement de la guerre Iran-Irak

**4 novembre 1980** : Ronald Reagan, président des États-Unis

**1981** : Création des Contras au Nicaragua

**1er janvier 1981** : Entrée de la Grèce dans la CEE

**23 février 1981** : Tentative de putsch à Madrid

**23 avril 1981** : Début d'un exode massif d'exilés cubains

**10 mai 1981** p. 296
**François Mitterrand est élu président de la République française**

**13 mai 1981** : Attentat contre le pape Jean-Paul II à Rome

**6 octobre 1981** : Assassinat d'Anouar el-Sadate

**9 octobre 1981** : Abolition de la peine de mort en France

**13 décembre 1981** : En Pologne, le général Jaruzelski instaure la loi martiale

## 1982-1983

**2 avril-18 juin 1982** : Guerre des Malouines

**6 juin 1982** : Début de la première guerre du Liban

**1er octobre 1982** : Helmut Kohl, chancelier de la République fédérale d'Allemagne (RFA)

**10 novembre 1982** : Mort de Léonid Brejnev

**23 mars 1983** p. 298
**Ronald Reagan présente le projet « Guerre des étoiles »**
Relance de la course aux armements

**16 mai 1983** : Début d'une guerre civile au Soudan

**20 mai 1983** p. 300
**Le virus du sida est identifié**

**Octobre 1983** : Manifestations pacifistes en Europe contre le déploiement de missiles Pershing II

**25 octobre 1983** : Débarquement des forces américaines à la Grenade

**30 octobre 1983** : Premières élections libres après la dictature en Argentine

## 1984-1985

**1984** : Famine en Éthiopie et en Somalie

**24 janvier 1984** p. 302
**Apple commercialise le premier Macintosh**

**Mars 1984-mars 1985** : Grève des mineurs britanniques

**31 octobre 1984** : Assassinat d'Indira Ghandi, Premier ministre de l'Inde

**4 novembre 1984** : Daniel Ortega, président du Nicaragua

**7 mars 1985** p. 304
**Avec *We Are The World*, des artistes se mobilisent contre la famine en Afrique**

**11 mars 1985** p. 306
**Mikhaïl Gorbatchev devient secrétaire général du Parti communiste de l'Union soviétique**

**15 avril 1985** : Ouverture de la première conférence internationale sur le sida

**1er mai 1985** : Embargo des États-Unis contre le Nicaragua

**19-21 novembre 1985** : Sommet Gorbatchev-Reagan à Genève

## 1986-1987

**1er janvier 1986** : Entrée de l'Espagne et du Portugal dans la CEE

**17 février 1986** : Signature de l'Acte unique européen ; ouverture du premier sommet de la francophonie

**26 avril 1986** p. 308
**Une catastrophe nucléaire se produit à Tchernobyl**

**27 octobre 1986** p. 310
**Jean-Paul II organise la première rencontre interreligieuse à Assise**

**25 novembre 1986** : Début de l'*Irangate*

**11 mai-4 juillet 1987** : Procès de Klaus Barbie à Lyon

**7 novembre 1987** : En Tunisie, Zine el-Abidine Ben Ali succède à Habib Bourguiba

**8 décembre 1987** : Traité de Washington

**9 décembre 1987** : Début de la première Intifada

## 1988

**8 mai 1988** : Réélection de François Mitterrand à la présidence de la République française

**15 mai 1988-15 février 1989** : Retrait des troupes soviétiques d'Afghanistan

**25 mai 1988** : Retrait des troupes vietnamiennes du Cambodge

**26 juin 1988** : Signature des accords de Matignon en vue du rétablissement de la paix en Nouvelle-Calédonie

**20 août 1988** : Fin de la guerre entre l'Irak et l'Iran

**5 octobre 1988** : Au Chili, référendum défavorable à Augusto Pinochet

**8 novembre 1988** : George Bush, président des États-Unis

**21 décembre 1988** : Explosion d'un Boeing *747* au-dessus de Lockerbie (Écosse)

## 1989-1990

**1989** : Création de l'APEC (Coopération économique pour l'Asie-Pacifique)

**11 février 1989** : Introduction du multipartisme en Hongrie

**12 février 1989** : *Fatwa* contre Salman Rushdie suite à la publication des *Versets sataniques*

**26 mars 1989** : Élections libres en URSS

**15 mai 1989** : Début de la visite de Mikhaïl Gorbatchev en Chine

**3 juin 1989** : Mort de l'ayatollah Khomeiny

**4 juin 1989** p. 312
**Les manifestants de la place Tian'anmen sont violemment réprimés**

**10 septembre 1989** : Le gouvernement hongrois annonce l'ouverture des frontières du pays avec l'Autriche

**22 octobre 1989** : Accord de Taëf qui met un terme à la guerre du Liban

**1989-1991** p. 314
**La chute du mur de Berlin et l'implosion du bloc soviétique**

**9-10 novembre 1989** : Chute du mur de Berlin

**Novembre-décembre 1989** : Révolution de velours en Tchécoslovaquie

**25 décembre 1989** : Exécution de Nicolas Ceaucescu et de son épouse en Roumanie

**29 décembre 1989** : Vaclav Havel, président de la Tchécoslovaquie

**11 février 1990** : Libération de Nelson Mandela

**25 février 1990** : Violetta Chamorro, présidente du Nicaragua

**2 août 1990** : Invasion du Koweït par l'Irak

**3 octobre 1990** : Réunification allemande

**22 novembre 1990** : Démission de Margaret Thatcher

**9 décembre 1990** : Lech Walesa, président de la Pologne

## 1991

**17 janvier 1991** p. 318
**L'opération *Tempête du désert* débute en Irak**

**26 mars 1991** : Création du Mercosur (Marché commun du Cône Sud)

**25 juin 1991** : Proclamations unilatérales d'indépendance de la Croatie et de la Slovénie, disparition de la fédération yougoslave

**30 juin 1991** : Abolition des lois régissant l'apartheid en Afrique du Sud

**1er juillet 1991** : Dissolution du pacte de Varsovie

**31 juillet 1991** : Traité START (Traité de réduction des armes stratégiques) entre les États-Unis et l'URSS

**Août 1991** : Début de la guerre en Yougoslavie

**19 août 1991** : Tentative de putsch contre Mikhaïl Gorbatchev en URSS

**8 décembre 1991** : Fondation de la Communauté des États indépendants (CEI)

**25 décembre 1991** : Démission de Mikhaïl Gorbatchev

**26 décembre 1991** : Dissolution de l'URSS

## 1992-1993

**3 janvier 1992** : Cessez-le-feu entre la Serbie et la Croatie

**7 février 1992** p. 326
**Le traité de Maastricht ouvre la voie à l'euro**
Création de l'Union européenne (UE)

**9 février 1992** : Début de la guerre civile en Algérie

**6 avril 1992** : Début de la guerre en Bosnie-Herzégovine

**3 juin 1992** : Sommet de la Terre à Rio de Janeiro

**3 novembre 1992** : Bill Clinton, président des États-Unis

**13 septembre 1993** : Accords d'Oslo entre Yitzhak Rabin et Yasser Arafat prévoyant l'autonomie palestinienne

**3-4 octobre 1993** : Tentative de putsch à Moscou brisée par Boris Eltsine

**15 octobre 1993** : Nelson Mandela et Frederik De Klerk, prix Nobel de la paix

**28 décembre 1993** : Privatisation des terres en Russie

## 1994-1995

**14 janvier 1994** : Accords du Kremlin entre la Russie et les États-Unis

**Avril-juillet 1994** p. 328
**Un génocide est perpétré au Rwanda**

**15 avril 1994** : Création de l'Organisation mondiale du commerce (OMC)

**9 mai 1994** p. 330
**Nelson Mandela devient président d'Afrique du Sud**

**29 octobre 1994** : Apparition du mouvement des talibans en Afghanistan

**8 novembre 1994** : Création du Tribunal pénal international pour le Rwanda

**11 décembre 1994** p. 332
**L'armée russe entre en Tchétchénie**

**30 janvier 1995** p. 334
**Un attentat contre le commissariat central d'Alger fait de très nombreuses victimes**

**17 mai 1995** : Jacques Chirac, président de la République française

**Juillet 1995** p. 336
**Les Serbes massacrent des musulmans bosniaques à Srebrenica**

**5 septembre 1995** : Offensive des talibans en Afghanistan, prise de Hérat

**4 novembre 1995** : Assassinat de Yitzhak Rabin

**21 novembre 1995** : Accords de Dayton (partition de la Bosnie-Herzégovine) ; fin de la guerre en Bosnie

**27 décembre 1995** : Assassinat en Algérie de quatre Pères blancs par le Groupe islamique armé (GIA)

## 1996-1997

**27 mars 1996** : Enlèvement en Algérie des moines de Tibéhirine par le GIA qui les exécute le 21 mai

**29 mai 1996** : Victoire électorale en Israël du Likoud ; Benyamin Netanyahou, Premier ministre

**5 juillet 1996** p. 338
**Deux chercheurs écossais réussissent le premier clonage**

**31 août 1996** : Fin de la guerre de Tchétchénie

**21 septembre 1996** : Pacte de stabilité monétaire européen

**26 septembre 1996** : Prise de Kaboul (Afghanistan) par les talibans

**27 février 1997** : Reprise de la colonisation juive dans les territoires occupés

**1er juillet 1997** p. 340
**Les Britanniques rétrocèdent Hong Kong à la Chine**

**Juillet 1997** p. 342
**Une crise financière fragilise le Sud-Est asiatique**

**1er décembre 1997** : Conférence sur le climat à Kyoto, protocole sur l'émission de gaz à effet de serre

## 1998-1999

**4 mai 1998** : Début de sanglantes émeutes en Indonésie suite à la crise économique

**18 juillet 1998** p. 344
**L'ONU crée une Cour pénale internationale**

**8 août 1998** : Les Talibans contrôlent tout le Nord-Ouest de l'Afghanistan

**23 octobre 1998** : Accords de Wye Plantation entre Israël et les Palestiniens sur la base des accords d'Oslo. Israël en suspend l'application en décembre

**27 octobre 1998** p. 346
**Gerhardt Schröder est investi chancelier d'Allemagne**

**1er janvier 1999** : 11 pays de l'Union européenne constituent la zone euro

**2 février 1999** : Hugo Chavez, président du Venezuela

**17 mai 1999** : Victoire électorale de la gauche en Israël, Ehud Barak Premier ministre

**30 novembre-3 décembre 1999** p. 352
**Une forte contestation perturbe le sommet de l'OMC à Seattle**

**31 décembre 1999** : Démission de Boris Eltsine, Vladimir Poutine président par intérim

## 2000-2001

**Mars 2000** p. 354
**La « bulle Internet » éclate**

**26 mars 2000** : Vladimir Poutine, président de la Fédération de Russie

**24 mai 2000** : Évacuation du Sud-Liban par Israël

**24 septembre 2000** : Instauration du quinquennat présidentiel en France par référendum

**28 septembre 2000** : Début de la 2de Intifada

**7 novembre 2000** : Élection contestée à la présidence des États-Unis de George W. Bush

**6 février 2001** : Ariel Sharon, Premier ministre d'Israël

**20-22 juillet 2001** : Sommet du G8 à Gênes, violentes manifestations

**11 septembre 2001** p. 356
**Les attentats-suicides du World Trade Center frappent New York**

**15 septembre 2001** : George W. Bush dénonce Al-Qaïda et annonce la « guerre contre le terrorisme »

**7 octobre 2001** : Intervention militaire américaine en Afghanistan

**Novembre 2001** : Entrée de la Chine à l'Organisation mondiale du commerce

## 2002-2003

**1er janvier 2002** : L'euro monnaie officielle dans 12 État de l'Union européenne (UE)

**21 avril 2002** : Qualification de Jean-Marie Le Pen (Front national) pour le 2nd tour de l'élection présidentielle française

**5 mai 2002** : Réélection de Jacques Chirac à la présidence de la République française avec 82 % des voix

**26 août 2002** : Sommet de la Terre à Johannesburg (Afrique du Sud)

**27 octobre 2002** p. 358
**Lula da Silva est élu président du Brésil**

**14 février 2003** : La France s'oppose à une intervention militaire en Irak au Conseil de sécurité de l'ONU

**20 mars 2003** p. 360
**Les États-Unis lancent l'opération *Liberté en Irak***

**9 avril 2003** : Prise de Bagdad, chute du régime de Saddam Hussein

**14 décembre 2003** : Capture de Saddam Hussein par les Américains

**18 décembre 2003** : L'Iran accepte les contrôles de l'Agence internationale de l'énergie atomique (IAEA)

## 2004-2005

**16 mars 2004** : Intervention de l'armée contre les talibans dans le nord du Pakistan

**20 septembre 2004** : Décapitation de deux otages américains par les islamistes en Irak

**29 octobre 2004** : Signature à Rome du Traité établissant une constitution pour l'Europe (TCE), soumis à ratification des États de l'UE

**2 novembre 2004** : Réélection de George W. Bush

**11 novembre 2004** p. 362
**Yasser Arafat décède à l'hôpital Percy de Clamart**

**30 novembre 2004** : L'Iran annonce reprendre ses opérations d'enrichissement de l'uranium

**13 février 2005** : Élections législatives en Irak, qui donnent la majorité à la communauté chiite

**2 avril 2005** : Décès du pape Jean-Paul II. Son successeur Benoît XVI est élu le 19 avril

**29 mai 2005** : Rejet du Traité constitutionnel européen (TCE) des Français par référendum

**24 juin 2005** : Mahmoud Ahmadinejad, président de l'Iran

**29 août 2005** : L'ouragan Katrina dévaste la Nouvelle-Orléans et la Louisiane

## 2006-2007

**25 janvier 2006** : Victoire électorale du mouvement islamiste Hamas dans les Territoires palestiniens

**22 février 2006** : Violences en Irak entre chiites et sunnites après la destruction d'un mausolée à Samarra

**12 juillet-14 août 2006** : Opération israélienne aérienne et terrestre contre le Hezbollah au Liban

**26 septembre 2006** : Adhésion à l'UE de la Bulgarie et de la Roumanie ; UE à 27

**7 octobre 2006** : Assassinat à Moscou de la journaliste d'opposition Anna Politkovskaïa

**5 novembre 2006** : Saddam Hussein, condamné à mort, est pendu

**Février 2007** : Propagation des violences entre chiites et sunnites en Irak

**2 avril 2007** : Début de la crise des *subprimes* aux États-Unis

**6 mai 2007** : Nicolas Sarkozy, président de la République française

**13 décembre 2007** p. 364
**Le traité de Lisbonne modifie les institutions européennes**

## 2008-2009

**2 mars 2008** : Dimitri Medvedev, président de la Fédération de Russie, Vladimir Poutine chef du gouvernement

**Mai 2008** : Aggravation de la guerre civile au Soudan

**8 août 2008** : Entrée des troupes russes en Ossétie, conflit avec la Géorgie

**8-24 août 2008** : Jeux olympiques d'été de Pékin

**15 septembre 2008** p. 366
**La banque américaine Lehman Brothers fait faillite**

**10 octobre 2008** : Chute mondiale des indices boursiers

**4 novembre 2008** p. 368
**Barack Obama devient le premier président métis des États-Unis**

**15 novembre 2008** p. 370
**Le G20 se réunit pour trouver des solutions à la crise financière**

**27 décembre 2008-18 janvier 2009** : Début de l'opération israélienne *Plomb durci* contre la bande de Gaza

**30 juin 2009** : Début de retrait des troupes américaines en Irak

**9 octobre 2009** : Barack Obama, prix Nobel de la paix

**7-19 décembre 2009** : Conférence sur le climat à Copenhague

**25 décembre 2009** p. 372
**Le film *Three Idiots*, produit par Bollywood, est un succès mondial**

## 2010-2011

**22 mars 2010** : Vote de la réforme de l'assurance-maladie aux États-Unis

**14 avril 2010** : Éruption du volcan Eyjafjöll en Islande

**1er mai-31 octobre 2010** : Exposition universelle de Shanghai

**2 mai 2010** : Prêt de 110 milliards d'euros à la Grèce accordé par l'UE et le FMI

**9 juin 2010** : Sanctions de l'ONU contre l'Iran qui refuse de cesser l'enrichissement de l'uranium

**25 juillet 2010** : Publication par Wikileaks de 70 000 documents secrets américains

**31 août 2010** : Fin officielle de l'intervention américaine en Irak

**28 novembre 2010** : Début de la guerre civile en Côte d'Ivoire

**17 décembre 2010** : Suicide à Sidi Bouzid (Tunisie) d'un marchand ambulant harcelé par la police ; déclenchement des « printemps arabes »

**2011-2014** p. 374
**Les révolutions arabes**

**14 janvier 2011** : Chute et fuite du président tunisien Zine el-Abidine Ben Ali

**11 février 2011** : Démission du président égyptien Hosni Moubarak

**11 mars 2011** p. 378
**Un tsunami déclenche un accident nucléaire à Fukushima**

**15 mars 2011** : Début de révolte en Syrie contre le régime de Bachar El-Assad

**19 mars 2011** : Insurrection en Libye, intervention aérienne de l'OTAN

**2 mai 2011** p. 380
**Oussama Ben Laden est tué lors d'une opération commando américaine**

**9 juillet 2011** p. 382
**Le Sud-Soudan proclame son indépendance**

**23 octobre 2011** : Victoire électorale des islamistes Ennahda en Tunisie

**31 octobre 2011** p. 384
**Sept milliards d'humains peuplent désormais la Terre**

**9 novembre 2011** : Démission du gouvernement Papandreou en Grèce, crise de la dette

## 2012-2013

**4 mars 2012** : Vladimir Poutine président de la Fédération de Russie, Dimitri Medvedev Premier ministre

**6 mai 2012** : François Hollande, président de la République française

**30 juin 2012** : Mohamed Morsi, candidat des Frères musulmans, président de l'Égypte

**4 juillet 2012** p. 386
**La découverte du boson de Higgs révolutionne le monde de la recherche**

**6 août 2012** p. 388
**Le *rover Curiosity* se pose sur Mars**

**14 novembre 2012** : Opération israélienne *Pilier de défense* contre la bande de Gaza

**22 novembre 2012** : Le président Mohamed Morsi s'attribue les pleins pouvoirs en Égypte

**11 janvier 2013** : Intervention de l'armée française au nord du Mali (opération *Serval*) contre les groupes djihadistes

**13 mars 2013** p. 394
**Un pape sud-américain est élu**

**6 juin 2013** p. 396
**Le scandale des écoutes de la NSA éclate**

**3 juillet 2013** : Renversement de Mohamed Morsi par l'armée égyptienne

**21 novembre 2013** : Début de la révolution en Ukraine, fuite du président Ianoukovytch

**5 décembre 2013** : Intervention de l'armée française en République centrafricaine (opération *Sangaris*)

**18 décembre 2013** p. 398
**Un chirurgien implante pour la première fois un cœur totalement artificiel**

## 2014-2015

**7-23 février 2014** : Jeux olympiques d'hiver de Sotchi (Russie)

**21 mars 2014** : Annexion de la Crimée par la Russie

**31 mars 2014** p. 400
**Le GIEC alerte sur les impacts du réchauffement climatique**

**10 juin 2014** : Prise de Mossoul par l'État islamique en Irak et au Levant (EI)

**15 juin 2014** : Début d'une chute des prix du pétrole, qui perd 30 % en 4 mois

**8 juillet 2014** : Opération israélienne *Bordure de protection* contre la bande de Gaza

**Août 2014** : Pic de l'épidémie Ébola en Afrique de l'Ouest

**10 octobre 2014** p. 402
**Le prix Nobel de la paix est attribué à Malala Youssafzaï**

**12 novembre 2014** : La sonde européenne Rosetta pose un module sur la comète Tchouri

**7 janvier 2015** p. 408
**L'organisation État islamique est chassée de Kobané**

**7-9 janvier 2015** : Attentat, fusillade et prise d'otages par des terroristes islamistes en France

**18 février 2015** : Élection de Prokópis Pavlópoulos en Grèce

**19 avril 2015** : Naufrage en Méditerranée d'une embarcation transportant environ 900 migrants clandestins

# A



# B



# C



# D

# E



# F



# G



# H



# I



# J



# K



# L



Les numéros de pages en rose renvoient à un encadré thématique, ceux en orange à une biographie.

Les numéros de pages en rose renvoient à un encadré thématique, ceux en orange à une biographie.

3 ph © PVDE / Rue des Archives
4 ph © Ullstein Bild / Akg-Images
5 ph © Ullstein Bild / Roger-Viollet
6 ph © RDA / Rue des Archives
7 ph © AP Photo / Jeff Widene
8 ph © STR New / Reuters
10-11 ph © PVDE / Rue des Archives
12-13 ph © PVDE / Rue des Archives
13-h ph © Archives Snark / Photo12
13-b ph © Collection IM / Kharbine-Tapabor
14-h ph © RDA / Rue des Archives
14-b ph © Photo12 / L'Illustration
14-15 ph © PVDE / Rue des Archives
15-h ph © Archives Snark / Photo12
15-b ph © Elk-Opid / Photo12
16-17 ph © Archives Snark / Photo12
18-hg ph © Collection IM / Kharbine-Tapabor
18-bd ph © Daniel Deme / epa / Corbis
19 ph © Collection IM / Kharbine-Tapabor
20-21 ph © René Dazy / Rue des Archives
22-23 ph © BCA / Rue des Archives
24-25h ph © Mary Evans Picture Library 2010
25-m ph © Akg-Images
26-27h ph © Ullstein Bild / Photo12
27-b ph © Fonds Association pour la recherche et l'archivage de la mémoire arménienne webaram.com
28-29h ph © PVDE / Rue des Archives
29-b ph © Alinari / Roger-Viollet
30-31h ph © photo12 / UIG / Getty Images
31-m ph © Photo12
32-33 ph © RDA / Rue des Archives
34 ph © Tallandier / Rue des Archives
35 © Collection Tubergue
36-37 ph © Akg-Images / RIA Novosti
38 ph © Photo12 / L'Illustration
39-h ph © IAM / Akg-Images
39-b ph © Archives Snark / Photo12
40 ph © Photo12 / L'Illustration
42 ph © Ann Ronan Picture Library / Photo12
43 ph © Corbis
44-45h ph © Akg-Images
45-b ph © Ullstein Bild / Photo12
46-47 ph © Collection IM / Kharbine-Tapabor
48 ph © Private collection / Photo12
49 ph © Akg-Images
50-51 ph © Elk-Opid / Photo12
52-53b ph © Yazid Medmoun / Historial de la Grande guerre / Peronne / Somme
53-h ph © Collection Bibliothèque de documentation internationale contemporaine
54 ph © Archives Snark / Photo12
55 ph © Dietmar Katz / RMN-GP/© Adagp, Paris 2015
56-57 ph © Ullstein Bild / Akg-Images
58-59 ph © Ullstein Bild / Akg-Images
59-h ph © Underwood & Underwood / Corbis
59-b ph © Itar-Tass / Rue des Archives
60-61 ph © Ullstein Bild / Akg-Images
60-h ph © www.bridgemanart.com
60-b ph © www.bridgemanart.com//© Adagp, Paris 2015
61 ph © Collection IM / Kharbine-Tapabor
62-63 ph © Akg-Images
64 ph © Lazaro / EFE
65 ph © Tallandier / Rue des Archives
66-hg ph © The Advertising Archives / Rue des Archives
66-bd ph © Granger NYC / Rue des Archives
67-hd ph © Album / Akg-Images
67-bd ph © www.bridgemanart.com/© Adagp, Paris 2015
68 ph © George Hoyningen-Huene / RDA / Getty Images
69-h ph © The Advertising Archives / Rue des Archives
69-b ph © Suddeutsche Zeitung/Rue des Archives
70-71 ph © Underwood & Underwood / Corbis
73 ph © Tallandier / Rue des Archives
74 ph © Akg-Images / RIA Novosti
75-h ph © Itar-Tass / Rue des Archives
75-m ph © Mary Evans / Rue des Archives
76-77 ph © www.bridgemanimages.com
78-79h ph © www.bridgemanart.com
79-m ph © Gerschel / Bibliothèque Marguerite Durand / Roger-Viollet
80-81h ph © Keystone-France / Gamma-Rapho
81-b ph © Goldner / Sipa Press
82-h-83 ph © The Advertising Archives / Rue des Archives
82-b ph © TopFoto / Roger-Viollet
84 ph © Deutsches Historisches Museum, Berlin / S. Ahlers
85 ph © www.bridgemanart.com/© Adagp, Paris 2015
86-h ph © The New York Historical Society / Getty Images
86-b ph © Deutsches Historisches Museum, Berlin / S. Ahlers
87 ph © www.bridgemanimages.com
88-89 ph © RDA / Rue des Archives
90-91h ph © www.bridgemanart.com
91-b ph © NY Daily News Archive / Getty Images
92-hb ph © www.bridgemanimages.com
94-95 ph © Chicago History Museum / Getty Images
96-97 ph © Photo de Alexander Wienerberger / Famine en Ukraine 1933 par Dr. Ewald Ammende / Editions Wilhelm Braumüller, 1935 Vienne
98 ph © United Archive / Leemage
99-h ph © Ullstein Bild / Photo12
99-b ph © Edimedia / WHA / Rue des Archives
100 ph © United Archive / Leemage
101 ph © Fototeca / Leemage
102-103 ph © Archives Snark / Photo12
104-105 ph © Collection IM / Kharbine-Tapabor
106-107b ph © Swim Ink 2, LLC / Corbis
107-h ph © Keystone-France / Gamma-Rapho
108 ph © Michel Sima / Rue des Archives
109 ph © La Collection / Artothek / © Succession Picasso, Paris 2015
110 ph © Photo12 / Keystone Pressedienst
111 ph © Tomasz Kizny
112-113 © Collection Christophel
114-h-115 ph © Akg-Images
114-b ph © Collection Alain Gesgon / CIRIP
116 ph © BCA / Rue des Archives /
118-119 ph © Ullstein Bild / Roger-Viollet
120-121 ph © Ullstein Bild / Roger-Viollet
121-h ph © Akg-Images
121-b ph © Roger-Viollet
122 ph © Akg-Images
122-123 ph © Ullstein Bild / Roger-Viollet
123-h ph © Rue des Archives
123-b ph © Picture Alliance / Rue des Archives
124-125 ph © Corbis
126-127 ph © Tallandier / Rue des Archives
128 ph © Akg-Images / Glasshouse Images / JT Vintage
129 ph © Akg-Images
130-131-h ph © FineArtImages / Leemage
131-b ph © Ullstein Bild / Akg-Images
132-133-b ph © Roger-Viollet
133-h ph © Ullstein Bild / Akg-Images
134-135-b ph © Akg-Images
135-h ph © BCA / Rue des Archives /
136-h-b ph © le Mémorial de la Shoah
137 ph © Akg-Images
138 ph © Mémorial de la Shoah
139 ph © IAM / Akg-Images / World History Archive / ARPL
141 ph © Mémorial de la Shoah
142-143 ph © Suddeutsche Zeitung / Rue des Archives
144-145-h ph © Akg-Images
145-b ph © Picture Alliance / Rue des Archives
146-147 ph © Akg-Images
148-149-h ph © TopFoto / Roger-Viollet
149-b ph © Tallandier / Rue des Archives
150-151 ph © Akg-Images
152-153 ph © Akg-Images
154-155-h ph © Rue des Archives
155-m ph © Akg-Images
156-157-h ph © Corbis
157-m ph © Friedrich / Interfoto / Akg-Images
159-m ph © RDA / Rue des Archives
159-b ph © Akg-Images / RIA Novosti
160-161 ph © Akg-Images
162-163-h ph © Picture Alliance / Rue des Archives
163-m ph © Corbis
166-167 ph © Itar-Tass / Rue des Archives
168-169 ph © Akg-Images / Universal Images Group / Ewing Galloway\UIG
170-171 ph © Ullstein Bild /Akg-Images
172-173 ph © RDA / Rue des Archives
174-175 ph © RDA / Rue des Archives
175-h ph © Michael Nicholson / Corbis
175-b ph © The LIFE Picture Collection / Getty Images
176-177 ph © RDA / Rue des Archives
176-h ph © Mondadori Portfolio / Rue des Archives
176-b ph © Life Magazine Collection; Time Inc.
177-h ph © Bettmann / Corbis
177-b ph © Libor Hajsky / epa / Corbis
178-179-h ph © Bettmann / Corbis
179-m ph © PVDE / Rue des Archives
180-181 ph © Bettmann / Corbis
184-185 ph © Tallandier / Rue des Archives
186-187 ph © RDA / Rue des Archives
188-189 ph © Michael Nicholson / Corbis
190-192 ph © Archives Havas / HavasWorldWide , Paris
191-h ph © Willard Culver / National Geographic Creative / Corbis
191-b ph © Kharbine-Tapabor / Droits Réservés
193 ph © www.bridgemanimages.com/ © R. Hamilton. All Rights Reserved / Adagp, Paris 2015
194 © wikimedia
196 ph © Photo12 / Keystone Pressedienst
197 ph © BCA / CSU / Rue des Archives
199-h ph © Ullstein Bild / Roger-Viollet
199-b ph © RDA / Rue des Archives
200 ph © Universal History Archive / UIG / Getty images
202-203 ph © The LIFE Picture Collection / Getty Images
204-205 ph © RDA / Rue des Archives
206 ph © Europa Grafica-Commission européenne représentation au Luxembourg
207 ph © Picture Alliance / Rue des Archives
208 ph © Michael Herling / Aline Gwose /

RMN / Niki Charitable Art Foundation / Adagp, Paris 2015
209 ph © James Eadie / Mary Evans / Rue des Archives
210 ph © René Saint Paul / Rue des Archives
211-h ph © Bettmann / Corbis
211-b ph © Michael Herling / Aline Gwose / RMN / Niki Charitable Art Foundation / Adagp, Paris 2015
213-h ph © Jung / Ullstein Bild / Akg-Images
212-213-b ph © Picture Alliance / Rue des Archives
214-215-h ph © Hanoteau Frédéric
215-m ph © AGIP / Rue des Archives
216-217 ph © Akg-Images / Erich Lessing © Estate of Roy Lichtenstein New York / Adagp, Paris 2015
216-h ph © Alamy / Photo12
217-h ph © SuperStock / Leemage /© The Andy Warhol Foundation for the Visual Arts, Inc. / Adagp, Paris 2015
218-219-h © Daily Mail -Solo Syndications, londres Coll. The National Library of Wales
219-m ph © Mondadori Portfolio / Rue des Archives
220-221 ph © RDA / Rue des Archives
222-223-h ph © Dalle APRF
223-b ph © RDA / Rue des Archives
224 ph © Superstock / Rue des Archives
225 © Life Magazine Collection; Time Inc.
227 ph © Bettmann / Corbis
228-229 ph © Nick Ut / AP / Sipa Press
230 ph © CPA2 / Rue des Archives
231 ph © CPA2 / Rue des Archives
233 ph © Geneviève Chauvel / Sygma / Corbis
234 © dessin d'après la photo d'Alberto Korda
235 ph © AFP Photo
236-h ph © Libor Hajsky / epa / Corbis
236-b ph © AGIP / Rue des Archives
237-h ph © BCA / CSU / Rue des Archives
237-m ph © Suddeutsche Zeitung / Rue des Archives
238 ph © Libor Hajsky / epa / Corbis
239-h ph © Bettmann / Corbis
239-b ph © BNF
240-241-h ph © RDA / Rue des Archives
241-m ph © Itar-Tass / Rue des Archives
242-243 ph © Museum of Flight / Corbis
244-245 ph © Keystone / Keystone / AFP
246 ph © BCA / CSU / Rue des Archives
247 ph © Hulton-Deutsch Collection / Corbis
248-249-b ph © Massimo Ripani / Grand Tour / Corbis
249-h ph © Alain Le Garsmeur / Corbis
250-h-251 ph © Wally McNamee / Corbis
250-b © The New York Times , 1971
253 ph © Kurt Strumpf / AP / Sipa Press
254-255 ph © AP Photo / Jeff Widener / Sipa Press
256-257 ph © AP Photo / Jeff Widener / Sipa Press
257 ph © Corbis
258-259 ph © AP Photo / Jeff Widener / Sipa Press
258 ph © RDA2 / Rue des Archives
259-h ph © DPA / Picture Alliance / Leemage
259-b ph © Chip Hires / Gamma-Rapho
260-h ph © Spaarnestad / Rue des Archives
260-m ph © AGF / Rue des Archives
261 ph © AFP
263 ph © Peter Popp / dpa / Corbis
264-265 ph © Paul A. Souders / Corbis
266-267-h ph © Bettmann / Corbis
267-b ph © Corbis
268-269 ph © Henri Bureau / Sygma / Corbis
270-h ph © RDA / Rue des Archives
270-m ph © Korpa / Rue des Archives
272-273-h ph © Corbis
273-b ph © Patrick Bar / Gamma-Rapho
274-h-275 ph © Lucasfilm / 20th Century Fox / The Kobal Collection
274-b © Star Wars / Attakus
277-h ph © Giansanti Gianni / Gamma-Rapho
277-b ph © RDA / Rue des Archives
278-279-h ph © Heinz Ducklau / AP / Sipa Press
279-b ph © Rue des Archives / Collection Jean Jacques Allevi
280-281 ph © Bettmann / Corbis
282-283-h ph © Chip Hires / Gamma-Rapho
283-b ph © Wally McNamee / Corbis
285 ph © Françoise Demulder / Succession Demulder / Roger-Viollet
286-287 ph © RDA2 / Rue des Archives
288 ph © BCA / CSU / Rue des Archives
290-291-h ph © John Giannini / Sygma / Corbis
291-m ph © Don Rypka / AFP
292 ph © Reza / Webistan / Corbis
294 ph © Pool Pologne Gdansk 0880 / Gamma-Rapho
295 ph © PAP / EFE / Janusz Uklejewski Poland Out / MaxPPP
296-297 ph © Boccon-Gibod / Sipa Press
298-299 ph © Bettmann / Corbis
300 ph © Alamy / Photo12
301 ph © Reuters / © Institut Pasteur
302-303 © New York production company Fairbanks Films, directed by Ridley Scott. / Apple Inc, 1984. Actress, Anya Major
302-b ph © Akg-Images
303-m ph © Yu Yang / Landov / Maxppp
304 ph © Blank Archives / Getty Images
305-h ph © Blank Archives / Getty Images
305-m ph © Picture Alliance / Rue des Archives
306-307-h ph © World History Archive / AFP
307-b ph © BDIC
308-309-h ph © Volodymyr Repik / AP / Sipa Press
309-b ph © Tucker Xyz / Sipa Press
310 ph © BCA / Rue des Archives
311 ph © AFP
312-313 ph © AP Photo / Jeff Widene
314-315 ph © DPA / Picture Alliance/ Leemage
316 © Fritz Behrendt
318-319 ph © Laurent Van Der Stockt / Gamma-Rapho
320-321 ph © Spencer Platt / AFP ImageForum
322-323 ph © Spencer Platt / AFP ImageForum
323-mg ph © EPA / Aserud Lise / Corbis
323-bd ph © Mike Nelson / AFP Photo
324-325 ph © Spencer Platt /AFP ImageForum
324-h ph © Paulo Fridman / Corbis
324-b ph © Laurent Rebours / AP / Sipa Press
325-h ph © Jim Young / Reuters
325-b ph © Cornelius Poppe / AP / Sipa Press
327 ph © ProMotion - Fotolia
328-329 ph © Andrew Aitchison / Corbis
330-331hg ph © EPA / Aserud Lise / Corbis
331-hd ph © Micheline Pelletier Sygma/ Corbis
332-333 ph © Leo Erken / Panos-REA
334-335 ph © AFP Photo
336-337 ph © Leskovsek Matej / Sipa Press
338-339 ph © Maurice McDonald / AP / Sipa Press
340-341 ph © Kimimasa Mayama / Pool / AFP Photo
342-343 ph © Darren Whiteside / Reuters
345 ph © Michael Kooren / Reuters
346-347-h ph © Reuters Photographer / Reuter
347-m ph © Penny Tweedie / Corbis
348 ph © Marta Nascimento / REA
349 ph © Sunil Malhotra / Reuters
350 ph © World Economic Foru / Newscom / Sipa Press
351-h ph © Marta Nascimento / REA
351-m ph © Alamy / Photo12
352-353 ph © Mike Nelson / AFP Photo
354-355 ph © Spencer Platt / Newsmakers / Getty Images
356-357-h ph © STR New / Reuters
357-m ph © Edimedia / WHA / Rue des Archives
358 ph © Paulo Fridman / Corbis
359-h ph © Paulo Whitaker / Reuters
359-m ph © Itar-Tass / Rue des Archives
360-361 ph © Laurent Rebours / AP / Sipa Press
362 ph © Becker & Bredel / Ullstein Bild / Getty Images
363 ph © Thomas Coex / AFP Photo
365 ph © Eric Feferberg / AFP Photo
366-367 ph © John Dooley / Sipa Press
369-h ph © Jim Young / Reuters
369-b ph © Mannie Garcia / AP / Sipa Press
370-371 ph © Witt / Sipa Press
372-373 © Collection Christophel © Vinod Chopra Productions
373-b ph © Arko Datta / Reuters
374-375 ph © ApaImages / Zuma-REA
377 ph © AP / Sipa Press
378-379 ph © Reuters Staff / Reuters
380 ph © Edimedia / WHA / Rue des Archives
381 ph © Official White House Photo by Pete Souza
382-383 ph © Sipany / Sipa Press
384-385 ph © James Marshall / Corbis
386-387-h ph © Rex Features / REX / Sipa Press
387-m ph © Alamy / Photo12
388-389 ph © Detlev Van Ravenswaay / Science Photo Library / Corbis
390-hg ph © Mikhail Klimentyev / AP / Sipa Press
390-m ph © Suddeutsche Zeitung / Rue des Archives
391 ph © Kent Kobersteen / National Geographic Creative / Corbis
392 ph © Mikhail Klimentyev / AP / Sipa Press
393 ph © Gleb Garanich / Reuters
394 ph © AP / Sipa Press
396-397 ph © Sergey Dolzhenko / epa / Corbis
398-399 ph © Patrick Kovarik / AFP Photo
400-401 ph © Erik de Castro / Reuters
402-403 ph © Cornelius Poppe / AP / Sipa Press
404-405 ph © Ryan Pyle / Corbis
406 ph © AFP Photo / Peter Parks
408-409 ph © Michel Slomka / Sipa Press



Iconographie : Dominique Stanguennec

Dépôt légal: aout 2015 - n° éditeur 97742-8/01
Achevé d'imprimer par Rotolito Lombarda (Italie)

**Photos de couverture :**

**Le colonel Desgrees de Lou Dressant avec ses hommes,** la Marne, 1915.
Ph © Rue des Archives / PVDE

**Gandhi** (1869-1948)
Ph © Rue des Archives / RDA

**Anne Frank** (1929-1945)
Ph © Ullstein Bild / Roger-Viollet

**Premiers pas sur la lune,** 20.07.1969
Ph © Nasa

**Che Guevara** (1928-1967)
Ph © Dessin d'après la photo d'Alberto Korda

**Le Mur de Berlin,** Novembre 1989.
Ph © Presse- und Informationsamt der Bundesregierung / Klaus Lehnartz

**Nelson Mandela** (1918-2013)
Ph © David Turnley / Corbis

**Accords d'Oslo** (Rabin, Arafat, Clinton), 13 Septembre 1993.
Ph © J. David Ake / AFP

**New York attentats,** 11 Septembre 2001.
Ph © Spencer Platt / AFP ImageForum

**Malala Yousafzai,** née en1997.
Ph © Facundo Arrizabalaga / EPA / Corbis